Seit nunmehr dreihundert Jahren findet der Kampf um Aufklärung und Menschenrechte statt. Als Epochenbegriff im engeren Sinne umfasst die europäische Aufklärung nicht zufällig das Jahrhundert zwischen der Glorreichen Revolution in England und der großen Französischen Revolution. Sie ist eine philosophische und politische Programmidee, die bis heute nichts von ihrer kämpferischen Energie verloren hat.

In diesem Buch spannt Manfred Geier den Bogen von den Begründern der Aufklärung – John Locke, Immanuel Kant, Moses Mendelssohn, Jean-Jacques Rousseau und Denis Diderot – zu den Vertretern aufgeklärten Denkens in unserer Zeit wie Hannah Arendt und Karl Popper, Jürgen Habermas und Jacques Derrida.

Die ungebrochene Aktualität der Aufklärung dokumentieren nicht nur die grauenvollen totalitären Rückfälle, die vor allem im 20. Jahrhundert stattgefunden haben. Auch gegenwärtig hat das Projekt Aufklärung auf dramatische Weise an globaler Relevanz gewonnen – man denke nur an die fortdauernden Konflikte mit neuen Formen des religiös-politischen Fundamentalismus.

Eine kompakte Geschichte des aufgeklärten Denkens – und ein brillantes Plädoyer für Toleranz und Vernunft in unserer Zeit.

Manfred Geier, geboren 1943, lehrte viele Jahre Sprach- und Literaturwissenschaft an den Universitäten Marburg und Hannover. Jetzt lebt er als freier Publizist und Privatdozent in Hamburg. Buchveröffentlichungen: «Kants Welt. Eine Biographie» (2003), «Worüber kluge Menschen lachen» (2006), «Die Brüder Humboldt. Eine Biographie» (2009). Außerdem mehrere Bände in der Reihe *rowohlts enzyklopädie* sowie die Rowohlt-Monographien «Karl Popper», «Martin Heidegger» und «Der Wiener Kreis».

Manfred Geier

AUFKLÄRUNG
Das europäische Projekt

Rowohlt Taschenbuch Verlag

Veröffentlicht im Rowohlt Taschenbuch Verlag,
Reinbek bei Hamburg, Juli 2013
Copyright © 2012 by Rowohlt Verlag GmbH,
Reinbek bei Hamburg
Lektorat Uwe Naumann
Umschlaggestaltung ZERO Werbeagentur, München,
nach einem Entwurf von
ANZINGER | WÜSCHNER | RASP, München
(Fotos: ddpimages/AP; akg-images;
ullstein bild – Fondation Horst Tappe)
Satz Kepler MM PostScript, PageOne,
bei Dörlemann Satz, Lemförde
Druck und Bindung CPI – Clausen & Bosse, Leck
Printed in Germany
ISBN 978 3 499 62746 0

INHALT

VORWORT

Aufklärung. Am Anfang war das Bild: Wie morgens der Himmel
aufklart und die nächtliche Dunkelheit vertrieben wird, so soll
auch der menschliche Verstand erhellt werden. Schon 1691 wird
der Ausdruck «Aufklärung des Verstandes» lexikalisch verzeich-
net. Helle Köpfe sollen mittels deutlicher Begriffe und geschärfter
Urteilskraft klar erkennen können, was wirklich der Fall ist. «Aufklärung» ist eine vernunftorientierte Kampfidee gegen «dunkle»
Vorstellungen, die alles wie in einem Nebel oder Schattenreich ver-
schwimmen lassen. Sie richtet sich gegen Aberglaube und Schwärmerei, Vorurteile und Fanatismus, Borniertheit und Phantasterei.
Sie ist zugleich eine positive Programmidee für den richtigen Gebrauch des eigenen Verstandes. Sie favorisiert das Selbstdenken
mündiger Menschen. Das erklärt ihr emanzipatorisches Erkenntnisinteresse. Aufklärung bekämpft alle autoritären Mächte, die
den selbständigen Verstandesgebrauch der Menschen blockieren
wollen.

Europa. Das Vertrauen in die Vernunft und der Wunsch nach
Emanzipation charakterisieren die Aufklärung als eine geistige
und politische Bewegung der europäischen Neuzeit. Als Epochenbegriff im engeren Sinne umfasst sie nicht zufällig das Jahrhundert
zwischen zwei Revolutionen, in denen die absolute Vormachtstellung von Kirche und Staat gebrochen worden ist. Sie beginnt 1689
mit der Glorreichen Revolution in England und endet hundert

Jahre später 1789 mit der Großen Revolution in Frankreich, als die anti-klerikalen und anti-feudalen Ideen der französischen Philosophen die Massen ergreifen. Eine dritte starke zentraleuropäische Position entwickeln die deutschen Aufklärer. Zwar weniger erfahrungsorientiert als die Engländer, weniger religions- und staatskritisch als die Franzosen und weniger politisch als beide, streiten sie äußerst risikofreudig für kritische Vernunft und lebenspraktisches Glück. Im kulturgeschichtlichen Rückblick zeigt sich Aufklärung als ein europäisches Projekt mit universellem Anspruch. Lumières philosophiques, Enlightenment, Aufklärung und Illuminismo gehören zum Besten, was ein kosmopolitisches Europa zu bieten hat, das mehr sein will als ein bürokratisch geregeltes Wirtschaftsgeflecht, das von einer finanzpolitischen Krise in die nächste getrieben wird.

Projekt. Wir leben in keinem *aufgeklärten* Zeitalter, aber in einem Zeitalter der *Aufklärung*, stellte Immanuel Kant 1784 fest. Er verwies darauf, dass Aufklärung kein Zustand ist, sondern ein Prozess, kein Sein, sondern ein Werden, wobei der Ausgang der Geschichte offen ist. Für den praktischen Erfolg der Aufklärung gibt es keine Garantie. «PROJEKT (Moral). Ein Plan, den man zu verwirklichen beabsichtigt, doch es ist ein weiter Weg vom Projekt zur Ausführung & ein noch weiterer Weg von der Ausführung zum Erfolg. Wie oft verfällt der Mensch auf unsinnige Unternehmungen.» So war es in der von Diderot und d'Alembert herausgegebenen *Encyclopédie* zu lesen, dem aufklärenden Gemeinschaftswerk einer französischen Gelehrtengesellschaft, die zwei Jahrzehnte lang gegen heftigste Widerstände von Kirche und Staat ankämpfte. Es gibt keine Aufklärung ohne Gegenaufklärung. Die Geschichte der Aufklärung, vor allem im europäischen Zeitalter der Extreme, erinnert an die absurde Tätigkeit des Sisyphos, der seinen Stein immer wieder den Berg hinaufwälzen muss, bevor er erneut in die Tiefe rollt.

Universalismus. Auch wenn das Projekt der Aufklärung in

Europa entworfen wurde, so hat es sich doch nicht auf Europa beschränkt. Schon Kant verstand «Aufklärung» als einen Weltbegriff, der das betrifft, was jedermann notwendig interessiert. Aufklärung begrenzt sich nicht auf Franzosen, Italiener, Engländer, Deutsche oder andere Nationalitäten. Sie konzentriert sich auf die «Bestimmung des Menschen». Es geht ihr um den Ausgang des Menschen aus seiner Unmündigkeit, um die Rechte jedes Menschen also, der als solcher kein Ding ist, sondern eine mündige Person mit ihrer eigenen Würde. Die Aufklärung versucht philosophisch zu begründen und praktisch zu verwirklichen, was jedem Menschen von Natur aus zukommt. Sie versteht dieses Naturrecht als ein Bündel von Menschenrechten, auf die alle Menschen ein Anrecht haben. Ihr Zentrum bilden geistige und politische Freiheit, körperliche Unversehrtheit und Recht auf Eigentum. Universell realisierbar sind sie nur in einem Völkerbund aller Staaten, die gemeinsam die allgemeinen Rechte aller Menschen anerkennen. Doch weltweit eingeklagt werden können sie schon heute vor dem Forum einer Weltöffentlichkeit, die sich zunehmend global vernetzt.

Aktualität. Die selbstreflexive Frage – «Was ist Aufklärung?» – lässt sich im Sinn der Aufklärung durch keinen bloßen Rückgriff in die Philosophiegeschichte beantworten. Sie richtet sich auf ihre eigene Gegenwart und fragt nach der Aktualität ihres Projekts. Aufklärung legitimiert sich nicht durch den Verweis auf stabilisierte oder anerkannte Vormächte, sondern durch eine Begründung, der jeder mündige Mensch mit seinem eigenen Verstand zu folgen in der Lage ist. In dieser Hinsicht ist sie absolut modern und muss zwangsläufig auf die Gegenwehr von Mächten stoßen, die der religiösen, geistigen und wirtschaftlichen Autonomie des Menschen keinen besonderen Wert zugestehen. Im europäischen Jahrhundert der Aufklärung waren es christliche Dogmatik, kirchliche Autorität und feudale Staatsgewalt. Gegenwärtig sind es in globalem Ausmaß vor allem islamischer Fundamentalismus und autoritäre Staatsgebilde, die als Mächte der Gegenaufklärung wirksam sind. Im weltweiten Kampf der Ideen scheint Chinas Plan, im 21. Jahrhundert als größte Wirtschaftsmacht ohne die «westlichen» Werte der Demokratie, der Menschenrechte und individuellen Freiheiten an die Weltspitze zu gelangen, verwirklicht zu werden. In Amerika stellt man einen epochalen Rückschritt fest, der als «Post-Enlightenment» beschrieben wird: Der Stil des Denkens wird immer weniger durch vernünftiges Argumentieren, kritische Auseinandersetzung und offenen Verstandesgebrauch geprägt, sondern verstärkt durch Glaubensgewissheit, Meinung und Orthodoxie. Und auch in Europa selbst drohen Stimmen immer lauter zu werden und Gehör zu finden, die sich gegen die Werte der Aufklärung richten: gegen religiöse Toleranz und politische Liberalität, geistige Offenheit und kulturelle Vielfalt, gegenseitigen Respekt und weltbürgerliche Mentalität.

Große Erzählung. Es gehört zur Dynamik der europäischen Moderne, dass sie intern auch ihre eigenen Ideen verwerfen kann. Von einer angeblich verhängnisvollen «Dialektik der Aufklärung», die in ein totalitäres System übergegangen sei, bis zum hoffnungslosen «Elend der Aufklärung», von der verspielten bis zur verträumten, von der palavernden bis zur unbefriedigten Aufklärung reicht das Spektrum kritischer Vorwürfe. Unsere postmoderne Moderne erklärte die «große Erzählung» der Aufklärung zu einem Dokument der Vergangenheit. Der großen Perspektive einer möglichen Übereinstimmung vernünftiger, freier Menschen in einer gemeinsamen Welt wurde kein Glaube mehr geschenkt. So wurde nicht nur leichtfertig aufgegeben, wofür in der Vergangenheit mutig und nicht ohne Erfolg gekämpft wurde. Es wurde auch der Blick getrübt für die weltweiten Aktivitäten von Rebellen und Dissidenten, die sich gegenwärtig in vielen Ländern, seien sie auch noch so despotisch regiert, für die Ideale der Aufklärung engagieren und mit moralischer Klarheit das Risiko eingehen, dafür verfolgt, bestraft, isoliert oder getötet zu werden.

Sieben Erzählungen. Es waren schon immer Einzelne, die sich in konkreten geschichtlichen Problemsituationen auf unterschiedliche Art und Weise als Aufklärer zu Wort meldeten. Einige regten erfolgreich Freiheitsbewegungen an, andere scheiterten an übermächtigen Widerständen und zahlten mit ihrem Leben. «Aufklärung» wäre nur ein leerer Begriff ohne die anschaulichen Beispiele der Menschen, die für sie argumentiert, gestritten und gelitten haben; und die philosophischen, schriftstellerischen und politischen Aktivitäten dieser Individuen wären blind gewesen, wenn sie nicht alle der überindividuellen Maxime gefolgt wären, jederzeit selbst zu denken. Deshalb soll hier keine «große Erzählung» versucht werden. Stattdessen werden sieben ausgewählte Lebens- und Werkgeschichten erzählt. Jeder einzelne Fall exemplifiziert auf seine besondere Weise eine allgemeine Intention, sei es der politische Liberalismus, die jüdische Emanzipation oder die Gleichberechtigung der Frau, sei es die Naturalisierung des Menschen, seine humorvolle Moralisierung oder seine Erziehung zur Mündigkeit. Es sind unterschiedliche Charaktere, denen wir begegnen, vom nüchternen Denker bis zur libertinen Frauenrechtlerin, vom gebildeten Juden bis zum atheistischen Freigeist. Wir sehen ein kompliziertes Netz von Ähnlichkeiten, ohne einen festen Typus identifizieren zu können; und folgen Diskursen, in denen sich die Gedanken vielstimmig überschneiden und kreuzen, gegenseitig stabilisieren oder aneinander reiben. Es geht uns nicht um ein Lehrbuch[1], sondern um dramatische Geschichten von Menschen und Büchern, die uns zum Nachdenken und Mitmachen im Geist der Aufklärung einladen. Den Anfang macht John Locke, der 1689 nach mehrjährigem Exil endlich in seine Heimat zurückkehrt, um seinen Mitbürgern ein kleines Licht aufgehen zu lassen.

Hamburg, September 2011

EIN KERZENLICHT IN DER DUNKELHEIT

Wie John Locke zu seinen Ideen über Menschen-rechte, Toleranz und Selbstdenken kam

Sonntag, 10. Februar 1689, drei Uhr nachmittags. Endlich ist es so weit. Von den Freunden, die er während seines fünfeinhalbjähri-gen Exils in Holland kennenlernte, hat er sich verabschiedet. Be-sonders Philippus van Limborch bedauerte seinen Entschluss, in die englische Heimat zurückzukehren. Doch er hat sich dazu ent-schieden, obwohl er völlig unsicher ist, was auf ihn zukommt. Seit einer Woche wartet er nun schon in Den Haag, dass der stürmi-sche Wind sich dreht. Starker Westwind hat die Fahrt verhindert. Er vertrödelt seine Zeit, und seine Untätigkeit macht ihn ganz krank. Doch endlich steht der Wind günstig, im kleinen Städtchen Biel werden die Segel der «Isabella» gesetzt, er geht an Bord, die Anker werden gelichtet, und das Schiff sticht in See. Bald ver-schwindet die holländische Küste im winterlichen Nebel.

John Locke ist 57 Jahre alt. Er sorgt sich um seine Existenz. Sein äußerst hagerer Körper bereitet ihm Schmerzen. Schon lange leidet er an einer chronischen Bronchitis, und er fürchtet, dass das schlechte englische Wetter und die feuchte, rußige Londoner Luft seine krampfartigen Hustenanfälle verschlimmern werden. Die Zukunft erscheint ihm wie der dichte Nebel, der über dem hori-zontlosen Meer liegt. Er besitzt kaum Vermögen, übt keinen praktischen Beruf aus, mit dem er Geld verdienen könnte, und weiß nicht recht, was er in England tun soll. In seiner Heimat kennt man ihn nur noch als den «Mann, der zu Shaftesbury gehörte», zu diesem schillernden und umstrittenen Politiker, der bereits 1683 im holländischen Exil gestorben ist, wohin ihm sein Schützling gefolgt war.

Locke hat in den letzten zwanzig Jahren zwar viel geschrieben. Er ist davon überzeugt, dass es wichtige Überlegungen zu Politik, Religion und Philosophie sind. Aber nichts davon ist veröffentlicht. Nur einige Freunde haben die Manuskripte zu Gesicht bekommen und mit ihm darüber debattiert. Was ist, wenn die umfangreichen Schriften, die er in Kisten verpackt auf einem anderen Schiff vorausgeschickt hat, die gefährliche Fahrt nicht überstanden haben und in den dunklen Tiefen des Meeres verschwunden sind? Man würde nichts von seinen Gedanken erfahren, die er in so vielen müßigen und schweren Stunden zu Papier gebracht hat, und er sähe sich nicht in der Lage, diese Arbeit noch einmal zu leisten.

Nicht nur seine Zukunft ist ungewiss. Auch die politische Situation, die ihn zur Rückkehr in seine Heimat lockt, ist unsicher. Die Nachrichten, die er in den letzten Wochen erhalten hat, geben zwar Anlass zu der Hoffnung, dass sich die Politik in eine Richtung entwickelt, wie Locke es sich wünscht und gedanklich entworfen und begründet hat. Eine religiöse und politische Machtverschiebung, die als englische «Glorious Revolution» von 1688/89 in die Geschichtsbücher eingehen wird, ist in Gang gekommen.

Locke ist über die wichtigsten Ereignisse, teilweise aus erster Hand, gut informiert. Er glaubt nicht, dass es um eine wirkliche Revolution geht. Eher handelt es sich um eine komplizierte, durch religiöse Differenzen gestörte Familiengeschichte, die militärisch gelöst worden ist: Der protestantische Statthalter der Niederlande, Prinz Wilhelm von Oranien, hat seinen Schwiegervater und Onkel, den katholischen Stuart-König Jakob II., in die Flucht geschlagen. Anlass für seine Aktion ist eine unerwartete Geburt gewesen. Im Juni 1688 brachte Jakobs zweite Frau endlich einen Sohn zur Welt, der Thronfolger werden sollte. Es kursierte zwar das Gerücht, dass ihr ein fremdes Baby in einer gewärmten Bettpfanne untergeschoben worden sei. Aber das war nicht beweisbar. Stärker war die berechtigte Befürchtung einflussreicher protestantischer Männer des höheren und niederen Adels, dass damit der dynastische Anspruch von Jakobs ältester Tochter Maria aus erster Ehe, die mit ihrem Cousin Wilhelm von Oranien verheiratet und protestantisch war, zugunsten eines männlichen katholischen Thronfolgers verlorenging. Das wollten sie verhindern. Überhaupt war ihnen die Rekatholisierung Englands unter Jakob II. verhasst, der nach dem Tod seines Bruders Karl II. 1685 den Thron bestiegen hatte, mit seiner katholikenfreundlichen Personalpolitik alle Anglikaner und Protestanten düpierte und ein enges Bündnis mit dem katholischen französischen König Ludwig XIV. eingegangen war. So forderten sie verschwörerisch Anfang Juli 1688 Wilhelm von Oranien, den Sohn Karls II., Neffen Jakobs II. und Ehemann Marias, zu einer militärischen Intervention auf und versprachen ihm breite Unterstützung. Es gelte, das englische Volk vor «Papismus und Sklaverei» zu retten. Wilhelm sagte zu, stellte in Holland eine Flotte mit einem Heer von 15 000 Mann zusammen, segelte im November 1688 nach England und trieb den überraschten Jakob in die Flucht nach Frankreich, wo er beim absolutistisch herrschenden Sonnenkönig Ludwig XIV. Schutz suchte und fand.

1. Wie Locke der Mann wurde, der zu Shaftesbury gehörte[1]

Während John Locke im Februar 1689 Wilhelm von Oranien über das raue Meer in sein von katholischer Macht befreites Heimatland nachfolgt, geht es um die Klärung wichtiger staatsrechtlicher Probleme. Ist der Thron durch Jakobs Flucht nach Frankreich vakant geworden, oder ist Jakob II. noch immer rechtmäßiger König? Soll Maria, seine Tochter, königliche Nachfolgerin werden oder ihr Mann, der Jakob aus England vertrieben hat? Oder soll die Thronfolge überhaupt vom royalistischen Erbfolgerecht befreit und der souveränen Entscheidung des Volkes und seiner Repräsentanten überlassen werden? Welche Rolle soll der religiöse Glaube bei der Besetzung politischer Ämter spielen? Und wie soll das Verhältnis zwischen Parlament und Krone geregelt werden?

Als John Locke an Bord der «Isabella» nach England zurückkehrt, ist er sich sicher, dass er bereits Wesentliches zur Beantwortung dieser Fragen durchdacht und niedergeschrieben hat. Es sind zwar andere politische Problemsituationen gewesen, in denen er nach philosophisch und rechtlich begründeten Lösungen gesucht hat. Aber alles, was er damals auf Hunderten von Seiten entwickelt hat, gewinnt nun eine aktuelle Relevanz und politische Sprengkraft, wovon er sich zuvor nichts hat träumen lassen. Die zweitägige Fahrt westwärts über die Tiefe Rinne zwischen Holland und England gibt ihm Gelegenheit, sich daran zu erinnern, wie er als Mann, der zu Shaftesbury gehörte, seine neuen Gedanken entwickelt hat. Er denkt vor allem an den schicksalhaften Tag im Juli 1666, als er zum ersten Mal dem First Earl of Shaftesbury begegnet ist, der damals noch kein Graf war, sondern Anthony Ashley Cooper, Baron of Wimborne St. Giles.

Locke weiß, dass ihn erst die Freundschaft mit Shaftesbury zu den philosophischen Gedanken anregte und zu den politischen Überzeugungen motivierte, die für ihn charakteristisch wurden. Auch seine Schriften wären ohne Shaftesburys Einfluss nicht entstanden. Denn bis in sein 34. Lebensjahr ist nicht absehbar gewesen, dass er als Gefolgsmann Shaftesburys zu einem Denker werden konnte, dessen Texte wegweisende Ursprungsdokumente einer liberalen Staatsauffassung, einer großzügigen religiösen Toleranz und einer aufgeklärten Verstandestätigkeit werden sollten. Bis 1666 neigte er eher zu einer konservativen Haltung. Weder gegen die Herrschaft des Stuart-Königs Karl II. (1660–1685) noch gegen die religiöse Vormachtstellung der Anglikanischen Staatskirche mit ihren festgefügten Vorschriften hatte er grundsätzliche Bedenken.

Am 29. August 1632 wurde John Locke als erstes Kind des Rechtsanwalts John Locke senior und seiner Frau Agnes in Wrington, Grafschaft Somerset, geboren. Als Kind und Jugendlicher erlebte er die politischen und religiösen Wirren in der Mitte des 17. Jahrhunderts. Er ängstigte sich, als sein puritanischer Vater 1642 im ersten Bürgerkrieg auf Seiten der Parlamentsarmee gegen die Soldaten der Royalisten kämpfte, die sich für die absolute Macht des Stuart-Königs Karl I. engagierten. Erschrocken hörte er, dass am Ende des zweiten Bürgerkriegs, mit Oliver Cromwell als Führer der Independents als der stärksten puritanischen Sekte, König Karl I. durch einen Sondergerichtshof zum Tode verurteilt worden war und am 30. Juni 1649 das königliche Haupt öffentlich abgehackt und vor den Schaulustigen, die sich in großer Zahl vor dem königlichen Palast von Whitehall versammelt hatten, in die Höhe gehalten wurde. Dann waren die Monarchie, die Anglikanische Staatskirche und das Oberhaus der anglikanischen Bischöfe und adligen Lords abgeschafft worden. England war zu einer Republik geworden, wobei die staatliche Souveränität auf Oliver Cromwell konzentriert war, den Lord Protektor des «Commonwealth of England, Scotland and Ireland» von 1653 bis 1658. Nach Cromwells Tod hatte sich die Volksstimmung vom Puritanismus abgewandt und wieder der Monarchie zugewandt. Elf Jahre nach der Hinrichtung Karls I. wurde sein Sohn Karl II. 1660 zum neuen König. Sofort begann die Restauration der Monarchie. Die Anglikanische Staatskirche gewann ihre religiöse Vormachtstellung zurück, gegen deren Alleinvertretungsanspruch sich jedoch zahlreiche «Dissenters» wandten, protestantisch Andersdenkende, die sich in verschiedenen nonkonformistischen Sekten organisierten.

Der junge Locke nahm die Krise der Jahrhundertmitte aufmerksam zur Kenntnis. Die ständigen politischen Machtverschiebungen und religiösen Konflikte beunruhigten ihn. Doch er hielt sich zurück und versuchte sich auf seine Studien und seine akademische Karriere zu konzentrieren. Als begabtes Kind hatte er für die angesehene Westminster School in London ein Stipendium erhalten, wo er sich neben dem Lernen der alten Sprachen Latein und Griechisch, später dann auch Hebräisch und Arabisch, vor allem für Arithmetik und Geographie interessierte. Während Cromwell auf dem Höhepunkt seiner Macht war, führte Locke seine Studien am berühmten Christ Church College in Oxford fort. Er konzentrierte sich auf Naturphilosophie, Experimentalwissenschaften und Medizin, machte 1656 seinen Bachelor of Arts, zwei Jahre später dann seinen Master of Arts. Er gehörte nun als Dozent zum Lehrkörper des renommierten Christ Church College. Einer erfolgreichen akademischen Laufbahn stand nichts im Wege.

Gegen die Rückkehr eines Stuarts 1660 auf den englischen Thron hatte er nichts einzuwenden. Die Wiederherstellung der Monarchie unter Karl II. begrüßte er mit größter Freude und Genugtuung. Von der königlichen Autorität erhoffte er sich eine Beruhigung der chaotischen politischen Lage im großen Tollhaus England. Auch zog er vor, sich trotz seiner strengen puritanischen Erziehung im elterlichen Haus zur wiederhergestellten Anglikanischen Staatskirche zu bekennen. Gegen das 1662 erlassene «Uniformitätsgesetz» (Act of Uniformity) hatte er keine grundsätzlichen Bedenken. Glaubensvorschriften und liturgische Regelungen sollten die Einheit der Rechtgläubigen garantieren, die sich in Puritaner, Presbyterianer, Sozinianer, Independents, Quäker, Baptisten, Unitarier und andere «Dissenters» zu zerstreuen drohten. Seine politisch-religiöse Grundhaltung war konservativstaatsautoritär. Nur ein starker Souverän und eine vereinheitlichte Staatskirche könnten die Gefahren des religiösen Bürgerkriegs und einer irreführenden Berufung auf das Gewissen bannen, die zur Staatsauflösung zu führen drohte.

Eine Tätigkeit im Kirchen- oder im Staatsdienst bot sich an. 1665 durfte Locke als Sekretär den englischen Gesandten nach Kleve begleiten, damals Sitz des Kurfürsten von Brandenburg, wo ihn die große religiöse Toleranz erstaunte, die im Herzogtum Kleve praktiziert wurde. Lutheraner, Calvinisten und sogar Katholiken durften öffentlich und frei ihren Gottesdienst feiern, auch wenn dem protestantischen Großen Kurfürsten die Katholiken verhasst waren.

Nach seiner Rückkehr aus Kleve wollte Locke sich wieder in Ruhe seinen Forschungen und seiner Lehrtätigkeit widmen. Doch stattdessen geriet er in einen Sturm. Sein Leben nahm eine unerwartete schicksalhafte Wende, als er Anthony Ashley Cooper traf. Es war im Juli 1666. Locke unternahm gerade einige physikalische und chemische Experimente und half seinem Freund Dr. David Thomas bei der Sezierung der Leiche eines Jungen, der an Rachitis gestorben war. Da bat ihn Thomas, aus der Heilquelle in Astrop, in der Nähe von Oxford, einige Flaschen mineralisches Wasser für Baron Ashley zu besorgen, der schon seit vielen Jahren an schrecklichen Schmerzen der rechten Seite litt. Bald darauf kam Ashley selbst nach Oxford. Sein großer Charme, sein kultiviertes Auftreten und seine ästhetische Bildung faszinierten Locke, der wiederum mit seinen medizinischen, philosophischen und naturwissenschaftlichen Kenntnissen Ashley beeindruckte. Gemeinsam fuhren sie nach Astrop.

Anfang Oktober 1666 besuchte Locke zum ersten Mal Ashley in dessen Exeter House in London. In den kommenden Monaten, während sich Locke wieder seinen medizinischen Studien widmete, intensivierte sich ihre Beziehung. Schließlich, im April 1667, nahm er Ashleys Angebot an, mit ihm und seiner Familie in Exeter House zu leben. Seine Stellung war nicht klar bestimmt. Er war zugleich Privatsekretär, philosophischer Berater, politischer Weggefährte, hilfreicher Hausarzt ohne akademisches Doktordiplom und Erzieher von Ashleys fünfzehnjährigem Sohn.

Während Locke sich bisher aus den politischen Wirren der Zeit herausgehalten hatte, war Ashley zeitlebens hochgradig engagiert gewesen, wobei er geschickt auch die Seiten zu wechseln wusste, wenn er es für opportun hielt.[2] Im Bürgerkrieg war er zunächst neutral, dann Royalist, doch bereits ein Jahr später kämpfte er gegen die königliche Armee Karls I. Er wurde Mitglied in Cromwells Staatsrat, wandte sich aber schon bald gegen den Lord Protektor. Als Mitglied des Konventionalparlaments von 1660 verhalf er Karl II. zur Krone und war ein Jahr später zum Schatzkanzler des englischen Königreichs ernannt worden. In dieser Position lernte er schließlich 1666 John Locke kennen.

Das erste größere Problem, zu dessen Lösung Ashley den Rat seines Protegés einholte, betraf eine religiöse Konfliktsituation. Ashley, seit 1667 Mitglied der Regierung unter Karl II., nahm in Glaubensfragen eine recht tolerante Haltung ein. Ein größeres Maß an Freiheit ermögliche ein erfolgreicheres Wirtschaften. Gläubige, die sich nicht in die staatskirchliche Einheit einpassten, sollten nicht von wichtigen Positionen im Staat ferngehalten werden. In dieser Hinsicht wusste Ashley sogar den König auf seiner Seite, der von einer rigiden religiösen Konformität wenig hielt und, wie man vermutete, heimlich sogar mit dem Katholizismus sympathisierte.

Ashley forderte Locke zur grundsätzlichen Klärung der Frage auf, welches Maß an Freiheit und Bindung dem Menschen in religiöser Hinsicht zukommen soll. Unter dem Eindruck seiner Argumente machte Locke sich ans Werk. 1667 schrieb er seine erste größere Toleranzschrift, die einen Wendepunkt in seinem Denken bedeutete: den *Essay on Toleration*. Grundsätzlich ging er nun davon aus, dass der Staat nur dafür da sei, das öffentliche Wohl zu fördern und den Frieden zu erhalten. Um das Seelenheil der Bürger habe er sich nicht zu sorgen. Auch der Gottesdienst müsse nicht streng geregelt werden. Unterschiedliche Rituale der Gläubigen sollten toleriert werden. Und schließlich wandte Locke sich an den König selbst und empfahl ihm, auch den protestantischen Dissenters und Sekten eine Toleranz zu gewähren, die zur Erhaltung und Stabilisierung seines Königreichs mehr beitrage als eine anglikanisch-royalistische Zwangsjacke. Nur die katholischen «Papisten» sollten nicht toleriert werden. Denn ihre Loyalität gegenüber dem römischen Papst als einer ausländischen Macht mache sie für die englische Regierung zu innenpolitischen Fremdkörpern mit destruktiven Meinungen.[3]

Im Londoner Exeter House stand Locke nicht nur Ashley hilfreich zur Seite, unter anderem als Mediziner, als er ihm im Juni 1668 einen großen Tumor entfernen konnte, der sich unter seinen Rippen gebildet hatte und äußerst schmerzhaft war. In sein Zimmer konnte Locke in den kommenden Jahren auch regelmäßig fünf oder sechs Freunde einladen, mit denen er, angeregt durch den Genuss mehrerer Flaschen Wein, offenherzig über Prinzipien der Moral und der Offenbarungsreligion diskutierte. Dabei tauchten immer neue Fragestellungen auf, für die sie keine überzeugenden Antworten finden konnten. Im Frühjahr 1671 waren sie an einem toten Punkt angelangt. Was tun? Locke entschloss sich zu einem radikalen Versuch, über den er später schreiben wird: «Nachdem wir uns so eine Zeitlang abgemüht hatten, ohne einer Lösung der uns quälenden Zweifel irgendwie näherzukommen, kam mir der Gedanke, daß wir einen falschen Weg eingeschlagen hätten und vor Beginn solcher Untersuchungen notwendig unsere eigenen geistigen Anlagen prüfen und zusehen müßten, mit welchen *Objekten* sich zu befassen unser Verstand tauglich sei. Ich setzte das der Gesellschaft auseinander, und alle stimmten mir bereitwillig zu, worauf wir vereinbarten, daß dieser Frage unsere erste Untersuchung gelten sollte.»[4]

Also skizzierte John Locke im Sommer 1671 für sich und seinen kleinen Gesprächskreis seine noch recht flüchtigen und unverdauten Gedanken über das, «was ich über den menschlichen Verstand denke»[5]: *Sic Cogitavit de Intellectu humano Jo: Locke an 1671.* Er dachte über sein eigenes Denkvermögen nach. Was kann ich wissen? Und warum kann ich es wissen? Theologische Dogmen, göttliche Offenbarungen, staatliche Vorschriften, traditionsreiche Überlieferungen oder gelerntes Bücherwissen wollte er nicht als Grundlage seines eigenen Verstandes anerkennen. Die Frage nach dem Grund zielte auf eine andere Begründung. Locke dachte über den Anfang des menschlichen Wissens nach. Dabei kam ihm eine fundamentale Einsicht, eine gleichsam embryonale Idee, die nicht nur sein weiteres Denken bestimmte, sondern auch einen philosophiegeschichtlichen Neuanfang bedeutete. Locke wagte die kühne Behauptung, dass alles Wissen letztlich in der unmittelbaren sinnlichen Wahrnehmung begründet sei und von ihr abgeleitet werden müsse. Es muss ein erhebender Augenblick gewesen sein, als Locke zur Feder griff und seine grundlegende Einsicht niederschrieb. Der menschliche Geist sei für ihn nicht mit angeborenen Ideen ausgestattet, die den Weg seiner Erkenntnis im Voraus festlegen, sondern anfänglich nur eine «tabula rasa», eine leere Tafel, auf der einfache Vorstellungen (wie heiß oder kalt, hell oder dunkel, gelb oder blau, weich oder hart) eingeschrieben werden, die verarbeitet werden, um immer komplexere Ideen zu ergeben. Im Sommer 1671 erweiterte er seine kleine erkenntnistheoretische Skizze zu einem Ersten Entwurf (*Draft A*), den er im Herbst sprachlich glättete und für einen größeren Leserkreis ausformulierte (*Draft B*).[6] Das war die Keimzelle, aus der sich später Lockes philosophisches Hauptwerk entwickeln sollte: sein *Essay concerning Human Understanding*.

2. Die Entdeckung der Menschenrechte

Nach seinem religionskritischen *Essay on Toleration* von 1667 und seinem erkenntnistheoretischen Versuch über den menschlichen Verstand von 1671 wandte sich Locke verstärkt politischen Problemen zu. Wieder ging es um eine grundsätzliche Frage. Auf welchem Grund, mit guten Gründen, basiert eine Regierung? Wie lassen sich königliche Herrschaft, parlamentarische Macht und die Rechte des Volkes legitimieren, und wo liegen ihre jeweiligen Grenzen? Auch bei der Beantwortung dieser Fragen spielte Lockes Mentor mit seinen politischen Aktivitäten die ausschlaggebende Rolle. Es galt, in all den Wirren der politischen Erfolge und Misserfolge nicht den Kopf zu verlieren und eine klare, auch philosophisch gut begründete Position einzunehmen. Das war nicht leicht in diesem Jahrzehnt eines ständigen Auf und Ab, in dem Lord Ashley 1672 zum First Earl of Shaftesbury erhoben worden war, als Lordkanzler die mächtigste Stellung in der Regierung einnahm, dann seinen eigenen liberalen «Green Ribbon Club» gründete, aus dem später die «Whig»-Partei hervorgehen sollte, als Lordkanzler entlassen wurde, 1677 im Tower inhaftiert war und schließlich, wieder freigelassen, eine konsequente antikatholische Politik verfolgte, die ihn gegen Ende der siebziger Jahre in größte Schwierigkeiten brachte.

Dabei drehte sich alles um die Frage der Thronfolge. Gerüchte kursierten, dass der protestantische Karl II. ermordet werden sollte, um seinen römisch-katholischen Bruder Jakob, Herzog von York, zum neuen König machen zu können. Papistenfurcht und antikatholische Hysterie bestimmten das politische Klima, in dem es zur «Exclusion Crisis» von 1679 bis 1681 kam, in der sich Shaftesbury als politische Schlüsselfigur mit all seinen Mitteln dafür einsetzte, dass ein Katholik unbedingt von der Thronfolge ausgeschlossen werden müsse. Es wurden mehrere «Exclusion Parliaments» einberufen und vom König wieder aufgelöst. Auch ein gewaltsamer Staatsstreich wurde geplant, um einen katholischen König und die Wiedereinführung des Katholizismus in England zu verhindern.

Auf dem turbulenten Höhepunkt der Ausschluss-Krise bat Shaftesbury seinen besten Mann um argumentative Hilfe. John Locke sollte die Regierungsgewalt einer philosophischen Untersuchung unterziehen, wobei mit «government» die gesamte staatliche Rechts- und Institutionenordnung gemeint war. Die Souveränität des Königs, die dynastische Thronfolge, die Bedeutung des religiösen Glaubens und der kirchlichen Organisationen, die Macht des Parlaments und das Widerstandsrecht des Volkes rückten ab 1680 ins Zentrum von Lockes Überlegungen zur Politischen Philosophie.[7]

Als seinen diskursiven Gegner nahm er sich zunächst Sir Robert Filmer vor, einen streng royalistisch denkenden Landadeligen, dessen Streitschrift *Patriarcha, or the Natural Power of Kings* gerade publiziert worden war. Das Manuskript hatte Filmer, der 1654 gestorben war, zwar schon während der Bürgerkriege in den vierziger Jahren geschrieben. Doch erst jetzt, während der Exclusion Crisis, konnte es seinen politischen Gehalt voll zur Geltung bringen. Von den royalistischen Verfechtern eines Stuart-Absolutismus wurde es quasi zur offiziellen Staatsdoktrin erklärt: Die «natürliche Gewalt der Könige» sei, wie auch die Macht des Familienvaters über seine Frau und seine Kinder, ursprünglich von Gott an Adam übertragen worden. Die absolute Autorität Adams, des ersten Vaters und Königs, sei der Archetyp einer paternalistischen Herrschaft, die gottgewollt sei. Sie dürfe nicht in Frage gestellt werden. Gegen den Souverän Widerstand zu leisten breche das Gebot, seinen Vater zu lieben, und einen König abzusetzen sei Vatermord.

Gegen diese Vergöttlichung der königlichen Macht begann Locke Anfang 1680 seine *Erste Abhandlung über die Regierung* zu schreiben, in der er die Prinzipien und Begründungen von Sir

Robert Filmer und seiner Nachfolger als unbegründet zurückzuweisen versuchte. Denn nicht nur gebe es für die göttliche Einsetzung Adams als Urkönig, dessen legitime Herrschergewalt sich in kontinuierlicher Erbfolge auf die heutigen Könige übertrage, keine biblischen Belege. Auch sei die Gleichsetzung von väterlicher, königlicher und erblicher Gewalt unhaltbar. Nach der Niederschrift seines *First Treatise on Government* war Locke davon überzeugt, nachgewiesen zu haben, dass es unmöglich sei, «daß die jetzigen Herrscher der Erde aus dem, was als die Quelle aller Macht angesehen wird, nämlich *Adams persönliche Herrschaft und väterliche Gerichtsbarkeit*, irgendwelchen Gewinn ziehen oder auch nur eine Spur von Autorität ableiten können».[8]

In den kommenden Jahren versuchte er dann, über den wahren Ursprung, die Reichweite und den Zweck der staatlichen Regierung aufzuklären. 1681 bis 1683 schrieb er an seinem *Second Treatise*. Wie in den erkenntnistheoretischen Reflexionen über den menschlichen Verstand, die er zehn Jahre zuvor begonnen hatte, rückte er das neue Problem wieder in eine zeitliche Dimension. Die politisch-philosophische Frage nach dem legitimen Grund der Regierung wurde auf den Naturzustand ausgerichtet, in dem sich die Menschen ursprünglich befanden. Er diente ihm zur Begründung der Rechte und der Pflichten jedes Menschen in den seither gebildeten politischen Gesellschaften. Dabei schien ihm auch jetzt seine Grundeinsicht wie ein Licht aufgegangen zu sein, das sein weiteres Lebenswerk durchstrahlen sollte.

Gegen Adam und dessen Paradies gerichtet schrieb er seine ersten Sätze, mit denen er ein gänzlich anderes Bild als Sir Filmer entwarf: Der anfängliche natürliche Zustand der Menschen «ist ein Zustand *vollkommener Freiheit*, innerhalb der Grenzen des Gesetzes der Natur ihre Handlungen zu regeln und über ihren Besitz und ihre Persönlichkeit so zu verfügen, wie es ihnen am besten scheint, ohne dabei jemanden um Erlaubnis zu bitten oder vom Willen eines anderen abhängig zu sein. Es ist darüber hinaus

ein *Zustand der Gleichheit*, in dem alle Macht und Rechtsprechung wechselseitig sind.»[9] Gegen die *Natural Power of Kings*
brachte Locke die Freiheit und Gleichheit ins Spiel, die den Menschen von Natur aus zukommen und die auch in den notwendig
gewordenen politischen Gesellschaften beachtet werden sollten.
«Zum gegenseitigen *Schutz* ihres Lebens, ihrer Freiheiten und ihres Vermögens»[10] (life, liberty and estate), die Locke für den naturgegebenen Besitz (property) des Menschen hielt, haben sie sich
freiwillig zu einem «common wealth» vereinigt, um mittels einer
vertraglich geregelten und allgemein anerkannten Regierung die
drohenden Konflikte zwischen den Individuen durch gesetzliche
Maßnahmen lösen zu können.

Was Locke als natürliches Eigentum des Menschen bestimmte,
als das ihm Eigentümliche, wurde von ihm zwar historisch gedacht. Es verwies auf einen Ursprung. Aber diese geschichtliche
Perspektive wurde von ihm zugleich ins Überzeitliche gewendet.
Sie führte vor Augen, was dem Menschen wesentlich zukommt.
Der Naturzustand erhellte das «von Natur Rechte», das Locke
als das normative Modell eines «für Menschen Rechten» begriff.
Seine *Zweite Abhandlung über die Regierung* lieferte den vernünftigen Grund dafür, das Natur-Recht in ein Menschen-Recht zu
übersetzen. Den für die neuzeitliche Ideengeschichte entscheidenden und wegweisenden Schritt vom Naturrecht zu den *Menschenrechten* vollzog er im § 6: «Im *Naturzustand* herrscht ein natürliches Gesetz, das jeden verpflichtet. Und die Vernunft, der
dieses Gesetz entspricht, lehrt die Menschheit, wenn sie sie nur befragen will, daß niemand einem anderen, da alle gleich und unabhängig sind, an seinem Leben und Besitz, seiner Gesundheit und
Freiheit Schaden zufügen soll.»[11] Als Standardformel seiner natürlichen Rechtsgüter hat Locke wiederholt die Trias von Leben, Freiheit und Eigentum benutzt: *life, liberty and estate.* Er verstand sie
als angeborene, unantastbare und unveräußerliche Ur-Rechte, die
dem Menschen als Menschen zukommen, und zwar allen Men-

schen in gleicher Weise. Das Recht auf Leben ist der elementarste Ausdruck der Selbsterhaltung und Voraussetzung menschlicher Handlungsmöglichkeiten; das Recht auf Freiheit weist Hindernisse und Zwänge zurück, die der Entfaltung menschlicher Kräfte im Wege stehen; und das Recht auf Eigentum betrifft ursprünglich den eigenen menschlichen Körper, durch dessen Arbeit jeder Mensch sich seinen Besitz erarbeiten kann.

Mit diesen natürlichen Menschenrechten waren auch die staatliche und die königliche Macht in ihre Grenzen verwiesen worden: Das natürliche Gesetz ist stärker als die bestehende Rechtsposition des Königs oder der Regierung. Ein König kann abgesetzt und eine Regierung kann aufgelöst werden, wenn sie gegen das in sie gesetzte Vertrauen verstoßen und sich zu willkürlichen Herrschern über die drei naturgegebenen Güter des Menschen machen; und eine Auflösung der Regierung ist auch möglich, wenn durch den König oder durch die Legislative das Volk «unter das Joch einer fremden Macht» gebracht wird. Denn das Volk ist mit dem Ziel in die Gesellschaft eingetreten, als eine einheitliche, freie, unabhängige Gesellschaft erhalten zu bleiben und nach ihren eigenen Gesetzen regiert zu werden. Dieses Ziel geht aber verloren, sobald das Volk der Gewalt eines anderen ausgeliefert wird.

Damit ging Locke weiter als alle anderen politischen Denker seiner Zeit, wobei er sich unausgesprochen auf die bevorstehende Thronfolge bezog. Schließlich noch ein letzter Schritt: Ja, die Menschen haben sogar das Recht, gegen drohende Übel vorzugehen, bevor sie eintreten und nicht mehr zu heilen sind. Es ist legitim, sich um seine Freiheit zu kümmern, bevor man zum Sklaven geworden ist. Denn «die Menschen könnten vor der Tyrannei niemals sicher sein, wenn es kein Mittel gibt, ihr zu entrinnen, bevor sie ihr völlig unterworfen sind. Daher haben sie nicht nur ein Recht, sich von der Tyrannei zu befreien, sondern auch ein Recht, sie zu verhindern.»[12]

Lockes Abhandlungen über die Regierung lieferten Shaftesbury Munition in seinem Kampf gegen Jakob von York, der die Nachfolge seines kranken Bruders Karl anzutreten drohte. Denn als strenggläubiger Katholik würde er sich und das englische Volk der päpstlichen Macht in Rom unterordnen. Das galt es zu verhindern. Auch gegen die autoritäre Herrschaft Karls II. organisierte Shaftesbury die parlamentarische Opposition. Der Gegenschlag ließ nicht lange auf sich warten. Das Parlament wurde aufgelöst, Shaftesbury im Juli 1681 verhaftet, in den Tower geworfen und des Hochverrats angeklagt. Es kam dann zwar zu keinem Prozess vor der «Grand Jury», und Shaftesbury wurde gegen Kaution freigelassen. Kaum in Freiheit, schmiedete er Pläne zur gewaltsamen Absetzung des Königs. Die Verschwörung wurde durch Spitzel aufgedeckt und ein neuer Haftbefehl ausgestellt. Shaftesbury zog es vor, seiner Verhaftung zuvorzukommen. Er floh nach Holland ins Exil, wo er schon bald nach seiner Ankunft am 21. Januar 1683 starb.

Die Stellung von Locke, der zu Shaftesbury gehörte, war in diesen krisengeschüttelten Jahren immer unsicherer geworden. Sorgsam versteckte er seine Manuskripte, damit sie nicht in die Hände der Staatsgewalt fielen. Geschickt entzog er sich der Überwachung durch die Spitzel des Königs, die nur berichten konnten: «Niemand weiß, wohin er geht oder wann er geht oder wann er zurückkommt. Sicherlich steckt eine Intrige der Whigs dahinter, aber von ihm selbst hört man hier kein Wort über Politik, keine Nachrichten und nichts über die gegenwärtigen Ereignisse, als ob er mit ihnen überhaupt nichts zu tun hätte.»[13] Doch was würde passieren, wenn man seine Abhandlungen über die Regierung fände? Würde es ihm wie dem Staatstheoretiker Algernon Sidney ergehen, der gerade hingerichtet worden war, weil man bei ihm ein Manuskript über die Regierung (*Discourses concerning Government*) gefunden hatte, in dem er die liberale Staatsauffassung der Whigs verteidigte? Locke war sich seines Lebens in

EIN KERZENLICHT IN DER DUNKELHEIT

England nicht mehr sicher. Er entschied sich, wie Shaftesbury zuvor, nach Holland zu gehen.

3. Die Strahlkraft der Aufklärung ist begrenzt

Am 7. September 1683 kam John Locke in Rotterdam an, zwei Tage später war er in Amsterdam. Damit begann sein fünfeinhalbjähriges Exil in Holland, das im 17. Jahrhundert zu einer Zufluchtsstätte religiöser Nonkonformisten und politischer Flüchtlinge aus vielen Ländern geworden war, seit den achtziger Jahren auch ein Sammelbecken der englischen Oppositionellen, die von hier aus ihre Umsturzpläne schmiedeten. Locke scheint sich von ihnen ferngehalten zu haben. Doch das schützte ihn nicht vor der Verfolgung seitens englischer Agenten, die sich verschärfte, nachdem Karls Bruder im Februar 1685 als Jakob II. den Thron bestiegen hatte. Lockes Name tauchte auf einer Liste von Verschwörern auf. Die englische Regierung wünschte seine Auslieferung. Seine Mitgliedschaft im Oxforder Christ Church College wurde aberkannt. Was sollte er tun? Er hielt es für ratsam, unter verschiedenen Namen sich in den Häusern neu gefundener holländischer Freunde zu verstecken, die er meist nur nach Einbruch der Dunkelheit zu verlassen wagte. Die lange Zeit der unfreiwilligen Muße nutzte er zur Weiterarbeit an seinen bereits geschriebenen Manuskripten über den menschlichen Verstand, die religiöse Toleranz und die politische Gesellschaftsstruktur. Er schärfte sie gedanklich zu, baute seine Begründungen aus und brachte sie in eine stilistisch ausgefeilte Form.

Seine beiden *Abhandlungen über die Regierung*, die er während der Exclusion Crisis geschrieben hatte, hielt er für weitgehend abgeschlossen. Er fügte nur wenige Änderungen hinzu. Dagegen schienen ihm seine Überlegungen über den menschlichen Verstand nur ein Haufen wirren Zeugs zu sein. Vierzehn Jahre zuvor hatte er sie skizzenhaft in recht unzusammenhängenden Absätzen für vertraute, gleichgesinnte Freunde niedergeschrieben, mit denen er sich seit 1671 in Ashleys Londoner Exeter House getroffen hatte, um über Gott und die Welt, Glauben und Wissen, Offenbarungsreligion und selbst zu verantwortende Moralität zu räsonieren. Jetzt musste er sie fern der Heimat allein zu Ende denken. Hier war noch viel zu tun.

Zunächst galt es, die Problemsituation klarzumachen, in der sich vernünftige Menschen in diesen unruhigen Zeiten politischer und religiöser Konflikte befanden. Locke schrieb ein erstes einleitendes Kapitel, in dem er grundsätzlich klärte, was auf dem Spiel stand. In jedem Satz spürt man die hochgradige geistige und existenzielle Spannung, für die Locke eine grundsätzliche Lösung anstrebte: Auf der einen Seite war er davon überzeugt, dass die Menschen über einen Verstand verfügen, der sichere Erkenntnisse ermöglicht. Im Reich der Natur ist der Mensch ein herausgehobenes Lebewesen, dessen einzigartiger Verstand eine erhabene Würde besitzt. Er ist ein Wunder, dessen Untersuchung nicht nur der Mühe wert ist, sondern auch großes intellektuelles Vergnügen bereitet. Wenn wir mit unserer Verstandestätigkeit den Verstand zu seinem eigenen Objekt machen, können wir uns darüber freuen, dass uns selbstreflexiv bewusst wird, was uns als Menschen wesentlich auszeichnet. Denn das «Licht, das wir auf unseren Geist fallen lassen können», vermag zu vertreiben, «was uns über uns selbst so sehr im Dunkeln läßt».[14]

Das war die andere Seite, die Locke zur Untersuchung des Verstandes anregte. Die geistige Situation der Zeit war verdunkelt. In den Wirren der konfessionellen und staatlichen Kämpfe schwirrten die verschiedenartigsten und widersprüchlichsten Meinungen umher. Irrtümer, unbewiesene Behauptungen, äußerst unwahrscheinliche Vermutungen, unvernünftige Glaubensformen und ein schwärmerischer Übereifer, der sich gewaltsam gegen Andersgläubige richtete, waren an der Tagesordnung, und es gab viele Zeitgenossen, die sie mit unversöhnlicher Entschlossenheit durchzusetzen versuchten. Am Verstand der meisten Menschen konnte gezweifelt werden. Es bestand ausreichend Grund zum radikalen skeptischen Argwohn, «dass es entweder so etwas wie die Wahrheit überhaupt nicht gebe oder dass die Menschen nicht über ausreichende Mittel verfügen, um eine sichere Kenntnis von ihr zu erlangen».[15]

Für Locke konnte es nur eine Lösung geben, um diesen Widerstreit von Licht und Dunkelheit, Vernunftvertrauen und Skeptizismus schlichten zu können. Es galt, bloße Meinung und sichere Erkenntnis voneinander abzugrenzen. Lockes Untersuchung des menschlichen Verstandes wurde durch eine Doppelfrage angeregt: Was können wir wissen? Und was entzieht sich unserer Kenntnis? Es ging um eine kritische Grenzziehung. Locke erklärte es zu seinem Ziel, einerseits Ursprung, Gewissheit und Umfang der menschlichen Erkenntnis zu untersuchen, andererseits sich über die Eigenarten und Grundlagen von Glauben (belief) und Meinung (opinion) klar zu werden und die abgestuften Gründe der Zustimmung (assent) freizulegen, die wir Sätzen gewähren, von deren Wahrheit wir keine sichere Kenntnis haben können. Die selbstbezügliche Untersuchung des Verstandes sollte «die Grenzlinie ausfindig machen, die den erhellten und den dunklen Teil der Dinge, das für uns Faßliche und das Unfaßliche voneinander scheidet».[16]

Diese Grenzziehung verband Locke mit einem Plädoyer für intellektuelle Bescheidenheit. Überzeugt davon, dass der Mensch über erstaunliche Verstandeskräfte verfügt, die den erkennbaren Dingen angemessen sind und wahre Aussagen ermöglichen, sah er keinen Grund, die Beschränktheit unseres Geistes grundsätzlich zu beklagen. Sein Licht reiche weit genug, um die Dinge zu erhellen, die für uns von Nutzen sein können. Aber es gebe gute Gründe, sich mit unserer Unwissenheit in Bereichen abzufinden, die unsere Fassungskraft übersteigen. «Wir würden dann vielleicht nicht so vorschnell sein, aus einem Streben nach allumfassender Erkenntnis heraus Fragen aufzuwerfen und uns selbst und andere mit Streitgesprächen zu verwirren über Dinge, denen unser Verstand nicht gewachsen ist und von denen wir in unserem Geist keinerlei klare und deutliche Wahrnehmungen vermögen oder für die wir (wie es vielleicht nur allzu oft der Fall gewesen ist) überhaupt keine Begriffe haben.»[17]

Zunächst waren es nur Bilder, mit denen Locke seine Grenzziehung anschaulich und plausibel machte. Er erinnerte an den Seefahrer, der die Länge seiner Lotleine kennt, auch wenn er damit nicht alle Tiefen der Weltmeere ergründen kann. Sie ist jedenfalls nützlich und lang genug, um dort den Grund zu erreichen, wo es notwendig ist, um den sicheren Kurs zu bestimmen und gefährlichen Untiefen auszuweichen. So sollten auch die Menschen ihre Gedanken nicht in jene dunklen Tiefen hinabdringen lassen, wo sie keinen sicheren Boden mehr finden können. Ihre Gedanken würden sich nur verwirren, und ihre Streitgespräche fänden kein Ende. Ebenso wenig macht es für einen erfahrenen Seemann Sinn, seinem nautischen Verstand auf dem unermesslichen und grenzenlosen Ozean freien Lauf zu lassen, statt sich auf die Fahrt zu konzentrieren, die ihn sicher zu seinem Ziel bringen kann.

Doch das schönste und folgenreichste Bild war das Licht. Locke sprach zwar noch nicht von «enlightenment». Aber das Licht, das er selbstreflexiv auf den menschlichen Verstand und dessen mögliche Gegenstände warf, sollte erhellen, was wir wissen können und was in der Dunkelheit des Unwissens verschwimmt und verschwindet. Es konnte für Locke nicht das Licht einer Sonne sein, die alles hell erleuchtet, als läge es schattenlos da auf der grenzenlosen Ebene des Seins. Es glich eher einem Kerzenlicht, das den Menschen hilft, sich in den dunklen Räumen zu orientieren, in denen sie sich befinden, umgeben von grauen Schatten und tiefster Schwärze. Es kam darauf an, seine begrenzte Reichweite für die Erkenntnis der Dinge zu nutzen, statt skeptisch zu resignieren oder völlig gedankenlos zu werden. «Es ist für einen trägen und eigensinnigen Diener, der seine Arbeit bei Kerzenlicht nicht verrichten mag, keine Entschuldigung, sich darauf zu berufen, daß er keinen hellen Sonnenschein gehabt habe. Die Leuchte, die in uns entzündet ist, strahlt für alle unsere Zwecke hell genug. Die Entdeckungen, die wir mit ihrer Hilfe machen können, müssen uns genügen. Und wir gebrauchen unseren Verstand dann richtig, wenn wir alle Objekte in der Weise und in dem Maße betrachten, wie es unseren Fähigkeiten entspricht, und wenn wir sie auf solche Gründe hin untersuchen, die uns zugänglich sind, nicht aber unbedingt in maßloser Weise einen Beweis verlangen und Gewißheit fordern, wo nur Wahrscheinlichkeit zu erlangen ist, die ausreicht, um alle unsere Angelegenheiten zu besorgen.»[18]

Die Epoche der europäischen Aufklärung begann bei «candlelight» mit einem erkenntniskritischen Versuch. Lockes *Essay concerning Human Understanding* versuchte Licht zu bringen in den Grund, die Kraft und die Reichweite des menschlichen Verstandes. Die Grundlage fand er in einfachen sinnlichen Wahrnehmungen (sensations) und ihren Reflexionen (reflections) im menschlichen Bewusstsein, von denen ausgehend der menschliche Verstand konstruktiv zu immer komplexeren Ideen gelangen kann. Locke folgte seinem erfahrungsorientierten Weg bis zu den Wahrscheinlichkeiten des Vermutungswissens und den Irrtümern unserer Urteilskraft, wenn wir etwas für wahr behaupten, was nicht wahr ist. Am Ende versuchte er das Verhältnis zwischen Wissen und Glauben zu klären und ihre verschiedenen Gebiete zu beleuchten. Scharfsinnig unterzog er überlieferte religiöse Offenbarungen einer kritischen Prüfung, wobei er die Behauptung wagte, «daß durch Offenbarung uns dieselben Wahrheiten enthüllt und überliefert werden können, die wir auch mit Hilfe der Vernunft und der auf natürlichem Wege erlangten Ideen entdecken können».[19] Er war nicht mehr bereit, sich auf seinem Weg durch Glaubenssätze verwirren zu lassen, die unserer Erkenntnis widersprechen. Dass zum Beispiel die Toten auferstehen und wieder leben werden, galt ihm als eine reine Glaubenssache, über die wir nichts wissen können. Gegen die offenbarten Sätze der Religion ließ er die Vernunft zur Sprache kommen. «Wenn irgend etwas als Offenbarung ausgegeben wird, das den einleuchtenden Prinzipien der Vernunft und der offensichtlichen Erkenntnis des Geistes von seinen eigenen klaren und deutlichen Ideen widerspricht, so muß die Vernunft gehört werden, da sie auf diesem Gebiet zuständig ist.»[20]

Das Kerzenlicht des Aufklärers war einleuchtend. Mit begrenzter Reichweite strahlte es hinein in die zwielichtige Dunkelheit des noch nicht Erkannten; seine Leuchtkraft reichte nicht in die tiefe Schwärze des Unerkennbaren. Ganz anders verhielt es sich mit der erleuchteten «Schwärmerei» (enthusiasm), der sich Locke am Schluss seines Versuchs über den menschlichen Verstand zuwandte. Unmittelbar erleuchtet vom Geist Gottes glaubten die Schwärmer das Licht der Sonne zu sehen. Locke wollte ihnen nicht abstreiten, dass sie die Wahrnehmung dieses klaren Lichts zu haben glaubten. Doch er entschloss sich, den «himmlischen Strahl mit unserer trüben Leuchte, der Vernunft, zu prüfen».[21] Was sich ihm dabei zeigte, war nichts anderes als ein enthusiastischer Gefühlsüberschwang, der weder auf der Vernunft noch auf göttlicher Offenbarung begründet war, sondern «den Eingebungen eines erhitzten und eingebildeten Gehirns»[22] entsprang. Befreit von jeder gedanklichen Überlegung, steigerte sich der Schwärmer in eine göttliche Autorität, die, nüchtern betrachtet, nur aus dem eigenen Inneren stammte.

4. Ein Brief über Toleranz

Während Locke gerade dabei war, seine Gedanken über den menschlichen Verstand zu klären, sah er sich erneut einem Problem konfrontiert, das ihn schon früher beunruhigt hatte. Die permanenten Konflikte zwischen zahlreichen Sekten, religiösen Bekenntnissen, kirchlichen und staatlichen Machtzentren hatten ihn zu Überlegungen über die Toleranz angeregt, die eine neue Aktualität gewannen. Was befürchtet worden war und schon um 1680 in England zu einer Staatskrise (Exclusion Crisis) geführt hatte, war Wirklichkeit geworden. Nach dem Tod Karls II. bestieg im Februar 1685 sein Bruder als Jakob II. den Thron. Ein Katholik war König im protestantischen England.

Das konnte zunächst als vorübergehendes Zwischenspiel von der Nation noch akzeptiert werden. Doch bald begann man sich zu ängstigen, dass auch England von den französischen Ereignissen eingeholt werde. Am 18. Oktober 1685 hob nämlich der katholische Sonnenkönig Ludwig XIV. in Frankreich das «Edikt von Nantes» von 1598 auf. War unter diesem Edikt den protestantischen Hugenotten im katholischen Frankreich volle Gewissensfreiheit und in gewissen Grenzen auch die offene Ausübung ihrer Religion gewährt worden, so verschlechterte sich nun ihre Situation dramatisch. Ihre Kultfreiheit wurde aufgehoben, protestantische Erziehung und Auswanderung von Protestanten wurden verboten. Ihre Kirchen wurden zerstört, ihre Schulen geschlossen, und ihr Leben war einer willkürlichen Gewalt ausgeliefert. Grausame Morde waren alltäglich, und durch Folter wurden Konversionen erzwungen. Die Aufhebung des Edikts von Nantes führte zu einem neuen Flüchtlingsstrom, vor allem nach Holland, wo die verfolgten Hugenotten sich sicher fühlen konnten. Zugleich steigerten die Ereignisse die Befürchtung der hier lebenden englischen Exilanten, dass es auch in England zu ähnlichen Verhältnissen wie in Frankreich kommen könnte.

Als am 10. Juni 1688 ein Sohn des katholischen Jakob II. zur Welt kam, wuchs die Furcht vor einer systematischen Gegenreformation in England. Es gab also gute Gründe für Locke, sich Ende des Jahres 1688 noch einmal grundsätzlich mit dem Problem der religiösen Toleranz zu beschäftigen. Was sind die Aufgaben von Staat und Kirche? Müssen Staat und Kirche gegenüber Andersgläubigen tolerant sein? Wie weit reichen die Rechte der Kirche hinsichtlich unterschiedlicher Kulte und Glaubensformen? Und wie groß darf die Freiheit des Glaubens sein, ohne die friedliche politische Gemeinschaft der Staatsbürger zu gefährden?

Unmittelbaren Anlass, sich diesen Fragen zu stellen, bot eine neue Bekanntschaft. War es zwei Jahrzehnte zuvor Lord Ashley gewesen, der Locke zu seinem *Essay on Toleration* angeregt hatte, so war es nun Philippus van Limborch, mit dem sich Locke in seinem holländischen Exil angefreundet hatte. Limborch, Professor der Theologie am Seminar der Remonstranten in Amsterdam und Bischof der «Remonstrantse Broederschap», war einer der führenden Männer dieser brüderlichen Sekte, die entschieden die calvinistische Lehre der Prädestination «zurückwies» (remonstrare): Der Mensch sei weder durch eine Erbsünde vorbelastet noch durch Gottes Gnade und das Sühneopfer Christi zum Glauben und Seelenheil vorherbestimmt. Er werde vielmehr als ein freies Wesen geboren, das sich mit freiem Willen und aus innerer Überzeugung für jenes tugendhafte und gottgefällige Leben entscheiden könne, von dem im Neuen Testament die Rede ist. Dabei gebe es nur wenige wesentliche Dogmen, an die ein Christ unbedingt glauben müsse, und diese stimmten mit einer vernünftigen humanistischen Überzeugung überein. Jeder Zwang von außen sei abzulehnen und Toleranz gegenüber anderen religiösen Bekenntnissen ein Gebot christlicher Nächstenliebe.

Limborch interessierte, was sein Freund Locke von dieser remonstrantischen Toleranz hielt, die durch die aktuellen Ereignisse in Frankreich und England auf eine harte Probe gestellt wurde. Locke nahm sich seinen alten *Essay* vor und erweiterte ihn zu seinem *Brief über Toleranz*, den er im November und Anfang Dezember 1688 für Limborch verfasste. Bereits mit den ersten Sätzen seiner lateinisch geschriebenen *Epistola de Tolerantia* legte er den Grund, auf dem er seine weitere Argumentation aufbaute, die diesen Brief zur fundamentalen Programmschrift eines aufgeklärten christlichen Glaubens macht: «Geehrter Herr. Da es Euch gefällig ist, Euch zu erkundigen, was ich über die wechselseitige Duldung (tolerantia) der Christen verschiedenen religiösen Bekenntnisses denke, muß ich Euch freimütig antworten, daß ich Duldung für das hauptsächlichste Kennzeichen der wahren Kirche erachte. Mögen einige auch viel Rühmens machen von den altertümlichen Stätten und Namen oder von dem Gepränge des äußeren Gottesdienstes; andere von der Reformation ihrer Lehre; alle von der Orthodoxie ihres Glaubens – denn jeder ist in seinen eigenen Augen orthodox – so sind doch diese Dinge und alle anderen dieser Natur viel eher kennzeichnend für Menschen, die für Macht und Herrschaft übereinander streiten, als für die Kirche Christi. Mag jemand einen noch so begründeten Anspruch auf alle diese Dinge haben, aber wenn er der Mildtätigkeit, der Sanftmut und des guten Willens überhaupt gegen alle Menschen, selbst wenn sie nicht Christen sind, bar ist, so ist er gewiß weit davon entfernt, selber ein guter Christ zu sein.»[23]

Gegen den Willen zur Macht, der zu unversöhnlichem Streit, geistlicher Herrschaft, gewaltsamem Zwang und grausamer Verfolgung führen kann, plädierte Locke für eine «wahrhaft christliche Kirche». All die Tumulte und Kriege, die es in der christlichen Welt wegen der Religion gegeben hatte, ließen ihn zunächst das Bild einer Kirche entwerfen, in der die Freiheit von größtem Wert sein sollte. Sie konnte, ähnlich wie der politische Staat freier Bürger, für den liberalen Locke keine Vereinigung sein, in die man hineingeboren wird oder hineingezwungen werden kann. Für ihn war Kirche eine freie und auf Freiwilligkeit beruhende Gesellschaft von Menschen, «die sich nach eigner Vereinbarung zusammentun, um Gott in der Weise zu verehren, die sie als annehmbar für ihn und als wirksam für ihr Seelenheil betrachten»[24]. Weil niemand von Natur aus als Mitglied einer besonderen Kirche oder

Sekte geboren wird, kann jeder ebenso frei wieder austreten, wenn er es für sinnvoll oder vernünftig hält.

Wahrhaft christlich kann eine solche Kirche nur sein, wenn sie sich nicht auf äußeren Pomp, vorgeschriebene kultische Rituale, staatliche Herrschaft oder rein spekulative Glaubensdogmen fixiert, sondern den Geist des Evangeliums lebendig hält, für das die Heiligkeit des Lebens, der Wille zum Guten, eine sanftmütige Gesinnung und ein werktätiger Glaube der Liebe wesentlich sind. Und nicht zu vergessen: auch die Toleranz gegenüber Andersgläubigen. «Die Duldung derer, die von andern in Religionssachen abweichen, ist mit dem Evangelium Jesu Christi und der unverfälschten menschlichen Vernunft so sehr in Übereinstimmung, dass es ungeheuerlich scheint, wenn Menschen so blind sind, ihre Notwendigkeit und Vorzüglichkeit bei so hellem Lichte nicht zu gewahren.»[25]

Locke übersah nicht die Schwierigkeiten, die sich für die christliche Kirche und die staatliche Obrigkeit aus einem zu weit gefassten Toleranzgebot ergeben mussten. Er versuchte die Frage zu beantworten: «Wieweit sich die Pflicht der Duldung erstreckt und was durch sie von jedermann gefordert wird.»[26] Die angestrebte Grenzziehung war in kirchlicher Hinsicht nicht einfach. Das Licht der Vernunft schien nicht hell genug, um sie klar und deutlich zu markieren, und manchmal konnte Locke sich nur durch einen Appell an Gott als den einzigen und obersten Richter aus der Bredouille ziehen. Sicher war er sich dagegen im Blick auf die staatliche Toleranzpflicht. Sie gelte unbegrenzt, weil die Staatsgewalt grundsätzlich nichts mit dem Seelenheil und dem religiösen Glauben der Menschen zu tun habe. Ihre Aufgabe beschränke sich auf den Schutz des Lebens, der Freiheit und des äußeren Besitzes der Staatsbürger. Locke scheute sich nicht vor der Konsequenz, die sich aus einer Trennung von Kirche und Staat ergab: «Ja, wenn wir offen die Wahrheit sagen sollen, wie es sich von Mann zu Mann gebührt, so darf weder ein Heide noch Moham-

EIN KERZENLICHT IN DER DUNKELHEIT

medaner noch Jude wegen seiner Religion von den bürgerlichen Rechten des Gemeinwesens ausgeschlossen sein.»[27]

Angesichts dieser weit ausgreifenden Toleranz mag es überraschen, dass Locke am Ende seines Briefes zwei Gruppen nicht zu tolerieren vermochte: die katholischen Papisten und die Atheisten. Man hat ihm deshalb später vorgeworfen, eine logische Inkonsequenz begangen zu haben. Denn der Ausschluss der römisch-katholischen Kirche und der Gottesleugner von der Toleranz widerspreche seinem grundlegenden Bekenntnis, «dass ich Duldung für das hauptsächlichste Kennzeichen der wahren Kirche erachte». Doch man sollte nicht übersehen, dass John Lockes religionspolitische Überlegungen von Anfang an durch den Konflikt mit katholischen Machtansprüchen motiviert worden waren. In der Ausschlusskrise, in der ein katholischer Thronfolger verhindert werden sollte, war er auf Seiten von Shaftesbury gewesen; durch die Thronbesteigung Jakobs II. begann eine katholische Restaurationsbewegung, in der die Macht des Papstes in Rom über die Souveränität des englischen Volkes gestellt zu werden drohte; und schließlich ließ die Aufhebung des Edikts von Nantes befürchten, was auch England an schrecklicher Intoleranz bevorstand, wenn sich die katholische Dynastie dauerhaft einrichten sollte.

Lockes Argument gegen die römisch-katholische Kirche war deshalb auch nicht theologisch begründet oder aus der Vernunft abgeleitet. Er wollte sie nicht dulden aus rein politischen Gründen: «Diejenige Kirche kann kein Recht haben, von der Obrigkeit geduldet zu werden, die auf einem solchen Boden errichtet ist, daß alle, die ihr zugehören, sich dadurch ipso facto unter den Schutz und in den Dienst eines anderen Fürsten begeben. Denn damit würde die Obrigkeit die Niederlassung einer fremden Rechtsgewalt in ihrem eignen Lande einräumen und leiden, daß die Angehörigen ihres eignen Volkes gleichsam als Soldaten gegen ihre eigne Regierung in Stammrollen eingetragen werden.»[28]

Zu lange war Locke in den Konflikt um eine katholische Thronfolge eingebunden gewesen, um hinsichtlich der Papisten über
seinen Schatten springen zu können. Anders sah es aus im Fall der
Atheisten. Lockes eigener Glaube an eine göttliche Existenz war
noch zu stark, als dass er sich ein gutes Leben in moralischer Hinsicht ohne Gottvertrauen hätte vorstellen können. Für ihn konnte
es keine Trennung zwischen der religiös-ethischen und der moralischen Person geben: Die Gesetze der Moral seien dem «natürlichen Licht» nur als göttliche Gesetze zugänglich; ohne Gott
verlören sie ihren verpflichtenden Charakter. Lockes liberale Toleranz betraf also nur die Freiheit des religiösen Glaubens. Die
atheistische Freiheit von jeder Religion fürchtete er. Sie drohte
ihm die Grundlage des geselligen Zusammenlebens zu zerstören.
Gegen sie formulierte er sein intolerantes Verdikt: «*Letztlich* sind
diejenigen ganz und gar nicht zu dulden, die die Existenz Gottes leugnen. Versprechen, Verträge und Eide, die das Band der
menschlichen Gesellschaft sind, können keine Geltung für einen
Atheisten haben. Gott auch nur in Gedanken wegnehmen, heißt
alles dies auflösen.»[29]

Vor allem dieser Ausschluss der Ungläubigen von der Toleranz
dokumentiert, dass Locke noch nicht zum Gedanken an allgemeine Menschenrechte vorgedrungen war. Das Recht der Menschen, sich um ihr eigenes Heil so zu kümmern, wie sie es mit ihrem Gewissen verantworten können, blieb dem religiösen Grund
verhaftet, mit seinen moralischen Handlungen Gott gefallen zu
wollen und damit sein Seelenheil zu erlangen. Eine Moral ohne
Gott war ihm undenkbar. Der Glaube an die Existenz Gottes und
die Anstrengung, seine Wohlgeneigtheit zu erreichen, setzten der
Toleranz grundsätzliche Grenzen. Das Kerzenlicht der Aufklärung schien noch nicht hell genug, als dass es möglich gewesen
wäre, eine Philosophie der Menschenrechte ohne Gottvertrauen
klar und deutlich zu formulieren.

Doch was er noch nicht sagen konnte, zeigte schon die Richtung an, in die das Licht der Aufklärung künftig scheinen konnte. Indem Locke die wahrhaftigen religiösen Überzeugungen letztlich der autonomen Gewissensentscheidung jedes einzelnen Menschen überantwortete, schwächte er die Macht von Kirche und Staat. Wovon man nicht in seinem Inneren aufrichtig überzeugt ist, darüber kann nicht von außen bestimmt werden. Mit seiner Verlagerung der Religiosität in die Sphäre des Individuums wies Lockes *Brief über Toleranz* über seine eigene Begrenztheit hinaus.

All seine Gedanken, die Locke über religiöse Toleranz, liberale Regierung und menschlichen Verstand zu Papier gebracht hatte, waren auf einem Schiff vorausgeschickt worden, nachdem er sich entschlossen hatte, nach England zurückzukehren. Die Glorious Revolution ließ ihn hoffen, dass verwirklicht wurde, was er gedacht hatte, seit er der Mann geworden war, der zu Shaftesbury gehörte. Sein Mentor war tot. Jetzt schien seine eigene Zeit gekommen zu sein, auch wenn er bei der Überfahrt noch nicht wissen konnte, was ihn in seiner Heimat erwartete.

5. Der Philosoph der Glorreichen Revolution

Am frühen Morgen des 12. Februar 1689 betritt John Locke in Harwich englischen Boden. Dann noch eine Kutschfahrt, und er ist wieder zurück im nebligen und kalten London, wo er zunächst im Haus eines befreundeten Arztes wohnen kann. Die politischen Ereignisse überstürzen sich. Am selben Tag beschließt ein von Prinz Wilhelm von Oranien einberufenes Konventionalparlament die «Declaration of the Rights of Parliaments», meist zu «Bill of Rights» verkürzt, durch die vor allem das Verhältnis zwischen Krone und Parlament geregelt wird: England soll auch künftig eine Erbmonarchie bleiben, wobei die Thronfolge auf protestantische Erbberechtigte beschränkt wird. Aufgehoben wird die Dispensionsgewalt des Königs, ohne Zustimmung des Parlaments

Gesetze außer Kraft setzen zu können. Verbürgt werden freie Parlamentswahlen, die Freiheit der parlamentarischen Rede und die häufige Einberufung des Parlaments. Nie wieder soll es eine parlamentslose Herrschaft geben.

Wilhelm und seiner Frau Maria wird angeboten, gemeinsam die Krone zu tragen, die durch Jakobs Flucht außer Landes frei geworden ist. Beide nehmen das Angebot an, und schon einen Tag später, am 13. Februar 1689, besteigen sie als König Wilhelm III. und Königin Maria II. zusammen den Thron. Bemerkenswert ist der Krönungseid der beiden Majestäten, der den Satz enthält, sie regierten nun «in Übereinstimmung mit den von ihnen anerkannten Gesetzen des Parlaments» (according to the statutes in parliament agreed on). Durch gesetzlich auferlegte parlamentarische Schranken ist das absolute königliche Herrscherrecht von Gottes Gnaden gebrochen worden. Nicht Gott, sondern ein Vertrag zwischen freien Menschen begründet und regelt die Regierungsgewalt. England ist eine konstitutionelle Monarchie geworden.

Kaum ist Locke in London angekommen, bietet ihm der König, der ihn bereits während seines holländischen Exils persönlich kennen und schätzen gelernt hat, Botschafterposten in Wien oder in Brandenburg an. Doch Locke lehnt ab. Sein Körper sei zu krank und schwach, um einen so verantwortungsvollen Dienst mit ganzer Kraft wahrnehmen zu können. Freunden teilt er jedoch mit, dass er die mangelnde Gesundheit als Ausrede vorgeschoben habe. Denn eigentlich strebe er nur nach Frieden und Ruhe für sich selbst und sein Land, und er glaube, dazu als freier Gelehrter mehr beitragen zu können als durch eine Stellung im Staatsdienst.

1689 tritt John Locke als zentrale Figur der frühen Aufklärung in die Geistesgeschichte ein. Er sucht Buchhändler, die bereit sind, seine Manuskripte zu publizieren. Es findet sie ohne Schwierigkeiten. Seine drei wichtigsten Schriften, an denen er die letzten zwanzig Jahre gearbeitet hat, erblicken das Licht der Öffentlichkeit. An der Publikation seines Toleranzbriefes ist er zunächst nicht beteiligt. Anonym wird bereits gegen Ende April die lateinische Fassung in Gouda / Holland veröffentlicht, wobei sich auf dem Deckblatt der *Epistola de Tolerantia* verschlüsselte Hinweise auf den Adressaten und den Verfasser finden. Geschrieben ist der Brief an den klar denkenden Mann T.A.R.P.T.O.L.A., ein Akronym für «Theologiae apud Remonstrantes Professorem, Tyrannidis Osorem, Libertatis Amantem», den Professor für Theologie der Remonstranten, Hasser der Tyrannei, Liebhaber der Freiheit, womit Philippus van Limborch gemeint ist; verfasst hat ihn P.A.P.O.I.L.A: «Pacis Amante, Persecutionis Osore, Joanni Lockio, Anglo», ein Freund des Friedens, Hasser der Verfolgung, John Locke, Engländer. Schon im Frühsommer werden holländische, französische und englische Fassungen angefertigt, die sofort auf großes Interesse stoßen und heiß umstritten sind. Mit dem Titel *A Letter concerning Toleration* erscheint die englische Übersetzung von William Popple im November, wobei Locke später darauf hinweisen wird, dass sie ohne sein Wissen zustande gekommen ist.

Dagegen kümmert sich Locke schon bald nach seiner Ankunft in England um die Publikation seiner erkenntnistheoretischen Untersuchung. Bereits im Mai 1689 vereinbart er mit dem Buchhändler Thomas Bassett die Ausstattung und Auflagenhöhe seines *Essay concerning Human Understanding*. Locke ist sich sicher, dass er mit diesem Versuch, den menschlichen Verstand Schritt für Schritt konstruktiv auf dem Grund sinnlicher Wahrnehmungen aufzubauen, etwas radikal Neues unternommen hat. Er hat die angeborenen Ideen der rationalistischen Philosophie weggewischt. Er hat den menschlichen Verstand von allen inhaltlichen Präformationen befreit, um in jedem Individuum Platz zu schaffen für die Entwicklung eigener Gedanken, angeregt durch den mannigfaltigen Reichtum möglicher Erfahrungen, den zu verarbeiten es in der Lage ist.

Für Locke ist der menschliche Geist anfänglich wie ein dunkler Raum, in den immer mehr Licht fallen kann, oder wie ein leeres Blatt Papier, das im Lauf der Zeit beschrieben wird. Das ist scheinbar wenig. Doch es ergeben sich daraus bedeutsame Konsequenzen, vor allem für die Lichtquelle oder den Schreibenden. Das erhellt nicht nur das Dritte Buch seines Versuchs, in dem Locke die Funktion der Wörter und der Sprache überhaupt reflektiert. Überzeugt davon, dass der Hauptzweck der Sprache in der Mitteilung darin besteht, dass man verstanden wird, fordert er einen klaren und deutlichen Sprachgebrauch und kritisiert vielfältige Formen des «Missbrauchs der Wörter»[30]: unverständliche, unbestimmte, falsch verwendete, ideenlose oder ganz sinnlose Wörter, aber auch die «erkünstelte Dunkelheit»[31] vieler philosophischer und theologischer Schriften. Durch sie werde der Verstand der Menschen verwirrt oder gleichsam in einen Nebel gehüllt.

In seinem *Sendschreiben an den Leser*, das er seiner Schrift voranstellt, folgert Locke aus seiner Erkenntnistheorie eine Verpflichtung für den Schriftsteller. Im Kontakt mit dem Leser reflektiert er seine Verantwortung als ein Autor, der seine Gedanken nicht für sich allein niederschreibt, sondern sie so klar und deutlich zu formulieren bestrebt ist, dass sie verstanden und selbständig weitergedacht werden können. Locke weiß, dass seine philosophische Untersuchung über den menschlichen Verstand oft recht abstrakt ist. Für jeden neuen oder ungebräuchlichen Begriff seines Versuchs, sich über die Arbeit des Geistes klarzuwerden, «reicht ein einfaches Hinsehen nicht aus, um ihm Zutritt zum Verstande eines jeden zu verschaffen oder ihn dort durch einen klaren und bleibenden Eindruck zu fixieren».[32] Auch ist der Verstand der Menschen infolge ihrer unterschiedlichen Lebens- und Lerngeschichten ebenso verschiedenartig wie ihr Gaumen. Was dem einen schmeckt, mag für den anderen ungenießbar sein. Dennoch gilt es den Versuch zu wagen, so zu schreiben, dass jeder, der sich die Mühe des Lesens macht, das Geschriebene verstehen kann. «Weil ich also dieses Werk veröffentliche, um damit soviel Nutzen als möglich zu stiften, so erscheint es mir notwendig, das, was ich zu sagen habe, für Leser aller Art möglichst leicht und verständlich darzustellen. (...) Wer etwas drucken läßt und folglich auch erwartet, daß es von Menschen gelesen wird, ohne die Absicht zu haben, daß diese darin etwas für sich oder andere Wertvolles finden sollen, läßt es gar sehr an Achtung fehlen, die er dem Publikum schuldet.»[33]

Am 3. Dezember 1689 hält Locke den ersten vollständigen Ausdruck seiner Gedanken über den Verstand, die er 1671 im kleinen Freundeskreis zu entwickeln begann, in Händen. Eine Woche später, vordatiert auf das Jahr 1690, sind sie dem Lesepublikum öffentlich zugänglich, mit seinem Namen auf der Titelseite. Locke betritt als philosophischer Autor die öffentliche Szene. Ein besonders luxuriöses Exemplar seines Buchs, in Leder aus Truthahnhaut gebunden, macht er der neuen Königin Maria II. zum Geschenk.

Etwa zur selben Zeit bereitet Locke sein zweites großes Buch für die Veröffentlichung vor. Ende August 1689 hat er seine Abhandlungen über den wahren Ursprung, die Reichweite und den Zweck der staatlichen Regierung für den Druck fertig. Geschrieben hat er sie großteils noch vor seiner Flucht nach Holland, als es darum ging, einen katholischen Thronfolger in England zu verhindern. Doch diesen politischen Hintergrund, der schon zehn Jahre zurückliegt, will er jetzt verschweigen. Stattdessen will er seine *Two Treatises on Government* als seinen Beitrag zur aktuellen politischen Situation in England publizieren. Er stellt sein Buch als Legitimation der Glorreichen Revolution vor, in der Wilhelm von Oranien rechtmäßig die königliche Macht erobert hat. Seine beiden Abhandlungen sollen als Kommentare zur Machtergreifung Wilhelms III. in Übereinstimmung mit dem Willen des Volkes gelesen werden. Die Auflösung der Regierung und der revolutionäre Widerstand des Volkes, das sich rechtmäßig von einem Tyrannen befreien darf, sind nicht mehr nur als Möglichkeiten gedacht, sondern zu Wirklichkeiten geworden. Ein *Vorwort an die Leser* unterstreicht die angestrebte Aktualisierung.

Zunächst klärt Locke, warum er seine ausführliche Widerlegung von Sir Robert Filmers *Patriarcha, or the Natural Power of Kings* nicht veröffentlicht. Er habe die Papiere, in denen er sich mit all den Windungen, Ungereimtheiten und Dunkelheiten von Sir Roberts paternalistischer Legitimation einer absoluten Monarchie von Gottes Gnaden auseinandergesetzt habe, großteils verloren. Jetzt habe er weder Zeit noch Lust, sich mit diesem Unsinn noch einmal zu beschäftigen. Außerdem haben ja der König und die Gesamtheit der Nation Sir Roberts Hypothesen selbst realpolitisch glänzend widerlegt. Ausdrücklich rückt Locke sein Werk in den Kontext der Glorreichen Revolution von 1689: «Ich hoffe, dass die übriggebliebenen Papiere ausreichen werden, den Thron unseres großen Retters, des gegenwärtigen Königs *Wilhelm*, zu festigen und die Berechtigung seines Anspruchs auf die Zustimmung des Volkes zu beweisen, den er als unsere einzige gesetzmäßige Regierung voller und klarer besitzt als irgendein anderer Fürst in der *Christenheit*. Sie mögen vor der Welt das englische Volk rechtfertigen, dessen Liebe zu seinen gerechten und natürlichen Rechten, verbunden mit der Entschlossenheit, sie zu bewahren, die Nation gerettet hat, als sie sich hart am Rande von Ruin und Sklaverei befand.»[34]

Es ist nur eine Hoffnung, die Locke ausdrückt. Denn er ist sich nicht sicher, ob seine *Abhandlungen über die Regierung*, in denen er die Freiheit und die Gleichheit als natürliche Rechtsgüter der Menschen bestimmt und ihr Widerstandsrecht gegen Tyrannei begründet hat, auch weiterhin seitens der neuen Staatsmacht begrüßt oder toleriert wird. Er hat in seinem Leben zu viele konfessionelle Krisen, politische Machtverschiebungen, Rebellionen, Bürgerkriege, Verfolgungen und Hinrichtungen erlebt, um der neuen Regierung voll und ganz trauen zu können. Er kann nicht

EIN KERZENLICHT IN DER DUNKELHEIT

ausschließen, dass auch der «große Retter» Wilhelm seine neu er-
rungene Gewalt durch solche Übergriffe verwirkt, gegen die Locke
das Recht des souveränen Volkes gestellt hat, «als höchste Gewalt
zu handeln und die Legislative von nun an selbst auszuüben; oder
aber eine neue Regierungsform zu errichten bzw. sie unter der
alten Form in neue Hände zu legen, wie es ihm gut scheint».[35]
Locke entschließt sich, seinen Namen als Autor zu verschweigen.
Sein *Treatise* erscheint anonym, und König Wilhelm III. erhält
keine Luxusausgabe als Geschenk.

Nach der Publikation seiner drei Schriften über religiöse Toleranz, menschliche Verstandestätigkeit und politische Regierungsgewalt will John Locke möglichst ungestört als Gelehrter
den Rest seines Lebens verbringen. Im Winter 1690 / 91 zieht er zu
Freunden aufs Land, was auch seiner Gesundheit gut tut. In der
nebligen und rußigen Luft Londons sind seine quälenden Hustenanfälle kaum zu ertragen gewesen. Er übernimmt zwar einen kleinen Posten in der Berufungskommission für Steuerfragen, der ihn
ab und zu nach London reisen lässt, später noch eine Stelle im neu
gegründeten nationalen Handelsrat («Board of Trade»). Doch die
meiste Zeit lebt und arbeitet er in der kleinen Ansiedlung Oates in
der Essex-Gemeinde High Laver, etwa 40 Kilometer nordöstlich
von London. Hier kann er in Ruhe seine Gedanken weiter ausführen und noch einige Bücher schreiben, die zu Gründungstexten
der Aufklärung zählen.

Some Thoughts concerning Education. 1693. Bereits während
seiner Lehrtätigkeit am Christ Church College in Oxford und seines Aufenthalts im Londoner Haus von Shaftesbury hat Locke
sich für Probleme der Erziehung und Bildung interessiert. Teils ist
er, wie bei Shaftesburys Sohn und Enkel, selbst erzieherisch tätig
gewesen, teils baten Freunde ihn um seinen klugen Rat, wie sie
ihre Kinder erziehen sollten. Die meisten seiner pädagogischen
Überlegungen und Empfehlungen formulierte er zunächst in Briefen, die er während seines Exils in Holland an den Landedelmann

Edward Clarke of Chipley schrieb. Und dann gab es ja auch noch die immerwährende allgemeine Klage über «die frühe Verdorbenheit der Jugend».[36] Für Locke war schon früh klar, wo er ansetzen musste, um Fehler in der Erziehung zu vermeiden und die jungen Menschen für das praktische Leben zu bilden. Weil er philosophisch davon ausging, dass der menschliche Verstand anfänglich wie ein unbeschriebenes Blatt ist, kam es darauf an, ganz vorn anzufangen.

Lockes *Gedanken zur Erziehung* enden nicht zufällig mit der Erinnerung, seine allgemeinen pädagogischen Gesichtspunkte «betrafen den Sohn eines Gentleman, den ich, als er damals sehr klein war, nur als weißes Papier oder Wachs ansah, das man bilden und formen kann, wie man will».[37] Der besondere Fall besitzt allgemeine Bedeutung. Locke ist davon überzeugt, dass neun von zehn Menschen durch die Erziehung zu dem werden, was sie sind, gut oder böse, nützlich oder unnütz, vernünftig oder verwirrt. Erziehung ist es, «welche die großen Unterschiede unter den Menschen schafft. Die kleinen oder nahezu unmerklichen Eindrücke auf unsere zarte Kindheit haben sehr bedeutende und dauernde Folgen.»[38] Also hat Locke sich ans Werk gemacht, in 217 Abschnitten die Hauptpunkte einer Bildung klarzumachen, die von der Geburt des Kindes bis zur Mündigkeit des Jugendlichen reicht. Ihr allgemeines Ziel ist ein gesunder Geist in einem gesunden Körper. «Wer diese zwei hat, dem bleibt wenig mehr zu wünschen.»[39] Eine vollständige systematische Abhandlung über die Erziehung hat er dabei zwar nicht angestrebt; und nicht jeder wird in seinem Buch finden, was für sein besonderes Kind in konkreten Situationen passt. Aber er darf zumindest hoffen, dass seine Gedanken zum verantwortungsvollen Selbstdenken anregen, und sie «möchten denen ein klein wenig Licht geben, die in der Sorge um ihre lieben Kleinen so ungewöhnlich kühn sind, daß sie es wagen, bei der Erziehung ihrer Kinder lieber ihre eigene Vernunft zu befragen, als sich ganz auf Altüberkommenes zu verlassen».[40]

The Reasonableness of Christianity, as delivered in the Scriptures. 1695. Auch im christlichen Glauben soll es vernünftig zugehen. Man soll sich nicht blind auf Altüberliefertes verlassen oder sich schwärmerisch seinen religiösen Leidenschaften überlassen. Bereits am Ende seines *Versuchs über den menschlichen Verstand,* Viertes Buch, Kapitel XVIII, hat Locke die Unterschiede zwischen Glauben und Vernunft und ihre verschiedenen Gebiete deutlich gemacht. Dabei hat er reine Glaubenssachen isoliert, die sich der göttlichen Offenbarung verdanken und mit der erfahrungsbezogenen Erkenntnis nichts zu tun haben. Aber diese Unterscheidung kann selbst wiederum nur mit guten Gründen getroffen werden. Der Vernunft kommt die Aufgabe zu, die «echten» Offenbarungen Gottes von bloß subjektiven Einbildungen, unsinnigen Hirngespinsten und überhitzten Enthusiasmen zu unterscheiden. In dieser Hinsicht bleibt sie als kritische Instanz dem Glauben übergeordnet.

Diese allgemeinen Gedanken hat Locke in seiner Schrift über die *Vernünftigkeit des Christentums, überliefert in den Heiligen Schriften* konkretisiert. Das ist keine Rationalisierung des christlichen Glaubens, auch keine Begründung einer rationalen Theologie. Es ist eine kritische Prüfung der überlieferten biblischen Texte, die mit hochgradiger philologischer Präzision vorgenommen wird, um ihnen keine eigenen Vorstellungen oder Spekulationen unterzuschieben. «Auf Grund aufmerksamer und vorurteilsfreier Forschung»[41] wird der Kern des Evangeliums freizulegen versucht, befreit von allen Verschleierungen und Zusätzen, die zu ständigen Streitereien und sich widersprechenden theologischen Systemen geführt haben. Durch eine sorgfältige Textanalyse ist Locke dabei zu seiner «vernünftigen» Einsicht gekommen, die er in einer schlichten und jedem Menschen verständlichen Form darstellt: Neben der grundsätzlichen Anerkennung der Existenz Gottes ist der Glaube wesentlich, dass Jesus von Nazareth der Messias ist, dessen moralische Maximen zur Orientierung für ein tugendhaftes Leben des Menschen dienen. Vor allem die Lehren der Bergpredigt stimmen mit einer Vernunft überein, die sich an Humanität und menschlicher Glückseligkeit orientiert. Zum Glück hat der «Vater des Lichts»[42] sich zu unserem Verstand so weit herabgelassen, dass wir die Messianität Jesu und ein tugendhaftes Leben als «die unerläßlichen Bedingungen des Neuen Bundes»[43] erkennen können. Doch auch diejenigen, die mit dieser vernunftgemäßen Einsicht nicht einverstanden sind, sollen im Geist der Brüderliebe mit maßvollen Worten ihre Einwände formulieren dürfen.

On the Conduct of the Understanding. 1697 geschrieben, erst 1706 in den *Posthumous Works of Mr. John Locke* publiziert. Nun noch ein allerletzter Schritt. Alles, was Locke gedacht und geschrieben hat, was er als kleines Kerzenlicht der Vernunft in die Dunkelheit des Unwissens und der Unvernunft scheinen lassen wollte, sollte kein Dogma sein, kein System, kein großartiges Werk eines Meisterdenkers. Er hat es als «Versuch», «Essay» oder «Gedanken» veröffentlicht. In seinem *Sendschreiben an den Leser*, mit dem er seinen *Versuch über den menschlichen Verstand* einleitete, stellte er sich nicht als ein «Meister der Baukunst» vor, sondern als ein «Hilfsarbeiter», «um den Baugrund etwas aufzuräumen und einen Teil des Schuttes zu beseitigen, der den Weg zur Erkenntnis versperrt».[44] Er hat den Gedanken der Leser einen Weg frei gemacht. Gehen müssen sie ihn allein und dabei von ihrem eigenen Denken Gebrauch machen.

Locke wünscht sich Leser, die selbständig urteilen können, geleitet allein von ihrem Verstand. Aber auch dieses geistige Vermögen fällt nicht vom Himmel und ist den Menschen nicht angeboren. Locke muss sich Gedanken machen *Über den richtigen Gebrauch des Verstandes.* Zunächst plant er, sie als eine Art Methodenlehre an die 4. Auflage (1700) seines erkenntnistheoretischen Hauptwerks anzufügen. Doch seine Überlegungen werden immer umfangreicher. Es ist ein weites Feld, auf das sich Locke begibt. Es reicht von einfachen Übungen der Verstandeskräfte über mathematisches Denken und religiösen Glauben, Lesen und Argumentieren, kritisches Prüfen und begründetes Zustimmen bis hin zur Beherrschung seiner Gedanken, die sich durch unkontrollierte Leidenschaften nicht aus der Bahn werfen lassen.

Es ist eine paradoxe Empfehlung, die Locke den Lesern in seinem *Conduct of the Understanding* gibt: Er fordert sie auf, seinen vernünftigen Gedanken zu folgen, um den Verfehlungen aus dem Weg zu gehen, denen sich viele Menschen hinsichtlich ihrer Vernunft schuldig machen, wenn sie anderen folgen. «Den ersten Fehler begehen alle die, welche nur selten denken und sich im Handeln und Denken nach dem Beispiel Anderer richten, ihrer Eltern, Nachbarn, Pfarrer oder dessen, den sie sonst etwa zum Vormund ihrer Einfalt erwählen, um sich die peinliche Mühe eigenen Nachdenkens zu ersparen.»[45] Als philosophischer Denker will Locke die Menschen zur Mündigkeit anleiten, sodass sie am Ende auch auf seine Vormundschaft verzichten und ihren eigenen Verstand ohne seine Leitung richtig gebrauchen können.

Am 28. Oktober 1704 stirbt John Locke in High Laver, wo er auf dem Friedhof der All Saints' Church beerdigt wird. Auf seinem Grabstein aus Marmor ließ er einen selbst entworfenen lateinischen Nachruf eingravieren, der mit den Worten beginnt: «Siste Viator. Hic juxta situs est JOHANNES LOCKE ... Verweile Wanderer. Hier liegt John Locke. Wenn Du fragst, was für ein Mann er war, so antwortet er: einer, der mit seinem bescheidenen Los zufrieden lebte. Durch die Wissenschaften genährt erreichte er gerade so viel, dass er der Wahrheit allein diente. Dies lerne aus seinen Schriften; sie werden Dir mitteilen, was von ihm übrig ist, und zwar wahrhafter als die verdächtigen Lobpreisungen einer Grabschrift.»[46] Weit vorausschauend vermutet er am Ende seiner steinernen Grabtafel, dass diese «bald selbst vergehen wird». Doch er ist sicher, dass seine Gedanken eine Langzeitwirkung entfalten werden. Er hat sich nicht getäuscht.

6. Frei leben, selbst denken!

Für die geschichtliche Entwicklung der politischen Aufklärung haben vor allem John Lockes «natürliche Rechte» eine nachhaltige Orientierung geliefert. Mit der Dreiheit von Leben, Freiheit und Eigentum, die vor Tötung, Versklavung und Beraubung geschützt werden müssen, hat er die Grundgestalt der *Menschenrechte* entworfen, wie sie im Prinzip auch heute noch bestehen. Er hat die normativen Grundlagen freigelegt, auf denen sich gesellschaftliche Ordnungen und staatliche Regierungen entwickeln können, die im strengen Sinne des Wortes «menschlich» sind. Sie haben die fundamentalen Rechtsgüter zu achten und zu schützen, die jedes Individuum als Mensch «von Natur aus» besitzt.

Locke hat seine Idee der Menschenrechte nachträglich mit den revolutionären Ereignissen in England verknüpft. Seine Abhandlungen über die Regierung sollten den Thron des neuen Königs Wilhelm III. festigen, der dem englischen Volk seine gerechten und natürlichen Rechte zu garantieren schien. Eine durchschlagende praktische Bedeutung gewinnen Lockes rechtsphilosophische Gedanken jedoch erst einige Jahrzehnte später, diesmal allerdings im Kampf gegen die englische Krone. Denn es sind ausgerechnet die Bewohner der englischen Kolonien in Nordamerika, die sich in den siebziger Jahren des 18. Jahrhunderts auf Locke berufen, um sich von der kolonialen Vorherrschaft Englands zu befreien. Schon in den Deklarationen und Beschlüssen ihres Ersten Kontinentalkongresses stellen sie 1774 in Philadelphia fest, «daß sie einen Anspruch auf Leben, Freiheit und Eigentum (life, liberty & property) haben und daß keine souveräne Macht darüber entscheiden dürfe ohne ihre Zustimmung».[47] Das richtet sich vor allem gegen König Georg III. und den Missbrauch seiner Macht. Bald darauf beginnt der Amerikanische Unabhängigkeitskrieg. Der Zweite Kontinentalkongress am 10. Mai 1775 verstärkt den Wunsch nach einer Abtrennung vom Mutterland.

Lives, liberties and properties der Amerikaner sollen vor den Übergriffen und Unterdrückungsmaßnahmen seitens der englischen Kolonialmacht geschützt werden. Die erste Deklaration der angestrebten Unabhängigkeit wird 1776 in Virginia als *Bill of Rights* verabschiedet. Andere Staaten übernehmen sie. Begründet wird sie durch einen Appell an die höchste Instanz der natürlichen Menschenrechte: «Alle Menschen sind von Natur aus in gleicher Weise frei und unabhängig und besitzen bestimmte angeborene Rechte», wobei John Lockes Dreiheit von Leben, Freiheit und Eigentum ergänzt wird durch «pursuing and obtaining happiness and safety». Die Menschen haben ein Recht, Glück und Sicherheit anzustreben und zu erlangen.

Schließlich orientiert sich auch die im Wesentlichen von Thomas Jefferson entworfene und am 4. Juli 1776 unterzeichnete *Unabhängigkeitserklärung der Vereinigten Staaten von Amerika* an Lockes politischer Philosophie. Seine Gedanken gelten als selbstverständliche Wahrheiten, die nun gegen die absolute Tyrannei des englischen Königs ins Feld geführt werden. Ein Despot wie Georg III. kann nicht geeignet sein, über ein freies Volk zu herrschen. Nur eine kleine Veränderung wird vorgenommen. Die frühere Konstante des Eigentums wird durch die Formel des «pursuit of happiness» nicht mehr ergänzt, sondern durch sie ersetzt. «Folgende Wahrheiten erachten wir als selbstverständlich: daß alle Menschen gleich geschaffen sind; daß sie von ihrem Schöpfer mit gewissen unveräußerlichen Rechten ausgestattet sind; daß dazu *Leben, Freiheit* und das *Streben nach Glück* gehören; dass zur Sicherung dieser Rechte Regierungen unter den Menschen eingesetzt werden, die ihre rechtmäßige Macht aus der Zustimmung der Regierten herleiten; daß, wann immer irgendeine Regierungsform sich als diesen Zielen abträglich erweist, es Recht des Volkes ist, sie zu ändern oder abzuschaffen und eine neue Regierung einzusetzen und diese auf solchen Grundsätzen aufzubauen und ihre Gewalten in der Form zu organisieren, wie es ihm zur Gewährleistung seiner Sicherheit und seines Glückes geboten zu sein scheint.»

Dreizehn Jahre später sind es dann die Vertreter des französischen Volkes, konstituiert als Nationalversammlung, die mit amerikanischer Unterstützung, wobei wieder Thomas Jefferson federführend ist, am 26. August 1789 ihre feierliche Erklärung der natürlichen, unveräußerlichen und geheiligten Menschen- und Bürgerrechte abgeben: *Déclaration des Droits de l'homme et du citoyen*. So wird Lockes argumentative Unterstützung der englischen Glorreichen Revolution von 1689 schließlich zu einer zentralen Leitidee auch der Französischen Revolution von 1789: «Die Menschen werden frei und gleich an Rechten geboren und bleiben es. Das Ziel jeder politischen Vereinigung ist die Erhaltung der natürlichen und unverzichtbaren Menschenrechte. Diese Rechte sind die Freiheit, das Eigentum, die Sicherheit und der Widerstand gegen die Unterdrückung.»[48]

Während für die praktische Politik Lockes naturrechtliche Legitimation des menschlichen «Rechtseigentums» (property) eine wegweisende Rolle gespielt hat, ist das Selbstverständnis der philosophischen Aufklärung vor allem durch jene Nachlassschrift John Lockes geprägt, die zunächst nur wie eine kleine methodische Fingerübung seine erkenntnistheoretischen und politischen Hauptschriften zu ergänzen schien: seine Anleitung zum richtigen Verstandesgebrauch, in der er eine bemerkenswerte Dialektik der Aufklärung entwirft. Es geht um das Spannungsverhältnis zwischen angeleitetem Kenntniserwerb und eigener Einsicht, das den *Conduct of the Understanding* durchzieht.

Denn zum einen gesteht Locke selbstverständlich zu, dass es immer wieder hervorragende Denker gibt, die den wissbegierigen Menschen als nützliche Vorbilder dienen können. Sie werfen Licht in die Dunkelheit, und es wäre unvernünftig, das nicht anzuerkennen und ihnen dabei nicht zu folgen. Das Lesen geistreicher und tiefsinniger Bücher kann von großem Nutzen sein.

Schließlich kann man nicht alles Wissen stets von Neuem erarbeiten und alle schlüssigen Beweise für die Wahrheit oder Wahrscheinlichkeit von Argumenten oder Theorien selbst finden. «Aus diesem Grund schulden wir den großen Denkern aller Zeiten viel für die zu unserer Belehrung hinterlassenen Entdeckungen und Darstellungen.»[49] Aber zum anderen müssen wir einen richtigen Gebrauch von diesen Vorgaben machen, und das gelingt nur, wenn wir sie nicht bloß nachlesen, nachahmen oder nachbeten, sondern sie mit unserem eigenen Verstand durchdringen und so erst ihre Zusammenhänge wirklich verstehen. Ohne den selbständigen Gebrauch des Verstandes «stehen wir genau so im Dunkel und sind genau so unwissend wie zuvor, und wenn wir auch von dem gelehrtesten Denker noch so viel auf Treu und Glauben annehmen»[50]. Deshalb ist es ein großer Irrtum, das Lesen als Studium zu bezeichnen und den Vielleser mit dem viel Wissenden gleichzusetzen. Nur wenn man das Gelesene selbst durchdenkt und verstehend nachvollzieht, kann die Vermittlung von Wissen sinnvoll und nützlich sein.

Damit hat Locke eine zentrale Programmidee der Aufklärung formuliert. Seine Hochschätzung des eigenen Nachdenkens verdichtet sich im Schlüsselbegriff des «Selbstdenkens», mit dem sich die Aufklärer des 18. Jahrhunderts selbst begreifen, gegen vorhergehende Epochen abgrenzen und sich gegen wissenschaftliche, philosophische, kirchliche oder staatliche Autoritäten stellen, denen blind nachzufolgen man aufgefordert oder abgerichtet wird. Als einer der ersten Aufklärer schließt sich in Deutschland Christian Wolff Lockes *Anleitung* zum richtigen Verstandesgebrauch an, die er kurz nach ihrem Erscheinen in den *Acta Eruditorum* 1708 rezensiert.[51] In seinem 1728 publizierten *Discursus praeliminaris de philosophia in genere* verleiht er dann dem «Selbstdenken» seine allgemein überzeugende Rechtfertigung. Aus einer pädagogischen Empfehlung wird eine unverzichtbare Vorbedingung des Philosophierens. Denn es sind die *eigene* Einsicht und das selbständige Erfassen von Gedanken, durch die sich eine wirklich durchdachte philosophische Erkenntnis von einer bloß angelesenen geschichtlichen Faktenkenntnis grundsätzlich unterscheidet, die «cognitio philosophica» von der «cognitio historica».[52]

Bereits 1710 erscheint eine erste französische Übersetzung von Lockes Anleitung – *De la conduite de l'esprit dans la recherche de verité* –, 1732 eine weitere, die eine große Wirkung auf die französischen Aufklärer, vor allem Voltaire, ausübt. Doch die stärksten Spuren hinterlässt Lockes Gebrauchsanweisung für den eigenen Verstand in der deutschen Aufklärung während der zweiten Hälfte des 18. Jahrhunderts. Es erscheinen mehrere Vernunftlehren und Anleitungen des menschlichen Verstandes, die Lockes Gedanken aufgreifen und weiterführen.[53]

Bemerkenswert ist dabei besonders der Einfluss auf Immanuel Kant, dessen ganzes philosophisches Lebenswerk sich wie eine strenge Befolgung von Lockes *Anleitung* verstehen lässt, die durch ihn zu einem späten Höhepunkt der Aufklärung weitergeführt wird. Das beginnt bereits mit Kants ersten eigenen philosophischen Arbeiten, wobei persönliche Beziehungen keine unwichtige Rolle spielen. Denn schon als siebzehnjähriger Student an der Königsberger Universität lernt Kant 1741 den nur elf Jahre älteren Professor für Logik und Metaphysik Martin Knutzen kennen, der nicht nur als akademischer Lehrer auf ihn den stärksten Eindruck macht, sondern der auch sofort die außergewöhnliche Begabung seines jungen Studenten erkennt. «Sein Knutzen galt ihm doch vor allen Lehrern am meisten. Dieser zeichnete ihm und mehreren die Bahn vor, auf der sie nicht Nachbeter, sondern dereinst Selbstdenker werden könnten.»[54] Dieser biographische Hinweis auf das «Selbstdenken» ist offensichtlich durch Locke souffliert. Denn während Kant sich unter Knutzens Anleitung zum eigenständigen Philosophen entwickelt, der in seiner akademischen Abschlussarbeit 1746 seine eigenen *Gedanken von der wahren*

Schätzung der lebendigen Kräfte entwickelt, mit denen er selbst-bewusst die größten Gelehrten seiner Zeit herausfordert, ist Knutzen gerade dabei, eine deutsche Übersetzung von Lockes *Conduct of the Understanding* anzufertigen, deren erste Teile er Kant, der englische Texte nicht in der Originalsprache lesen kann, zur kritischen Lektüre überlässt.

Der überraschende frühe Tod von Martin Knutzen (14. Dezember 1751) lässt den Druck seiner nicht abgeschlossenen Übersetzung ins Stocken geraten. Dafür springt nun Georg David Kypke ein, ein Kinderfreund Kants, der mit ihm gemeinsam die pietistische Schule des Collegium Fridericianum besucht hat und seit 1755 ordentlicher Professor an der Universität Königsberg ist. Im selben Jahr erscheint seine vollständige Übersetzung *Johann Lockens Anleitung des menschlichen Verstandes zur Erkäntniß der Wahrheit nebst desselben Abhandlung von den Wunderwerken.* Kant, der nach einer mehrjährigen Hauslehrertätigkeit in der ostpreußischen Provinz 1754 wieder nach Königsberg zurückkommt und an der Universität als Privatdozent zu arbeiten beginnt, nimmt sie sofort aufmerksam zur Kenntnis. Seine ersten Vorlesungen, die er im Haus von Professor Kypke hält, ziehen zahlreiche Studenten an, die bei ihm nicht Philosophie, sondern tätig zu philosophieren lernen sollen. Von Locke übernimmt er das pädagogisch-philosophische Programm: Selbst denken, selbst forschen, auf seinen eigenen Füßen stehen und seinen eigenen Weg gehen!

Es sind nicht nur die Studenten, die begeistert Kant folgen. Auch das gebildete Königsberger Publikum liest gern, was der junge Philosoph in den *Wöchentlichen Königsbergischen Frag- und Anzeigungsnachrichten* über verschiedene naturkundliche Themen schreibt: Über die Achsendrehung der Erde, über das schreckliche Erdbeben, das Ende 1755 einen großen Teil der Erde erschüttert und ganz Lissabon in Schutt und Asche gelegt hat, und 1756 dann über die weltweite Bewegung der Winde, wobei er seine knapp gefassten Überlegungen über das dynamische Wind-spiel zwischen kalter und warmer Luft mit dem Hinweis beglei-tet: «Ich führe alles dieses nur kurz an und setze voraus, dass das eigene Nachdenken des Lesers das nöthige Licht über das Vorge-tragene ausbreiten werde.»[55]

Das klingt wie ein wörtliches Zitat aus Lockes Schrift, die Kant zunächst durch Knutzen, dann durch Kypkes Übersetzung ver-traut geworden ist und an die er auch in seinen späteren Werken erinnern wird. Immer wieder wird Kant seine Leser zum eigenen Denken einladen. Nur den Menschen wird er für einen «Kopf» halten, der selbst denkt, während derjenige Mensch ein «Pinsel» ist, der von fremder Hand geführt wird. 1784 wird Kant es in seiner *Beantwortung der Frage: Was ist Aufklärung?* zum Grundsatz sei-ner kritischen Philosophie erklären, wobei er Lockes Dialektik aufgreift: Als Philosoph fordert er die Menschen auf, sich aus ihrer fremdgeleiteten Unmündigkeit zu befreien. Wie Locke den Men-schen von seinem Vormund befreien wollte, so versteht sich auch Kant als ein Aufklärer, der ihn dazu anleiten will, «sich seines Ver-standes ohne Leitung eines anderen zu bedienen».[56] Nur wenige Jahre später wird er dafür die klarste und deutlichste Formulie-rung finden. Im Oktober 1786 klärt er *Was es heißt: sich im Denken orientieren?* Er vertraut dabei auf die Vernunft des Menschen-geschlechts, wobei er abschließend Lockes «eigenes Nachden-ken» direkt mit der Idee und Realität der Aufklärung verknüpft: «*Selbstdenken* heißt den obersten Probierstein der Wahrheit in sich selbst (d. i. in seiner eigenen Vernunft) suchen; und die Ma-xime, jederzeit selbst zu denken, ist die *Aufklärung.*»[57]

DIE WAHRHEIT KANN JEDES LICHT VERTRAGEN

Warum der humorvolle Gentleman Shaftesbury sich über religiöse Fanatiker lustig machte

John Locke vertraute darauf, dass jeder Mensch selbst denken kann. Wer es noch nicht vermag, kann dazu angeleitet werden. Das war das Angebot des englischen Aufklärers, der auf den eigenständigen Verstandesgebrauch den größten Wert legte. Seine *Gedanken über Erziehung* entwickelten ein pädagogisches Programm, wie der junge Mensch so geleitet werden kann, dass er schließlich, seiner eigenen Führung anvertraut, als mündiger Bürger seine geistige und politische Freiheit sinnvoll zu gebrauchen weiß. Er kann ja nicht immer unter Obhut oder Vormundschaft bleiben.

Doch was soll man mit denjenigen machen, die nicht selbst denken oder autonom handeln wollen, sondern es vorziehen, das nachzumachen und nachzusprechen, was ihnen vorgegeben worden ist? Vormächte lassen sich nicht gern auf offene Gespräche ein, Vorbeter mögen keine Widerrede, und fundamentalistisch stabilisierte Vorurteile haben meist ein stärkeres Beharrungsvermögen als der stets auch riskante Gebrauch des eigenen Verstandes, dessen Urteilsfähigkeit angesichts vielfältiger Problemsituationen immer wieder aufs Neue herausgefordert wird. Wie soll man mit Menschen argumentieren, die nicht bereit sind, sich durch die Kraft eines besseren Arguments überzeugen zu lassen, sondern hartnäckig auf ihren vorfabrizierten Urteilen beharren? Wer sich als Aufklärer versteht, kann sie ja nicht überreden und auch nicht gewaltsam gegen sie vorgehen. Was tun?

Eine Möglichkeit bietet das befreiende Lachen. Es richtet sich gegen die geistigen, religiösen und staatlichen Vormünder, die sich der freien Diskussion und vernünftigen Argumentation entziehen. Es entschärft die Gewalt, die von ihnen ausgeht, und demonstriert, dass man ihnen die geforderte Achtung versagt. Wer über eine Sache lacht, verweigert ihr den nötigen Respekt. Zugleich zeigt dieses Lachen den Nachbetern und unselbständigen Nachfolgern, dass ihr Verhalten lächerlich ist, gemessen an den Möglichkeiten des eigenen Verstandesgebrauchs, der ihnen als Menschenrecht zusteht.

Das Lachen hat in der Philosophie keinen guten Ruf, und in der Regel lachen Philosophen nicht, sondern leisten ihre gedankliche Arbeit mit großer Ernsthaftigkeit und moralischer Strenge. Sie haben sich von den Lachtraditionen des satirischen Wissens abgekoppelt. Zwar hat seit Platons Ideenlehre das Lächerliche («geloia») seinen Platz in der Philosophie, aber darüber sollte nicht gelacht werden, war es doch auf einer der untersten Stufen in seiner Ideen-Hierarchie angesiedelt, sehr weit entfernt von der höchsten Idee des Guten. Das Lächerliche bereitet Unlust und sollte gemieden werden. Auch der Humor gehört nicht zu den typischen Eigenarten eines Philosophen. Doch es gibt Ausnahmen. Sie tauchten zuerst in der englischen Aufklärung auf. Nicht zufällig beginnt die moderne Wortgeschichte von «Humor» im 17. Jahrhundert in England, wo sich die liebenswürdige Heiterkeit («good humour») eng mit den vernünftigen Anlagen («good nature») des Menschen verbindet. Ein Zögling und Schüler John Lockes hat es zuerst praktiziert: der humorvolle Gentleman-Philosoph Anthony Ashley Cooper, Third Earl of Shaftesbury, der mit aufgeklärtem Verstand, geistreichem Witz und guter Laune die

Vormächte seiner Zeit attackierte und sie einer «Probe des Lächerlichen» unterzog. Wer sie bestand, fand seine Anerkennung. Über die anderen durfte gelacht werden.

1. *Eine Erziehung zum Gentleman*

Schon während ihrer ersten Begegnung im Juli 1666 sprachen Anthony Ashley Cooper und John Locke über Ashleys fünfzehnjährigen Sohn, sein einziges Kind, das ihm große Sorgen bereitete. Es war ein schwächlicher Knabe, äußerst mager und durch eine schwere Krankheit körperlich entstellt. Nur ein kurzes qualvolles Leben schien ihm bevorzustehen. An eine politische Laufbahn war nicht zu denken. Ashley fürchtete, dass es mit seiner Familie zu Ende ging.

Als Locke ein Jahr später zu Ashley zog, sollte er nicht nur als dessen Sekretär, philosophischer Berater und ärztlicher Betreuer tätig sein. Er musste sich auch um die Erziehung dieses Jungen kümmern und schließlich noch ein besonders heikles Problem lösen. Der junge Ashley sollte möglichst schnell heiraten und für den gewünschten Nachwuchs sorgen. Er selbst war noch zu jung und unerfahren, um sich allein eine Frau zu suchen; und sein Vater hatte als Politiker und Schatzkanzler zu viel zu tun, um sich darum kümmern zu können. So wurde Locke damit betraut, eine passende Ehefrau zu finden, die vor allem gesund, gut erzogen und nicht durch das großstädtische und höfische Leben in London verdorben sein sollte. Er machte sich auf die Suche und stieß schließlich auf Lady Dorothy Manners, eine Tochter des Grafen von Rutland. Erfolgreich kümmerte er sich um das gewünschte Arrangement. Ende September 1669 fand im Belvoir Castle, dem Sitz der Rutlands im mittelenglischen Leicestershire, die Hochzeit statt.

Die junge Lady Dorothy Ashley war mit ihrem Schicksal nicht

unzufrieden. Das Leben im Londoner Exeter House bot mehr angenehme Reize als der Aufenthalt auf dem Lande, fern der Hauptstadt. Auch über ihren Mann konnte sie sich nicht beklagen. Fürsorglich kümmerte er sich um seine Frau, die schon bald schwanger wurde. Sie freute sich auf das Kind. Doch dann erkrankte sie schwer. John Locke, der im Winter 1669/70 wegen der rußigen und feuchten Londoner Luft selbst unter fürchterlichen Hustenanfällen litt, konnte ihr zwar das Leben retten, aber eine Fehlgeburt nicht verhindern. Ein Jahr später war Lady Ashley wieder schwanger, und Locke fürchtete, dass ihre Angst vor einer erneuten Fehlgeburt gerade das provozierte, wovor sie sich ängstigte. Doch diesmal ging es gut.

Am 26. Februar 1671 kommt ein gesunder Junge zur Welt (dem später noch sechs Geschwister folgen werden). Endlich hat der alte Lord Ashley einen Enkel, den er schon bald statt seines Sohnes als künftigen Erben seines Vermögens einsetzt. John Locke ist nicht nur der Geburtshelfer des neuen Anthony Ashley Cooper. Er ist auch sein Erzieher, der vom ersten Tag an sich um seine körperliche und geistige Entwicklung kümmert. Wie er dabei vorgeht, lässt sich in den *Educational Writings* von Locke nachlesen, vor allem in seinen *Gedanken über Erziehung* (Some Thoughts concerning Education)[1]. Er hat sie zwar einige Jahre später aufgeschrieben, und sie wurden erst 1693 veröffentlicht. Doch Lord Ashley wird selbst daran erinnern, dass seine Erziehung, ebenso wie die seiner sechs Geschwister, von frühester Kindheit an durch Locke geleitet worden ist «according to his own principles (since published by him), and with such success that we all of us came to full years with strong and healthy constitutions»[2], was angesichts der degenerativen Gebrechlichkeit seines Vaters keine Selbstverständlichkeit gewesen ist.

Lockes *Gedanken* sind keine abstrakten Überlegungen zur Erziehung von jedermann. Sie bieten keine systematische Philosophie der Erziehung, sondern verfolgen ein praktisches Ziel, das mit der konkreten Problemsituation zusammenhängt, in der sich Locke mit seinem Zögling befindet: Wie soll die Bildung dieses jungen Menschen zu einem körperlich gesunden und geistig regen Gentleman stattfinden, der in der staatlichen Ordnung eine nützliche Stellung einnehmen kann?

Wiederholt weist Locke darauf hin, dass seine «Hauptsorge dem Stande des Gentleman» gelte. Doch sie ist nicht darauf beschränkt. «Denn wenn dieser Stand erst einmal durch Erziehung in Ordnung gebracht worden ist, wird er auch alle übrigen sehr schnell in Ordnung bringen.»[3] Der Gentleman ist für Locke die Modellperson für ein glückliches Leben in einem liberalen Staat vernünftiger Menschen. An sie richtet sich Lockes Anspruch: «Die gute Erziehung der Kinder ist so sehr eine Sorgepflicht der Eltern, Wohlfahrt und Gedeihen der Nation hängen so sehr davon ab, dass ich sie jedermann ernstlich ans Herz legen möchte.»[4] Bereits der erste Satz seiner *Gedanken,* mit dem Locke den römischen Moralisten und Satiriker Juvenal zitiert, spricht jeden an: «Ein gesunder Geist in einem gesunden Leib, das ist eine kurze, aber vollständige Beschreibung eines glücklichen Zustandes in dieser Welt.»[5] Mens sana in corpore sano[6], statt all der ausschweifenden Laster und verstockten Dummheiten, politischen Übel und moralischen Katastrophen, die das gesellige Leben vergiften!

Der kleine Ashley wird es am eigenen Leib erfahren haben. Um einen gesunden Körper ausbilden zu können, achtet Locke zunächst sorgfältig auf Maßnahmen, die er für vernünftig und leicht zu befolgen hält: Das Kind soll nicht zu warm angezogen sein, jeden Tag seine Füße mit kaltem Wasser waschen, ausreichend schlafen, weite Kinderkleider tragen, die es nicht einengen, sich viel in frischer Luft aufhalten und körperlich bewegen, eine naturgemäße einfache Nahrung mit wenig Fleisch zu sich nehmen und auf alkoholische Getränke, auch unnötige Medikamente, möglichst verzichten.

Neben der körperlichen Ertüchtigung gilt es auch den Geist

(mind) «in die richtige Verfassung zu bringen, so daß er bei allen Anlässen geneigt ist, nur dem zuzustimmen, was der Würde und dem hohen Rang eines vernunftbegabten Wesens angemessen ist».[7] Locke kann dabei direkt beobachten und verwirklichen, was er zur gleichen Zeit als mentales Entwicklungsmodell entwirft. Seine philosophische Skizze vom Sommer 1671 über das, «was ich über den menschlichen Verstand denke», dass er nämlich anfänglich wie eine «leere Tafel» sei, die nach und nach beschrieben werde, scheint sich unmittelbar vor seinen Augen biographisch zu bestätigen. Locke ist sich jedenfalls der großen Verantwortung bewusst, die er für die geistige Entwicklung seines «Pflegesohns» (foster son) besitzt, der viele Jahre später Mister Locke dafür danken wird, «having the absolute direction of my education»[8], ohne den er seine eigene Philosophie nicht hätte entwickeln können.

Wem die Erziehung eines Gentleman am Herzen liegt, der hat neben der erforderlichen Vermittlung von *Kenntnissen* (learning) vor allem auf jene Qualitäten zu achten, die im moralphilosophischen Werk von Anthony Ashley Cooper, Third Earl of Shaftesbury, eine zentrale Rolle spielen werden. Zunächst gilt es die erste und notwendigste Gabe des Menschen auszubilden: seine *Tugend* (virtue), die andere Menschen an ihm schätzen und lieben werden und die dazu beiträgt, dass er sich selbst achten kann und nichts vorwerfen muss. Der kindliche Glaube an einen liebenden und gerechten Gott, der den Menschen alles Notwendige gibt, kann diese Tugend stützen und ihre Entfaltung fördern, während man die Kinder nicht durch schreckliche Geschichten von Geistern und Gespenstern, Totenköpfen und dem Sensenmann ängstigen soll. Man mag die Kinder durch solche törichten Geschichten von kleinen Vergehen zwar abhalten können. Aber das Heilmittel des Schreckens ist doch weit schlimmer als die Krankheit, weil der kindlichen Einbildung Vorstellungen eingeprägt werden, die sie ihr Leben lang verfolgen und verwirren können. «Wenn das zarte Kindergemüt einmal solche Schreckvorstellungen aufgenommen hat und von dem starken Eindruck der Furcht, die solche Vorstellungen begleitet, angegriffen worden ist, dann sinken diese tief ein und setzen sich so fest, daß sie, wenn überhaupt, nur schwer wieder getilgt werden können; und solange sie vorhanden sind, suchen sie die Kinder häufig mit seltsamen Hirngespinsten heim und machen sie zu Feiglingen, wenn sie allein sind, und jagen ihnen für ihr ganzes späteres Leben Angst vor ihrem Schatten und der Dunkelheit ein.»[9]

Nach der Tugend ist es die *Lebensklugheit* (wisdom), die es zu formen gilt. Der Gentleman soll lernen, seine Geschäfte in dieser Welt geschickt und mit Umsicht zu führen. Das mag den Horizont von Kindern zunächst übersteigen. Doch man kann ihnen schon früh beibringen, nicht listig zu sein, sondern wahrhaftig und aufrichtig. Denn zur Lebensweisheit gehören für Locke vor allem Offenheit und Fairness, die gesellschaftlich von einem wesentlich höheren und dauerhafteren Nutzen sind als die List (cunning), dieser «Affe der Weisheit»[10], der von ihr äußerst weit entfernt ist.

Die dritte Eigenschaft, die zu einem Gentleman gehört, ist eine *gute Lebensart* (good breeding), deren Hauptregel lautet: «nicht zu gering von sich selbst und nicht zu gering von anderen denken».[11] Es handelt sich dabei um eine gesellige Tugend der Achtung und gegenseitigen Wertschätzung; um «eine Geisteshaltung, die sich im Benehmen zeigt und durch die man vermeidet, daß der andere sich im geselligen Umgang unbehaglich fühlt».[12] Vermeiden sollte man deshalb die ungeschliffene Rohheit eines Grobians, Missachtung und Geringschätzung des anderen, ein ständiges Widersprechen aus bloßer Lust am Widerspruch, rechthaberisches Behaupten, schulmeisterliches Auftreten und unversöhnliche Streitlust.

Lockes Erziehung ist auf eine gesellige Kultur gegenseitiger Achtung gerichtet. Doch diese Kultur ist für ihn nicht denkbar ohne eine tiefere Begründung. Sie basiert auf dem «richtigen Gebrauch des Verstandes»[13], ohne den sie nur eine gewohnheitsmäßig eingeübte Lebensform wäre. Locke ist grundsätzlich davon überzeugt, dass der Mensch zur Vernünftigkeit angeleitet werden muss. Das erklärt die große Rolle, die er dem Gespräch (reasoning) zwischen Erzieher und Zögling zuschreibt, in dem das Kind lernt, seine Verstandeskräfte auszubilden. «Man wird sich vielleicht darüber wundern, daß ich von vernünftigem Gespräch mit Kindern rede; und doch kann ich nicht umhin, dies als die rechte Art des Umgangs mit ihnen anzusehen. Sie verstehen es so früh, wie sie die Sprache verstehen; und wenn ich recht sehe, wollen sie gern als vernunftbegabte Wesen behandelt werden, und zwar früher, als man denkt. Es ist dies ein Stolz, den man in ihnen nähren und, soweit es geht, zum wichtigsten Werkzeug ihrer Bildung machen sollte.»[14] Ein vernünftiges Gespräch ist keine Indoktrination. Das Kind soll nicht nachplappern, was ihm vorgesagt wird. Lockes sprachlich vermittelte Erziehung des Verstandes ist Anleitung zum eigenen Verstandesgebrauch. Er will den jungen Gentleman nicht abrichten, ihm blind zu folgen, sondern dazu bringen, als ein vernünftiger Mensch nur dem zuzustimmen, was er selbst für vernünftig hält.

In dieser Hinsicht ist Locke für den jugendlichen Ashley das große Leitbild, auch wenn sie sich für längere Zeit nicht sehen. Als Locke ins südliche Frankreich reist, um sich gesundheitlich zu erholen, schickt er von dort seinem jungen Zögling lehrreiche Bücher und teilt ihm brieflich zahlreiche Ratschläge zur Lebensgestaltung mit. Später besucht er den zehnjährigen Ashley regelmäßig in seiner Schule im nahe gelegenen Clapham und achtet auf seine körperliche und geistige Entwicklung. Auch während Lockes langjährigem Exil (1683 bis Anfang 1689) in Holland bricht der Kontakt nicht völlig ab. Auf seiner großen Kavaliers-Tour über Frankreich bis nach Italien nutzt der junge Gentleman die Gelegenheit, Locke in Amsterdam zu besuchen, und kaum hat er ihn verlassen, schreibt er ihm am 22. Dezember 1687 aus Paris: «Um Ihnen für all die Ratschläge zu danken, die ich durch Ihre Briefe ebenso wie mündlich von Ihnen erhalten habe, reicht nicht

nur das Papier nicht aus. Ich werde es niemals versuchen oder gar
beanspruchen, so davon zu sprechen, wie sie es verdienen.»[15]

2. *Moral sense*

Dann kommen beide fast zur selben Zeit ins England der Glorreichen Revolution zurück, Locke im Februar 1689, Ashley drei
Monate später, und erneuern ihren engen Kontakt. Ihre große Al-
tersdifferenz, Locke ist 57, Ashley 18 Jahre alt, steht ihrer Freundschaft nicht im Weg. Als Verfechter einer liberalen Whig-Position
sind sie politisch einer Meinung. Im Geist seines Großvaters und
seines Erziehers engagiert sich Ashley an der Seite der Country-
Whigs parlamentarisch gegen die Übermacht der Krone und der
Staatskirche. Er ist davon überzeugt, dass das «post-1688 England
had the opportunity to create a new public and gentlemanly culture of criticism».[16]

Geselligkeit (sociability), Höflichkeit (politeness) und kritischer
Verstandesgebrauch (criticism) bilden die Zentren «of a new
Whiggish culture». Darin sind sich Locke und Ashley einig. In
ihren nun verstärkt einsetzenden philosophischen Diskussionen
beginnen sie dagegen unterschiedliche Schwerpunkte zu setzen.
Ashley liest die gerade publizierten Schriften seines Lehrmeis-
ters und entwickelt an ihnen seine eigene Philosophie. Es ist zwar
nur ein Fragment ihrer Gespräche erhalten, die vor allem um
Lockes radikalen empiristischen *Versuch über den menschlichen
Verstand* kreisen, der keine angeborenen Ideen oder Prinzipien
akzeptiert und alles Wissen auf sinnliche Wahrnehmungen und
ihre Reflexionen zurückführt. Aber es zeigt bereits, worauf sich
Ashley als eigenständiger Philosoph konzentrieren wird. Nein, der
Mensch kommt nicht mit nichts zur Welt, widerspricht er seinem
Lehrmeister. Sein ursprünglicher Geist ist keine «tabula rasa». Es
scheint, als wolle der junge Philosoph nachträglich in Frage stel-

len, dass er selbst anfänglich wie ein weißes Blatt Papier gewesen sei, das sein Erzieher intellektuell so beschrieben habe, wie er es für vernünftig hielt. Als sei sein Geist ein passiver Sinn, der nur verarbeitet, was von außen auf ihn einströmt. Für Ashley ist Lockes Ablehnung der «angeborenen Ideen» eine Verwerfung des menschlichen Wesens, der eigenen «human nature», die von Anfang an und grundlegend aktiv ist, a priori disponiert zur vernünftigen Orientierung in einer sich ständig verändernden, in sich jedoch harmonischen ganzheitlichen Wirklichkeit. Auch die Bildung einer tugendhaften Gesinnung (virtue) und guten Lebensform (good breeding) setzt ursprünglich mehr voraus, als Locke zugesteht. Ashley deutet an, dass das Streben nach Tugend in der menschlichen Natur selbst angelegt ist.

Was ist es, das in uns treibt und zu dem werden lässt, was wir in moralischer Hinsicht sind? Welche Neigungen (affections) und Leidenschaften (passions) beherrschen unser Gemüt und lassen uns zu guten oder schlechten Menschen werden? Und was ist überhaupt gut, sei es natürlich gut (mere goodness) für jedes Lebewesen oder tugendhaft und verdienstvoll für den Menschen? Zunächst sind es noch rohe, ungeschliffene Gedanken, die Ashley im Gespräch mit Locke entwickelt. Doch sie lassen schon deutlich erkennen, was für ihn, seine Philosophie und seinen eigenwilligen Denk- und Schreibstil charakteristisch ist.

Langsam beginnt sich der Kontakt zwischen beiden zu lösen. Auf Lockes Nachfragen, was er von seinen erkenntnistheoretischen Überlegungen halte, antwortet Ashley zurückhaltend. Er ist unsicher, wie er argumentieren soll. Am 29. September 1694 teilt er brieflich seine philosophische Unabhängigkeitserklärung mit. Er will sich nicht auf empirische Untersuchungen des menschlichen Verstandes und seiner Entwicklung konzentrieren. Das haben René Descartes, Thomas Hobbes und deren «Verbesserer» (Improvers), zu denen er wohl auch Locke zählt, ausreichend getan, wobei sie eifersüchtig aufeinander ihre stets neuen Entdeckungen unter die Leute gebracht haben. Ashley dagegen will überhaupt kein Wissenschaftler sein, jedenfalls kein Empiriker, der sich auf sinnliche Erfahrungen konzentriert. Er will nichts Neues über die Welt der Tatsachen entdecken oder erfahren. Stattdessen will er sich selbst kennenlernen. Das allein ist es, was für ihn wirklich zählt. «What I count True Learning, and all wee can profitt by, is to know our selves.»[17] Ashley will sich über seine individuellen Leidenschaften und Affekte klarwerden und die natürlichen Grundlagen seiner moralischen Gewissheiten und Überzeugungen erforschen. Es schwebt ihm eine ethische Anatomie der Seele vor, die genauso fein sein soll wie die Zergliederung des Körpers oder die logische Analyse geistiger Produkte.

Gegen Lockes empiristische Konzentration auf die *sinnliche* Wahrnehmung (sensation) stellt Ashley die reflektierte Selbstklärung eines moralischen *Sinns* (sense), der eine eigenständige Qualität und Geltung besitzt. Ihn interessiert, was auf Lockes affektloser «tabula rasa» keinen Platz hat: die Fundierung einer Moral, die dem Menschen als solchem universell und wesensmäßig zukommt und ihn von allen anderen Lebewesen unterscheidet. Dass er dabei von einem «moral sense» spricht, meint nicht, dass es sich dabei um eine Art sechsten Sinn handelt, der zu den anderen fünf Sinnen einfach dazukommt. Es ist eher ein witziges Wortspiel, mit dem er gegen Lockes ausschließende Favorisierung der «sensation» spricht und dagegen einen höherwertigen «sense» einsetzt. Mit seinem Sinn opponiert er gegen Lockes Sinne. In seinem philosophischen Tagebuch hat er diesem Widerstreit eine verrückte Wende gegeben: «Wenn die Sinne bei sich sind und es ist kein höchster Sinn über ihnen, bin ich dann bei Sinnen? Wenn sie berichten und nichts Besseres als sie nimmt den Bericht entgegen, bin ich dann bei Vernunft?»[18] Dieser höchste Sinn, der über allen Sinnen ist und die vernünftige Synthesis aller sinnlich gegebenen Erscheinungen leistet, meint aber noch mehr. Er ist die Antwort auf die existenzielle Frage nach dem eigentlichen

Sein des eigenen Selbst. Wer das nicht einsieht, tappt blind herum in der Dunkelheit der sinnlich gegebenen Erscheinungswelt. «O kimmerische Dunkelheit, tödliche und überwältigende Blindheit! Ansteckende Seuche! Umfassend und unheilbar! ohne Sinn in diesem höchsten Sinn zu sein; die klare, augenscheinliche, erste und grundlegende Wahrheit nicht zu sehen; dies nicht zu sehen, was sieht, was urteilt, was ausspricht, und was allein *ist*.»[19]

1699, nach dem Tod seines Vaters, erhält Anthony Ashley Cooper den Titel des Third Earl of Shaftesbury. Im selben Jahr erscheint eine unautorisierte, von John Toland veröffentlichte Ausgabe seines frühesten Werks, in dem Shaftesbury die Grundzüge seiner Philosophie des «moral sense» entwirft: *An Inquiring concerning Virtue, or Merit* (Eine Untersuchung über Tugend oder Verdienst). Wie steht es um die Grundlagen der menschlichen Moral? Das ist eine ernste Frage, deren Beantwortung Shaftesbury witzigerweise mit einem Motto des römischen Satirikers Horaz einleitet, der sich lachend über den unmoralischen Lebenswandel seiner Zeitgenossen erhob: «Amoto quaeramus seria Ludo»[20] – Wir wollen uns um ernste Sachen bemühen, Spaß beiseite. Auch Shaftesbury sieht, dass es zu seiner Zeit nicht leicht ist, in moralischer Hinsicht einen klaren Kopf zu behalten. Vor allem die Beziehung zwischen Moral und Religion, die als unzertrennliche Gefährten galten, ist völlig zerrüttet. Streng Gläubigen fehlen die gewöhnlichsten Gefühle der Menschlichkeit; dagegen gibt es Menschen, die sich wenig um Religion kümmern oder gar Atheisten sind, welche tugendhaft sind und sich gegenüber ihren Mitmenschen wohlwollend verhalten. Religion und Moral scheinen also ihr jeweils eigenes Recht zu haben, was Shaftesbury seine Frage stellen lässt – Was sind Ehrenhaftigkeit und Tugend an und für sich selbst? –, wobei er den Anspruch erhebt, «ein wenig neues Licht auf die Sache zu werfen»[21] und ihr auf den Grund zu gehen. Er findet ihn, wie bereits in seinen Vorüberlegungen angedeutet, im «natural moral sense» des Menschen, «in einer gewissen richtigen Verfassung (in a certain just disposition) oder dem rechten Verhältnis der Gemütsbewegung eines vernünftigen Wesens zu den Sachverhalten von Sittlichkeit, Recht und Unrecht».[22]

Als vernunftbegabtes Wesen ist der Mensch kein unbeschriebenes Blatt, sondern zur verdienstvollen Tugend «disponiert»; und zu den «Sachverhalten» gehören nicht nur die Phänomene der sinnlichen Wahrnehmung, sondern auch die moralischen Tatsachen der Tugend und des Lasters, des natürlich Guten und unnatürlich Schlechten, des Rechts und Unrechts. Das ist unausgesprochen gegen Locke gerichtet, dem Shaftesbury später, nach dem Tod seines Erziehers, in einem Brief vom 3. Juni 1709 an Michael Ainsworth vorwerfen wird, dass er die fundamentalen Werte der Ordnung und der Tugend als «unnatürlich» und ohne geistigen Grund verworfen habe.[23] Doch es verschweigt auch den großen Einfluss, den Locke trotzdem auf seine Philosophie ausgeübt hat. Denn ohne dessen Gedanken über Erziehung und den richtigen Gebrauch des Verstandes hätte Shaftesbury niemals zu dem werden können, was er geworden ist: ein Gentleman mit den hochkultivierten Gaben der Tugend, Lebensklugheit und guten Lebensart.

Jedoch gibt es auch in dieser Beziehung einen kleinen Unterschied mit großen Folgen. Er betrifft weniger die grundlegende Differenz zwischen «senses» und «sense», vielmehr den Charakter der beiden Philosophen. Während Locke ein zutiefst ernsthafter und oft leidender Mensch ist, in dessen Schriften man den erhobenen Zeigefinger des strengen Erziehers nicht übersehen kann, ist Shaftesbury der Ton einer erzwungenen Bekehrung oder ernsthaften Belehrung fremd. Ihm geht es um geistvolle, witzige, launige Überraschungen des Lesers, wobei er einen leichtfüßigen, auch sprunghaften Stil entwickelt, welcher der differenzierten Vielfalt der interessierenden Dinge zu folgen versucht. Durch Shaftesbury lernt die Philosophie der Aufklärung zu lächeln. Er erprobt stilistisch die *Freiheit von Witz und guter Laune* (Freedom of Wit and Humour)²⁴, wobei er auch das Mittel des spöttischen Scherzes einsetzt, wenn es ihm notwendig erscheint. Das ist das eigentlich Neue, das ihn charakterlich von seinem Leitbild Locke trennt. Ein neuer Ton, eher ästhetisch als erkenntnistheoretisch zu verstehen, wird vernehmbar. Gegenüber der ernsthaften Frage «Ist es wahr?» wird eine andere Vergewisserung relevant: *«Ist es nicht lächerlich (is it not ridiculous)?»*²⁵

3. Darf man religiöse Schwärmer verspotten?

Wie Locke plädiert auch Shaftesbury für eine Kultur der Höflichkeit (culture of politeness), wobei zu ihrer Zeit unter «politeness» die Kunst verstanden wird, durch gewandtes und passendes Auftreten und Sprechen in Gesellschaft zu gefallen («the art of pleasing in company»²⁶). Zu dieser Höflichkeit gehört, dass man nicht an anderen Menschen unnötig herumnörgelt und ihre Schwächen überheblich verlacht. In diesem Zusammenhang hat Locke große Bedenken gegen den *Spott* (raillery). Sie sollen hier ausführlich zitiert werden, weil sie einen entscheidenden Punkt markieren, an dem Shaftesbury den Anleitungen seiner Vaterfigur nicht folgt und eine eigenständige, neue Gentleman-Spielart des aufgeklärten Vernunftgebrauchs entwickelt. Er weiß mit scherzhaftem Spott und heilsamem Lachen souverän zu spielen, während Locke das strenge Urteil fällt: «Spott ist die raffinierteste Art, die Fehler anderer bloßzustellen; da das aber in der Regel mit Geist und gewählten Worten geschieht und der Gesellschaft Unterhaltung bietet, lässt man sich zu dem Irrtum verleiten, es sei keine Unhöflichkeit, wenn es sich innerhalb anständiger Grenzen halte. So findet scherzhafte Unterhaltung dieser Art häufig Eingang bei Personen der besseren Stände; man leiht einem solchen Worthelden ein geneigtes Ohr, und die auf seiner Seite stehenden Zuhörer spenden ihm durch ihr Gelächter allgemein Beifall. Man sollte aber bedenken, daß die Unterhaltung der übrigen Gesellschaft auf Kosten des einen geht, der in so parodistischen Farben herausgestellt wird und daher ein gewisses Unbehagen spürt, es sei denn, der Gegenstand des Spottes sei in Wirklichkeit eine an sich löbliche Angelegenheit. Denn dann sind die lustigen Bilder und Darstellungen des Spottes zugleich Lob und Unterhaltung, und der Verspottete kommt auch auf seine Rechnung und nimmt an dem Scherz teil. Weil es aber nicht jedem gegeben ist, mit einem so delikaten und heiklen Gegenstand, wo ein kleines Versehen alles verderben kann, in der rechten Weise umzugehen, meine ich, sollten alle, die sicher gehen wollen, andere nicht herausfordern, und besonders alle jungen Leute sollten sich des Spottes sorgsam enthalten; denn dieser kann durch einen kleinen Fehler oder irgendeine falsche Wendung in dem Gemüt der Betroffenen die bleibende Erinnerung zurücklassen, sie seien zwar witzig, aber beißend wegen irgendeiner Schwäche verhöhnt worden.»[27]

Die erste Gelegenheit, die Grenzen und Möglichkeiten des geistreichen Spotts auf unterschiedliche Weise zu erproben, bietet sich für Locke wie für Shaftesbury um die Jahrhundertwende. Der nach der Glorreichen Revolution 1689 erlassene «Toleration Act» hat dazu geführt, die Machtposition der Anglikanischen Staatskirche entscheidend zu schwächen. Zugleich ermöglichte er einen großen Auftrieb zahlreicher Sekten. Vor allem protestantische Abweichler (Dissenters) wurden toleriert und durften in ihren eigenen Versammlungshäusern Gottesdienste abhalten. Dazu gehörten nun auch die Quäker, eine endzeitlich orientierte Erweckungsbewegung, die sich während der großen Krise um die Jahrhundertmitte gebildet hatte, als im Namen Gottes England durch Bürgerkriege zerrüttet wurde. George Fox war als «wahrer Apostel» aufgetreten, inspiriert durch den Heiligen Geist, der ihn zur Ekstase brachte. Die Quäker verstanden sich selbst als «Religionsgesellschaft der Freunde», die durch eine überwältigende persönliche Erfahrung zu Kindern des alles überstrahlenden göttlichen

Lichts geworden waren, das in ihrem Innersten leuchtete. Den Namen «Quäker» erhielten sie dagegen von ihren Kritikern, die sich damit spöttisch auf ihr spirituelles Erzittern (to quake) bezogen. Die einfachen Leute vergnügten sich damit, das Gliederzucken und Grimassieren öffentlich nachzuäffen, mit dem die Quäker die überwältigende Kraft der Erleuchtung demonstrierten.

Besonders von diesen Zitternden scheint John Locke am Schluss seines *Versuchs über den menschlichen Verstand* zu sprechen, ohne sie jedoch beim Namen zu nennen. Denn seine Prüfung mit den Mitteln der Vernunft, ob etwas als wirkliche göttliche Offenbarung anzuerkennen sei oder als ein bloßes Gespinst der überhitzten menschlichen Einbildungskraft entlarvt werden könne, konzentriert sich vor allem auf jenes Licht der Offenbarungen, das von den Quäkern als Quelle ihres Glaubens beschworen wird. Die Abgrenzung zwischen echten Offenbarungen und täuschenden Einbildungen fällt Locke nicht leicht. Aber er ist sich zumindest sicher, dass eine fundamentalistische Bevorzugung des offenbarten Glaubens gegenüber einer aufklärenden Vernunft für zahlreiche Absurditäten und Überspanntheiten verantwortlich ist, die dem gesunden Menschenverstand widersprechen. Wie soll man mit solchen Gläubigen umgehen? Vorsichtig deutet Locke ein mögliches Heilmittel an. Indem die Erleuchteten ihrer Einbildungskraft und ihrem natürlichen Aberglauben freien Lauf lassen, «gelangten sie auf religiösem Gebiet zu so merkwürdigen Gebräuchen, daß ein verständiger Mensch nur mit Erstaunen ihre Torheiten betrachten kann. Er muß zu dem Urteil gelangen, daß diese Dinge, weit entfernt davon, dem großen und weisen Gott wohlgefällig zu sein, schon für einen nüchtern denkenden, wackeren Menschen lächerlich und anstößig erscheinen müssen.»[28]

Wahrscheinlich ist Locke über diesen Schluss selbst erschrocken. Kann «lächerlich» das letzte Wort sein? Reicht es, sich über diese Gläubigen lustig zu machen und sie, zum Beispiel als zitternde und bebende «Quäker», zu verspotten? Locke sieht sich gezwungen, in der 1700 veröffentlichten vierten Auflage seines *Versuchs* ein erläuterndes und ergänzendes Kapitel einzufügen: *Of Enthusiasm* (Über die Schwärmerei), wobei er unter Enthusiasmus[29] eine überschwängliche Hochschätzung unmittelbarer Offenbarungen versteht, die alle Vernunft übersteigen oder gänzlich beiseiteschieben.

Der Enthusiast schwärmt gleichsam über alle Grenzen des Erfahrbaren und Erkennbaren hinaus in ein himmlisches Licht, das in ihm so klar, stark und rein zu strahlen scheint wie am Mittag das Licht der Sonne. Doch jetzt lacht Locke nicht mehr über diese Maßlosigkeit, sondern unterzieht sie einer kritischen Prüfung. Sie führt ihn zu der logischen Einsicht, dass die Schwärmer nur in ihrer eigenen Wahrheit herumirren und für ihre Erleuchtungen keine unabhängigen Beweise außer sich anerkennen können. Ihr Licht ist «nur ein *Irrlicht*, das sie beständig in folgendem Kreise herumführt: *Es ist eine Offenbarung, weil sie es fest glauben*; und *sie glauben so fest daran, weil es eine Offenbarung ist.*»[30] Für die überwältigende Stärke dieser irrlichternden Erleuchtung glaubt Locke eine psychologische Erklärung gefunden zu haben. Religiöse Schwärmer neigen zur Melancholie. Das gesellige Zusammenleben mit den gewöhnlichen Menschen ist ihnen nicht genug, und das mühsame Denken liefert ihnen keine Antworten auf ihre großen existenziellen Fragen. Unmittelbare Offenbarung scheint für sie ein viel bequemerer Weg zu sein, der sie zugleich aus der Gesellschaft der vielen hinausführt. «So sehen wir, daß sich zu allen Zeiten diejenigen Menschen, bei denen sich Melancholie mit Frömmigkeit paarte oder deren Selbstgefälligkeit sie zu der Meinung verleitete, daß sie mit Gott auf vertrauterem Fuße und seiner Gunst näher standen als andere, oft mit der Überzeugung schmeichelten, daß sie mit der Gottheit unmittelbar verkehrten und häufige Mitteilungen vom göttlichen Geist empfingen.»[31]

4. Die Probe des Lächerlichen

Locke schickt seine Schriften Shaftesbury zu. Er wünscht sich Kommentare seines gebildeten Schülers, der sich jedoch einem weiterführenden Gespräch entzieht, worüber sich Locke mehrmals beklagt. Doch Shaftesbury muss aufmerksam gelesen haben, was ihm sein nüchtern denkender und wackerer, alter Freund über Offenbarungen, Lichterlebnisse und Schwärmerei zu lesen gibt. Das erhellt zunächst sein langer Brief an einen brüderlichen Freund, den er am 19. Januar 1701 schreibt: *Die eingeweihten Damen oder die englische Sekte, enthaltend Die Tatsachen über gewisse Abenteuer Spiritueller, Philosophischer, Politischer und Galanter Art.* Das ironische Motto für diesen Tatsachenbericht liefert ihm der Satiriker Juvenal: «En animam, et mentem, cum qua Dij nocte loquantur!» – Welch ein Gemüt und Geist, dass die Götter nachts mit ihnen sprechen!

The Adapt Ladys. Der Briefschreiber hat gerade einen sonderbaren Besuch hinter sich. Ein befreundetes Ehepaar kam vorbei, in ihrer Begleitung eine Frau in der Tracht der Quäker. Er fühlte sich etwas überrumpelt, war aber Gentleman genug, um seine Besucher «mit aller erdenklichen Höflichkeit»[32] zu empfangen und zu bewirten. Überrascht haben ihn zunächst die beiden Eheleute, die er als gebildete Menschen kannte. Denn sie begannen bald erregt davon zu reden, dass Gott ein großes Werk in Angriff genommen habe. Er werde nun alles selbst machen, ohne es den Menschen zu überlassen. Offenbaren werde er sich in außerordentlicher Weise. Die Quäkerin könne davon mehr erzählen, denn sie verfüge über die wunderbare und mystische Fähigkeit, Gottes geheime Pläne zu empfangen und zu vermitteln. «Die Quäkerin lächelte, jedoch mit einem Gesicht, dem Gutgelauntheit (Good-Humour) so schlecht stand, daß sie einer Art gräßlicher Liebenswürdigkeit Ausdruck gab.»[33]

Immer unbehaglicher fühlte sich der Gastgeber. Es wurden

ihm Pülverchen gezeigt, Sammlungen dünnster und dicker Materialien, alle möglichen Gifte, Heilmittel und Urstoffe, die Wunder wirken könnten. Ein ununterbrochener Redefluss mit verwickelten und verworrenen Gedankengängen strömte auf ihn ein. Seine skeptischen Einwände stießen auf taube Ohren. Schließlich habe die Quäkerin alle Mysterien unmittelbar von Gott erfahren. «Es sei nicht der geringste Zweifel an diesen Dingen angebracht, die offenkundig und *Tatsachen* seien.»[34] Die Erleuchtete prophezeite und offenbarte, was vom Herrn zu ihr gekommen war. Sie verfüge über die Kunst der Heilung und der Vorausschau. Ein Engel habe sie besucht, weder fliegend noch gehend, sondern wie eine Maschine. Sie höre Stimmen in der Luft, ohne etwas zu sehen. Ein Geist ergreife sie und trage sie hinweg. In ihren Verzückungen und Ekstasen sehe sie immer wieder ein helles Licht, mit dem das geheime göttliche Wissen in sie hineinstrahle.

Angesichts dieser Schwärmerei drohte der höfliche Gastgeber überwältigt zu werden. Er fühlte sich in einen vollkommenen Hexensabbat versetzt. Dann kam auch noch Sabatius hinzu, der Sohn des befreundeten Ehepaars, der schon immer eine angeborene Leidenschaft für die Magie besaß. «Er trat hinzu, um ihnen beizustehen, und setzte dabei ein so schwermütiges und grüblerisches Gesicht, in allen seinen Zügen von der Magie besessen, auf, wie ich es (so glaubte ich) noch nie bei ihm gesehen hatte. Ich fand ihn womöglich noch tiefer in den Abgrund gezogen als seinen Vater und seine Mutter. Vergeblich wandte ich meine Blicke vom einen zum anderen; vergeblich hoffte ich, Beistand und Erleichterung bei jemandem zu finden, der mir hätte helfen können, dieser Sturzflut von Betrug und Wahnsinn standzuhalten. Aber alles blieb fest und unverrückbar. Ihre Mienen wie auch ihre Worte bezeugten dies.»[35]

Aus dem circulus vitiosus der Offenbarungsgewissheit gab es keinen Ausweg. Gegen kritische Argumente waren seine Besucher verschlossen. Wie konnte diese finstere Szene der Erleuchteten beendet werden? Zum Glück betrat in diesem Moment ein neuer Besucher das Zimmer. Nicht sein Wissen oder seine Argumentation boten den erhofften Beistand. Es waren sein Charakter und seine Ausstrahlung, die den magischen Zauber vertrieben. Wie das Morgenlicht die höllischen Geister der Nacht verscheucht, «so schienen die finsteren, bleichen, gespenstischen Gesichter, die versteinerten Gesichtszüge und die wilden, verstörten Blicke unserer magischen Runde zu verschwinden, als der frische und blühende Arsamnes erschien, dessen bloßes Gebaren und Mienenspiel, einer Sonne gleich, es zuwege brachten, jene abscheulichen Nebel aufzulösen».[36]

Der Kampf zwischen Offenbarung und Vernunft, finsterer Schwärmerei und hellem Verstand fand kein diskursiv überzeugendes Ende. Weder die argumentative Logik noch der Hinweis auf sinnliche Erfahrungstatsachen boten einen Ausweg aus dem Dilemma. Es war der «moral sense», der die Lösung brachte. Der lichte Sinn des frischen und blühenden Arsamnes siegte über den finsteren Unsinn des schwermütigen und grüblerischen Sabatius.

Doch damit war die Geschichte noch nicht am Ende. Es gab ein Nachspiel, in dem Shaftesbury einen erzieherischen Gedanken John Lockes aufgriff: Wenn es um die Ausbildung der menschlichen Tugend geht, sollte man den Kindern keine Geschichten von Geistern und Gespenstern erzählen, die doch nur Ängste vor der Dunkelheit und nächtliche Alpträume evozieren könnten. Genau so erging es schließlich auch dem Erzähler der *Eingeweihten Damen*. Als er sich nach dem unwillkommenen Besuch schlafen legte, wäre es für ihn besser gewesen, überhaupt keinen Schlaf zu finden. Denn die sektiererische Sturzflut strömte nun als Tagesrest in seine Traumwelt und ließ schreckliche Bilder auftauchen. «Ich schlief in der Tat, wurde jedoch in meinen Träumen von all den Gespenstern und Ungeheuerlichkeiten heimgesucht, die mir am Tag zuvor begegnet waren, daß sie mich an meine Kindheit erinnerten, als mir die Ammen und Großmütter, wie das so üblich ist, meinen Kopf mit Feen und Kobolden voll stopften.»[37]

Zum Glück war dieser Einfluss nicht so stark gewesen, seinen gesunden Geist zerrütten zu können. Er konnte dafür danken, «durch Vernunft und Erziehung»[38] vom widernatürlichen Enthusiasmus und wilden Fanatismus der Geisterseher geschützt worden zu sein. Wie eine letzte Danksagung zitierte er am Ende seines brüderlichen Briefs den Vers aus den Satiren des Juvenal, der das Leitmotiv für John Lockes Erziehungsmodell gewesen war. «Und nun (Bruder!) lebe wohl. Ich wünsche Dir die Umkehrung des Zustandes unserer beklagenswerten Freunde, nämlich: *Ut sit Mens sana in Corpore sano.*»[39]

Shaftesburys Bericht endet zwar mit einer Klage. Er empfindet den «moral sense» seiner enthusiastischen Besucher als verkehrt und vergiftet. Ein ungesunder Geist ist in ihrem Körper wirksam, der sich auf ihren Gesichtern widerspiegelt. Doch es deutet sich bereits an, dass er dieses schreckliche Erlebnis auch mit einem lächelnden Hintersinn erzählt hat. Ganz ernst ist es ihm nicht mit der dargestellten Szene. Die geistlichen Wehen und offenbarten Entzückungen der Quäkerin haben etwas Lächerliches an sich, und ihre gläubigen Begleiter scheinen nicht recht bei Sinnen zu sein. Dass sie keine Zweifel an den Phantasien der «eingeweihten Dame» anmelden, sondern sie für offenkundige Tatsachen halten, lässt an ihrem Verstand zweifeln. Doch der Spott über ihre enthusiastische Schwärmerei hält sich noch in Grenzen. Er taucht eher zwischen den Zeilen als offen ausgesprochen auf.

Einige Jahre später. Im September 1707 schreibt Shaftesbury wieder einen Brief: *A Letter concerning Enthusiasm*. Er ist adressiert an Lord John Somers, einen gemeinsamen Freund Lockes und Shaftesburys. Wieder geht es um einen schwärmerischen Fanatismus, wie er ihn schon in seinem Briefessay über die «englische Sekte» als einen gefährlichen Brandstifter kritisiert hat, der meist zunächst nur kleine Brandsätze benutzt und, wo immer er übermächtig wird, «schon so oft selbst die blühendsten Städte und Länder in Schutt und Asche verwandelte und verwüstete».[40] Jetzt handelt es sich um eine neue gefährliche Schwärmerei. Französische Protestanten sind im Winter 1706/07 nach London geflüchtet, wo sie jenen «Geist des Märtyrertums»[41] verbreiten, mit dem sie auch im katholischen Frankreich ihre Religion praktiziert und in einem blutigen Krieg behauptet haben. Sie haben den «Geist der Liebe und Menschlichkeit»[42] verworfen zugunsten eines prophetischen Enthusiasmus, der alles in Flammen zu setzen droht. Wie soll man sich gegenüber diesen leidenden Rechtgläubigen verhalten? Soll man sich ernsthaft auf ihren Fanatismus einlassen, mit dem Risiko, auch von ihm angesteckt zu werden? Oder empfiehlt es sich, dem römischen Dichter Horaz zu folgen, dessen Parole Shaftesbury seinem *Brief über den Enthusiasmus* als Motto voranstellt: «Ridentem dicere verum – Quid vetat?» – Lachend die Wahrheit sagen. Wer verwehrt es?

Um die Kraft dieser humorvollen und witzigen Erkenntnisform nachvollziehen zu können, muss man sich den eifernden Ernst der Protestanten vergegenwärtigen, die Shaftesbury nicht beim Namen nennen muss. Jeder in England kennt diese «Kamisarden» (les camisards), seit sie ganz London mit ihren Eingebungen und prophetischen Ankündigungen eines Tausendjährigen Reichs, im Geiste der Offenbarungen des Johannes, in Atem halten. Gerade erst sind ihre in London gehaltenen Reden in französischer und englischer Sprache veröffentlicht worden: *Le Théatre sacré des Cévennes / A Cry from the Desert*. Hintergrund dieses Schreis aus der Wüste ist der Aufstand der Hugenotten in den südfranzösischen Cevennen, die nach der Aufhebung des Edikts von Nantes 1685 zunächst einen Partisanenkampf gegen die königlichen Soldaten Ludwigs XIV. und die katholischen Mönche führten, die ihre Zwangskatholisierung durchsetzen wollten. 1702 war es dann zu einem *Aufruhr in den Cevennen*[43] gekommen, der viele Tausende Opfer forderte. Es war ein Krieg der verbrannten

Erde, von beiden Seiten mit äußerster Grausamkeit geführt. Dabei wurden viele der hingerichteten hugenottischen Pastoren zunehmend durch Laienprediger ersetzt, die sich durch prophetische Visionen und ekstatische Verzückungen auszeichneten.

Ins englische Exil geflüchtet, gründet schließlich der Kamisardenführer Elie Marion Ende 1706 in London die Gemeinde der «French Prophets», die mit ihren sonderbaren Aktionen die Londoner Bevölkerung verwirren und erschrecken. Sie verkünden die Zerstörung Londons, predigen Endzeitvisionen, fallen in Trance, sprechen in Engelszungen und geraten in konvulsivische Zuckungen, wobei sie manchmal auch auf den Händen laufen. Sie finden neue Anhänger, die zu ihrem Glauben konvertieren, werden aber auch von Gegnern angeprangert und als falsche Propheten verfolgt, was jedoch ihren Eifer nur steigert.

Wie soll man mit ihnen umgehen? Man könnte, gibt Shaftesbury ironisch zu bedenken, ihr Märtyrertum verstärken und ihnen die Gunst erweisen, «sie zu hängen oder einzukerkern; wenn wir nur so liebenswürdig sein wollen, ihnen die Gebeine, gemäß ihrer Landessitte, zu brechen, ihren Eifer zu steigern und von neuem die Kohle der Verfolgung aufzurühren».[44] Nein, für tolerante Engländer in ihrem eigenen Land gibt es eine schrecklichere Alternative. Man sollte diese enthusiastischen Propheten der «grausamsten Verachtung der Welt» ausliefern. Komödianten auf dem Jahrmarkt haben es bereits vorgeführt, als sie die Glaubenseiferer als Marionetten karikiert haben, die mit ihren Prophezeiungen und Delirien ganz außer sich sind. «So weiß ich aus sicheren Quellen, daß sie eben jetzt Gegenstand eines vorzüglichen Possen- oder Puppenspiels auf dem Bartholomäusmarkt sind. Zweifelsohne sind dort ihre fremdartigen Stimmen und unfreiwilligen Bewegungen bewundernswert gut durch die Bewegung von Drähten oder das Blasen von Pfeifen in Szene gesetzt. Denn da die Körper der Propheten, wenn sie sich im Zustande des Weissagens befinden, nicht in ihrer Gewalt sind, sondern (wie sie selbst sagen) rein passive Organe sind, die von einer äußeren Kraft in Bewegung gesetzt werden, haben sie überhaupt nichts Natürliches oder dem wirklichen Leben Ähnliches in ihren Stimmen und Bewegungen.»[45]

Shaftesbury greift zum Mittel des Spotts. Ist es nicht lächerlich, was die «French Prophets» vorführen? Ja, und diese spöttische Haltung kann auch in vielen anderen Fällen hilfreich sein. Denn jeder Mensch, der seinen Verstand richtig und selbständig zu gebrauchen weiß, kann doch erkennen, dass es in der Welt recht närrisch zugeht und vieles lächerlich ist. Shaftesbury überträgt das komödiantische Spiel auf dem Jahrmarkt in den Geist der Aufklärung. Lernen wir lachen. Es gibt kein besseres Heilmittel in moralischen Krisen.

Shaftesbury behauptet nicht, dass alles lächerlich ist. Er ist weder Zyniker noch Nihilist. Auch ein irres Lachen über alles ist ihm fremd. Für ihn besteht ein großer Unterschied zwischen der Absicht, aus jeder Sache ein Lachen zu pressen, und dem Anspruch, an jeder Sache das zurecht Belachenswerte herauszustellen. Nur dafür soll man alles einem *Test of Ridicule* aussetzen, einer Probe des Lächerlichen. Was wirklich wertvoll und sinnvoll ist, wird sich nicht als lächerlich erweisen lassen; und was wir als wahrhaft lächerlich nachweisen können, wird viel von dem Wert verlieren, den man ihm irrtümlich zuschreibt, solange man es zu ernst genommen hat.

Als kritisches Unterscheidungsmittel richtet sich der Test of Ridicule deshalb nicht nur gegen einen übersteigerten Enthusiasmus in religiösen Dingen, gegen blinden Glaubenseifer, Schwärmerei außer Sinnen und Verzückung ohne Unterlass. Er lässt sich auch selbstreflexiv auf jeden Menschen anwenden, der seine eigene Urteilskraft oder sein eigenes Naturell einer kritischen Prüfung unterziehen will. Gerade im Hinblick auf das eigene Selbst gibt es noch viel zu tun. Nehmen wir nicht das eigene vernünftige Denken manchmal viel zu ernst und täuschen uns über uns selbst? Habe Mut, dich selbst der Probe des Lächerlichen zu stellen! «Wie kommt es dann, daß wir so feige beim vernünftigen Denken erscheinen und uns so davor fürchten, die Prüfung des Spotts zu bestehen? Oh, sagen wir, die Gegenstände sind zu ernst und gewichtig. Vielleicht verhält es sich so. Aber laßt uns zuerst ausfindig machen, ob sie wirklich ernst und gewichtig sind oder nicht: denn so, wie wir sie verstehen, mögen sie vielleicht sehr ernst und gewichtig in unserer Vorstellung sein, doch sehr lächerlich und unangebracht ihrer Natur nach. Gravitätischer Ernst ist recht eigentlich das Wesen des Betrugs und der Heuchelei. Er läßt uns nicht nur andere Dinge mißverstehen, sondern ist fast stets in Gefahr, sich selbst zu verfehlen.»[46]

Kaum ist Shaftesburys *Letter concerning Enthusiasm* erschienen, wird er heftig kritisiert. Mehrere Gegenbriefe werden publiziert.[47] Sie richten sich vor allem gegen Shaftesburys Versuch, religiöse Glaubensformen und Rituale in die Nähe des Lächerlichen zu rücken. Man wirft ihm vor, Religion überhaupt am Prüfstein des Spotts zunichte machen zu wollen und als ein geheimer Atheist mit Gott seine Späßchen zu treiben.[48]

Aber so ist sein Test nicht gemeint. Es geht Shaftesbury doch gar nicht um die Inhalte der Religion. Er will nicht mögliche Glaubenswahrheiten dem Lächerlichen preisgeben. Er entwickelt vielmehr ein Verfahren, um die Glaubwürdigkeit von Heilslehren und religiösen Leitfiguren überprüfen zu können. Der Test of Ridicule dient der kritischen Unterscheidung zwischen den Menschen, denen etwas wahrhaftig wichtig ist, und den bewussten oder unbewussten Betrügern, deren Ernst ihre Unaufrichtigkeit maskiert. Sie gilt es zu entlarven. Gegen sie richtet Shaftesbury die Waffe des spöttischen Lachens, die er für wirksamer hält als den Gegenangriff mit gleichen Mitteln. «Denn ist es nicht verwunderlich, daß Heuchelei und Verstellung es wagen würden, dem Treffen mit einem gewichtigen Feind standzuhalten. Ein ernsthaft und feierlich vorgetragener Angriff, das wissen sie, bedeutet für sie keine so große Gefahr. Nichts verabscheuen und fürchten sie mehr als Heiterkeit und Humor (Pleasantness and good Humour).»[49] Das aber betrifft vor allem die religiösen Fanatiker, die vom Geist der Frömmelei erfüllt sind, die ihre scheinoffenbarten Glaubensgewissheiten mit falschem Ernst und Eifer im Volk verbreiten und es dadurch ganz außer Sinnen bringen können. Gegen sie ist der spöttische Scherz das beste Heilmittel. Lachen wir. Ach, wie viele Scheiterhaufen wären erloschen und wie viele entsetzliche Tragödien in der Welt hätten nicht stattgefunden, wenn man bei allen religiösen Streitigkeiten nicht das Lachen und den Humor verloren hätte.

5. *Über die Freiheit von Witz und guter Laune*

Dass in diesem Clash of Cultures die Probe des Lächerlichen eine kulturpolitische Rolle spielen kann, ist noch immer so aktuell wie in der Frühphase der europäischen Aufklärung.[50] Religiöse Enthusiasten möchten nicht karikiert werden. Ihre Idole dürfen nicht lächerlich gemacht werden. Aber hat dieser Test auch einen ernsthaften philosophischen Wert? Nein, sagen bis heute die Kritiker, die nicht bereit sind, ihm den Rang eines vernünftigen Erkenntnismittels zuzugestehen. Denn es könne sich dabei doch nur um die psychologische Randbedingung einer Auseinandersetzung handeln, in der das Lachen selbst keine diskursive Rolle spielen darf.[51]

Als habe der Third Earl of Shaftesbury diesen Einwand bereits gekannt, wendet er die Aufmerksamkeit von der streng argumentativen Ebene des philosophischen Gedankens hin zum Charakter der beteiligten Menschen. Nicht der theologische Gehalt des Glaubens steht im Mittelpunkt seines Briefes, sondern die Haltung, der Sinn und das Auftreten der Gläubigen. Es geht ihm einerseits um die kritische Erhellung dessen, was sich im Enthusiasmus der religiösen Eiferer als lächerlich nachweisen lässt, wobei diese kritische Prüfung andererseits nur in einer Gemeinschaft erfolgreich sein kann, deren Mitglieder über bestimmte Eigenschaften verfügen. Sie wollen wissen und nicht bloß glauben, selbst denken und sich nicht nur von anderen leiten lassen, kritisch prüfen statt unbesonnen akzeptieren, auf die Stimme der Vernunft hören statt nur den Eingebungen und Prophezeiungen von Erleuchteten vertrauen. Gegen Heuchelei und Täuschung setzen sie Aufrichtigkeit und Wahrhaftigkeit, und zu unterscheiden wissen sie zwischen feinstem Witz (genteelest wit) und gemeiner Verspottung.

Die wichtigste Unterscheidung betrifft jedoch auch in diesem Fall den grundlegenden Charakter und «moralischen Sinn» der Menschen. Wie schon in seiner kleinen Geschichte vom Besuch der erleuchteten Quäkerin löst Shaftesbury das strittige Problem, worin sich blinder Glaubenseifer und echte Religiosität unterscheiden, durch eine gleichsam tiefenpsychologische Differenzierung: Schwermut steht gegen Gutgelauntheit, finsteres Gemüt gegen heiteren Sinn, übersteigerte Schwärmerei gegen einen gesunden Geist. In seinem *Brief über den Enthusiasmus* wird dieser Unterschied am *Humor* als einer grundlegenden menschlichen Gemütsstimmung verdeutlicht: Im Sinn der antiken, bis in die Moderne reichenden Humoral-Diagnostik und -Therapie gibt es «good humour» und «ill humour», gute Stimmung und Missstimmung, wobei für Shaftesbury die Wertigkeiten klar verteilt sind. Er liebt den guten Humor, während er die schlechte Laune als Quelle zahlreicher Übel abzuwehren versucht. Und hinsichtlich dieses Unterschieds trifft er nun auch sein glaubens-kritisches Urteil: Der lächerliche Enthusiasmus mit all seinen Schrecken entspringt dem «ill humour», während eine liebenswerte, wahrhaftige und humane Religiosität ihren psychologischen Grund in der guten Laune besitzt.

«Gute Laune (good humour) ist nicht nur die beste Sicherheit gegen den Enthusiasmus, sondern auch die beste Grundlage der

Frömmigkeit und wahren Religion; denn wenn richtige Gedanken und eine würdige Auffassung vom Höchsten Wesen für wahre Verehrung und Anbetung grundlegend sind, so ist es mehr als wahrscheinlich, daß wir in dieser Hinsicht niemals fehlgehen, es sei denn durch Mißgestimmtheit (ill humour). Nichts außer Mißgestimmtheit, sie sei natürlich oder erzwungen, kann einen Menschen dazu bringen, allen Ernstes zu denken, daß die Welt von irgendeiner teuflischen oder übel wollenden Macht regiert werde. (...) Davon bin ich überzeugt, daß nichts außer Mißgestimmtheit uns entsetzliche oder schlimme Gedanken von einem Höchsten Lenker eingeben kann. Nichts kann uns davon überzeugen, ein solches Wesen sei unfreundlich oder finster, als wirkliche, kranke Gefühle dieser Art in uns selbst; und wenn wir uns davor fürchten, Wohltemperiertheit (good humour) in die Religion zu bringen oder frei und vergnügt über einen Gegenstand wie Gott nachzudenken, so deshalb, weil wir uns diesen Gegenstand so vorstellen, wie wir selber sind.»[52]

Gegen düster-asketische Weltstimmungen und die schrecklichen Bilder von Schuld und Sühne, die er zu seiner Zeit auch in Puritanismus und Calvinismus vorherrschen sieht, setzt Shaftesbury den Humor als Gegenkraft. Ernst Cassirer hat diese Wende mit einem «glänzenden Fechterkunststück» verglichen. Indem Shaftesbury von den menschlichen Gefühlen in uns selbst ausgeht, die Religion mit guter Laune betrachtet, frei über Gott nachdenkt und die Gottesvorstellung darauf bezieht, wie wir selbst sind, «versteht er es, die Waffen in diesem Kampfe zu vertauschen. Nicht der Humor ist es, der sich vor der Religion, sondern die Religion ist es, die sich vor dem Humor zu rechtfertigen hat.»[53]

Die gute Stimmung, die Shaftesbury favorisiert und auch in seinem Test of Ridicule wirksam zur Geltung bringt, ist für ihn keine rein individualpsychologische Charaktereigenschaft. Die Vorwürfe, die gegen seinen *Brief über den Enthusiasmus* erhoben worden sind, motivieren ihn, ihren gesellschaftlichen Hintergrund aufzuzeigen. 1709 erscheint sein Buch *Sensus Communis. An Essay on the Freedom of Wit and Humour. In a Letter to a Friend.* Mit diesem Versuch über die Freiheit von Witz und Laune greift er zunächst den Einwand eines ungenannten Freundes auf, der sehr erstaunt über sein Lob des spöttischen Scherzes (Raillery) gewesen ist und es gegen ihn selbst zu wenden versucht hat. Kann Shaftesburys entschiedener Kampf gegen die religiösen Enthusiasten die Probe des Lächerlichen bestehen? Verträgt er selbst Scherze gegen seine Überzeugungen? Oder gehört er zu jenen ernsthaften Herren, die immer nur andere lächerlich machen, aber niemals über sich selbst lachen können?

Shaftesbury gesteht zu, dass auch in ihm Missstimmungen und hässliche Gedanken sein könnten, die er niemals enthüllen oder in hellem Licht sehen lassen will. Vielleicht ist sein Angriff auf humorlosen Eifer in religiösen Dingen durch ein Ungeheuer angeregt und gesteuert worden. Im finstersten Winkel seiner Seele könnten Gespenster wirksam sein, die ihn verführen. Es gibt nur einen Weg, sich darüber klarzuwerden. «Die Gespenster könnten uns täuschen, solange wir es verschmähen, sie nach allen Seiten zu wenden und ihre Gestalten und Gesichter in jedem Lichte zu betrachten. Denn was nur in einem gewissen Licht gezeigt werden kann, ist zweifelhaft. Die Wahrheit, darf man annehmen, kann *jedes* Licht vertragen: und eines von jenen vornehmen Lichtern oder natürlichen Mitteln, kraft derer man die Dinge ansehen muß, um sie gänzlich zu erkennen, ist der Spott selbst oder jene Prüfung, durch die wir entdecken, was an einem Gegenstand zurecht verspottenswert ist.»[54]

Wer sich nicht über sich täuschen will, muss selbst Spott ertragen können. Seine eigenen Gespenster kann man nur loswerden, wenn man sie dem Licht der witzigen und humorvollen Prüfung aussetzt. Das aber kann am besten gelingen, wenn man nicht allein ist. Der Test of Ridicule ist ein geselliges Sprachspiel. Er braucht eine kulturpolitische Atmosphäre, in der er sinnvoll praktiziert werden kann. Dazu gehört zum einen Freiheit. Nur in einer freien Unterhaltung, die in keine festen Grenzen eingeschlossen ist, können Witz und Humor aufklärend wirken. Das ist kein Plädoyer für zügellose, unkultivierte Possenreißerei. Shaftesburys *Freedom of Wit and Humour* zielt auf eine Kultivierung der Lebensart (Good Breeding). «All Politeness is owing to Liberty.»[55] Alle Verfeinerung verdankt sich der Freiheit. Sie kann nur gemeinsam in einem Kreis freier Menschen gebildet werden, die sich nicht feindlich gegenüberstehen, sondern sich freundschaftlich verbunden fühlen. «Wir verfeinern einander und schleifen unsere Ecken und Kanten gewissermaßen durch freundschaftliche Zusammenstöße (by amicable Collision) ab.»[56]

Damit hat der Third Earl of Shaftesbury den gesellschaftspolitischen Hintergrund seiner Verbindung von Philosophie und Lebensart deutlich zu erkennen gegeben. Er bekennt sich zur Lebensform des «Gentleman Philosophers», der sich in der kultivierten Geselligkeit des Clubs wohlfühlt. Für ihn ist die Freiheit des klugen Spottens untrennbar mit der «Freiheit des kleinen Kreises» (Liberty of *the Club*) verknüpft, jener Freizügigkeit also, «die man sich unter Gebildeten und Freunden (Gentlemen and Friends) herausnimmt, die einander gut kennen».[57]

Nur in einer Kultur der geselligen Freundschaft und geistigen Freiheit können Witz und Humor zu jenem erhellenden Licht werden, in dem man alle Dinge ansehen sollte, um sie von verschiedenen Seiten aus erkennen zu können. Der Club der gebildeten Gentlemen ist deshalb für Shaftesbury nicht nur eine besondere soziale Institution. Er besitzt Modellcharakter für eine allgemeine *Culture of Politeness*[58], die sich philosophisch legitimiert. Denn nur in ihr kann das grundlegende Problem der Philosophie in ihrem ursprünglichen Sinn entfaltet und gelöst werden: Wie gut zu leben sei und worin ein gelingendes Leben bestehe. Und nur in ihr kann dem Lachen und der Probe des Lächerlichen auch jener positive Wert zugesprochen werden, der nicht auf dem überheb-

DIE WAHRHEIT KANN JEDES LICHT VERTRAGEN

lichen Auslachen der lächerlich Schwachen oder geistig Unterlegenen beruht, sondern am Ideal der Humanität orientiert ist, das für alle Menschen gelten soll. Der «moral sense» des Gentleman ist Paradigma des «common sense», des sozialen Gemeinsinns, den Shaftesbury in Erinnerung an die antike Lebensweisheit als «sensus communis» zitiert.

Am Ende seines *Versuchs über die Freiheit von Witz und Laune* entschuldigt sich Shaftesbury bei seinem Brieffreund dafür, dass er nicht tiefsinnig über theologische Probleme oder religiöse Einbildungen gesprochen habe, sondern auf seine launige, humorvolle Weise. Aber so sei er nun einmal. Offensichtlich zählt er sich selbst zu jenen «Herren von feiner Lebensart» (Gentlemen of Fashion), worunter er diejenigen versteht, «denen ihre naturgegebenen guten Geistesanlagen oder die Macht guter Erziehung einen Sinn für das von Natur aus Schöne und Geziemende eingegeben haben».[59]

Das klingt so, als habe Shaftesbury seinen Brief auch in Erinnerung an seinen verstorbenen Erzieher John Locke geschrieben, dem er damit zugleich widerspricht und dankt. Denn so ernsthaft und systematisch wie Locke will er nicht sein, sondern auch das Mittel des leichtfüßigen Spotts einsetzen, den Locke als unhöflich verurteilte und als Ausdruck einer schlechten Lebensart ablehnte. Gegen dessen Annahme eines anfänglich völlig leeren Verstandes stellt er seine eigenen naturgegebenen, angeborenen Geistesanlagen. Statt alles auf die Sinne zurückzuführen, spricht er vom Sinn, zu dem für ihn auch die Ästhetik des Schönen gehört, die in Lockes empirischer Psychologie keinen Platz hat.

Aber in einer entscheidenden Hinsicht hat er doch seinem Geburtshelfer und väterlichen Freund zu danken. Durch ihn hat er «die Macht guter Erziehung» genossen, um die sich Locke vor allem für den Stand des Gentleman gesorgt hat, und er teilt ja auch die Hoffnung, mit der Locke seine *Gedanken zur Erziehung* veröffentlicht hat. «Denn wenn dieser Stand erst einmal durch Erziehung in Ordnung gebracht worden ist, wird er auch alle übrigen sehr schnell in Ordnung bringen.»[60]

Das betrifft bei Shaftesbury allerdings nicht mehr nur England und dessen «common wealth», auf das Locke sich konzentriert hat. Als witziger und humorvoller Gentleman ist der Third Earl of Shaftesbury ein «common sense»-Philosoph für die Welt, dessen *Sensus communis* jedoch keine populistische Meinung bezeichnet, sondern jene hochgeschätzte charakterliche Eigenart, «welche aus dem rechten Sinn für die gemeinsamen Rechte der Menschheit und der naturgegebenen Gleichheit erwächst, die unter den Geschöpfen der gleichen Gattung anzutreffen ist».[61]

DER MENSCH IST DAS WERK
DER NATUR

*Wie die bösen französischen Philosophen die Ideen
ihrer englischen Vorbilder radikalisiert haben*

Als europäisches Projekt begann die Aufklärung in England. John
Locke war ihr originellster und einflussreichster Initiator. Als der
Mann, der zu Shaftesbury gehörte, hat er ab 1667 angefangen, sich
seine eigenen Gedanken über religiöse Toleranz, die Grundlage
des menschlichen Verstandes und die Legitimation politischer
Macht zu machen. Die Glorreiche Revolution von 1688 hat seine
Ideen populär werden lassen. Von ihnen gingen die wichtigsten
Impulse einer politischen und philosophischen Entwicklung aus,
die das 18. Jahrhundert zu einem europäischen Zeitalter der Aufklärung werden ließen.

Dabei spielte nach England zunächst Frankreich die wichtigste Rolle. Den Wendepunkt bildete 1715 der Tod Ludwigs XIV.,
dessen absolutistischer Glanz und Stolz zuvor die englische Kultur überschattete. Doch nun war der Weg frei geworden für einen
intensiven Geistesverkehr zwischen Frankreich und England, der
für die sozialen und politischen Schicksale der europäischen Nationen ebenso wichtig wurde wie für das Denken der Moderne. Es
waren französische Philosophen, welche die englischen Anregungen aufnahmen und auf ihre Weise weiterentwickelten. Sie waren
schärfer, kritischer, kühner und respektloser als ihre englischen

Vorläufer. An die Stelle des gebildeten und gut erzogenen Gentleman traten die kämpferischen «bösen Philosophen».[1]

Denn es konnte als «böse» gelten, dass viele dieser frei denkenden Philosophen weder an den christlichen Gott noch an eine unsterbliche Seele glaubten. Voltaire und Denis Diderot, Jean Le Rond d'Alembert und Étienne Bonnot de Condillac, Paul Thiry d'Holbach und Claude-Adrien Helvétius, Julien Offray de La Mettrie und Georges Louis Leclerc de Buffon, um nur die Wichtigsten zu nennen, neigten mit unterschiedlicher Strenge zum Atheismus und Materialismus. Sie versuchten die Welt ohne übersinnliche Transzendenz und religiöse Sinngebung zu begreifen. Sie liebten das Diesseits mit seinen natürlichen Reichtümern. Sie wollten tugendhaft sein ohne sicheres Gottvertrauen und ohne Hoffnung auf einen Lohn im ewigen Jenseits. Sie lenkten ihre Aufmerksamkeit auf das, was Menschen tun, wenn sie ihren Leidenschaften folgen, das gesellige Leben genießen wollen und ihre Gedanken mit- und gegeneinander entwickeln.

Englische «free-thinker» hatten die Vorarbeiten geleistet und den religiösen Glauben auf einen offenen «Deismus» reduziert. Der Gottesbegriff der jüdischen, christlichen und islamischen Offenbarungsreligionen war entleert worden. An die Stelle eines persönlichen Gottes mit Eigenschaften, die sich leicht als anthropomorphe Übersteigerungen menschlicher Fähigkeiten verstehen ließen, trat das verwischte Bild eines unbestimmten und unbestimmbaren höchsten Wesens, das fern vom Lauf der natürlichen und menschlichen Dinge ist. Es blieb nur der reine Begriff «deus» übrig, ohne weitere Prädikate. Gott, und nichts sonst. Er mochte zwar als Urgrund das Universum geschaffen haben, griff jedoch nicht als Weltenlenker in dessen Geschichte ein, weder durch übernatürliche Wunder noch durch sprachliche Offenbarungen. Heilige Schriften verloren ihren göttlichen Wert. Authentizität und Glaubwürdigkeit des Alten wie des Neuen Testaments wurden bezweifelt. Die göttliche Dreifaltigkeit, die leibliche Inkarnation Christi, seine Auferstehung, Himmelfahrt und verkündigte Wiederkehr wurden als märchenhafte Mythen interpretiert. Was in Heiligen Schriften noch vernünftigen Sinn und lebenspraktische Geltung beanspruchen wollte, musste sich vor dem freien Denken vernünftiger Menschen legitimieren, die letztlich nur noch ein Gesetz anerkennen wollten: das Gesetz der Natur, zu deren Werken auch die Menschen gehören. Das jedenfalls war die radikale Konsequenz, die viele französische Philosophen aus den Gedanken der englischen Freidenker und Deisten zogen.

1. Vom englischen Freidenker zum französischen Philosophen

Die philosophiegeschichtliche Verschiebung der Aufklärungsideen von England nach Frankreich war mit einer tief greifenden *Krise des europäischen Geistes*[2] und einer einschneidenden politischen Machtverlagerung verbunden, die Europa an der Wende vom 17. zum 18. Jahrhundert erschütterten. Ein Zeitalter ging zu Ende, das Voltaire, der neue Star am Himmel der französischen Aufklärung, rückblickend als das «Jahrhundert Ludwigs XIV.» bezeichnen wird, dieses absolutistisch herrschenden Königs, der als «Ludwig der Große» nominell 72 Jahre lang (von 1643 bis 1715) Frankreich regiert hatte, ganz auf seine eigene majestätische Autorität fixiert, die keine andere Macht neben sich dulden wollte. Nach dem Tod des Kardinals Mazarin, der zunächst für den zu jungen König die Macht verwaltete, hatte er sich 1661 als Alleinherrscher inthronisiert. Der höchste Gerichtshof des Landes, das «Parlement de Paris», war entmachtet. Der Adel war zu einer Hofaristokratie geworden, die das königliche Zentrum umschwärmte. Es gab keinen Premierminister mehr. Der König war sein eigener Erster Minister. Mit allmächtigem Willen glaubte er alle politischen und religiösen Probleme durch ein einfaches

Dogma lösen zu können: «Ein Glaube, ein Gesetz, ein König.» Seine unmittelbar von Gott gegebene Stellung wurde durch die Sonne symbolisiert, die alles überstrahlen sollte. Unter dem «Sonnenkönig» (le Roi soleil) war Frankreich zur katholisch regierten Großmacht geworden, die das übrige Europa politisch und kulturell dominierte.

1684 war nach mehr als zwanzigjähriger Bauzeit in Versailles das größte europäische Schloss errichtet worden, in dem sich die absolutistische Macht und aristokratische Pracht demonstrativ zur Schau stellten. Vielleicht hatte Ludwig XIV. auf diesem Höhepunkt seiner Herrschaft das Gefühl, seine Aufgabe noch nicht konsequent zu Ende geführt zu haben. Jedenfalls entschied er sich ein Jahr später, nun auch den religiösen Glauben all seiner Untertanen endgültig zu vereinheitlichen und auf den Katholizismus zu fixieren. Im Oktober 1685 hob er das Edikt von Nantes auf, mit dem König Heinrich IV., der vor seiner Konversion zum Katholizismus selbst Protestant gewesen war, 1598 den reformierten Hugenotten eine bedingte Religionsfreiheit gewährt hatte. Jetzt aber sollte nur noch eine einzige Kirche in einem auf den König zentrierten Staat bestehen. Gegen die rebellische Religion des Protestantismus, der sich seit mehr als einem Jahrhundert vor allem im feindlichen England ausgebreitet hatte, wollte Ludwig XIV. den Siegeszug der Gegenreformation in die Wege leiten.

Die Aufhebung des Edikts von Nantes war eine logische Konsequenz der Lebensgrundsätze dieses Sonnenkönigs, der nicht bemerken konnte, dass er damit das Gegenteil dessen bewirkte, was er anstrebte. Geblendet von seiner eigenen Macht, sah er nicht, dass 1685 das Ende seines Zeitalters begann. Denn die blutige Unterdrückung der Hugenotten führte zu einem Massenexodus vieler moralischer, intellektueller und wirtschaftlicher Kräfte, die nach England, in die Schweiz, nach Preußen und Holland flüchteten. Die enorme Flucht von Kapital und Fachkräften schwächte das Land. Gegen den verabsolutierten Katholizismus Frankreichs begannen sich Staaten mit größerer religiöser Toleranz zu profilieren.

Die englische Glorreiche Revolution von 1688 verwirklichte nicht nur ein neues politisches Prinzip in der europäischen Geschichte: die Verlagerung der Zentralgewalt vom König auf die politischen Kräfte des Volkes und dessen parlamentarische Repräsentanten. Der Sieg Wilhelms von Oranien war auch ein religiöser Erfolg über seinen Gegner, gegen den sich ab 1689 eine große Allianz mehrerer kontinentaler Mächte zu bilden begann. Als Feind der freien Glaubenswahl verlor Ludwig XIV. seinen strahlenden Glanz. In den letzten beiden Jahrzehnten seiner Herrschaft ging es nur noch abwärts. Zunehmend verelendeten die Bauern. Höfische Luxusausgaben und finanzielle Belastungen durch mehrere Kriege brachten das Land an den Rand des Abgrunds. Aus dem spanischen Erbfolgekrieg (1701–1714) ging England als der eigentliche Sieger hervor. Als der große Ludwig 1715 endlich starb, hinterließ er ein erschöpftes Land. Von der hegemonialen Strahlkraft des Sonnenkönigs war nur noch ein Schatten übrig geblieben.

Während der folgenden Regentschaft des Herzogs Philipp von Orléans, der acht Jahre lang von 1715 bis 1723 für den noch minderjährigen Thronfolger Ludwig XV. regierte, begann sich Frankreich wirtschaftlich zu erholen. Starkes Bevölkerungswachstum, landwirtschaftliche Erfolge und eine liberalisierte Kapitalpolitik stärkten den Aufschwung bürgerlicher Kreise. Großhändler, Großkaufleute, Verleger, Fabrikanten, Reeder und Großgrundbesitzer, die durch ihre ökonomischen Erfolge gesellschaftlich gesichert waren, entwickelten ein einheitliches bürgerliches Selbstbewusstsein, das sich der absolutistischen Ideologie zu entziehen und an der Idee der Autonomie zu orientieren versuchte. Die höfische Welt begann zu zerfallen. Die städtische Kultur, in der sich eine vielfältige Opposition gegen die Grundlagen der bourbonischen Herrschaft und die von ihr erzwungene religiöse Orthodoxie bildete, fing an, ihre eigenen Wege zu gehen. Das großstädtische Paris trat an die Stelle des höfischen Versailles. Offene Salonkultur begann die geschlossene Hofkultur zu verdrängen. Staatlich geforderte Konformität wurde geschwächt oder ersetzt durch geistige und wirtschaftliche Liberalität. Die Verfolgung der Protestanten ließ nach. Die französische Intelligenz öffnete sich den englischen Gedanken. Die Aufklärung, die auf der Insel begonnen hatte, verlagerte ihr Zentrum nach Kontinentaleuropa.

Es begann die Zeit der Philosophen, für die Paris die Hauptstadt der Welt war. Die französische Metropole wurde zum Zentrum einer libertinen und frei denkenden Gesellschaft von Individuen, die einen eigenwilligen Stil des Denkens, Debattierens und Schreibens erprobten. «Le philosophe» entwickelte sich zu einem neuen sozialen Typus und einer neuen Kraft in der Geschichte: «literarisch gebildete Leute, die in Übereinkunft miteinander und zugleich bemerkenswert selbständig handelten, um ein Programm durchzusetzen».[3] Für sie war die Vernunft keine in sich ruhende Weisheit mehr, sondern kritische Kühnheit. Gegen die Idee der Pflicht, die den Menschen in Hierarchie, Disziplin, autoritär gesicherte Ordnung und religiöse Dogmatik eingliederte, setzten sie eine Kultur der Kritik, die sich auf die Idee des Rechts zu gründen versuchte: auf das Recht des persönlichen Geschmacks und Urteilsvermögens, des zwanglosen Räsonierens und freien Verstandesgebrauchs, der religiösen Glaubensfreiheit und der politischen Natur- und Menschenrechte. «Ich denke frei» wurde zur magischen Formel von Philosophen, die nur ihrem eigenen aufgeklärten Willen und der logischen Kraft ihrer eigenen Vernunft folgen wollten.

Die englischen «Freidenker» hatten es vorgemacht. Neben John Toland (1670–1722), der sich selbst zuerst offen als «free-thinker» bezeichnet hatte, war es vor allem der vermögende Gentleman Anthony Collins (1676–1729), der das neue Programm ausformulierte und argumentativ gegen zahlreiche Einwände verteidigte.

Seine juristische Ausbildung hatte er abgebrochen, um sich als unabhängiger Geist ganz der Philosophie widmen zu können. Er erklärte das *Recht* auf freies Denken und die *Pflicht* zu freiem Denken zu den grundlegenden Maximen der Vernunft. Dazu angeregt hatten ihn sein väterlicher Freund John Locke und dessen Zögling Anthony Ashley Cooper, Third Earl of Shaftesbury, mit dem Collins ebenfalls befreundet war.[4] Er hatte dessen gesammelte Schriften gelesen, die 1711 in drei Bänden veröffentlicht worden waren: *Characteristicks of Men, Manners, Opinions, Times.* Aus Shaftesburys *Brief über den Enthusiasmus* übernahm er das Motto für seine eigene Schrift, die zu Beginn des Jahres 1713 anonym in London erschien: *A Discourse of Free-Thinking. Occasion'd by the Rice and Growth of a Sect call'd Free-Thinkers.* Auf dem Titelblatt war Shaftesburys Feststellung zu lesen: «*'Tis a hard Matter for a Government to settle Wit.*»[5]

Doch es sollte nicht nur eine harte Sache für den Staat sein, dem Geist Zügel anzulegen. Es sollte ihm überhaupt unmöglich gemacht werden. Denn Collins war davon überzeugt, dass das gesellschaftliche Wohl nicht durch staatliche Zwangsmaßnahmen erreicht werden kann, sondern nur durch die Befolgung jenes formalen Prinzips, das er als Grundidee der Aufklärung verstand: Freie Bürger sollen den Mut und die Möglichkeit haben, sich ihres eigenen Verstandes zu bedienen. Das Buch stieß auf breites Interesse. Noch im selben Jahr gab es mehrere Auflagen. Aber auch der Sturm der Entrüstung konnte nicht ausbleiben. Die *Abhandlung über das freie Denken, veranlasst durch das Aufkommen und Anwachsen einer Sekte, die man Freidenker heißt,* wurde zum Anlass eines heftigen Streits, der in England begann und bald auf den Kontinent übergriff. Im Zentrum der Auseinandersetzung stand die Frage: Zerstört das Freidenkertum die religiösen Grundlagen des gesellschaftlichen Lebens und der politischen Ordnung? Sie war nicht einfach zu beantworten.

Denn einerseits konnten die Freidenker darauf hinweisen,

dass ihre Programmidee mit Religion direkt nichts zu tun hatte. Die Möglichkeit religiöser Überzeugungen stand nicht zur Debatte. Im Kern ging es «nur» um die fundamentale erkenntnistheoretische Aufforderung, dass jeder Mensch sein eigenes Fürwahrhalten von Aussagen davon unabhängig machen soll, was andere Menschen für wahr halten. Jeder Mensch besitzt das bedingungslose Recht, jede Behauptung, sei sie religiös oder profan, selbständig auf ihren Wahrheitsgehalt zu prüfen. Auf nichts anderes zielte die trockene Definition: «Unter freiem Denken verstehe ich also den Gebrauch des Verstandes in dem Bestreben, den Sinn jedes beliebigen Satzes herauszufinden, bei der Betrachtung der Art der Beweise für oder gegen ihn und bei dem Urteil über ihn gemäß der anscheinenden Stärke oder Schwäche der Beweise.»[6] Ohne diesen kritischen Verstandesgebrauch kann kein Satz als wahr anerkannt oder als falsch abgelehnt werden. Mit diesem allgemeinen Sinnkriterium waren weder religiöse Glaubenssätze als falsch disqualifiziert noch atheistische Weltbetrachtungen als wahr behauptet worden. Und es gab mehrere Hinweise, dass Anthony Collins sich selbst in religiöser Hinsicht als ein Mensch verstand, der insofern an Gott und seine Offenbarung durch Jesus Christus zu glauben bereit war, als er sich von der Wahrheit dieses Glaubens durch freies Denken überzeugen konnte.

Doch wie wollte er das tun? Dazu sagte er kein einziges Wort. Deswegen konnten ihm andererseits seine Gegner den Vorwurf machen, ein atheistischer Wolf im christlichen Schafspelz zu sein. Auch dafür ließen sich Indizien finden. Denn es konnte ja kein Zufall sein, dass Collins religiöse Glaubensgewissheiten mit den bloßen Meinungen von Großmüttern, Müttern und beschränkten Papisten verknüpfte, die sich der Prüfung durch frei denkende Menschen entziehen wollten und auf die Zustimmung von Nachbetern vertrauten. «Denn wenn sie nicht selbst denken, bleibt ihnen nur übrig, die Meinungen als selbstverständlich hinzunehmen, die sie von ihren Großmüttern, Müttern und Priestern an-

DER MENSCH IST DAS WERK DER NATUR

genommen haben oder einem ähnlichen Zufall verdanken.»[7] Für Menschen, die nicht ihren eigenen Verstand gebrauchten, konnte es nur zufällige, kontingente Ansichten geben, die keinen rechten Sinn besaßen, weil weder ihre Wahrheit noch ihre Falschheit nachzuweisen versucht wurde. Wäre man in Glaubensangelegenheiten von anderen Menschen geleitet worden, so würde man anderen Meinungen anhängen.

Und der Atheismus? Auf ihn zielte der dritte Einwand der Gegner: «Wenn das freie Denken zugelassen wird, könnten einige Menschen dem Atheismus anheim fallen, den man für das größte Übel im Staate hält.»[8] Anthony Collins wies ihn mit einer Überlegung zurück, die er bei Francis Bacon und Shaftesbury vorbereitet fand.[9] Als religiöser Pragmatiker verglich er Nutzen und Nachteil von schwärmerischem Gottesglauben und atheistischer Gottesleugnung, wobei der Atheismus besser abschnitt. «Angenommen aber, das freie Denken werde eine große Zahl von Atheisten hervorrufen, so steht dennoch fest, dass sie niemals so zahlreich sein können, wenn das freie Denken erlaubt wird, wie die Abergläubischen und Schwärmer (the Superstitious and Enthusiasts), wenn es beschränkt wird. Und wenn diese in gleichem oder höherem Maße der Gesellschaft schädlich sind als jene, dann ist es besser, das freie Denken zu erlauben, auch wenn es die Zahl der Atheisten vermehren sollte, als durch eine Beschränkung des freien Denkens die Abergläubischen und Schwärmer zu vermehren.»[10] Dass aber die Schwärmer und Abergläubischen für die Gesellschaft in höherem Maße schädlich sind als die Atheisten, bewies die Geschichte der immer wieder neu ausbrechenden Religionskriege. Denn während der Atheismus den Menschen ihren Verstand lässt und sie zur Vorsicht mahnt, nicht weiter zu schauen, als sie können, hat der Aberglaube schon viele Staaten ins Unglück gestürzt, weil er die Verstandeskräfte der Menschen ausschaltet und seine absolute Alleinherrschaft in ihrem Geist errichtet.

Anfang des 18. Jahrhunderts bildeten die englischen Freidenker die Avantgarde der religionskritischen Aufklärung. Französische Philosophen sind ihnen bald gefolgt. Bereits ein Jahr später, im letzten Lebensjahr Ludwigs XIV., zirkulierte 1714 in Paris eine französische Übersetzung von Collins' *Discourse of Free-Thinking,* die wegen ihres großen Erfolgs schon bald in zweiter Auflage nachgedruckt wurde: *Discours sur la liberté de penser.* In Frankreich breitete sich der Gedanke aus, dass die Freiheit des Denkens eine universale Bedeutung besitzt, die jedermann notwendig interessieren muss, der über die wichtigsten Probleme des Wissens, des Glaubens und des Lebens nachdenkt. *La liberté de penser et de raisonner sur les matières les plus importantes* wurde zum philosophischen Weltbegriff, der für jeden Menschen gelten sollte: als «Menschenrecht des freien Denkens».[11]

Es waren «les philosophes», die auf dieses Recht zuerst ihren Anspruch erhoben. Freigelassen aus den dogmatischen Schranken religiöser Meinungen, schossen sie anfänglich oft über ihr Ziel hinaus. Ein akademisches Studium hielten sie für überflüssig. Mit Schulphilosophie wollten sie nichts zu tun haben. Sie waren eher Literaten als strenge Denker, und freigeistige Respektlosigkeit war ihnen wichtiger als ernste Gedankenarbeit. Statt an Universitäten zu forschen oder zu lehren, bevorzugten sie, in Cafés und Salons zu diskutieren und mit ihrem witzigen Esprit zu glänzen.

Doch schon bald zeigte sich, dass das zu wenig war. In einem Sammelband über die *Nouvelles Libertés de penser* wurde kritisiert, dass sich diese sogenannten «Philosophen» leichtsinnig von den Anforderungen der Vernunft verabschiedet hatten. «Nichts ist heute leichter zu erwerben als der Name eines *Philosophen.* Ein gewisser Schein von Weisheit und einige Belesenheit genügen, um diesen Namen Leuten zu verschaffen, die sich mit ihm schmücken, ohne ihn zu verdienen. Andere, bei denen das freie Denken an die Stelle des vernünftigen Denkens tritt, halten sich für die einzigen echten *Philosophen,* weil sie es gewagt haben, die heiligen

Schranken der Religion umzustürzen, und weil sie die Fesseln ge-
sprengt haben, die ihrer Vernunft der Glaube auferlegt hatte.»[12]
Gegen diese philosophierenden Schein-Existenzen galt es, eine
zutreffende Idee des wahren Philosophen und seines Charakters
zu finden. Dazu haben Voltaire, Denis Diderot und Jean d'Alembert entscheidend beigetragen. Orientiert an ihren englischen
Vorbildern, begannen sie das typische Bild eines Philosophen zu
prägen, der seinen großen Namen zu Recht erworben hat und sich
den Ideen der Aufklärung verpflichtet weiß.

2. Monsieur de Voltaire lernt in England, frei zu denken

Am 21. November 1694 soll Francois-Marie Arouet in Paris als
Sohn des Notars Francois Arouet und seiner Ehefrau Marie, die
aus dem adeligen Hause Daumart de Mauléon stammte, das Licht
der Welt erblickt haben. So steht es in den meisten Lexika und
Philosophiegeschichten. Doch die Historiker streiten noch immer
darüber, wann und wo er geboren wurde. Vielleicht ist es schon
einige Monate früher am 20. Februar 1694 geschehen, und zwar
in dem kleinen Dörfchen Chatenay bei Sceaux, wo die Familie ein
Landhaus besaß. Jedenfalls gibt es keinen urkundlichen Nachweis
seiner Geburt, sondern nur eine dubiose Abschrift eines Tauf-
scheins, wobei die Umstände der Taufe ebenfalls recht verwirrend
sind. Weil die Amme nicht glaubte, dass der schwächliche Säugling am Leben bleiben würde, will sie ihn schnell selbst getauft haben, und es soll nicht einfach gewesen sein, im November die re-
guläre Taufe nachzuholen. Auch weiß man nicht recht, ob sein
Vater wirklich sein Vater gewesen ist. Er selbst wird sich später
andere Erzeuger wählen als den braven Juristen, manchmal den
aristokratischen Abbé de Châteauneuf, dann wieder den adeligen
Schöngeist de Rochebrune, die beide vom Charme der schönen
Madame Arouet fasziniert gewesen sein sollen.

Schon früh hat Arouet junior die sozialen Spannungen zwischen Adel und Bürgertum wahrgenommen. Es scheint ihm peinlich gewesen zu sein, am Ende des Jahrhunderts Ludwigs XIV. als Sohn eines bürgerlichen Vaters geboren worden zu sein. Dass Arouet senior erfolgreich als königlicher Rat für den Hof Ludwigs des Großen arbeitete, machte die Sache nicht einfacher. Denn so konnte er die zunehmenden Rivalitäten zwischen einer aufstrebenden Bourgeoisie und einer Aristokratie, die auf die Ungleichheit der Herkunft und die Verschiedenheit der Traditionen höchsten Wert legte, aus nächster Nähe miterleben. Auch am exklusiven Jesuitenkolleg «Louis-le-Grand», an dem er auf die Karriere eines Juristen oder hohen Staatsbeamten vorbereitet wurde, fühlte sich Francois-Marie zurückgesetzt. Während die hochgeborenen Söhne ein leichtes Leben führen konnten und meist ein eigenes Zimmer bewohnten, musste er seinen Raum mit vier anderen Bürgerlichen teilen. Die laute Gesellschaft seiner Zimmergenossen störte ihn beim Lernen, besonders jedoch beim Dichten, das zu seiner Lieblingsbeschäftigung wurde. Er hatte Talent für die Verskunst, für das er mehrmals mit Schulpreisen und Prämien belohnt wurde.

So war es kein Wunder, dass der junge Arouet, als er 1711 das Kolleg verließ, seinen Vater mit dem seltsamen Wunsch überraschte, Schriftsteller werden zu wollen. Die väterliche Erwartung, dass sein Sohn erfolgreicher Jurist und kein dichtender Hungerleider werden sollte, war stärker. Also begann der Siebzehnjährige das Studium der Rechte. Doch lieber als die juristischen Vorlesungen besuchte er den Pariser Bezirk «Le Temple», wo sich in Cafés und vornehmen Salons junge Adelige und Bürgersöhne zusammenfanden. Hier trafen sich lebenslustige Menschen, die sich für Poesie und Philosophie, freigeistige Gespräche und anregende Freundschaften begeisterten. Das dekadente Leben am Versailler Hof des Sonnenkönigs, der langsam in Agonie verfiel, war nur noch für amüsante Witzeleien gut. Jeden Tag bot es neue Anlässe, über König und Klerus zu spotten und mehr freisinnig als tiefsinnig über die Krise des Absolutismus zu räsonieren. Der Studiosus der Rechte begann satirische Verse über die Launen und Laster seiner Zeitgenossen zu schreiben. Aber er wollte nicht nur leichte Literatur produzieren, sondern versuchte sich auch an einer ernsthaften Tragödie, die vom Schicksal des König Ödipus handelte, der seine Mutter geliebt und seinen Vater getötet hatte. «Vater Arouet war weder mit den literarischen Bemühungen noch mit den ‹Soupers› im Temple einverstanden, von denen der Sohn oft erst in den Morgenstunden zurückkehrte. Die Teilnehmer dieser Diskussionen galten bei Hof und im Justizmilieu als ‹Libertins›, als Freidenker und Verächter der Kirche und Monarchie. Sie schwebten dauernd in Gefahr, in die Bastille gesteckt zu werden. Der königliche Rat machte sich daher ernsthaft Sorgen um seinen Sohn.»[13]

Die väterlichen Bedenken waren nicht grundlos. Auch der befürchtete Aufenthalt in der Bastille, dem wuchtigen Sondergefängnis für Staatsgefangene im Zentrum von Paris, blieb seinem Sohn nicht erspart, der 1714 sein Jurastudium ohne Abschluss abbrach, sich als Advokatengehilfe lustlos ein wenig Geld verdiente, während seine Leidenschaft der Literatur und dem Leben in der Temple-Runde gehörte. Ein satirisches Pamphlet gegen Philipp von Orléans, der nach dem Tode Ludwigs XIV. die Regentschaft (1715–1723) übernommen hatte, brachte ihn in ernste Schwierigkeiten. Dass er den Herzog als Giftmörder und Liebhaber seiner eigenen Tochter persiflierte, die auch ein Kind von ihrem Vater bekommen haben soll, konnte nicht ungestraft bleiben. Am 16. Mai 1717 wurde Francois-Marie Arouet zum ersten Mal in die Bastille eingeliefert. Er nahm es zunächst als einen Scherz und glaubte, nur ein oder zwei Wochen inhaftiert zu bleiben. Er zählte auf seine vornehmen Freunde. Doch dann verging Monat auf Monat, und immer schwächer wurde die Aussicht, die Bastille verlassen zu können. Erst nach langen elf Monaten wurde er überraschend freigelassen.

Im Gefängnis hatte er genug Zeit gehabt, über sich und seine Stellung in der Gesellschaft nachzudenken. «Er glaubte nun zu wissen, was man tun und was man lassen mußte, um Ruhm zu erlangen, ohne Gefängnis zu riskieren. Viel arbeiten, sich in den erhabenen Gattungen durchsetzen, wissen, daß das Leben als Schriftsteller eher ein Kampf als ein Fest ist und daß man dazu Mut ebenso braucht wie Vorsicht und List, nützliche Freundschaften festigen, sich die stärkste Protektion sichern und die herrschende Macht nicht direkt angreifen.»[14]

Nach seiner Freilassung entschloss er sich, Hofdichter zu werden. Er fühlte sich zum Adel hingezogen. Er schrieb das Manuskript seines Ödipus-Dramas zu Ende, das die Comédie Francaise zur Aufführung annahm. Die Tragödie wurde ein glänzender Erfolg und brachte dem armen Dichter nicht nur die wohlwollende Anerkennung des Regenten ein, sondern auch eine regelmäßige finanzielle Unterstützung. Kurz danach erschien 1718 *Ödipus* im Druck, den sein Dichter, der neue Star am Pariser Theaterhimmel, mit einem neuen Namen autorisierte. *Ödipus* sollte nicht das Werk eines Herrn Arouet sein, sondern die Tragödie des «Monsieur de Voltaire». Symbolisch strich er die Existenz seines Vaters aus. Aus «AROUET L. J.», dem Jungen (Le Jeune) des alten Notars, bildete er das Anagramm «VOLTAIRE», wobei er das «U» als «V» und das «J» als «I» verwendete, die sich in Druckschrift kaum voneinander unterschieden.

Mit der Buchstabenspielerei glaubte er zugleich seine bürgerliche Herkunft aufgelöst zu haben. Voltaire löschte seine Vergangenheit aus und adelte sich selbst, um zu zeigen, wohin er zu gehören glaubte. Er zählte sich zur Elite des Geistes und des Geschmacks, die mit dem Geburtsadel gleichrangig sein sollte, legte sich eine dazu passende Geliebte mit dem dekorativen Familiennamen de Corsembleu de Livry zu und spielte die Rolle eines eleganten Rokoko-Kavaliers. Er schrieb mehrere Theaterstücke, die mit großem Erfolg vor der Hofgesellschaft des neuen Königs Lud-

wig XV. (1723–1774) aufgeführt wurden. Seiner Karriere als Hof-
poet des Königs von Frankreich schien nichts mehr im Wege zu
stehen. Monsieur de Voltaire schien als Schriftsteller seinen Platz
in der höfischen Kultur gefunden zu haben und war ein gern ge-
sehener Gast in den berühmtesten Pariser Salons und den Adels-
schlössern in der Nähe der Hauptstadt.

Der Absturz folgte einige Jahre später, am 4. Februar 1726. Die
soziale Wirklichkeit holte den 32-jährigen Francois-Marie Arouet,
der sich vor acht Jahren den noblen Namen «de Voltaire» zugelegt hatte, schmerzhaft auf den Boden der Tatsachen zurück. Seine
aristokratische Scheinexistenz brach zusammen. Dem Chevalier
Guy Auguste de Rohan, Sprössling einer der führenden Familien
Frankreichs, war es schon seit einiger Zeit unangenehm, dass dieser Bürgersohn bei Hofe wachsende Gunst genoss und als Bühnen-
autor erfolgreich war. Er wollte ihm einen Denkzettel verpassen.
Auf offener Straße und zum Gespött zahlreicher Augenzeugen
ließ er den Dichter von seinen Dienern mit Stöcken verprügeln,
wobei er ihnen höhnisch die Anweisung zurief: «Schlagt nicht
auf den Kopf, denn aus dem kann noch etwas Gutes herauskom-
men!»[15] Das wollte Voltaire nicht auf sich sitzen lassen. Er suchte
Unterstützung bei seinen adeligen Freunden, die sich jedoch zu
seiner großen Enttäuschung zurückhielten. Sie weigerten sich, für
den Bürgersohn Voltaire Partei zu ergreifen, der von den Lakaien
eines hochgestellten Standesgenossen wie ein Straßenköter ver-
prügelt worden war. Für sie war es nur ein amüsanter Vorfall gewesen, während Voltaire sich zutiefst gedemütigt fühlte und auf
Rache sann. Er wollte den Chevalier de Rohan zum Duell fordern
und erzählte überall herum, dass er diesen feigen Adelsspross
töten wollte. Er lernte fechten, übte sich im Schießen und nahm
Kontakt mit käuflichen Haudegen auf. Das bot seinem Gegner
genügend Anlässe, gegen den missliebigen Hofdichter eine «lettre
de cachet» zu erwirken, jenen versiegelten königlichen Haftbefehl, der den Beschuldigten ohne Gerichtsverhandlung und Ur-

teil unbefristet direkt ins Gefängnis brachte. So kam Voltaire am 17. April 1726 zum zweiten Mal hinter die dicken Mauern der Bastille, in der er 1717/18 schon einmal fast ein Jahr verbracht hatte.

Diesmal dauerte es nicht ganz so lange. Ein Bittbrief Voltaires an den für die Bastille zuständigen Minister bot die Möglichkeit, diese unangenehme Rohan-Affäre ohne großes Aufsehen zu beenden. Voltaire «bittet um die Erlaubnis, bei dem Gouverneur der Bastille speisen und Gesellschaft empfangen zu dürfen. Noch eindringlicher bittet er, nach England reisen zu dürfen».[16] In England hoffte er ein freieres Leben führen zu können als in der Monarchie der Bourbonen. Auch hatte er gehört, dass jenseits des Kanals Standesunterschiede zwischen Adel und Bürgertum eine geringere Rolle spielen sollten. Die königliche Entscheidung über das Schicksal Voltaires fiel schnell. Schon nach zwei Wochen erhielt er die Erlaubnis, sich unverzüglich nach England zu begeben. Der Direktor der Bastille wurde angewiesen, darauf zu achten, dass Voltaire sich vom Hafen in Calais aus wirklich nach England einschiffte.

Am 5. Mai 1726, als Voltaire englischen Boden betritt, ist der Himmel wolkenlos wie an den schönsten Tagen in Südfrankreich. Damit endet nicht nur die erste Etappe seiner bewegten Lebensgeschichte. Mit seiner Aufstiegsstrategie, als literarisches Talent in die oberen Stufen der feudalen Hierarchie zu gelangen, ist es vorbei. Es beginnt auch eine neue Phase in der Geistesgeschichte der Aufklärung. Denn seine Erlebnisse und Studien in England werden entscheidend dazu beitragen, dass zwischen England und Frankreich eine geistige Brücke errichtet wird, deren Bedeutung für die Geschichte des 18. Jahrhunderts nicht hoch genug geschätzt werden kann. Der Freigelassene aus der Bastille macht den Weg frei, auf dem die Gedanken der englischen Aufklärer nach Kontinentaleuropa strömen werden, wobei er zugleich für sich ein neues Lebensmodell entwirft. Er will tonangebender Dichter-Philosoph der Aufklärung werden.

Kaum auf der Insel angekommen, findet er schnell einfluss-
reiche Freunde. Die Londoner Gesellschaft ist neugierig auf diesen geistreichen und weltgewandten Schriftsteller, der in der
Bastille inhaftiert war, weil er sich mit einem hochnäsigen Aris-
tokraten angelegt hatte. Bald ist er regelmäßiger Gast im Haus
des ehemaligen englischen Außen- und Kriegsministers Henry
St. John Viscount Bolingbroke, den er schon in Frankreich kennengelernt hat. Voltaire bewundert diesen erstaunlich kom-
plexen Mann, der Staatsmann und Libertin, Grandseigneur und
Dichterfreund, Philosoph und Deist ist, der politisch für die konservativen Tories handelt, obwohl seine ganze Familie den liberalen Whigs zuneigt, der sich für einen patriotischen König engagiert und zugleich das Parlament für den wahren Hüter der
Freiheit hält. In seinem Haus lernt er nicht nur Alexander Pope,
Jonathan Swift und andere dichtende Zeitgenossen persönlich
kennen. Lord Bolingbroke kümmert sich auch um seine philosophische Erziehung und veranlasst ihn, Schriften seiner Lands-
leute John Locke und Shaftesbury, Isaac Newton und John
Toland zu lesen. Angeregt durch den englischen Lord, beginnt
Voltaires Wandlung vom höfischen Schriftsteller zu einem aufgeklärten Philosophen.

Schon wenige Monate nach seiner Ankunft in England berichtet Voltaire enthusiastisch einem engen französischen Freund
über das neue Land, das so ganz anders ist als seine französische
Heimat: «Ich weiß, daß dies ein Land ist, in dem die Künste geehrt
und belohnt werden. In diesem Lande denkt man frei und vor-
nehm, ohne durch knechtische Furcht gehemmt zu sein. Wenn es
nach meiner Neigung ginge, würde ich hierbleiben, allein schon,
um denken zu lernen.»[17] Die kommenden drei Jahre in seinem
englischen Exil bieten ihm dazu reichlich Gelegenheit. Von der
Insel wird er einen Sinn für Freiheit, Toleranz, eigenen Verstandesgebrauch, Modernisierung, Nützlichkeit und ein kritisches
Engagement in öffentlichen Angelegenheiten mit zurückbringen,

die ihn zu einer Leitfigur der Aufklärung im 18. Jahrhundert werden lassen.

Gegen Ende 1728 kehrt Voltaire nach Frankreich zurück. Was er während seiner englischen Jahre gelernt hat, bringt er in einer Reihe von Briefen zu Papier, in denen er die Leser über Religion, Politik, Sitten, Wissenschaft, Philosophie und Literatur in England informiert. Er fingiert sie als *Briefe aus London über die Engländer*, obwohl er sie erst nach seiner Rückkehr aus England, hauptsächlich zwischen 1729 und 1731, geschrieben hat. Zuerst erscheinen sie 1733 in einer englischen Ausgabe mit dem Titel *Letters concerning the English Nation*, ohne großes Aufsehen zu erregen. Für die meisten Engländer ist es nichts Neues, was dieser Besucher über sie und ihre Kultur geschrieben hat. Ein Jahr später wird die französische Fassung der Briefe in Rouen heimlich gedruckt und illegal in den Pariser Cafés der Literaten und Philosophen vertrieben. Der Name des Autors wird als «M. de V.» verschlüsselt. Dessen *Lettres écrites de Londres et sur les Anglois* werden zum Tagesgespräch des gebildeten Lesepublikums, das sofort ihre systemkritische Sprengkraft erkennt.

Was über England berichtet wird, ist ein frontaler Angriff auf Frankreich. Mit gutem Recht wird Gustav Lanson, der Herausgeber der kritischen Edition der *Lettres philosophiques*, wie sie bald genannt werden, Voltaires Briefe charakterisieren als «die erste Bombe, die gegen das Ancien Régime geschleudert wurde».[18] Die *Philosophischen Briefe* sind eine große intellektuelle und polemische Reportage über die englische Modernität, wobei den französischen Lesern der Systemvergleich mit ihrem eigenen Land selbst überlassen bleibt. Vor allem hat England zu bieten, was Frankreich fehlt: individuelle Freiheitsrechte und eine religiöse Toleranz, die sich einem deistischen Freidenkertum verdankt.

Gott braucht keine Kirche, jedenfalls keine hierarchisch gegliederte Staatskirche, die alle Rechtgläubigen in ihr System einbindet. Das ist die verborgene Botschaft, die Voltaire in seinen ersten vier Briefen vermittelt. Man hat sich darüber gewundert, dass er als positives Anschauungsmaterial keinen englischen Deisten gewählt hat, sondern ausgerechnet die so gern, auch von Locke und Shaftesbury, verspottete Sekte der Quäker, dieser sonderbaren «Zitterer» (von engl. «to quake», zittern), die unmittelbar von Gott erleuchtet sein wollen und sich direkt von Jesus Christus herleiten, der nach ihrer Meinung der erste Quäker gewesen sein soll. «Ich habe geglaubt, dass die Lehre und Geschichte eines so außergewöhnlichen Volkes die Neugierde eines vernünftigen Menschen wert seien. Um mir davon Kenntnis zu verschaffen, suchte ich einen der berühmtesten Quäker Englands auf.»[19]

Er hat sich also einen Quäker als Informanten gesucht, um die religiöse und kirchliche Situation in England erhellen zu können, womit er mit ironischem Hintersinn eine doppelte Strategie verfolgt. Zum einen kann er darauf hinweisen, dass England seit dem «Toleration Act» von 1689 im Unterschied zu Frankreich zahlreichen Glaubensformen ihr Existenzrecht zugesteht. «Als freier Mann kommt der Engländer auf dem Weg, der ihm paßt, in den Himmel.»[20] Das menschliche Herz ist frei und kann das göttliche Licht auf unterschiedliche Art aufnehmen. Toleranz ist die größte Tugend in Glaubensfragen, die auch den Zitterern nicht verwehrt wird. Zum andern schildert Voltaire die Quäker nicht ohne Sympathie. Ihr Gründer George Fox (1624–1691) mag zwar «auf gottgeweihte Weise spinnert»[21] gewesen sein, aber doch von untadeligen Sitten und humaner Gesinnung. Mit guten Gründen habe er zur Zeit der im Namen Gottes angezettelten Bürgerkriege in der Mitte des 17. Jahrhunderts gegen die Macht von Kirchen und Kronen gepredigt. Auch der greise Andrew Pitt, «einer der berühmtesten Quäker Englands», den Voltaire auf seinem kleinen Landgut bei London besucht hat, zeichnet ihm auf vornehme und einnehmende Art ein liebenswertes Bild seines Glaubens: Als reinherzige Gläubige lehnen die Quäker Sakramente, wie Kindstaufe

und Abendmahl, als ritualisierte Äußerlichkeiten und menschliche Erfindungen ab; sie duzen jeden Menschen, ob König oder
Flickschuster, um die Gleichheit aller Menschen zu betonen; vor
Gericht schwören sie keinen Eid, und an Kriegen nehmen sie nicht
teil; sie haben keine Priester und kennen keine kirchliche Hierarchie, sondern verstehen sich als eine «freie Gemeinde» im gemeinsamen Glauben an Gott.

Der sympathischen Charakterisierung dieser eigenwilligen
Sekte kontrastiert im fünften Brief die Darstellung der «Sekte der
Episkopalen», womit Voltaire die anglikanische Staatsreligion
in England meint, die durch eine gesetzlich eingerichtete bischöf-
liche Macht bestimmt ist. Ist es nicht verwerflich, dass die Bischöfe
ihre episkopale Autorität vom Staat beziehen statt von den Apos-
teln? So werden «Tyrannen in Bischofsmantel und Chorhemd»[22]
geschaffen, wie Lord Bolingbroke kritisch zu bedenken gibt.

Doch insgesamt ist Voltaire mit Regierung und Parlament in
England zufrieden, die ein «Gleichgewicht» der Kräfte bilden. Die
wechselseitig ausbalancierte Mischung von monarchischer, aris-
tokratischer und demokratischer Macht garantiert einen Raum
der Freiheit, der auch durch die Macht der herrschenden Kirche
nicht zerstört wird. Es scheint, als wirke im modernen England
der alte republikanische Geist Roms nach. «Die Mitglieder des
englischen Parlaments lieben es, sich mit den alten Römern zu
vergleichen, sooft sie können.»[23] Dazu haben sie durchaus gute
Gründe. Doch es sollte nicht der Unterschied verwischt werden,
auf den Voltaire großen Wert legt, wobei England die Vorteile auf
seiner Seite hat: «Das Ergebnis der Bürgerkriege in Rom war die
Sklaverei; das der Wirren Englands die Freiheit. Das englische
Volk ist das einzige der Erde, dem es gelungen ist, die Macht der
Könige durch Widerstand einzuschränken, und das schließlich
unter immer neuen Anstrengungen eine kluge Regierungsform
errichtet hat, bei der der Fürst allmächtig ist, Gutes zu tun, zum
Übelwollen aber die Hände gebunden hat, wo die Herren ohne

Übermut und ohne Knechte groß sind und wo das Volk ohne Schwierigkeiten an der Regierung teilhat.»[24]

Nach einem Brief über den Handel, der die Bürger Englands reich gemacht und zu ihrer Freiheit beigetragen hat, und einem Brief über die nützliche Erfindung der Pockenimpfung wendet sich Voltaire der Wissenschaft und Philosophie in England zu. Begeistert berichtet er über die englischen Philosophen, «die die Erzieher der Menschheit sein sollten»[25], wobei er Francis Bacon, Isaac Newton und John Locke besonders heraushebt. Dabei ist es ein Punkt, auf den der Voltaire den größten Wert legt: Wahres Wissen lässt sich philosophisch nur durch seinen kontrollierten Erfahrungsbezug begründen. Beobachtungen und Experimente sind die Grundlage jeder wissenschaftlichen Erkenntnis, gleichgültig, ob es sich um leblose Dinge oder lebendige Organismen handelt, um den Kosmos oder den Menschen, um Körper oder Geist. Gegen den Rationalismus, der mit seinen reinen System-Konstruktionen das Denken in Frankreich beherrscht, stellt Voltaire den englischen Empirismus à la Locke, der als Prinzip oder Theorie nur anerkennt, was sich auf der Grundlage sinnlicher Erfahrungstatsachen bestätigen lässt. Gegen den Geist des Systems, der auf deduktive Schlussfolgerungen setzt, favorisiert er aufmerksame Beobachtungen, die induktiv zu Gesetzen verallgemeinert werden können.

Den Unterschied zwischen Rationalismus und Empirismus exemplifiziert Voltaire am Verhältnis zwischen René Descartes und Isaac Newton, dem französischen Meisterdenker und dem englischen Naturphilosophen, dessen *Philosophiae Naturalis Principia Mathematica* von 1687 ihm Bolingbroke zu lesen empfohlen hat. Dabei verhehlt Voltaire durchaus nicht seine Sympathie für «unseren Descartes».[26] Er bewundert dessen Mut, mit dem er auch gegen große Widerstände die Wahrheit suchte, statt sich mit den Dogmen der aristotelischen Naturkunde und scholastischen Philosophie zufriedenzugeben. Er lobt seine lebhafte und starke

Vorstellungskraft, die ihn scharfsinnige und glänzende Vergleiche finden ließ. Ohne sie hätte Descartes nie auf die Idee kommen können, dass der ganze unermessliche Weltraum mit außerordentlich feinen, unsichtbaren Materieteilchen ausgefüllt sein soll, die beständig in Wirbeln herumgetrieben werden wie Staubflocken im Wind oder Wasser im Abfluss. Alle Bewegungen sind durch Wirbel erklärbar, deduzierte Descartes. Doch dieses Wirbel-System in einem materiell vollen Universum sei eben nur eine Idee, die erdacht worden ist, bemerkt Voltaire. Sie gleiche einem «scharfsinnigen Roman»[27], der zwar geistreich sein mag, aber weder faktisch bestätigt noch mathematisch berechnet werden könne.

Ganz anders gehe es in Newtons *Mathematischen Grundlagen der Naturphilosophie* zu, in denen ein zugleich realistisches und mathematisch bestimmtes Bild der Bewegung von Körpern vermittelt werde, bis hin zum Gefüge des Weltalls mit seinen Sonnen, Planeten und Kometen. Newton ist Descartes überlegen! Gegen die märchenhafte Konstruktion des Franzosen hat der Engländer einen leeren Raum gestellt, in dem alle Körper dem universellen Naturgesetz der Schwerkraft folgen. «Ein Franzose, der in London ankommt, findet in der Philosophie wie auch im übrigen andere Verhältnisse vor. Er hat eine volle Welt verlassen, er findet sie leer. In Paris sieht man die Welt zusammengesetzt aus Wirbeln feinster Materie; nichts davon in London.»[28] Voltaire neigt zur englischen «Leere», weil sie wissenschaftlich besser begründet sei als das französische «Volle». Gegen Descartes' Spekulation favorisiert er die gelungene Verbindung von mathematischen Berechnungen und empirischen Erfahrungen, die Newtons Schrift von 1687 zu einem «Meisterwerk» der experimentellen Philosophie macht, während das cartesianische System nur ein «Versuch» sein kann, der in die Irre führt.

Im Vergleich mit Newton ist John Locke kein großer Mathematiker gewesen. Auf langwierige Berechnungen und abstrakte mathematische Beweisverfahren hat er sich nicht eingelassen. Doch dieser Mangel schmälert nicht die ungeheure Leistung, die «Herr Locke» zur Aufklärung über das Denken und die Seele des Menschen beigetragen hat. Das ist die feste Überzeugung, die Voltaire nach seiner Lektüre von Lockes *Essay concerning Human Understanding* gewonnen hat, der zwei Jahre nach Newtons naturphilosophischem Hauptwerk 1689 erschienen war. «Niemals gab es einen klügeren, methodischeren Geist, einen exakteren Logiker als Locke.»[29] Was haben Philosophen vor ihm nicht alles über Denken und Seele spekuliert! Sie waren alle verschiedener Ansichten, von den ersten griechischen Philosophen bis hin zu Descartes, der die Seele mit einer unausgedehnten Denksubstanz identifizierte, die streng von den ausgedehnten Körpern getrennt sei. Einige Denker hielten sie für rein geistig, andere für materiell, einige für sterblich, andere für unsterblich, einige für aus Teilen bestehend, andere für einfach und unzerteilbar.

Gegen all diese mehr oder weniger phantastischen Vermutungen hat Locke in seinem *Versuch über den menschlichen Verstand* den Weg gezeigt, auf dem das Problem des Seelischen wissenschaftlich sinnvoll gelöst werden kann. «Nachdem so viele Verstandesmenschen den Roman der Seele verfaßt hatten, ist ein Weiser (un sage) gekommen, der bescheiden ihre Geschichte darstellte. Locke hat dem Menschen die menschliche Vernunft auseinandergesetzt, wie ein hervorragender Anatom die Bereiche des menschlichen Körpers erklärt. Er hilft sich in allem mit dem Licht der Physik; er wagt manchmal, Behauptungen aufzustellen, aber er wagt auch zu zweifeln; statt auf einen Schlag alles zu definieren, was wir nicht kennen, untersucht er schrittweise, was wir kennenlernen wollen. Er nimmt ein Kind bei seiner Geburt; er folgt Schritt für Schritt der Entwicklung seines Verstandes; er sieht, was es an Gemeinsamem gibt mit den Tieren und was über ihnen steht; er zieht vor allen sein eigen Zeugnis zu Rat, das Gewissen seines Denkens. (...) Nachdem er die eingeborenen Ideen zerstört und auf die Eitelkeit verzichtet hat zu glauben, man denke stets, stellt Locke dar, dass all unsere Ideen über die Sinne kommen, er untersucht unsere einfachen und zusammengesetzten Ideen, folgt dem Geist des Menschen in allen seinen Denkvorgängen, läßt sehen, wie sehr die Sprachen, die die Menschen sprechen, unfertig sind, und welchen Missbrauch wir allezeit mit den Begriffen treiben.»[30] Durch Voltaire wird «le sage Locke» für die französischen Philosophen der Aufklärung zur Leitfigur erklärt. Orientiert an der historisch-anatomischen Untersuchungsmethode des weisen John Locke vollziehen sie die Transformation von einer rationalen Seelenlehre zu einer Naturgeschichte des menschlichen Geistes.

Die heimlich publizierten *Lettres philosophiques* des «M. de V.» lösen in Frankreich einen Skandal aus. Die monarchistischen und kirchlichen Kräfte reagieren ebenso empört wie die Cartesianer, die an der Académie des sciences den Ton angeben. Voltaires Lob der Engländer wird verstanden als zentraler Angriff auf die in Frankreich herrschende Religion, staatliche Ordnung und philosophische Tradition. Es kommt zur Anklage vor dem «Parlement de Paris». Am 10. Juni 1734 wird das Buch verurteilt. Es sei «skandalös, gegen die Religion, die guten Sitten und den Respekt, den man den Regierungsgewalten schuldet».[31] Noch am selben Tag soll es vom Henker von Paris öffentlich «zerfetzt und verbrannt» werden. Es landet auf dem Scheiterhaufen. Gegen «M. de V.», der leicht als Voltaire zu identifizieren ist, wird ein Haftbefehl erlassen, dessen Vollstreckung sich verzögert.

Voltaire will nicht schon wieder in die Bastille und zieht es vor, aus Paris zu verschwinden. Er findet Zuflucht bei einer außergewöhnlichen Frau, die nicht nur eine bezaubernde «femme galante» ist, sondern auch eine gelehrte «femme savante», die sich in den Naturwissenschaften hervorragend auskennt: Émilie de Châtelet. Die kommenden fünfzehn Jahre, von 1734 bis 1749, wird sich Voltaire die meiste Zeit auf dem Schlösschen seiner Freundin nahe der lothringischen Grenze aufhalten; und Émilie wird ihn weiter auf die Bahn eines ernsthaften wissenschaftlichen Studiums lenken, vor allem der Naturphilosophie Newtons, über die Voltaire sein zweites großes Buch im Geist der Aufklärung schreiben wird: *Éléments de la philosophie de Newton, mis à la portée de tout le monde*, seine «Grundzüge der Lehre Newtons, allgemeinverständlich dargestellt», Erstausgabe Amsterdam 1738.

Wir wollen ihn dabei nicht weiter verfolgen, sondern nur noch einmal rückblickend festhalten: Aus der Bastille freigelassen, ist es sein Gastland England gewesen, in dem Voltaire erlebt hat, was es heißt, frei denken zu können, ohne durch knechtische Furcht gehemmt zu werden. Hier wurde er vom aristokratisch fixierten Schöngeist zu einem kritischen Freigeist. Seine *Briefe aus London über die Engländer* sind ein erstes Manifest für politische, wirtschaftliche, geistige Freiheit und religiöse Toleranz, für die Voltaire sein Leben lang kämpfen wird, wobei er immer häufiger die Formel «*Écrasez l'infâme!*» als sein Erkennungszeichen einsetzen wird. «Zerstört die Schändlichen!», die intolerante Geistlichkeit ebenso wie die absolutistische Herrschaft, so wie einst der römische Cato davon überzeugt gewesen ist, dass Karthago als feindliche Macht zerschmettert werden müsse: «Carthaginem esse delendam.» Wie einen Kern enthalten die *Lettres philosophiques* das Programm des großen französischen Aufklärers, der die meiste Zeit seines Lebens im Ausland zubringen wird, bis der so lang Verbannte schließlich am 10. Februar 1778, gefeiert und umjubelt, in seine Heimatstadt Paris zurückkehrt, wo er drei Monate später am 11. Mai stirbt.

3. *Ein sehr geistreicher Bursche, doch äußerst gefährlich*

Das Zerreißen und Verbrennen von Voltaires *Philosophischen Briefen* am 10. Juni 1734 ist ein öffentliches Spektakel. Zahlreiche

Schaulustige nehmen an dieser Hinrichtung durch den Henker von Paris teil. Ob auch der zwanzigjährige, am 5. Oktober 1713 geborene Denis Diderot dazugehört, ist nicht bezeugt. Aber es ist gewiss, dass dieses Ereignis sein lebhaftes Interesse gefunden hat.[32] Denn der junge Abbé Diderot, Sohn eines Messerschmieds in Langres, der nach dem Besuch des berühmten Jesuitenkollegs «Louis-le-Grand» und des Collège de Harcourt an der Pariser Universität Sorbonne 1732 sein Studium als Magister Artium abgeschlossen hat, ist ein begeisterter Leser dieser *Briefe über die Engländer*.

Schon seit einiger Zeit interessiert ihn, was in England geschieht, das für ihn das Land der Philosophen und der Wissbegierigen ist. Seit er weiß, dass er trotz seiner Ausbildung und gegen den Willen seines strengen Vaters keine Laufbahn in der Kirche anstreben will, lernt er Englisch, um die nicht übersetzten Schriften der englischen Philosophen im Original lesen zu können. Newton, Locke und Shaftesbury gehören zu seinen Favoriten, auch wenn er noch nicht weiß, wohin ihn diese Lektüre führen wird. Jedenfalls hat ihn Voltaire mit seinen Briefen bewusst werden lassen, was es heißt, selbständig denken und in Freiheit leben zu können. Das ist es, was auch er will.[33]

Seine Tochter, Angélique de Vandeul, wird später im Rückblick auf das Leben ihres Vaters berichten, dass er zehn Jahre lang, von 1734 bis 1744, das ungebundene Leben eines Pariser Bohemiens geführt hat, das ihn mehrmals an den Rand des Abgrunds brachte. Es ist kaum etwas bekannt über dieses Jahrzehnt, das wie ein weißer Fleck in der bewegten Lebensgeschichte des Denis Diderot ist.[34] Er selbst wird darüber schweigen und nur einige literarische Andeutungen machen, wie zu Beginn seines Dialog-Romans *Rameaus Neffe*. Ist es ihm peinlich, dass er während dieser Jahre nichts Wichtiges zu Papier bringt und ein gesellschaftlicher Niemand ist? Anfänglich besitzt er noch ein wenig Geld, um nicht arbeiten zu müssen und sich frei durchs großstädtische

DER MENSCH IST DAS WERK DER NATUR

Leben treiben zu lassen. Am liebsten flaniert er in den städtischen Parks. Er geht gern ins Theater, möchte vielleicht selbst Schauspieler werden, und findet die jungen Frauen des Theaters äußerst anziehend. Er liebt das leichte Leben und stürzt sich in kurzzeitige Liebeleien.

Um nicht zu verhungern, muss er lustlos subalterne Arbeiten übernehmen. Für kurze Zeit ist er als Nachhilfelehrer oder Erzieher tätig, und er schreibt einige Predigten, die er einem Missionar für seine Tätigkeit in den portugiesischen Kolonien verkauft. Ab und zu lässt ihm auch seine weichherzige Mutter einige Louisdor zukommen. Wie viele junge Männer mit wenig Geld und großen Hoffnungen wohnt er in armseligen Mansarden, die er mehrmals wechseln muss, weil er die Miete nicht bezahlen kann. Er leiht sich Geld, und wenn er es sich leisten kann, besucht er die Cafés oder Spelunken, wo sich die intellektuellen und literarischen Außenseiter treffen, um die Drogen der Zeit – Kaffee, Alkohol und Tabak – zu genießen, Schach zu spielen oder sich in hitzige Diskussionen über Gott und die Welt, Politik und Kunst zu verstricken. Unersättlich ist sein intellektueller Hunger, vor allem nach Philosophie. Zu den Salons, in denen sich die freigeistige adelige und bürgerliche Elite trifft, hat er keinen Zugang. Das meiste, was ihn zum Nachdenken anregt, muss er sich selbst besorgen und für sich erarbeiten.

So geht ein Jahrzehnt dahin, bis 1743. «Aber dann traf ich eine Frau, die so schön wie ein Engel war. Ich wollte mit ihr schlafen, ich schlief mit ihr, wir bekamen vier Kinder.»[35] Ganz so glatt ist es nicht gelaufen. Denn weder will die tugendhafte, als Näherin arbeitende Witwe Champion, dass dieser libertine Taugenichts ihre Tochter Anne-Toinette zur Frau bekommt, noch stimmt Diderots Vater zu, der sich für seinen Sohn eine weit bessere Gattin wünscht als diese drei Jahre ältere, arme, zurückgezogen lebende Frau, die ihrer Mutter bei der Arbeit und im Haushalt hilft. Um die Heirat zu verhindern, lässt er ihn mit väterlicher Machtbefugnis in ein ländliches Kloster einsperren. Im Februar 1743 gelingt Diderot die nächtliche Flucht durch ein Fenster. Gehetzt und erschöpft kehrt er nach Paris zurück, wo es dem leidenden Liebenden mit verführerischem Charme gelingt, Toinette zu einer heimlichen Trauung zu überreden, die am 6. November 1743 um Mitternacht stattfindet. Diderot ist nun verheiratet. Das ungebundene Junggesellenleben hat er hinter sich gelassen. Dafür wird er sich bald in einer unharmonischen Ehe mit einer Frau gefangen fühlen, der seine geistigen Interessen völlig fremd sind, während sie in dieser Beziehung immer unglücklicher und verbitterter werden wird.

Als Toinette Anfang 1744 zum ersten Mal schwanger ist, muss der dreißigjährige Diderot endlich produktiv werden. Die Ehe nötigt ihn, eine Familie zu ernähren. Er muss Geld verdienen, was für ihn nur heißen kann: sich zum Schreiben zwingen. Er muss die Gedanken, die ihm während der letzten zehn Jahre durch den Kopf gegangen sind, zu Papier bringen. Seine eigenen Ideen sind noch zu verworren, als dass er sie publizieren könnte. Also beginnt er mit Übersetzungen, und zwar aus dem Englischen.[36] Was ihm zehn Jahre zuvor durch Voltaires *Philosophische Briefe* bekannt geworden ist, wird zum Anstoß für seine ersten Veröffentlichungen. Wenn er schon in seiner Ehe auf die Freiheit verzichten muss, soll sie wenigstens in seinen Publikationen gegenwärtig sein.

In Voltaires Bericht war auch Anthony Ashley Cooper, Third Earl of Shaftesbury erwähnt worden. Lord Shaftesbury ist 1744 für die französischen Philosophen zwar kein ganz Unbekannter. Aber er spielt doch nur als Randerscheinung mit. Diderot entschließt sich, ihn als Vordenker seiner eigenen philosophischen Gedanken ins Feld zu führen. Mehrmals liest er Shaftesburys ersten moralphilosophischen Text *Inquiry concerning Virtue, or Merit*, seine Untersuchung über Tugend und Verdienst, die 1699 unautorisiert vom Freidenker John Toland veröffentlicht worden ist. «Ich habe mich erfüllt mit seinem Geist und habe gewissermaßen sein Buch wieder geschlossen, als ich die Feder ergriff.»[37] So kommt Diderots erste Schrift zustande, eine eigenwillige Mischung aus Übersetzung und eigenen Reflexionen, die 1745 in Amsterdam gedruckt wird: *Principes de la Philosophie Morale; ou Essai de Mylord S.*** sur le Mérite et de la Vertu. Avec Réflexions.*

Es geht um das Verhältnis zwischen Moral und Religion, das für den Abbé Diderot problematisch geworden ist, seit er sich gegen den Kirchendienst für das Leben eines freigeistigen Bohemiens entschieden hat. Jetzt will er moralphilosophisch klären, worin Verdienst und Tugend eines moralischen Menschen bestehen. Der *Essay von Lord Shaftesbury* liefert ihm Material und Anregungen. Er drängt zusammen, was ihm zu weitschweifig, und erweitert, was ihm zu knapp zu sein scheint. Größten Wert legt er darauf, Shaftesburys Grundproblem und seine Lösung zu vermitteln.

Wie verhält sich der einzelne Mensch, der egoistisch nach Glück, Freiheit und Genuss strebt, zur Gesellschaft, deren Fortbestand und Harmonie im großen natürlichen Weltganzen es zu sichern gilt? Für einen verdienstvollen und tugendhaften Menschen kann die Antwort nur zweiseitig sein. Auf der einen Seite muss sich der Einzelne am allgemeinen Interesse orientieren. Sein «moral sense» soll sich am «common sense» ausrichten, sein Egoismus am Altruismus. Auf der anderen Seite dient die Vergesellschaftung des Menschen hauptsächlich dem Zweck, den egoistischen Impulsen einen freiheitlichen und genussvollen Spielraum zu verschaffen. «Le bonheur des particuliers est la fin principale de la société.»[38] Das Glück der Individuen ist das Hauptziel der Gesellschaft. In dieser doppelseitigen Perspektive sind auch die lasterhaften Gegner identifizierbar. Ohne Verdienst und Tugend sind die Individuen, die keine sozialen Impulse kennen, ihre Eigenliebe übertreiben und unnatürlich gegen andere wüten. Und jene Gesellschaften und Regierungen sind lasterhaft,

die über ihre einzelnen Mitglieder eine absolute Kontrolle aus-
üben und deren Anspruch auf Glück missachten. Unübersehbar
ist die politische Stoßrichtung, mit der Diderot gegen jede Tyrannei zu Felde zieht, für die er sich vor allem orientalische Staatsfor-
men als abschreckende Beispiele wählt, während er zugleich seine
eigene Regierung meint.

Diderots *Grundsätze der Moralphilosophie* folgen Shaftesburys *Sensus communis*. Dabei geht es ihm wie seinem Vorbild nicht
darum, mit akademischem Verstand eine systematische Theorie
zu entwerfen. Die Lösung der Antinomie zwischen individuellem
Glück und allgemeiner Gesellschaftsordnung zielt auf moralische
Richtlinien, die für das praktische Leben wertvoll sind. Philosophische Ethik ist Lebenskunst, und ethische Werte lassen sich
eher in der konkreten Lebenserfahrung finden als durch abstrakte
Deduktionen aus im Voraus gesetzten Prinzipien. Die Art seiner Übersetzung und Bearbeitung der englischen Vorlage und
seine ergänzenden Reflexionen zeigen, dass Diderot auch von seinen eigenen Lebensproblemen und ihren angestrebten Lösungen
spricht. Oft fühlte er sich an den Rand des Abgrunds geführt,
«dessen Anblick mir der weise Urheber meiner Tage verborgen
hat, mit Blumen, die er darüber gedeckt hat».[39] Jetzt glaubt er zu
wissen, worin der bedrohliche Abgrund seines früheren Lebens
bestand.

Hat Gott als sein Schöpfer ihn in die Tiefe blicken lassen? Ist
sein Erstlingswerk ein moral-theologischer Traktat voller Gottvertrauen? Mehrmals gibt Diderot sich als ein «Theist» zu erkennen,
der an ein ewiges göttliches Wesen glaubt, das die Weltordnung
beherrscht: «la sagesse éternelle qui gouverne cet univers».[40]
Keine Tugend ohne Religion! Mit scharfen Worten lehnt er den
Atheismus ab. Er kann sich nicht recht vorstellen, wie eine atheistische Gottesleugnung mit einer vernünftigen Moral zusammen-
passen kann. Noch hat Abbé Diderot seinen christlichen Glauben
nicht ganz hinter sich gelassen. Doch es ist bereits ein sehr abge-

schwächter Gottesbegriff, der ab und zu noch auftaucht, ohne für seine moralphilosophischen Gedanken wesentlich zu sein. «In Wahrheit brauchte er keinen Gott und keine Religion mehr, um das einzige zu tun, was ihm Interesse zu verdienen schien: zu versuchen, eine Moral des freien Menschen zu begründen, der von der Vernunft geleitet wird. Tugend, Glück, die Gesetze der Natur und die der Gesellschaft – das waren die vier Eckpfeiler, an denen er sich als Philosoph sein Leben lang orientierte.»[41]

Diderots Shaftesbury-Bearbeitung weckt das Interesse von Verlegern und Buchhändlern an diesem begabten, selbst denkenden Übersetzer. Er erhält den Auftrag für eine weitere Übersetzung aus dem Englischen. Er soll das umfangreiche, dreibändige *Medical Dictionary* von Robert James ins Französische übertragen. Drei Jahre, von 1746 bis 1749, beschäftigt er sich mit diesem Medizinischen Wörterbuch, wobei er sich oft in ein kleines Zimmer seiner Wohnung in der schäbigen Rue Mouffetard am linken Seine-Ufer einschließt, um ungestört arbeiten zu können. Er muss sich in Anatomie, Physiologie, Medizin, Chemie und Botanik einarbeiten, wobei ihm immer klarer wird, dass der Mensch ein biologisches Lebewesen mit natürlichen Leidenschaften ist. Je mehr er seine Aufmerksamkeit auf die Natur des Menschen verlagert, desto schwächer werden seine religiösen Überzeugungen. Denn während die medizinischen Forschungen durch Erfahrungen erweitert werden können, entzieht sich der Glaube an Gott jeder empirischen Nachprüfbarkeit.

An wenigen Tagen, um Ostern 1746, notiert sich Diderot seine *Pensées philosophiques* über Gott und Glauben. In 62 aphoristischen Abschnitten spielt er alle möglichen Argumente für und gegen die Existenz Gottes durch. Die *Philosophischen Gedanken* sind eine stille Auseinandersetzung zwischen Christentum, Deismus, Skeptizismus und Atheismus. Sie reichen von der katholischen Dogmatik, die für ihn voller Aberglauben ist, bis zur radikalen Gottesleugnung. Diderots eigene Überzeugung bleibt zwischen den Zeilen verborgen. Er scheint nun zum englischen Deismus zu neigen, den er durch sein Studium der Schriften Shaftesburys kennengelernt hat. Jedenfalls skizziert er ihn als letztes Bollwerk gegen die absolute Gottlosigkeit. «Dem Atheismus kann nur der Deist die Stirn bieten. Der Abergläubische besitzt nicht die gleiche Stärke. Sein Gott ist nur ein Wesen der Einbildung.»[42] Aber auch der Skeptiker, der agnostisch an Gottes Existenz zweifelt, genießt Diderots Sympathie. Denn der richtige Gebrauch der Vernunft muss in Religionsfragen skeptisch sein, sofern man überhaupt über Gott kritisch nachzudenken bereit ist. «Was man niemals in Frage gezogen hat, ist überhaupt nicht bewiesen worden; was man nicht vorurteilslos geprüft hat, ist überhaupt nicht geprüft worden. Der Skeptizismus ist also der erste Schritt zur Wahrheit.»[43] Diderot lässt offen, ob auf diesem Weg die Wahrheit gefunden werden kann. Als Philosoph bleibt er bescheiden. «Man soll von mir verlangen, daß ich die Wahrheit suche, aber nicht, daß ich sie finde.»[44]

Aber will er überhaupt wissen, ob es einen Gott gibt? Seine *Philosophischen Gedanken* machen den Eindruck, dass er die Frage nach Gott überhaupt für sinnlos hält, weil sie weder positiv noch negativ beantwortet werden kann, und zudem für gefährlich, weil sie die Menschen in unfruchtbare religiöse Streitigkeiten und blutige Religionskriege verstrickt hat. Vielleicht ist es das Beste, die Frage nach Gott nicht mehr zu stellen und sich wichtigeren lebenspraktischen Problemen zuzuwenden. Jedenfalls ist der Mensch mit seinen natürlichen Leidenschaften als «Quelle aller seiner Freuden»[45] für die Philosophie ein wesentlich lohnenderes Thema als das mögliche Sein eines unbegreiflichen göttlichen Wesens, über das die unterschiedlichsten religiösen Glaubensformen kursieren. Hier gibt es noch viel zu entdecken und Licht ins Dunkel der menschlichen Existenz zu bringen, während die Lehre von Gott nichts zu erkennen gibt. «Ich habe mich nachts in einen riesigen Wald verirrt und habe nur ein kleines Licht (lumière), um mich zurechtzufinden. Da kommt ein Unbekannter hinzu und sagt zu mir: ‹Lieber Freund, blase deine Kerze aus, um deinen Weg besser zu finden.› Dieser Unbekannte ist ein Theologe.»[46]

Kaum sind, angeblich in Den Haag und ohne Nennung ihres Autors, diese *Gedanken* publiziert, kommt es zur Anklage vor dem Pariser Parlement. Die Richter stellen als Tatbestand fest: «Mit vorgetäuschter Unentschiedenheit werden alle Religionen auf dieselbe Stufe gestellt, so daß schließlich keinerlei Religion anerkannt wird.»[47] Das Urteil wird am 7. Juli 1746 gefällt. Das Buch sei skandalös und verstoße gegen die Religion und die guten Sitten. Es wird dazu verurteilt, vom Scharfrichter öffentlich zerrissen und verbrannt zu werden.

Diderot reagiert im Stillen mit einem neuen literarisch-philosophischen Werk. 1747 schreibt er *La promenade du sceptique ou les Allées*, ein geistreiches Promenieren auf den Alleen der Religion, der Naturphilosophie und der Kunst. Dieser *Spaziergang des Skeptikers* ist eine leichtfüßige, tänzerische Gedankenbewegung, ein «jeu d'esprit» auf dem Weg des freien philosophischen Denkens und wissenschaftlichen Forschens. Religion und Regierung sind die Hauptthemen dieses Spiels des Geistes, das dem Spiel der Natur in einem Landschaftsgarten folgt, der aus Wald und Dickicht, weiten Wiesen und kunstvoller Architektur besteht und immer wieder neue überraschende Ansichten bietet.[48]

Sein *Spaziergang* wird zu Diderots Lebzeiten nicht veröffentlicht. Er will nicht schon wieder eine Schrift auf dem Scheiterhaufen landen sehen. Zwei Jahre später fasst er neuen Mut. Er schreibt ein wissenschaftliches Buch in erkenntnistheoretischer Hinsicht, zu dem er auf den ersten Blick nur durch einen allgemein interessierenden Vorfall angeregt worden ist. Der französische Physiker und Biologe René-Antoine de Réaumur hat erfolgreich an einem Blindgeborenen eine Staroperation durchgeführt. Leider durfte Diderot nicht dabei sein, als ihm der erste Verband abgenommen wurde. Wie hat der Blindgeborene mit seinen gesunden Augen die neue Welt gesehen, die zuvor in einem schwarzen Dunkel verhüllt gewesen war? Diderot hat ihn nicht befragen können. Stattdessen beginnt er, «mit meinen Freunden über die wichtige Frage, um die es geht, zu philosophieren».[49] Wie erfährt ein Mensch die Wirklichkeit, wenn ihm der «Augensinn» fehlt und er nur über die «Gefühlssinne» des Tastens, Schmeckens, Riechens und Hörens verfügt? Die Antworten veröffentlicht er 1749 in seinem *Lettre sur les aveugles,* dem Brief über die Blinden, zum Gebrauch für die Sehenden.

Diderot hat sich über die Struktur des Auges, die Physiologie des Sehens, die Psychologie der Wahrnehmung, die Geometrie des Raumes und die Gesetze der Optik umfassend informiert. Auch in der «experimentellen Philosophie» kennt er sich ausgezeichnet aus. Er hat Condillacs *Essai sur l'origine des connoissances humaines* studiert, der 1746 erschienen ist, diesen durch John Locke angeregten empirisch-sensualistischen Versuch, alle menschlichen Erkenntnisse auf sinnliche Wahrnehmungen zurückzuführen. Er hat Lockes *Essay concerning Human Understanding* (1689) gelesen und Voltaires *Éléments de la philosophie de Newton* (1738). All das hat ihn davon überzeugt, dass alle menschlichen Kenntnisse durch die Sinne vermittelt sind und ihren Anfang und Grund in sinnlichen Wahrnehmungen haben. Ohne sie gibt es für den Menschen keine Wirklichkeit.

Wie aber sieht dann die Welt für den Blinden aus, der sie nicht sehen kann? Welche Vorstellungen hat er von Figuren und räumlichen Dimensionen, von Farben und Schönheit, von Licht und Schatten? Wie stellt er sich einen Spiegel vor oder ein abbildendes Gemälde? Doch am meisten interessieren Diderot die Moral und Religion des Blinden. Schließlich ist er als konsequenter Empirist im Sinne Condillacs und Lockes davon überzeugt, «daß der Zustand unserer Organe und unserer Sinne großen Einfluß auf unsere Metaphysik und unsere Moral hat und daß unsere rein verstandesmäßigen Ideen, wenn ich so sagen darf, in hohem Grade von der Gestalt unseres Körpers abhängen».[50] Welches Bild kann sich ein Blinder von Gott machen?

Diderot weiß, dass er sich mit dieser Frage auf ein gefährliches Gebiet begibt. Deshalb gibt er keine eigene Antwort, sondern referiert ausführlich über das Leben und die Weltauffassung eines Blinden, der hohes Ansehen genießt, jedenfalls in England, wo Nicholas Saunderson als Mathematik-Professor an der Universität Cambridge gearbeitet hat. «England ist das Land der Philosophen», variiert Diderot Voltaires Lob der Engländer, und Professor Dr. Saunderson ist ein außergewöhnliches Musterexemplar dieser freien und klaren Denker mit gesundem Verstand. Es kann keinen besseren Informanten als diesen blinden Mathematiker und Philosophen geben, um die gestellte Frage zu beantworten. Vor allem seine letzten Gedanken, die Saunderson vor seinem Tod im Gespräch mit dem christlichen Geistlichen Gervasius Holmes geäußert hat, verdienen es, den Franzosen bekannt gemacht zu werden. Sein Schüler und Freund William Inchlif hat sie überliefert. «Ich möchte allen, die etwas Englisch verstehen, den Rat geben, diese Worte im Original in einem im Jahre 1747 zu Dublin gedruckten Buch zu lesen, das den Titel hat: *The life and character of Dr. Nicholas Saunderson, late lucasian Professor of the mathematicks in the university of Cambridge; by his disciple and friend William Inchlif.* Sie werden darin soviel Anmut, Stärke, Wahrheit und Zartheit finden, wie in keiner anderen Schrift, und ich schmeichle mir nicht etwa, daß ich Ihnen diese schönen Züge wirklich vermittelt hätte, so sehr ich mich auch bemüht habe, sie in meiner Übersetzung zu bewahren.»[51]

Am Ende seines Lebens sprach Saunderson mit Holmes über mögliche Gottesbeweise. Der Geistliche versuchte ihn besonders mit den damals populären physiko-theologischen Beweisen zu überzeugen, die aus der physischen Beschaffenheit der Welt auf die Existenz Gottes schließen. Das aufmerksame Anschauen und die genaue Erforschung all der schönen, so wunderbar eingerich-

teten Dinge, vom kleinsten Insekt bis zum unendlichen Himmels-
gewölbe, sollen jeden Menschen davon überzeugen, dass es einen
Schöpfer gibt.[52] Es soll evident vor aller Augen liegen. «Ach, Herr
Pfarrer», antwortete ihm der blinde Philosoph auf diesen augenscheinlichen Beweis, «lassen Sie doch dieses ganze Schauspiel
sein, das nie für mich geschaffen wurde! Ich war dazu verurteilt,
mein Leben in der Finsternis zu verbringen, und Sie führen Wunder an, die ich nicht verstehe und die nur beweiskräftig sind für Sie
und die anderen, die sehen wie Sie. Wenn Sie wollen, dass ich an
Gott glaube, müssen Sie mich ihn fühlen lassen.»[53] Aber Ihr eigener wunderbarer Körper, den Sie mit Ihren Händen fühlen können, zeigt Ihnen doch das vollkommen Göttliche! «Was hat dieser
Mechanismus mit einem höchst intelligenten Wesen zu tun?»,
entgegnete Saunderson, wobei er zugleich auf seine Behinderung,
nicht sehen zu können, hinwies. Warum hat Gott diese unvoll-
kommene Missbildung zugelassen? Holmes ließ nicht locker und
insistierte darauf, dass viele Dinge über den Verstand des Menschen hinausgingen und gerade deshalb zum Glauben führten.
«Könnten wir nicht in unsere Reden etwas weniger Hochmut und
etwas mehr Philosophie legen?», erwiderte Saunderson. «Wenn
uns die Natur einen so schwer zu lösenden Knoten bietet, wollen
wir ihn so lassen, wie er ist, und zum Zerschneiden dieses Knotens
nicht die Hand eines Wesens benutzen, das dann für uns einen
neuen Knoten bedeutet, der noch unlösbarer als der erste ist.»[54]
Der Glaube an einen unbegreiflichen Gott löst nicht die Probleme,
sondern verschärft sie. Begnügen wir uns also mit den Erscheinungen der Welt selbst, wie sie uns sinnlich gegeben ist und sinnvoll gedacht werden kann. «Was ist diese Welt, Herr Holmes?
Eine Zusammensetzung, immer wieder Umwälzungen unterworfen, die alle eine beständige Tendenz zur Zerstörung anzeigen;
eine schnelle Aufeinanderfolge von Wesen, die einander ablösen,
sich verdrängen und verschwinden; eine vergängliche Symmetrie,
eine vorübergehende Ordnung.»[55]

Am 9. Juni 1749 wird Diderots *Lettre sur les aveugles* in Paris veröffentlicht. Als Publikationsort wird London angegeben. Ein Exemplar schickt er an Voltaire, der ihm liebenswürdig antwortet. Er findet Diderots Buch «geistreich» und lädt ihn zu einem gemeinsamen «philosophischen Essen» ein.[56] Dazu kommt es nicht. Statt dessen reagiert die Staatsgewalt. Schon seit einiger Zeit hat der Polizeibeamte Joseph d'Hémery, der als Inspektor für den Buchhandel zuständig ist, ein wachsames Auge auf diesen literarischen Freidenker geworfen, der zu den verdächtigen «philosophes» gehört. In einem Dossier hat er festgehalten: «Diderot, Autor, 36 Jahre alt. Mittelgroß, einigermaßen anständige Physiognomie. Ein sehr geistreicher Bursche, doch äußerst gefährlich. Er ist verheiratet, hat jedoch Mme Puysieux seit einiger Zeit als Mätresse.»[57]

Diderot ist polizeibekannt. Aber noch hat man nicht genügend belastendes Material gesammelt, um ihn verhaften zu können. Diderot hat geschickt seine Spuren als Autor religions- und staatskritischer Schriften verwischt. Doch dann wird er von einem Pfarrer seiner Gemeinde denunziert. Er soll der Verfasser der vor zwei Jahren verbrannten *Philosophischen Gedanken* sein und schon wieder an einem Werk gegen die Religion arbeiten, das noch viel gefährlicher sei. Der Generalleutnant der Pariser Polizei, Nicolas-René Berryer, studiert die Akten und Dossiers. Mit Diderots philosophischen Angriffen soll Schluss gemacht werden. Am 22. Juli 1749 erlässt er einen Haftbefehl gegen diesen gefährlichen Geist. Sofort wird eine königliche «lettre de cachet» ausgestellt.

Zwei Tage später, morgens um halb acht, wird Diderot von zwei Polizisten verhaftet. Seine Wohnung wird nach Manuskripten durchsucht, die sich gegen die Religion, den Staat und die guten Sitten richten. In einer Kutsche bringt man ihn ins Gefängnis von Vincennes, eine mittelalterliche Festung außerhalb von Paris. Der Gefängniskommandant lässt ihn in den finsteren Burgfried einsperren. Kontakte mit Freunden sind verboten. Wie lange wird er in dieser Zelle zubringen? Der Haftbefehl ist unbefristet. Hinter den undurchdringlichen Mauern von Vincennes hat der eingekerkerte Diderot zum ersten Mal in seinem Leben wirklich Angst.

4. *Jean-Jacques Rousseau besucht Denis Diderot im Gefängnis*

Berryer will wissen, was dieser Diderot und seine philosophischen Freunde wirklich treiben. Eine Woche nach Diderots Verhaftung findet am 31. Juli das erste Verhör statt. Diderot streitet alle Vorwürfe ab. Zurück in seiner Zelle, versinkt er bald in eine tiefe Niedergeschlagenheit. Als freiheitsliebenden Menschen erschreckt ihn die Aussicht auf eine unbestimmte Haftdauer. Er schreibt an den Polizeiobersten und nennt ihm die Namen möglicher Fürsprecher, die sich für ihn einsetzen könnten. Der Pariser Polizeichef ist unbeeindruckt. Zwei Wochen später gibt der Gefangene von Vincennes nach. Es gleicht einer bedingungslosen Kapitulation. Am 13. August klagt Diderot in einem Brief an Berryer, dass seine Qualen ein Maß erreicht haben, das nicht zu überbieten sei. Sein Körper sei erschöpft, sein Geist am Boden, seine Seele von Schmerzen gepeinigt; und dann gesteht er reumütig, dass seine *Philosophischen Gedanken* und sein *Brief über die Blinden* geistige Zügellosigkeiten seien, «die meiner Feder entschlüpft sind. Aber ich kann Ihnen bei meiner Ehre versichern (und ich besitze Ehre), dass es die letzten sein werden und dass es die einzigen sind. Was jene betrifft, die an der Verbreitung dieser Werke beteiligt waren, so soll Ihnen nichts verborgen bleiben.»[58] Als Gegenleistung wird er zwar nicht freigelassen. Aber seine Haftbedingungen werden einschneidend erleichtert. Er darf den Turm verlassen, im Garten spazieren gehen, ab und zu mit dem Gefängnisdirektor speisen. Auch darf er Briefe schreiben, seine Gedanken notieren und Besuch empfangen.

Das freut besonders seinen allerbesten Freund, den ein Jahr älteren Jean-Jacques Rousseau, den Diderots Verhaftung erschüttert hat. «Nichts vermag je die Angst zu schildern, in die mich das Unglück meines Freundes versetzte. Meine unheilvolle Einbildungskraft, die das Schlimmste stets noch schlimmer sieht, wurde aufgeschreckt. Ich sah ihn dort für den Rest seines Lebens. Der Kopf drehte sich mir fast.»[59] Doch jetzt eilt er schnell nach Vincennes, um seinen armen Freund in die Arme zu nehmen. Es ist ein überwältigender Augenblick, den Rousseau dramatisch schildert. «Er war nicht allein. D'Alembert und der Schatzmeister der Sainte-Chapelle waren bei ihm. Beim Eintritt sah ich nur ihn. Ich tat nur einen Sprung, einen Schrei, preßte mein Gesicht an das seine, ich drückte ihn eng an mich, ohne zu ihm anders als durch meine Tränen und Seufzer zu sprechen. Ich erstickte fast vor Zärtlichkeit und Freude.»[60]

Denis Diderot und Jean-Jacques Rousseau haben sich gegen Ende 1742 angefreundet, bald nachdem der damals dreißigjährige Rousseau nach Paris gezogen war. Auch er war einer jener jungen Männer, die sich für Kunst und Literatur, Philosophie und Politik, Musik und Theater interessierten und sich am liebsten in Künstlerlokalen und Schachcafés trafen. Rousseau hatte in seinem Leben noch nicht viel erreicht. Gesellschaftlich stand er schlechter da als Diderot, der Anfang der vierziger Jahre sich zwar treiben ließ, aber doch schon einen anregenden Freundeskreis in Paris besaß. Rousseau war neu hinzugekommen und hatte kaum etwas vorzuweisen. Als Sohn eines Uhrmachers am 28. Juni 1712 in der calvinistischen Stadt-Republik Genf geboren, hatte er als Sechzehnjähriger fluchtartig die Heimatstadt verlassen und sich, halb Sohn, halb Liebhaber, zwölf Jahre lang in Annency bei Madame Francoise-Louise de Warens, seiner «Mama», aufgehalten.[61] Dann war er kurze Zeit Hauslehrer in Lyon gewesen, bevor er im August 1742 schließlich in der französischen Hauptstadt landete. Er hoffte, mit seiner Erfindung einer neuartigen, mit Zahlen operierenden

Notenschrift Geld zu verdienen, was ihm jedoch misslang. Auch eigene Kompositionen und dramatische Versuche brachten keinen Erfolg. So verbrachte er die meiste Zeit im Café «Maugis» oder im «Café de la Régence», wo er erfolgreich um Geld Schach spielte, um nicht zu verhungern. In dieser Szene freundete er sich mit Abbé Condillac, Friedrich Melchior Grimm und Jean Le Rond d'Alembert an. Am vertrautesten wurde er jedoch mit Diderot, den er bald fast täglich traf und dem er sich in den kommenden Jahren eng verbunden fühlte. Er litt mit ihm, als Diderot in Vincennes inhaftiert wurde, und er wäre «wohl vor Verzweiflung am Fuße dieses unglückseligen Turms gestorben»[62], wenn Diderot dort für lange Zeit gefangen geblieben wäre.

Es ist ein ungewöhnlich heißer Tag im Oktober 1749, als Rousseau, wie schon so oft in den letzten Wochen, auf der Landstraße von Paris zur Festung Vincennes wandert, um seinen Freund im Gefängnis zu besuchen. Für eine Kutsche hat er kein Geld. Er geht schnell, um möglichst bald anzukommen. Die Sonne strahlt vom wolkenlosen Himmel herab. Die Bäume am Straßenrand spenden kaum Schatten. Und in diesem hitzigen Augenblick geschieht, was nicht nur auf einzigartige Weise in Rousseaus Leben eingreift, sondern diesen Tag auch zu einem Schlüsseldatum in der Geistesgeschichte der Moderne werden lässt. Es ist das Ereignis jener Erleuchtung von Vincennes, mit der Rousseau als erster «philosophe» die Dialektik einer Aufklärung feststellt, an der er zugleich engagiert teilnimmt und schärfste Kritik übt.

Um seine schnellen Schritte ein wenig zu mäßigen, beginnt Rousseau beim Gehen in einem Heft des *Mercure de France* zu blättern. Er stößt auf die Preisfrage der Akademie von Dijon für das Jahr 1750: *Hat die Wiederherstellung der Künste und Wissenschaften zur Reinigung der Sitten beigetragen?* «Im Augenblick, als ich dies las, sah ich eine andere Welt, und ich wurde ein andrer Mensch.»[63] Die Frage löst eine unbeschreibliche innere Erregung in ihm aus und lässt visionär die Grundzüge einer Gesellschafts-

DER MENSCH IST DAS WERK DER NATUR

und Kulturkritik aufblitzen, die sich durch sein ganzes späteres Werk ziehen werden. Er fühlt sich inspiriert, berauscht, als sei er betrunken, zugleich von tausend Lichtern erleuchtet und in seinem Geist verwirrt. Er kann nicht mehr weitergehen und wirft sich unter einen der Bäume an der Straße. «Eine halbe Stunde bringe ich dort in einer Bewegung zu, dass ich beim Aufstehen den ganzen Vorderteil meiner Weste mit Tränen benetzt finde, ohne gefühlt zu haben, daß ich welche vergoß.»[64]

Von diesem Oktobertag 1749 an wird Jean-Jacques Rousseau für die Philosophie der Aufklärung wichtig. Als er in Vincennes ankommt, «in einer Erregung, die an Wahnsinn grenzte»[65], ermuntert ihn der eingesperrte Diderot, seinen Gedanken freien Lauf zu lassen und die Preisfrage zu beantworten. Also schreibt er seinen *Discours sur les sciences et les arts,* den er zuerst Diderot zu lesen gibt, der mit ihm sehr zufrieden ist und nur einige Verbesserungen vorschlägt. Er beginnt mit einem erhebenden Loblied auf das Licht der Aufklärung. «Es ist ein großes und würdiges Schauspiel, den Menschen zu sehen, wie er durch eigene Kräfte gewissermaßen aus dem Nichts hervorgeht; wie er die Finsternisse, mit welchen er von Natur umgeben, durch das Licht seiner Vernunft durchteilt.»[66] Doch dann vollzieht Rousseau plötzlich eine Umwertung der Werte. Das leuchtende Bild ist nur eine trügerische Oberfläche, unter der sich eine tiefe moralische Dunkelheit verbirgt. Die Wohltaten des wissenschaftlichen und kulturellen Fortschritts werden aufgewogen durch die vielen Laster, die vom Trug des Scheins stammen. Man kann nicht mehr klar und deutlich erkennen, wer man selbst ist und mit wem man es zu tun hat. «Unsere Seelen sind in dem Maße verdorben, in dem unsere Wissenschaften und Künste vollkommener geworden sind.»[67]

Dagegen gibt es nur ein Heilmittel. Rousseau vollzieht eine neuerliche Wende. Er wertet das echte Gefühl gegen die Feinheit der Sitten auf, die moralische Empfindung gegen den wissenschaftlichen Verstand, die Innerlichkeit gegen die Äußerlichkeit, die Persönlichkeit gegen die Herde, die man Gesellschaft nennt, den natürlichen gegen den künstlichen Menschen. Gegen die hochkultivierten Lebens- und Denkweisen seiner Zeitgenossen entdeckt Rousseau die Ideale der Transparenz und Authentizität. Es kommt weniger darauf an, das Sein mit dem Licht der Vernunft zu erhellen. Es kommt viel mehr darauf an, den Schein zu durchschauen, in dem sich der vergesellschaftete Mensch in seinem Kampf um Anerkennung und Sozialprestige verloren hat. Je reflexiver und verfeinerter seine Lebensformen wurden, desto mehr entglitt er sich selbst und wurde sich fremd. «Ehe noch die Kunst unser äußerliches Wesen geformt und unseren Leidenschaften eine gekünstelte Sprache in den Mund gelegt hatte, waren unsere Sitten zwar bäurisch, aber natürlich, und die Verschiedenheit der Lebensart verriet beim ersten Anblick die Verschiedenheit des Charakters. Die menschliche Natur war im Grunde nicht besser, aber die Menschen fanden ihre Sicherheit in der Leichtigkeit, mit der sie sich wechselseitig durchschauten, und dieser Vorteil, dessen Wert wir nicht mehr erkennen, überhob sie vieler Laster.»[68] Der natürliche Mensch kann nicht mehr hergestellt werden. Seine Zeit ist abgelaufen. Die Masken des modernen, künstlichen Menschen sind nicht einfach abzureißen. Auch die erzieherische Anstrengung, den Menschen so natürlich wie möglich heranzubilden, macht keinen Wilden aus ihm und verbannt ihn nicht in die tiefsten Wälder. Er lebt in Gesellschaft. Aber er soll zumindest erkennen, in welchem Strom von Scheinexistenzen er sich mitbewegt, und sich ihm nicht völlig ausliefern.

Rousseau weiß, dass ihn sein eigenes Aufklärungsprogramm, das sich gegen die fortschreitende Verkünstlichung der Lebensweisen und die Abstraktionen der Wissenschaften richtet, in Widersprüche und Krisen verstrickt. Im Rückblick wird er feststellen, dass im Oktober 1749 das Drama seiner Existenz begonnen hat. Sein *Diskurs über die Wissenschaften und die Künste*, der den ersten Preis der Akademie von Dijon erhält und seinen Verfasser auf einen Schlag berühmt macht, ist auch der erste Schritt in die gesellschaftliche Isolation, unter der er sein Leben lang leiden wird. «Von diesem Augenblick an war ich verloren. All mein übriges Leben und meine Leiden waren die unvermeidliche Folge dieses Augenblicks der Verwirrung.»[69] Doch bevor ihn die Mächte der Finsternis zu verfolgen beginnen und ihn zu einer permanenten Fluchtbewegung zwingen, hat er in mehreren Werken versucht, auf einen Naturzustand und einen natürlichen Menschen zurückzusehen, um über die Situation seiner Zeit richtig urteilen zu können.

Man hat später dieses Zurücksehen oft als Zurückgehen missverstanden, als sei Rousseau ein romantischer Träumer, der «zurück zur Natur» wollte. Doch Rückschritte sind nicht erlaubt. Der zivilisatorische Fortschritt ist nicht umkehrbar. Wir können nur, Rousseau folgend, die Erinnerung an einen Naturzustand wach und lebendig halten, und zwar wie ein theoretisches Postulat oder ein regulatives Bild, die nicht als «historische Wahrheiten»[70] missverstanden werden dürfen. Auch der natürliche Mensch als Werk und Teil der Natur ist für Rousseau keine geschichtliche Tatsache, sondern ein hypothetisch geltender Maßstab, um auf geschickte Weise die Entwicklungstendenzen seiner Gegenwart kritisieren zu können. In dieser Hinsicht folgt er dem «weisen Locke»[71] (le sage Locke), der in seinem *Second Treatise on Government* (Zweite Abhandlung über die Regierung) den «Naturzustand» argumentativ ins Spiel gebracht hat, um gegen die politische Tyrannei die «natürlichen Rechte» gleicher und freier Menschen behaupten zu können.

Wieder ist es eine von der Akademie von Dijon gestellte Preisfrage, die Rousseau zu seinem zweiten wegweisenden Diskurs anregt: *Welches ist der Ursprung der Ungleichheit zwischen den Menschen, und ob sie durch das natürliche Gesetz autorisiert wird?* Seine Antwort entwirft er 1753 in den Wäldern von St. Germain, wohin er sich mit seiner Lebensgefährtin Marie-Thérèse Levasseur zurückgezogen hat. Tief im Wald «suchte und fand ich dort das Bild der Urzeit, deren Geschichte ich kühn umriß; ich deckte die kleinen Lügen der Menschen auf; ich wagte, ihre Natur bis zur Nacktheit zu enthüllen, dem Fortschritt der Zeit und der Dinge zu folgen, die sie entstellt haben; indem ich den Menschen, wie er durch seine Mitmenschen geworden, mit dem natürlichen Menschen verglich, zeigte ich ihnen in ihrer angeblichen Vervollkommnung die wahre Quelle ihrer Leiden».[72] Aus diesen Meditationen entsteht der *Discours sur l'origine et les fondements de l'inégalité parmi les hommes*, sein philosophischstes Werk, «das Diderot mehr als meine andern Schriften gefiel und für das mir seine Ratschläge am nützlichsten waren».[73]

Dieser zweite *Diskurs über den Ursprung und die Grundlagen der Ungleichheit unter den Menschen* ist keine revolutionäre Schrift gegen die Ungleichheit, die sich etabliert hat in den herrschenden Verhältnissen zwischen Herren und Knechten, Besitzenden und Besitzlosen, Regierung und Regierten. Rousseau kennt die strengen Zensurmaßnahmen des Ancien Régime, der viele Bücher zum Opfer gefallen sind. Schon oft hat das Parlement de Paris die öffentliche Verbrennung ketzerischer Werke durch den Scharfrichter verfügt, die Konfiszierung aller im Buchhandel befindlichen Bücher angeordnet und Haftbefehle gegen ihre Verfasser erwirkt. Die Erfahrungen seines Freundes Diderot, den seine Schriften ins Gefängnis gebracht haben, sind in Rousseaus Gedächtnis noch sehr lebendig. Er muss also listig sein. Das dokumentiert bereits die Titelseite seiner Abhandlung, auf der er sich als «*Bürger von Genf*» (Citoyen de Genève) bezeichnet und dem Genfer Souverän unterstellt. Auch die Intention, mit der er seinen *Diskurs* geschrieben haben will, ist eine taktische Maßnahme. Sein Werk soll kein Angriff gegen das herrschende absolutistische System sein, sondern «nur» ein Versuch, sich allgemein über die Ungleichheit klarzuwerden durch die spekulative Rekonstruktion eines ursprünglichen und anfänglichen Naturzustands, «der nicht mehr

DER MENSCH IST DAS WERK DER NATUR

existiert, der vielleicht nie existiert hat, der wahrscheinlich niemals existieren wird und von dem zutreffende Begriffe zu haben dennoch notwendig ist, um über unseren gegenwärtigen Zustand richtig urteilen zu können».[74]

Also zeichnet Rousseau ein «Bild der Urzeit» und der ersten Menschen. Dieser Naturzustand ist kein verlorenes Paradies oder Goldenes Zeitalter der Gleichheit, der allgemeinen Freundschaft und der gegenseitigen Wohlgefälligkeit. Als erster Philosoph sieht Rousseau das menschliche Wesen, wie es aus den Händen der Natur hat hervorgehen müssen, als Tier. Der Mensch im Naturzustand war animalisch, und nichts spricht dafür, dass Rousseau sich dessen Existenz als Idylle oder als Ideal vorgestellt hat. Denn der Naturmensch lebt autark in tierischer Beschränktheit; als Einzelwesen ist er ohne soziale Beziehung zu anderen; er ist statisch eingebunden in seine jeweils gegenwärtige Situation, ohne Erinnerung und ohne Zukunftsplanung; er ist in einen ständigen Kampf ums Überleben verstrickt, blutgierig und grausam, wenn es die Situation erfordert; das Gesetz des Stärkeren beherrscht das Aufeinandertreffen der Einzelnen und unterwirft sie einer natürlichen Selektion, die durch keine zivilisatorischen Maßnahmen kontrolliert wird.

Der Mensch im Naturzustand ist, paradox gesagt, kein menschlicher Mensch. Doch er ist «gut». Diese Wende zum Gutsein ist einigermaßen überraschend, und kein anderes Wort hat zu so vielen Missverständnissen geführt: Der Mensch ist von Natur aus gut, und allein die gesellschaftlichen Verhältnisse und staatlichen Institutionen sind es, die den Menschen böse machen. Das hat nichts mit Güte, Wohlwollen, gegenseitiger Rücksichtnahme und moralischem Bewusstsein zu tun. Als Tier ist der Mensch gut, weil er erstens über eine körperliche Wohlgeratenheit und biologische Lebensfähigkeit verfügt und seine vitale Gesundheit noch in direktem Zusammenhang mit der Natur steht, in der er lebt. Er ist gut, weil er zweitens noch moralisch unschuldig oder unverant-

wortlich ist, diesseits von Gut und Böse in einer Welt von Natur-
ereignissen, in der alles nach einer naturgesetzlichen Ordnung geschieht. Und er ist gut, weil er drittens nicht böse ist. Denn selbst
wenn der Mensch als Tier gewaltsam ist, so folgt er doch nur dem
natürlichen Antrieb seiner solitären Selbsterhaltung. Er kennt
kein Ressentiment, keinen Hass und kein Verlangen nach Rache,
keinen Stolz und keine Geringschätzung. Eifersucht und Missgunst sind ihm fremd. Im Naturzustand haben all diese Gefühle
und Charaktereigenschaften keinen Sinn und keine Funktion.
Das Böse kann erst entstehen, wenn der Mensch in gesellschaftliche Strukturen eingebunden wird und als Mensch des Menschen
(l'homme de l'homme) «soziabel»[75] wird.

Es scheint ein allgemeines geschichtliches Modell zu sein, das
Rousseau entworfen hat. Doch den aufmerksamen Lesern kann
nicht entgehen, dass dieser Philosoph auch von den aktuellen
Verhältnissen im absolutistischen Frankreich Ludwigs XV. gesprochen hat. Das wird besonders am Ende deutlich, wo Rousseau
noch einmal die Absicht und Methode seines *Diskurses* rekapitu-
liert. «Ich habe versucht, den Ursprung und den Fortschritt der
Ungleichheit, die Errichtung und den Missbrauch der politischen
Gesellschaften darzustellen, soweit sich diese Dinge allein durch
das Licht der Vernunft und unabhängig von den heiligen Dogmen,
die der souveränen Autorität die Sanktion des göttlichen Rechts
verleihen, aus der Natur des Menschen ableiten lassen.»[76] Der königliche Souverän regiert nicht im Namen Gottes. Die bestehende
Ungleichheit ist nicht durch Gott eingerichtet und autorisiert
worden, sondern eine Folge der natürlichen Entwicklung. Die
Wahrheit entzieht sich religiöser Dogmatik und lässt sich nur
durch eine vernünftige Untersuchung im Geist der Aufklärung
finden. Es herrschen politischer Machtmissbrauch und soziale
Ungleichheit. Und schließlich muss doch jeder, der seinen eigenen
Verstand zu gebrauchen weiß, erkennen, dass es gegen das «Gesetz der Natur» verstößt, «daß eine Handvoll Leute überfüllt ist

mit Überflüssigem, während die ausgehungerte Menge am Not-
wendigsten Mangel leidet».[77]

Die Preisrichter der Akademie von Dijon sind die Ersten, die
den subversiven politischen Zündstoff von Rousseaus Beantwortung ihrer Frage erkennen. Ohne Beratung verwerfen sie die ein-
gereichte Schrift. Sie sei viel zu lang und befinde sich in schlechter
Gesellschaft (mauvaise tradition).[78] Vorsorglich lässt der «Bürger
von Genf» seinen *Diskurs über die Ungleichheit* in Holland drucken. Die Erstausgabe erscheint 1755 in Amsterdam. Nach ein-
gehender Prüfung der Druckfahnen erlaubt der seit 1750 für das
französische Buchwesen zuständige Zensor Chrétien-Guillaume
de Lamoignon de Malesherbes, ein recht liberaler Anwalt am Pariser Parlement, der mit den fortschrittlichen Kräften in Frankreich sympathisiert, dass 100 Exemplare nach Paris geliefert werden.

Das ist zwar wenig, aber es bewirkt, dass Rousseau nun endgültig als ein führender Denker im Kreis der «bösen» Philosophen
gilt, an deren wichtigstem Projekt er zu dieser Zeit mitarbeitet.
Er schreibt mehrere Artikel für die *Encyclopédie*, vor allem über
musikalische Themen, aber auch einen langen Beitrag über die
öffentliche Ökonomie. Engagiert argumentiert er für eine «Volks-
ökonomie», bei der es keinen wesentlichen Unterschied zwischen
Volkswillen und rechtmäßiger Volksregierung gibt. Dagegen
lehnt er jede Form der «Tyrannenökonomie» ab, in der die Einzel-
willen der Machthaber vom Gemeinwillen abgetrennt sind, sich
ohne Rücksicht auf das Wohl des Volkes nur um sich sorgen und
die soziale Ungleichheit zu ihrem eigenen Vorteil nutzen.[79]

5. Die enzyklopädische Ordnung des Wissens

Während Denis Diderot 1749 hinter den Kerkermauern von Vincennes gefangen ist, bemühen sich einige Freunde und Geschäfts-

partner um seine Freilassung. Schon am ersten Tag seiner Inhaftierung informiert ein Konsortium von Buchhändlern den Grafen Marc Pierre d'Argenson, Kriegsminister und Leiter des Buch- und Verlagswesens, dass Diderot in ihrem Auftrag seit einigen Jahren an einem Werk arbeite, dessen Vollendung durch die Inhaftierung dieses Schriftstellers gefährdet sei. Seine Arbeit sei nicht nur für die internationale Wertschätzung der französischen Kultur wichtig, sondern auch für die ökonomische Wertschöpfung. Sie hätten schon sehr viel Geld in dieses Projekt investiert, das einige tausend Arbeitsplätze sichere, die verlorengingen, wenn dieses Projekt scheitern würde. «Die Verhaftung des Herrn Diderot, des einzigen Schriftstellers, der dieses gewaltige Unternehmen zu verwirklichen vermag, und der den Schlüssel zum gesamten Werk besitzt, könnte unseren Ruin bedeuten. Wir wagen zu hoffen, dass Eure Hoheit sich von unserer Lage rühren lassen und uns die Freiheit des Herrn Diderot gewähren.»[80]

So wird es nicht allein Diderots Geständnis gewesen sein, das ihm Hafterleichterung bringt, sondern auch diese verlegerische Intervention. Dafür spricht die Begründung, mit der Berryer dem Häftling gestattet, sich frei auf dem Gefängnisgelände bewegen und Besucher empfangen zu dürfen. Seine Majestät, König Ludwig XV., habe es nämlich angesichts von Diderots Herausgebertätigkeit gnädig für angemessen gehalten, «ihm zu erlauben, unter den üblichen Vorsichtsmaßregeln schriftlich und innerhalb des Château auch mündlich mit Personen von außerhalb in Verbindung zu treten, die entweder zu diesem Zweck oder aus persönlichen Gründen zu ihm kommen».[81] Aus freundschaftlichem Mitgefühl besucht ihn Rousseau, der in Diderots Zelle auf d'Alembert und den Schatzmeister der Sainte-Chapelle trifft, die sich dort gerade wegen des gemeinsamen publizistischen Zwecks aufhalten.

Denn schon seit zwei Jahren arbeiten Diderot und d'Alembert an einem enzyklopädischen Wörterbuch, das zu einem großen und zentralen Ereignis der europäischen Aufklärung werden sollte, auch wenn es zunächst recht klein begonnen hat. Wieder ist es ein Engländer gewesen, der die erste Anregung gab. 1728 war in England die *Cyclopaedia: or an Universal Dictionary of Arts and Sciences* erschienen. Ephraim Chambers hatte in diesem Universalwörterbuch versucht, das Wissen seiner Zeit systematisch zu ordnen und darzustellen. Das zweibändige Werk war ein großer Erfolg und erlebte mehrere Auflagen. Das wollte der französische Buchhändler André-Francois Le Breton nicht ungenutzt lassen und plante eine Übersetzung ins Französische. Anfang Februar 1745 erhielten er und drei weitere Buchhändler die erforderliche Druckerlaubnis der königlichen Kanzlei. Die ersten Übersetzer erwiesen sich bald als unzuverlässig und waren nur hinter dem Geld her. Auch ein für das Übersetzungsprojekt eingesetzter Herausgeber verlor bald sein Interesse und gab die Arbeit auf. Le Breton und seine drei Partner mussten Ersatz finden. Am Ende entschieden sie sich für Denis Diderot, der seinen Freund Jean d'Alembert als Mitherausgeber gewinnen konnte, verantwortlich besonders für die Redaktion des mathematischen Teils. Am 16. Oktober 1747 wurde der Vertrag über die Übersetzung und Publikation der *Enzyklopädie* geschlossen. Man rechnete damit, dass die Arbeit in dreieinhalb Jahren abgeschlossen sein würde.

Schon bald zeigte sich, dass es mit einer bloßen Übersetzung nicht getan sein konnte. Eine riesige Aufgabe kam auf die beiden Herausgeber zu. Die *Cyclopaedia* musste auf den neuesten Erkenntnisstand gebracht werden. Bei den Wissenschaften fehlten viele Bereiche; die freien Künste, von der feinsinnigen Poesie bis zur erhabenen Architektur, wurden oft nur mit wenigen Worten skizziert; und fast nichts fand sich über die mechanischen Künste und Techniken der tüchtigen Handwerker mit ihren vielen Werkzeugen und Maschinen, die entscheidend zum gesellschaftlichen Fortschritt beitrugen. Chambers' Systematik, die um einen von der Theologie beherrschten Baum des Wissens entwickelt worden war, musste umgestaltet werden. Eine völlige Neukonzipierung war notwendig, die auf die Produktivkräfte der Wissenschaften und Künste mehr Wert legte als auf den theologischen Überbau. Man entschied sich für eine alphabetische Reihenfolge der Beiträge, wobei von vornherein ein Netz von Querverweisen und -verbindungen mitgedacht werden musste. Die meisten Artikel mussten völlig neu geschrieben werden, und zwar von kompetenten Experten der verschiedensten freien und mechanischen Künste und von anerkannten Mitgliedern der Französischen Akademie der Wissenschaften, die es zu finden und als Mitarbeiter zu gewinnen galt.

Die Arbeit am ersten Band, mit den Einträgen von AA bis AZ, war gerade richtig in Gang gekommen, als Diderot am 22. Juli 1749 verhaftet wurde. Kein Wunder, dass die Verleger auf seine baldige Entlassung drängten. Doch sie mussten sich etwas gedulden. Erst am 3. November konnte Diderot die Festung von Vincennes verlassen. Als freier Mann stürzte er sich in die Arbeit an dem großen Gemeinschaftswerk, das immer umfangreicher zu werden drohte und ihn die nächsten zwanzig Jahre seines Lebens beschäftigen sollte.

Im Oktober 1750 beginnt die Werbung für das enzyklopädische Unternehmen. Diderot schreibt einen *Prospectus de l'Encyclopédie*, mit dem Subskribenten für das Projekt gewonnen werden sollen, das nun bereits auf zehn Bände geplant ist. Er wird in 8000 Exemplaren gedruckt und an potenzielle Käufer verteilt, deren Interesse schnell geweckt ist. Eine Flut von Bestellungen erreicht die Buchhändler. Zwar gab es schon einige Wörterbücher auf dem Markt. Aber der Anspruch dieser *Enzyklopädie* geht doch weit über das hinaus, was man von Nachschlagewerken erwartet. Es geht ums Ganze, statt um viele einzelne Informationen. Den Herausgebern und Verfassern kommt es darauf an, einen Stammbaum aller Wissenschaften und Künste vorzustellen und «an der Verflechtung der Wurzeln und an der Verflechtung der Zweige zu zeigen, warum es unmöglich ist, einige Teile des Ganzen gut zu kennen, ohne auf viele andere zurückzugreifen oder einzugehen; ein allgemeines Bild von den Leistungen des menschlichen Geistes auf allen Gebieten und in allen Jahrhunderten zu geben».[82]

Dieser Wissensbaum lässt sich nicht aus den vielen Weltelementen bilden, die zu vielfältig und zu fein miteinander verbunden sind, als dass man eine systematische Ordnung der Dinge herstellen könnte. Das Weltall bietet unendlich viele besondere Dinge und Gesichtspunkte, die uns völlig verwirren würden, wenn wir von ihren natürlichen Gegebenheiten ausgehen würden. Deshalb richtet Diderot das Interesse auf die verschiedenen Leistungen des menschlichen Verstandes. Er sucht die Wurzeln und die Verflechtungen des Ganzen nicht in der Natur, sondern in «den verschiedenen Fähigkeiten unserer Seele»[83], wobei er eine folgenreiche Dreiteilung vornimmt: All unsere Kenntnisse verdanken wir dem *Gedächtnis*, das uns die Tatsachen der Geschichte vermittelt; der *Vernunft*, die uns zu philosophieren und zu forschen ermöglicht; und der *Einbildungskraft*, die uns eine Welt der künstlerischen Fiktionen erzeugen lässt.

Diese Triade schwebt nicht im rein geistigen Raum. Diderot will ihren Grund freilegen. Wo liegen ihre Wurzeln? Die Antwort hat Diderot in den Schriften von John Locke und Étienne de Condillac über den menschlichen Verstand gefunden, die er ein Jahr zuvor bereits in seinem *Brief über die Blinden* verarbeitet hatte. Alle Kenntnisse gehen ursprünglich und anfänglich aus sinnlichen Wahrnehmungen hervor: «Die physischen Dinge wirken auf die Sinne. Die Eindrücke dieser Dinge rufen im Verstand die Wahrnehmung derselben hervor. Der Verstand befaßt sich mit seinen Wahrnehmungen nur auf dreierlei Weise, gemäß seinen drei Hauptfähigkeiten: Gedächtnis, Vernunft, Einbildung.»[84]

Der *Subskriptionsprospekt* ist keine bloße Einladung zum Kauf eines neuen Wörterbuchs. Er stellt ein erkenntnistheoretisches Programm mit radikalen Konsequenzen vor. Die englischen Empiristen, vor allem der weise Locke, haben die tragfähige Orientierungsgrundlage des enzyklopädischen Projekts geliefert. Alle menschlichen Kenntnisse basieren auf sinnlichen Erfahrungen. Deshalb können Gott, Offenbarungen, Theologie und religiöser Glaube keine entscheidende Rolle spielen. Der Baum des Wissens ist nicht göttlich erzeugt, sondern menschlich gepflanzt und entwickelt worden. Mit einem einzigen erkenntnistheoretischen Handstreich ist die geheiligte Königin der Wissenschaften entthront worden. Der große strukturierende Faktor ist die Vernunft, die zusammen mit Gedächtnis und Einbildungskraft die Sinnesdaten in einen Zusammenhang bringt. Wenn also von Gott, Religion und Kirche in diesem Wörterbuch überhaupt noch die Rede ist, dann nur hinsichtlich menschlicher Fähigkeiten, besonders auf den weiter entfernten, höheren Zweigen des Gedächtnisses und der Einbildungskraft, aber nicht mehr als tragender Grund oder Hauptstamm von allem.

Ein Jahr später ist der erste Band der *Enzyklopädie* fertig. Am 1. Juli 1751 wird er ausgeliefert und ist ein riesiger Erfolg. Die Verleger und Druckereibesitzer jubeln. Mit seiner Goldprägung, seinem feinen Ledereinband, guten Papier und scharfen Druckbild bietet er nicht nur einen großen ästhetischen Genuss. Die Handwerker haben mit ihren «mechanischen» Fähigkeiten ausgezeichnete Arbeit geleistet. Auch die einzelnen Artikel, von denen mehr als die Hälfte vom Herausgeber Diderot stammen, überzeugen durch informativen Gehalt und stilistische Klarheit. Jetzt steht auch der endgültige Titel des Gesamtprojekts fest: *Encyclopédie ou Dictionnaire raisonné des sciences, des arts et des métiers, par une Societé de Gens de lettres*. Es ist also keine bloß alphabetisch geordnete Sammlung, sondern ein «vernünftig» konzipiertes Gesamtwerk. Es werden nicht nur die Wissenschaften und Künste behandelt, sondern auch die handwerklichen Materialien und Fertigkeiten. Und es ist ein Gemeinschaftsprojekt, an dem die Schriftsteller, Philosophen und Wissenschaftler teilnehmen, die sich als gebildete «Gens de lettres» zur Avantgarde der Aufklärung zählen, von Condillac bis Voltaire, von de Jaucourt bis Rousseau, von d'Holbach bis d'Alembert, der neben Diderot die wichtigste Rolle spielt. Doch wer ist überhaupt dieser d'Alembert, dem wir schon mehrmals begegnet sind?

Im Vergleich mit dem vier Jahre älteren Diderot ist d'Alembert das wissenschaftliche Schwergewicht der *Enzyklopädie*. Im Kreis der Akademiker genießt er höchstes Ansehen. Dabei hat sein Leben klein und armselig begonnen.[85] Am 17. November 1717 wurde auf den Stufen der Kapelle Saint Jean-Lerond, die an Notre-Dame angebaut war, ein abgelegter Säugling gefunden. Wegen seines Fundorts lässt der für Findelkinder zuständige Polizeikommissar das schwächliche Baby auf den Namen «Jean-Baptiste Lerond» taufen. Der Winzling, dessen Kopf «nicht größer als ein gewöhnlicher Apfel»[86] gewesen sein soll, wurde von einer verwitweten Glasergattin in Pflege genommen. Später stellte sich heraus, dass seine leibliche Mutter die schöne Marquise de Tencin war, die einen berühmten Salon führte und mehrere hochgestellte Persönlichkeiten zu ihren Geliebten zählte, darunter auch den Regenten Philipp von Orléans. Der Vater des unehelich geborenen Kindes war der Chevalier Destouches, ein Artillerieoffizier, mit dem die Salondame de Tencin kurzzeitig liiert gewesen war. Jean Lerond wuchs bei seiner Pflegemutter auf. Von seinem Vater, der ihn ausfindig gemacht hatte, finanziell unterstützt, konnte der begabte Junge eine gute Schule besuchen und an der Pariser Universität Jura studieren. Er nannte sich nun Jean-Baptiste Daremberg, das er schließlich in Anspielung auf seine adelige Herkunft klanglich zu «d'Alembert» abänderte.

Den Beruf eines Advokaten, zu dem er 1738 ernannt worden war, übte er jedoch nicht aus. Mathematik und Physik waren seine großen Leidenschaften, und schon bald legte er der Akademie der Wissenschaften in Paris Studien zur Analysis und Infinitesimalrechnung vor, mit denen er in die Reihe der ersten Mathematiker seiner Zeit rückte. 1743 wurde sein *Traité de dynamique* veröffentlicht, in dem er empirisch gewonnene Erkenntnisse in die mathematische Logik überführt hatte. Mit dieser *Abhandlung über Dynamik,* in der er die Gesetze des Gleichgewichts und der Bewegung von Körpern auf die kleinstmögliche Anzahl verringert hatte, war Jean Le Rond d'Alembert zu einer intellektuellen Berühmtheit geworden. Er verkehrte in den besten Pariser Kreisen und war ein begehrter Gast der renommiertesten Salons. Doch gern traf er sich auch regelmäßig im Gasthof «Du Panier-Fleuri» mit seinen Freunden Diderot, Rousseau und Condillac, die sein Interesse auf philosophische Probleme lenkten und ihn zur Mitarbeit an der geplanten *Enzyklopädie* motivierten.

Der erste Band der Enzyklopädie, der 1751 erscheint, ist durch einen *Discours préliminaire des éditeurs* eingeleitet. Geschrieben hat ihn d'Alembert, der damit Diderots *Prospekt der Enzyklopädie* weiterführt und erkenntnistheoretisch vertieft. Der Ton dieser *Einleitenden Abhandlung* klingt moderat. Aber ihre Stoßrichtung ist kämpferisch gegen die herrschenden Mächte gerichtet, die bald erbittert zurückschlagen werden. Sie erhebt die Philosophie über die Theologie, die wissenschaftliche Forschung über den Glauben und die Dogmatik Heiliger Schriften. Sie stutzt den alten theologischen Baum der Erkenntnis auf ein menschliches Maß. Als Programm- und Kampfschrift der Aufklärung entreißt sie die moderne «Summa» des Wissens dem Klerus und legt sie voll und ganz in die Hand der «gens de lettres», die als Gelehrtengesellschaft das Erbe von Newton und Locke angetreten haben.[87]

Der *Discours préliminaire* ist eine grundlegende erkenntnis- und wissenschaftstheoretische Skizze dessen, was dann in vielen Tausenden von Artikeln entfaltet und vernetzt werden wird. Sie stellt ein universalistisches Unternehmen vor, das zwei Absichten verfolgt: Als *Encyclopédie* soll das Werk die Ordnung und die ganzheitliche Verknüpfung der menschlichen Kenntnisse darlegen; und als *Dictionnaire raisonné* soll es ein methodisches Sachwörterbuch sein, das die allgemeinen Prinzipien und wichtigsten

Einzelheiten aller Wissenschaften, Künste und Gewerbe enthält.[88] Beide Intentionen sind originell und zielen auf etwas Neues, das es so bisher noch nicht gegeben hat. Doch d'Alembert verschweigt nicht die wissenschaftlichen und philosophischen Vorarbeiten, die bereits geleistet worden sind, wobei englische Denker eine führende Rolle gespielt haben.

Wenn es *enzyklopädisch* darum geht, den Zusammenhang der Wissenschaften und Künste zu vermitteln, so muss es ein Band geben, das sie zusammenhält. Der erste Schritt, das einheitliche System als solches erkennen zu können, ist deshalb «eine sorgfältige Untersuchung der – man gestatte uns den Ausdruck – Genealogie und Entwicklungsfolge (filiation) unserer Kenntnisse, der für ihre Entstehung bestimmenden Ursachen und ihrer unterscheidenden Merkmale. Kurz gesagt, wir müssen auf den Ursprung und die Entstehung unserer Ideen zurückgehen.»[89] D'Alembert findet sie nicht in den angeborenen Ideen der rationalistischen Tradition, nicht bei Descartes oder Leibniz. Stattdessen folgt er John Lockes empiristischem *Versuch über den menschlichen Verstand*. Alle Kenntnisse, die der menschliche Geist entweder «direkt» erlangt oder «reflexiv» durch die Verarbeitung, Verbindung und Kombination der gewonnenen Kenntnisse erwirbt, werden ursprünglich durch die Sinne empfangen. «Daraus folgt, daß wir alle unsere Ideen den Sinnesempfindungen verdanken.»[90] Durch sie werden wir sowohl über unser eigenes Dasein als auch über die Existenz der äußeren Objekte belehrt. So können wir auf der einen Seite die Idee des Ich-selbst als Wahrnehmungssubjekt bilden, auf der anderen Seite ein Bild der allgemeinen Eigenschaften aller Körper gewinnen, deren Ausdehnung und Größe der Gegenstand der Mathematik wird. Zwischen diesen beiden Grenzen des Selbst und der Mathematik liegt das große, unermessliche Gebiet des Weltganzen, das durch «zahllose Wolken» überschattet ist, aber durch «vereinzelte Lichtstrahlen»[91] erhellt werden kann.

Auch für das *methodische Sachwörterbuch der Wissenschaften und Künste* haben englische Philosophen vernünftige Anregungen gegeben. Sie besaßen nicht den gefährlichen Ehrgeiz, ihren Zeitgenossen gewaltsam die Binde von den Augen zu reißen. Stattdessen bemühten sie sich «von langer Hand, im Verborgenen und in der Stille, die Aufklärung vorzubereiten, von welcher die Welt allmählich und in unmerklicher Steigerung erleuchtet werden sollte».[92] Die Namen und ihre Reihenfolge hat sich d'Alembert von Voltaires *Philosophischen Briefen* (1734) über die Engländer vorgeben lassen. Nach Francis Bacon kam Isaac Newton, der alle vagen Hypothesen aus der Naturphilosophie verbannte und allein auf Experimente und Mathematik vertraute. Seine Entdeckung der Schwerkraft, welche die Himmelskörper in ihren Bahnen hält, war eine ungeheure Leistung, wobei besonders Newtons Art der Beweisführung d'Alemberts höchste Anerkennung findet. Metaphysisch hielt er sich jedoch zurück. Über die allgemeinen Prinzipien und den Ursprung menschlicher Erkenntnisse wollte er keine Aussagen machen. «Was Newton nicht gewagt oder nicht vermocht hatte, das unternahm *Locke* und führte es mit Erfolg durch. Man kann sagen, daß er die Metaphysik annähernd so schuf, wie Newton die Physik geschaffen hatte. (...) Um unsere Seele, ihre Ideen und Affekte zu erkennen, studierte er durchaus nicht die Bücher, weil diese ihn schlecht unterrichtet hätten; er beschränkte sich darauf, tief in sein eigenes Ich (en lui-même) hinabzusteigen, und nachdem er sich dort lange Zeit gewissermaßen betrachtet (contemplé) hatte, hielt er in seiner ‹Abhandlung über den menschlichen Verstand› den Menschen den Spiegel vor, in welchem er sich selbst erblickt hatte. Mit einem Wort, er führte die Metaphysik auf das zurück, was sie in der Tat sein soll, auf die experimentelle Physik der Seele (physique expérimentale de l'âme).»[93] Die experimentelle Philosophie, die in England ihren Ausgang nahm, bringt Licht ins Dunkel der Welt und ihrer Erkenntnis.

Am Ende seines *Discours préliminaire* spricht d'Alembert

seine Hoffnung aus, mit der er zugleich die Leser der *Enzyklopädie* auf das große Werk einstimmt. Im neuen Jahrhundert der Aufklärung (lumière) werden klerikale Obskurität und menschliche Ignoranz ihr Ende finden. «Wir werden vom hellen Tageslicht um so mehr beeindruckt sein, nachdem wir einige Zeit in der Finsternis gelebt haben.»[94] Doch der Mitherausgeber der *Enzyklopädie* will seine Einleitung nicht beenden ohne «die Pfeile zurückzuschießen, die ein beredter Schriftsteller und Philosoph vor kurzem gegen die Wissenschaften und Künste gerichtet hat, indem er sie der Sittenverderbnis beschuldigte».[95] D'Alembert nennt seinen Freund nicht beim Namen. Er hält ihn für einen «verdienstvollen Mann», der selbst mit Eifer und Erfolg einige Artikel über Musik und Ökonomie beigetragen habe, die in späteren Bänden publiziert würden. Aber mit seinem *Diskurs über die Wissenschaften und Künste*, der ein Jahr zuvor den ersten Preis der Akademie von Dijon gewonnen hat, will und kann sich d'Alembert nicht einverstanden erklären. Deshalb möchte er abschließend Jean-Jacques Rousseau zumindest bitten, «doch zu prüfen, ob die Mehrzahl der Übel, die er den Wissenschaften und Künsten zuschreibt, nicht von ganz anderen Ursachen verschuldet wurden, deren Aufzählung hier so langwierig wie heikel wäre. Die Wissenschaften tragen sicherlich dazu bei, die Gesellschaft liebenswürdiger zu machen.»[96] Und selbst wenn man den menschlichen Wissenschaften eine Schädlichkeit (désavantage) zugestehen würde, was ihm sehr fern liegt, so läge d'Alembert die Ansicht noch ferner, «dass ihre Vernichtung ein Gewinn für uns wäre. Die Laster blieben uns, und die Ignoranz hätten wir obendrein.»[97]

6. Auf dem Weg zur Naturalisierung des Menschen

Mit wechselnden Verantwortlichkeiten und Beteiligungen haben die «Enzyklopädisten» 25 Jahre lang an diesem Mammutprojekt der Aufklärung gearbeitet, vom Vertragsschluss am 16. Oktober 1747 bis zur Auslieferung des letzten Bandes 1772 an die Subskribenten. Am Ende waren es 72 998 Artikel, die von mehreren hundert Autoren stammten, und 2885 Bildtafeln. Der Verkauf der siebzehn Text- und elf Tafelbände war für die Pariser Verleger, angeführt von Le Breton, ein finanziell glänzendes Geschäft.[98]

Dagegen hatten Diderot und seine Mitstreiter oft genug Grund zur Verzweiflung. Sie waren zwar vom Wert ihrer Arbeit überzeugt, und das Selbstbewusstsein eines «wahren *Philosophen*» schien ihren Weg zu erhellen, wie er in dem von Dumarsais übernommenen *Enzyklopädie*-Artikel «*Philosophe*» beschrieben worden war. Mit klarem Kopf machten sie sich an ihre Arbeit. «Die anderen Menschen lassen sich durch ihre Leidenschaften hinreißen, ohne dass den Handlungen, die sie ausführen, die Überlegung vorausgeht; solche Menschen gehen ihren Weg in der Finsternis, wogegen der *Philosoph* immer, auch in seinen Leidenschaften, erst aufgrund einer Überlegung handelt. Er sucht den Weg in der Nacht, aber ihm leuchtet eine Fackel voraus.»[99] Doch sie wussten auch, dass die Flamme der Aufklärung leicht ausgeblasen werden konnte. Schon bald pfiff ihnen der Wind aus den Kirchen und Palästen entgegen.

Bereits die Publikation des ersten Bandes 1751 forderte erregte Kritik heraus. Die theologische Orthodoxie und die feudalabsolutistische Macht ergriffen publizistische Gegenmaßnahmen. Sie befürchteten nicht ohne Grund, dass es sich bei diesem Unternehmen um ein für sie äußerst gefährliches Projekt handelte. Die erkennbare Welt sollte neu geordnet werden; der erkennende Mensch mit seinen eigenen Verstandeskräften rückte in den Mittelpunkt; und die Theologie wurde in das obskure Reich des Unerkennbaren verdrängt. Ein königliches Edikt vom 7. Februar 1752 verurteilte die beiden ersten Bände wegen verschiedener Maximen, die darauf abzielten, «die königliche Autorität zu zerstören, den Geist der Unabhängigkeit und der Revolte zu befreien und mittels dunkler und doppeldeutiger Begriffe die Grundlagen des Irrtums, der Irreligiosität und des Unglaubens zu errichten».[100] Diese Verurteilung konnte noch entschärft werden, und sie war sogar gut fürs Geschäft. Der Skandal steigerte die Auflage. Die größte Krise kam einige Jahre später. Bereits sieben Bände waren erschienen, als 1759 der königliche Staatsrat das Druckprivileg zurückzog und den Verlegern die Fortführung der *Enzyklopädie* mit der Begründung verbot: «Die Vorteile eines solchen Werkes für Künste und Wissenschaften können den irreparablen Schaden für Glauben und Sittlichkeit niemals aufwiegen.»[101] Auch Papst Klemens XII. verdammte dieses verruchte Werk. Es wurde auf den Index gesetzt, und seine katholischen Eigentümer wurden aufgefordert, es durch einen Priester verbrennen zu lassen. Andernfalls würden sie exkommuniziert werden.

Diderot und seine Mitstreiter wollten das Unternehmen zu Ende führen. Sie beschlossen, die künftigen Bände mit der gleichen Gedankenfreiheit wie zuvor zu schreiben und sie notfalls in Holland drucken zu lassen. Die kommenden sechs Jahre arbeitete Diderot, nun nicht mehr von d'Alembert, sondern stattdessen vom Chevalier Louis de Jaucourt als Mitherausgeber und fleißigem Autor unterstützt, hinter geschlossener und verriegelter Tür weiter. Der Aufseher über den Buchhandel, Lamoignon de Malesherbes, scheint seine schützende Hand über diese geheime Arbeit gelegt zu haben. 1765 wurden die letzten zehn Textbände auf einen Schlag veröffentlicht, wobei die falsche Verlagsadresse von Samuel Fauche im Schweizer Neuchâtel angegeben wurde.

Diderot nutzte die Gelegenheit, um in seiner *Ankündigung der letzten Bände* einen zugleich enttäuschten und stolzen Blick zurück zu werfen. «In einem Zeitraum von zwanzig aufeinanderfolgenden Jahren können wir kaum einige Augenblicke der Ruhe zählen. Was für Tage haben wir in undankbarer und unaufhörlicher Arbeit, was für Nächte in Erwartung jener Übel verbracht, welche die Bosheit über uns zu bringen versuchte! Oft standen wir morgens in der Ungewißheit auf, ob wir nicht dem Geschrei der Verleumdung weichen und uns von unseren Verwandten, unseren Freunden, unseren Mitbürgern losreißen müßten, um unter fremdem Himmel die Ruhe zu suchen, deren wir bedurften, und den Schutz, den man uns dort bot! Aber unser Vaterland war uns teuer, und wir warteten immer darauf, daß die Voreingenommenheit endlich der Gerechtigkeit wiche. Der Charakter des Menschen, der sich das Gute vorgenommen hat und sich selbst Rechenschaft gibt, ist übrigens derart, daß sein Mut angesichts der Hindernisse wächst, die man ihm entgegensetzt, während seine Unschuld ihn die Gefahren, die ihm drohen, nicht bemerken oder verachten läßt. Der Gute ist einer Begeisterung fähig, die der Böse nicht kennt.»[102]

Diderot hat den Kampf um die *Enzyklopädie* als einen «moralischen» Streit zwischen Guten und Bösen beschrieben. Während die Gelehrtengesellschaft sich selbstkritisch für eine gute, nützliche und gerechte Sache begeistert, wird sie von fanatischen Gegnern bekämpft, die böse Absichten haben, schädliche Zwecke verfolgen und in ihren Vorurteilen gefangen sind. Gegen das kleine Licht der Aufklärung setzen sie auf üble Weise ihre obskure und ignorante Dunkelheit. Doch Diderot wusste auch, dass sich hinter dieser moralischen Entgegensetzung ein anderer Konflikt verbarg, und vermutlich hat er sich ironisch der Sprache seiner Widersacher bedient, um sie gegen sie selbst zu wenden. Er schoss die Pfeile zurück, die das enzyklopädische Projekt als ein Werk unsittlicher Libertins und böser Freidenker treffen sollten.

Die Philosophie der Aufklärung galt ihren kirchlichen und staatlichen Gegnern als gottloser «Materialismus» oder «Naturalismus». Das war der eigentliche skandalöse Kern, um den gestritten wurde. Er wurde nicht nur in der *Enzyklopädie* nachzuweisen und zu bekämpfen versucht, sondern auch in mehreren zeitgenössischen Büchern, die in ihrem Schatten entstanden. Nicht zufällig fiel deren Veröffentlichung in den Zeitraum zwischen 1747 und 1770, also jene Jahrzehnte des enzyklopädischen Aufklärungs-unternehmens, das der Königliche Staatsanwalt Omer Joly de Fleury in seiner Rede am 23. Januar 1759 vor dem obersten Pariser Gerichtshof mit den Worten anklagte: «Mit tiefem Bedauern sehen wir uns daher zu dem Schluß gezwungen, daß ein Projekt geschaffen, eine Gesellschaft gegründet worden ist, deren Ziel darin besteht, den Materialismus zu propagieren, die Religion zu zerstören, den Geist der Unabhängigkeit zu fördern und den Verfall der Sitten zu beschleunigen.»[103] Es muss hier genügen, den materialistischen Geist an drei Publikationen exemplarisch und stichwortartig zu vergegenwärtigen.[104]

L'homme machine. Von Julien Offray de La Mettrie. Leiden 1747. Der 1709 in Saint-Malo geborene Bretone La Mettrie war ein Arzt mit philosophischen Interessen.[105] Die Untersuchung und Behandlung des menschlichen Körpers war seine Profession. Nach seinem Studium der Medizin und Physik praktizierte er zunächst als Landarzt in seiner Heimatstadt, bevor er seine medizinischen Studien im holländischen Leiden bei Herman Boerhaave fortsetzte, dem berühmtesten Mediziner seiner Zeit, der eine streng erfahrungswissenschaftliche Methodik lehrte und praktizierte: Genaue Beobachtung und sinnliche Empfindungen sind die sichersten Führer der ärztlichen Kunst. Spekulieren wir nicht über das, was wir sinnlich nicht erfahren können! La Mettrie übersetzte einige Schriften Boerhaaves ins Französische und begann 1734 eigene medizinische Bücher zu schreiben: über Schwindelgefühle und ihre körperlichen Ursachen, über Geschlechtskrankheiten und über die Wirkungen chemischer Stoffe auf körperliche Organe. 1742 kam La Mettrie nach Paris. Er wurde Militärarzt und nahm 1744, während des österreichischen Erbfolgekriegs, an einem Feldzug in Deutschland teil. Bei der Belagerung von Freiburg kam es dann zu jenem Schlüsselerlebnis, das sein weiteres Leben und Denken bestimmte. La Mettrie wurde von einem heftigen Fieberanfall ergriffen, verbunden mit Herzrasen, Schwindel,

Halluzinationen und stark verminderter Denkfähigkeit. Das gab Anlass für eine aufmerksame Selbstbeobachtung, die ihn zu seiner grundlegenden Überzeugung führte: Körperliche Symptome und psychische Zustände sind zwei Aspekte derselben lebendigen Wirklichkeit. Es gibt keine strenge Trennung zwischen körperlichen und seelischen Ereignissen. Die Annahme einer unsterblichen, von der Materialität des Körpers getrennten Seele ist eine unhaltbare Vermutung ohne Sachgehalt.

Die Ergebnisse seiner Erfahrungen und Überlegungen fasste La Mettrie in seiner *Histoire naturelle de l'âme* zusammen, die er 1745 zunächst als angebliche Übersetzung aus dem Englischen in Den Haag veröffentlichte. Er wusste, dass er mit dieser *Naturgeschichte der Seele* eine materialistische Provokation beging. Er hatte zu einem natürlichen Phänomen erklärt, wofür sich Metaphysiker und Theologen zuständig fühlten. Als Mediziner-Philosoph hatte er gewagt, die Seele von Lebewesen an ihren Körper zu binden, und zwar an einen Körper, dessen Erforschung nur auf der Grundlage sinnlicher Erfahrungen erfolgreich sein kann. Ohne physiologische Forschung keine wissenschaftlich fundierte psychologische Erkenntnis, ohne sinnliche Reize keine Ideen. Kein Wunder, dass das Buch von der Kirche verdammt und öffentlich verbrannt wurde.

Da er seiner Freiheit nicht mehr sicher war, floh La Mettrie nach Leiden, wo er nun in toleranterer Atmosphäre sein Hauptwerk zu schreiben begann, in dem er die kühne philosophische Konsequenz aus seinen naturalistisch ausgerichteten Forschungen und Gedanken zog: *L'homme machine*. Der menschliche Körper ist eine äußerst komplexe und komplizierte Maschine, «die selbst ihre Triebfedern aufzieht – ein lebendes Abbild der ewigen Bewegung».[106] Alle Empfindungen und Gefühle, alle Schmerzen und Genüsse, auch alle geistigen Vorgänge sind Äußerungen einer bewegten lebendigen Materie, die den Gesetzen der Natur unterliegt. Und die Seele? Sie ist jetzt nur noch «ein leerer Begriff, von dem man keinerlei Vorstellung hat und den ein kluger Kopf nur gebrauchen darf, um den Teil zu bezeichnen, der in uns denkt».[107] Wer die Maschine Mensch, das Gehirn als Denkorgan inbegriffen, nicht naturwissenschaftlich erforscht, muss über Geist und Seele schweigen. Er weiß nicht, wovon er redet, und verstrickt sich in erfahrungslose Vorurteile und leere Hirngespinste, die weder bestätigt noch widerlegt werden können.

Dieses seelen- und gottlose «Maschinendenken» war auch den Holländern bald zu viel. Bei Nacht und Nebel musste La Mettrie in völliger Ungewissheit über seine Zukunft Leiden verlassen. Zum Glück lud ihn Friedrich II. ein, zu ihm nach Berlin zu kommen, um hier in Freiheit weiter philosophieren und schreiben zu können. Es blieb ihm wenig Zeit, von diesem großzügigen königlichen Angebot Gebrauch zu machen. Am 11. November 1751 starb La Mettrie im Alter von 42 Jahren in Berlin. Ein deliriöser Fieberanfall hatte ihn einige Jahre zuvor auf seine grundlegende Idee gebracht. Jetzt war eine ähnliche Erkrankung der Anfang seines Endes. Er soll durch eine verdorbene Geflügelpastete vergiftet worden sein, was den preußischen König in seiner Gedächtnisrede über den Tod des radikalen Naturalisten hintersinnig sagen ließ: «Es scheint, dass die Krankheit, wohl wissend, mit wem sie es zu tun hatte, die Geschicklichkeit besaß, ihn zuerst beim Gehirn anzupacken, um ihn desto sicherer umzubringen. Er zog sich ein hitziges Fieber mit heftigem Delirium zu.»[108]

De l'esprit. Von Claude-Adrien Helvétius. Amsterdam / Paris 1758. «Kein Werk hat soviel Aufsehen erregt. Dazu haben der Stoff und der Name des Verfassers beigetragen.»[109] So beginnt Denis Diderot seine *Reflexionen über Helvétius' Buch «Vom Geist»*, dem er zwar einige Fehler vorwirft, von dessen nachhaltiger Wirkung er jedoch überzeugt ist. Er zählt es zu den großen Büchern des Jahrhunderts und sieht voraus, dass es dem Verfasser auch Ansehen verschaffen wird. Doch weshalb so großes Aufsehen und so viele Auflagen bald nach seiner Erstveröffentlichung im Juli 1758?

Zunächst, wie Diderot feststellt, wegen des Namens des Verfassers. Denn Claude-Adrien Helvétius ist keiner der vielen philosophierenden Schriftsteller, die sich mit ihrer Arbeit mühsam durchs Leben schlagen. Er gehört zu den höchsten Kreisen der feudalabsolutistischen Herrschaft, ist Kammerherr der Königin, verfügt über ein riesiges Vermögen, ist Schlossherr in Noré, wo er die Hälfte des Jahres zubringt, während er die restliche Zeit in Paris lebt, wo sein luxuriöses Stadtpalais in der Rue Sainte-Anne einen Mittelpunkt des geistigen und kulturellen Lebens bildet. Zur Aristokratie gehört er jedoch nicht, und sein Salon, den seine ungewöhnlich schöne Frau als Gastgeberin leitet, wird mehr von den «gens de lettre» besucht als von den Repräsentanten der Macht. Er ist ein Ort geistreicher Konversation und heftiger Debatten über die Möglichkeiten und Ziele der Aufklärung, für die sich auch Helvétius als Unterstützer Diderots und Mitarbeiter der *Enzyklopädie* engagiert.

Helvétius wurde 1715 in Paris geboren. Sein Vater war Leibarzt des Königs. Wie Voltaire und Diderot besuchte er das Jesuitenkolleg «Louis-le-Grand». Doch bald interessierte den jungen Mann das amouröse Leben mehr als das Lernen unter theologischer Kontrolle. Er war ein eleganter Bonvivant, leidenschaftlicher Tänzer und verführerischer Liebhaber, der schon früh Preislieder auf die Sinnesfreude und Liebesleidenschaft dichtete. Um ihn finanziell abzusichern, kaufte sein Vater 1738 das höchst einträgliche Amt des königlichen Hauptsteuerpächters. Der Sohn wusste es äußerst erfolgreich zu nutzen und erwirtschaftete in den kommenden Jahren ein großes Vermögen, das es ihm erlaubte, nach dreizehn Jahren 1751 die Steuerpacht aufzugeben, die Frau zu heiraten, die er liebte, und sein Leben als Schloss- und Kammerherr zu genießen.

Die kommenden sieben Jahre waren die glücklichste Zeit seines Lebens. Er konzentrierte sich, befreundet mit Diderot, d'Alembert, Grimm, Comte de Buffon, Baron von Holbach und anderen

DER MENSCH IST DAS WERK DER NATUR

Intellektuellen, auf Philosophie, Naturwissenschaften und Literatur. Mit den Enzyklopädisten teilte er die Einsicht, dass im Universum alles ineinandergreift und der innere Zusammenhang aller Erkenntnisse durch die sinnliche Erfahrung begründet wird. Vor allem John Lockes Philosophie lieferte ihm den Stoff zum eigenen Nachdenken. Für den jungen Lebemann war es die Lust der Sinne gewesen, die seinem Leben einen Sinn gegeben hatte. Zwischen 1751 und 1758 waren es die «sinnlichen Wahrnehmungen» John Lockes, die in den Mittelpunkt seiner philosophischen Gedanken rückten. Immer stärker überzeugte er sich selbst davon, dass man von der Sinnlichkeit ausgehen müsse, wenn man den menschlichen Verstand und seine geistigen Tätigkeiten wissenschaftlich erforschen will. Was ist der tiefste Grund des Geistes? Als Antwort auf diese Frage schrieb er seine philosophische Untersuchung *De l'esprit*. Als Mann des Hofes bekam er vom Zensor die königliche Druckerlaubnis.

Helvétius hielt sein Werk für so gelungen, dass er ein Exemplar seiner königlichen Majestät persönlich überreichte. Als seinen eigentlichen Adressaten sah er jedoch «die aufgeklärte Öffentlichkeit»[110], die allein den vollen Wert seiner recht gewagten Ideen zu würdigen wüsste; und er glaubte, mit diesem Diskurs über den Geist des Menschen einen tatsachenorientierten Weg aufgezeigt zu haben, auf dem die Probleme des sozialen Zusammenlebens gleichwertiger Menschen, ihrer moralischen Erziehung, einer gerechten Gesetzgebung und des öffentlichen Wohls wissenschaftlich gelöst werden könnten. «Die Prinzipien, die ich hierüber aufstelle, entsprechen wohl, so denke ich, dem allgemeinen Interesse und der Erfahrung. Von den Tatsachen bin ich zu den Ursachen zurückgegangen. Ich habe geglaubt, man müsse die Sittenlehre ebenso behandeln wie alle anderen Wissenschaften und eine neue Moral ebenso entwickeln wie eine experimentelle Physik.»[111]

Dabei waren es weniger die moralischen, pädagogischen und gesellschaftlichen Empfehlungen, die Aufsehen erregten. Es war der ursächliche «Stoff» des Geistes, den Helvétius im Anschluss an John Locke aufgedeckt hatte. Er nannte ihn «*sensibilité physique*» und verknüpfte ihn mit dem «organischen Bau» des menschlichen Körpers. Lockes phänomenologischer Sensualismus war zu einem physikalischen Sensibilismus gesteigert worden. Während für die rein physische Welt die Bewegung das Grundprinzip bildete, wurde die geistig-moralische Wirklichkeit durch das «*physische Empfindungsvermögen*» bestimmt und begründet, dessen wissenschaftliche Untersuchung dem Vorbild von Newtons «experimenteller Physik» folgte. Neben der Fähigkeit, verschiedene Eindrücke zu empfangen, wie sie die äußeren Gegenstände auf uns machen, war die Fähigkeit notwendig, diese Eindrücke zu behalten und sie hinsichtlich ihrer Ähnlichkeit oder ihrer Verschiedenheit vergleichen zu können: das Gedächtnis. Alle Ideen des Geistes miteinander entstehen beim Menschen aus dem Zusammenspiel von körperlicher Empfindung und Gedächtnis, «oder, richtiger gesagt, das Empfindungsvermögen allein bringt alle unsere Ideen hervor. Tatsächlich kann das Gedächtnis nur ein Organ des physischen Empfindungsvermögens sein: denn das Prinzip, das in uns empfindet, muß notwendigerweise auch das Prinzip sein, das sich entsinnt – da *Sichentsinnen*, wie ich beweisen werde, eigentlich nichts anderes ist als *Empfinden*.»[112] Anschließend richtete sich der Beweis auch auf das Urteilsvermögen: Jedes Urteil drückt eine Empfindung aus.

So war schließlich alles, was man «Geist» nennt, für Helvétius nichts anderes als die Erkenntnis der empfindsamen Beziehungen zwischen dem Menschen und den Gegenständen und der erkennbaren Beziehungen zwischen den Gegenständen selbst. Um in diesen Erkenntnisbeziehungen weiterzukommen, gab es nur einen verlässlichen methodischen Führer: Man musste auf metaphysische Spekulationen und theologische Vorurteile verzichten und durfte «nur mit der Beobachtung vorwärts schreiten, um aus ihr möglichst viel Vorteil zu ziehen, muß aber in dem Augenblick haltmachen, in dem sie uns im Stich läßt, und den Mut haben, nicht zu wissen, was man noch nicht wissen kann».[113]

Was nur eine vernünftige Selbstbeschränkung zu sein schien, wurde bald als materialistische Attacke auf die heiligen Werte von absolutistischer Herrschaft und gottgläubiger Dogmatik durchschaut. Das erregte Aufsehen steigerte sich zu einem riesigen Skandal. Helvétius musste um seinen Kopf bangen, war doch erst vor kurzem durch ein königliches Edikt die Abfassung und Verbreitung aufrührerischer Schriften mit der Todesstrafe belegt worden. Zunächst widerrief der Staatsrat in Anwesenheit des Königs die Druckerlaubnis und ließ alle Auflagen von *De l'esprit* beschlagnahmen. Ende November 1758 verurteilte der Pariser Erzbischof das Buch, bald darauf erfolgte seine feierliche Verdammung durch Papst Klemens XIII. Auch die Sorbonne und das Parlement de Paris beschäftigten sich mit diesem verderblichen «Machwerk» gegen Staat und Kirche, Sitten und Glauben. Anfang 1759 wurde es dem Scharfrichter zur öffentlichen Verbrennung überstellt, und das Oberste Gericht nutzte die Gelegenheit, dabei die Weiterarbeit an der *Enzyklopädie* gleich mit zu verbieten.

Zum Glück kam Helvétius, der zum Widerruf seiner Arbeit gezwungen worden war, heil aus der Sache heraus. Er verlor zwar sein Amt eines königlichen Kammerherrn. Als Mann des Hofes und Freund des Königs blieb seine Person jedoch unangetastet. Er reiste nach England, dann auch an den königlichen preußischen Hof in Potsdam, wo er sein zweites großes Werk *De l'homme, de ses facultés intellectuelles et de son éducation* schrieb, in dem er seine an John Locke orientierten Gedanken über den menschlichen Geist und dessen Erziehung erkenntnistheoretisch, moralphilosophisch und bildungspolitisch weiterführte. Vorsorglich verzichtete er auf eine Publikation zu seinen Lebzeiten. Am 26. Dezember 1771 starb Helvétius in Paris.

Système de la nature. Von Paul Henry Thiry d'Holbach. Amsterdam 1770. Für die Entwicklung von Aufklärung und Materialismus im Frankreich der zweiten Hälfte des 18. Jahrhunderts spielte ein Deutscher eine der wichtigsten Rollen. Er war das jüngste, das radikalste und das reichste Mitglied im Kreis der Philosophen. Als Paul Heinrich Dietrich am 8. Dezember 1723 in Edesheim geboren, das zum rheinpfälzischen Teil des Bistums Speyer gehörte, war er zwölfjährig nach Paris gezogen. Sein Onkel Franz Adam Holbach hatte ihn zu sich in die französische Metropole geholt, wo der hochbegabte Junge bessere Möglichkeiten für seine geistige Entwicklung finden sollte. Außerdem war der Onkel ein äußerst vermögender Mann, der seinem Neffen ein finanziell sorgenfreies Leben bieten konnte. Unter der Regentschaft Philipps von Orléans hatte er seinen Reichtum erworben, war zum französischen Staatsbürger naturalisiert worden und hatte sich das Adelsprädikat eines Barons gekauft. So nannte sich auch der junge Paul Heinrich Dietrich bald Paul Henry Thiry d'Holbach. Seine ersten Studienjahre verbrachte er im holländischen Leiden, wo er sich an einer der fortschrittlichsten Universitäten Europas vor allem für Naturwissenschaften interessierte. Englische Kommilitonen machten ihn mit dem Freidenkertum und dem Deismus ihrer Heimat bekannt. Dabei lernte er auch John Lockes Sensualismus näher kennen.

1749 kehrte d'Holbach nach Paris zurück. Er war 26 Jahre alt, als er in den Kreis der «philosophes» eintrat und sich schnell mit dem zehn Jahre älteren Diderot anfreundete, dessen enzyklopädisches Projekt ihn sofort begeisterte. Daran wollte er mitarbeiten, und schon im zweiten, Anfang 1752 veröffentlichten Band wurde er von den beiden Herausgebern Diderot und d'Alembert als ein vielversprechender Autor vorgestellt. Man erwartete von ihm vor allem Informationen über die neuesten Entwicklungen der Naturwissenschaften in Deutschland. Mehr als 400 Artikel wird er in den kommenden Jahren zur *Enzyklopädie* beitragen, über Mineralogie und Metallurgie, Physik und Chemie, und das französische Publikum mit den Schriften deutscher Naturforscher bekannt machen. Doch es waren nicht nur diese Beiträge, mit denen er sich einen ausgezeichneten Ruf als «Enzyklopädist» und Wissenschaftler erarbeitete. Baron d'Holbach, der den größten Teil des riesigen Vermögens seines Onkel erbte, wurde als stets freundlicher, freigebiger und gebildeter Gastgeber zu einem Mittelpunkt der Gesellschaft von Freunden der Aufklärung. Zunächst in der Rue Saint-Nicase, ab 1759 dann in der Rue Royale Saint-Roche hatten er und seine Frau ein gastfreundliches Haus eingerichtet, in dem es nicht nur einen ausgezeichneten Weinkeller, sondern auch eine hervorragende Küche gab. Diderot, Rousseau, d'Alembert, Voltaire, Grimm und andere Philosophen waren gern Gäste in d'Holbachs Salon, in dem am freiesten und intensivsten über wissenschaftliche Erkenntnis und religiösen Glauben, über Gott, die Natur und den Menschen debattiert werden konnte.

Ein besonderes Ereignis in der Geschichte dieses Salons war der regelmäßige Besuch des berühmten schottischen Philosophen David Hume, der sich von 1763 bis 1766 als Privatsekretär des britischen Botschafters in Paris aufhielt. Das war ein Mann nach d'Holbachs Geschmack, und auch Diderot, Helvétius und Rousseau waren bald Freunde dieses klugen, scharfsinnigen und stets gutmütigen Mannes, den sie liebevoll «le bon David» nannten. Auch philosophisch war man sich weitgehend einig. Schließlich hatte David Hume schon in seinem Erstlingswerk *Treatise of Human Nature* 1739 eine Wissenschaft des Menschen entworfen, die sich nicht in metaphysische Spekulationen über «Seele», «Geist», «Ich» oder «Gott» verstieg, sondern nur auf die konzentrierte Erfahrung und sorgfältige Beobachtung des menschlichen Lebens vertraute. Er wollte die menschlichen Kräfte und Fähigkeiten «so nehmen, wie sie im gewöhnlichen Lauf der Welt und in dem Benehmen der Menschen in Gesellschaft, in ihren Beschäftigungen und Vergnügungen sich darbieten».[114]

Humes strenge Anwendung der Methode der Erfahrung auf geistige Objekte war in seiner Heimat auf eine sonderbare Mischung von ignorantem Desinteresse und erbitterter Ablehnung gestoßen. Er selbst war zwar anfänglich stolz darauf gewesen, dass der Erkenntnisfortschritt hinsichtlich der menschlichen Natur nicht zufällig in England begonnen hatte. «Fortschritte im Denken und in der Philosophie können nun einmal nur in einem Lande der Duldung und Freiheit gemacht werden.»[115] Doch er hatte den Widerstand der theologischen und metaphysischen Gegner unterschätzt. Sein *Traktat über die menschliche Natur* wurde als ein verbotener Baum des Wissens verworfen, dessen Früchte giftig seien. Man warf ihm vor, ein radikaler Skeptiker zu sein, der nicht mehr an Gott und die Seele glaube.

Ganz anders war nun die Situation in Frankreich. Im Kreis der «philosophes» galt Hume als zu wenig anti-religiös. Der Bericht über seinen ersten Besuch in d'Holbachs Salon gehört zu den amüsanten Anekdoten der Philosophiegeschichte. Kaum hatte Hume neben dem Gastgeber Platz genommen, soll er mitgeteilt haben, «dass er nicht an die Existenz von Atheisten glaube, da er noch nie einen getroffen habe. Der Baron sagte zu ihm: ‹Monsieur, zählen Sie, wie viele von uns hier sind.› Achtzehn Menschen waren anwesend. Der Baron fügte hinzu: ‹Es ist ein guter Anfang, Ihnen sofort fünfzehn zeigen zu können. Die anderen drei haben sich noch nicht entschieden.›»[116] Es ist nicht überliefert, wie «le bon David» reagiert hat.

Die Streitpunkte und Ergebnisse der vielen hitzigen Diskussionen in d'Holbachs Salon, die sich über mehrere Jahre erstreckten, fanden ihren Ausdruck in seinen Schriften, zunächst in dem radikalen religions- und kirchenkritischen Buch *Le Christianisme dévoilé*, in dem er die unglaublichen Geschichten der christlichen Offenbarung, die verworrenen Ideen der christlichen Theologie und die asketischen Prinzipien einer religiösen Moral «entschleierte», dann in seinem philosophischen Hauptwerk, das 1770 in Amsterdam erschien: *Système de la nature, ou, des Loix du monde physique et du monde morale.* Dieses *System der Natur* war

Resümee und zugleich Höhepunkt der geistigen Bewegung, die 100 Jahre zuvor in England mit John Lockes ersten Werken begonnen hatte und dann den Kontinent erreichte, wobei Voltaire eine wichtige Vermittlerrolle spielte. Noch einmal wurde versucht, den systematischen Zusammenhang zwischen den *Gesetzen der physischen und der moralischen Welt* in seiner ganzheitlichen Komplexität darzustellen. Der erste Teil entwickelte die allgemeinen naturwissenschaftlichen Grundlagen und eine naturalistische Anthropologie, die von dem fundamentalen Grundsatz ausging: «Der Mensch ist das Werk der Natur, er existiert in der Natur, er ist ihren Gesetzen unterworfen, er kann sich nicht von ihr freimachen, er kann nicht einmal durch das Denken von ihr loskommen; vergeblich strebt sein Geist über die Grenzen der sichtbaren Welt hinaus, immer ist er gezwungen, zu ihr zurückzukehren.»[117] Dagegen richtete sich der zweite Teil gegen alle imaginären Bilder der Gottheit und ersetzte sie am Ende durch einen humanen Atheismus, der sich mit einer selbst zu verantwortenden Moral des Menschen glücklich vereinbaren ließ.

Das *Vorwort des Verfassers*, der sich hinter dem Namen des verstorbenen J.-B. de Mirabaud versteckte, von dem nur wenige kleinere Schriften 1743 in dem Sammelband *Nouvelles libertés de penser* publiziert worden sein sollen[118], war eine gedrängte Programmschrift der französischen Aufklärung: Nur wenn der Mensch sich als Teil der Natur versteht, kann er sich von den Gespenstern befreien, mit denen politische Despoten und religiöse Tyrannen die Menschen irreführen, erschrecken und kontrollieren. Sein Glück kann er nur finden, wenn er über sein eigenes natürliches Wesen aufgeklärt ist.

Bereits der erste Abschnitt dieses *Vorworts* zu einem der kühnsten Werke der Philosophie brachte es prägnant auf den Punkt. Er soll zum Abschluss ganz zitiert werden: «Der Mensch ist darum unglücklich, weil er die Natur verkennt. Sein Geist ist durch Vorurteile derart verseucht, daß man glauben könnte, er sei für immer zum Irrtum verdammt: er ist mit dem Schleier der Anschauungen, den man von Kindheit über ihn breitet, so fest verwachsen, daß er nur mit der größten Mühe daraus gelöst werden kann. Ein gefährlicher Gärstoff ist allen seinen Kenntnissen beigemischt und macht sie notwendig schwankend, unklar und falsch: er wollte zu seinem Unglück die Grenze seiner Sphäre überschreiten und versuchte, sich über die sichtbare Welt zu erheben; und unaufhörlich belehrten ihn wiederholte schreckliche Rückfälle vergeblich über die Torheit seines Unternehmens; er wollte Metaphysiker sein, ehe er Physiker war; er verachtete die Wirklichkeit, um über Hirngespinste nachzusinnen; er vernachlässigte die Erfahrung, um sich an Systemen und Vermutungen zu erbauen; er wagte nicht, seine Vernunft zu pflegen, gegen die ihn einzunehmen man frühzeitig Sorge getragen hatte; er wollte wissen, welches Schicksal ihn in den imaginären Regionen des jenseitigen Lebens erwartete, ehe er daran dachte, an dem Ort glücklich zu werden, wo er lebte. Kurz: der Mensch mißachtete das Studium der Natur, um Phantomen nachzulaufen, die ihn wie die Irrlichter, die der Wanderer des Nachts erblickt, erschreckten, ihn blendeten und ihn vom einfachen Wege des Wahren abbrachten, ohne den er nicht zum Glück gelangen kann.»[119]

Es konnte nicht ausbleiben, dass schon kurz nach der Auslieferung des Buches von kirchlicher Seite sein sofortiges Verbot gefordert wurde. Der Gerichtsbeschluss war schnell erwirkt. Das *System der Natur* wurde, wie schon viele andere Werke der bösen gottlosen Philosophen, zum Zerreißen und Verbrennen verurteilt. Am 18. August 1770 landete es auf dem Scheiterhaufen. Freunde sorgten sich um d'Holbach, der zum Glück als Verfasser nicht entdeckt wurde. Vielleicht war das Stoßgebet erhört worden, das Abbé Ferdinando Galiani, der in Holbachs Salon geistreich und hartnäckig für einen aufgeklärten Deismus stritt, zum Himmel geschickt hatte: «Die Kriegserklärung der Geistlichkeit an das ‹Système de la nature› ergreift mein Herz mit Schre-

cken. Gott behüte den Atheismus vor unangenehmen Verfolgungen.»[120]

Paul Thiry d'Holbach starb am 21. Januar 1789 in Paris, während die Wahlen zu den Generalständen vorbereitet wurden und
sich der Dritte Stand aller Bürger, die nicht zum Adel oder zum
Klerus gehörten, als revolutionäre Kraft zu organisieren begann.
Er erlebte den großen Sturm nicht mehr, der nun begann und alle
geistigen, politischen und wirtschaftlichen Grundlagen des Alten
Systems hinwegfegte. Seine Hoffnung schien sich in einer Revolution zu verwirklichen, vor der dieser friedliebende, großzügige
und gebildete Herr Baron stets Angst gehabt hatte: «Die Absicht
dieses Werkes ist es also, den Menschen zur Natur zurückzuführen, ihm Achtung vor der Vernunft, Ehrfurcht vor der Tugend
wiederzugeben und die Schatten zu vertreiben, die ihm den einzigen Weg verbergen, der ihn sicher zu jener Glückseligkeit führen
kann, die er erstrebt; das ist des Autors ehrliche Hoffnung.»[121]

WIR TRÄUMTEN VON NICHTS ALS AUFKLÄRUNG

Wie Moses Mendelssohn sich für die kulturelle und gesellschaftliche Verbesserung der Juden engagierte

Ein kalter Oktobertag 1743. Ein kleiner schwächlicher jüdischer Junge, der seinen Kopf zwischen die schmalen, durch einen Buckel entstellten Schultern eingezogen hat, steht am Rosenthaler Tor, dem einzigen Zugang, durch den Juden die Stadt Berlin betreten dürfen. Er hat weder Geld bei sich noch einen Passierschein. Der «Thor-Steher», der im Auftrag der jüdischen Gemeinde Berlins darauf zu achten hat, dass keine jüdischen Hungerleider oder Streuner in die Stadt einwandern, will ihn zunächst abweisen. Was will dieses bucklige Kind, das ärmlich gekleidet, halb verhungert und frierend vor ihm steht? Stotternd antwortet es in seiner westjiddischen Mundart, dass es lernen wolle, und zwar bei Rabbi Fränkel. Das bescheidene Auftreten des lernbegierigen Knaben scheint den Torhüter beeindruckt zu haben. Vielleicht hat er auch nur Mitleid mit dem schmächtigen kleinen Kerl. Jedenfalls lässt er ihn zusammen mit einem Schlachtviehtransport in die Stadt hineinschlüpfen, und in seinem Wachjournal notiert er mit sauberer Handschrift: «Heute passierten das Rosenthaler Tor sechs Ochsen, sieben Schweine, ein Jude.»[1]

Der kleine Mosche aus Dessau, wie sich der Vierzehnjährige

selbst nennt, hat eine abenteuerliche Reise hinter sich. Fünf Tage lang ist er allein und zu Fuß unterwegs gewesen, seit er seine Familie im 130 Kilometer entfernten Dessau verlassen hat, um in Berlin weiterstudieren zu können, was ihn interessiert. Dafür hat er alle Schwierigkeiten überwunden, sogar das Gesetz verletzt, das ihm verbot, ohne Genehmigungspapiere das jüdische Ghetto «Auf dem Sande» seiner Heimatstadt zu verlassen. Er hat sich ins Ungewisse gestürzt, aber ist sich sicher, dass er nur in Berlin den Weg weitergehen kann, den er sich für sein Leben vorgezeichnet hat. Er will lernen, seinen eigenen Verstand entwickeln, und weiter durchdenken, was ihm durch David Fränkel, der 1743 Dessau verlassen hat und jetzt in Berlin als Oberrabbiner tätig ist, vermittelt worden ist.

Denn durch ihn ist der mutige Moses aus Dessau auf die problematische Spannung zwischen jüdischer Religion und wissenschaftlicher Vernunft aufmerksam gemacht worden, die ihn zum eigenen Nachdenken anregt. Welche Rolle können und sollen die durch religiöse Gesetze bestimmten Lebensformen der Juden in einer christlichen Gesellschaft spielen, in der vernünftige Gedanken über Gott und die Welt neue Perspektiven eröffnen und eine allgemeine Modernisierung ermöglichen? Das ist die Frage, die schon den kleinen Judenjungen aus dem Dessauer Ghetto beschäftigt hat und Moses Mendelssohn, den großen Initiator der jüdischen Aufklärung (Haskala)[2], sein Leben lang herausfordern wird. Er wird als Philosoph in der modernen Welt der Aufklärung zu Hause sein, zugleich jedoch sein jüdisches Anderssein nicht abschütteln, das er wie seinen verwachsenen Buckel mit sich trägt.

1. Auf den Spuren des Moses Maimonides

Moses ben Menachem Mendel wurde am 6. September 1729 geboren. Es waren beengte Lebensverhältnisse, in denen er aufwuchs.

Sein Vater Menachem Chaim, jiddisch Mendel Heymann, gehörte zu den ärmsten Mitgliedern der jüdischen Gemeinde in der Hauptstadt des Fürstentums Anhalt-Dessau. Sein spärliches Geld verdiente er als Synagogendiener, später dann als «Sopher», der mit seiner feinen Handschrift Tora-Rollen abschrieb und Bibelpassagen auf Pergament kopierte. In den Augen seines Sohnes war er ein Mann aus der alten Welt mit sonderbaren Grillen, auf dessen hilfreiche Unterstützung er sich jedoch verlassen konnte. Selbst in den Wintertagen trug der alte Mendel, um drei oder vier Uhr morgens, seinen schmächtigen Sohn auf seinen Schultern, eingehüllt in einen Mantel, in die Schule, wo die jüdischen Jungen vor allem die Bibel in hebräischer Sprache zu lesen lernten.

Doch schon bald konnte das den Wissensdurst des kleinen Moses nicht mehr befriedigen. Zum Glück war seit einigen Jahren der junge Landesrabbiner David Fränkel als Lehrer an der Dessauer Talmudschule tätig, auf die der zehnjährige Schüler 1739 wechselte. Das war zwar ein strenggläubiger Schriftgelehrter, der seinen Schülern die durch Moses Ben Maimon systematisierten und kommentierten mosaischen Gesetze als Richtlinien eines traditionellen jüdischen Lebens vermittelte, aber auch ein wissenschaftlich arbeitender Philologe und scharfsinniger Denker, der schnell die Hochbegabung von Mendels Sohn erkannte und energisch förderte. Für dessen geistige und seelische Entwicklung wurde nun besonders ein ursprünglich arabisch geschriebener Text wegweisend, dessen hebräische Übersetzung Fränkel 1742 in einem Dessauer Buchverlag neu publiziert hatte. Fast zweihundert Jahre lang war dieses zweibändige Werk auf dem Buchmarkt nicht erhältlich gewesen, und orthodoxe Rabbiner versuchten seine Lektüre zu verhindern.

Moses Mendelssohn war dreizehn Jahre alt, als er von seinem Lehrer die religionsphilosophische Schrift *More Newuchim* von Moses Ben Maimon zu lesen bekam. Es war das entscheidende Schlüsselerlebnis seiner intellektuellen Entwicklung. Mit diesem

Führer der Verwirrten war ihm die Bahn vorgezeichnet, auf der er sich sein Leben lang bewegen sollte. Es ging um den Ausweg aus einer widersprüchlichen Problemsituation, in der er sich zu verirren drohte oder unschlüssig nicht mehr wusste, wie es sinnvoll weitergehen sollte.

Später wird Mendelssohn zwar daran erinnern, dass die intensive Lektüre dieses Lehrwerks seinen Körper ruiniert habe. Das tage- und nächtelange gebückte Lesen sei für die Entstellung seines Rückens verantwortlich, und seine Nerven seien durch die konzentrierte Lektüre nachhaltig überanstrengt worden. Doch er will deshalb dem Autor dieser faszinierenden Schrift, in die er sich geistig und körperlich versenkte, nicht böse sein. Auch wenn Moses Ben Maimon seinen Leib verdorben habe, so habe er ihn doch geliebt, «denn er verwandelte viele Stunden meines Lebens vom Leid zur Freude; und wenn er mir auch unabsichtlich Böses antat, indem er meinen Körper schwächte, so machte er es siebenfach wieder gut, indem er durch seine erhabenen Lehren meine Seele heilte».[3] Es ging also um ihn selbst, um seine eigenen geistigen Verunsicherungen und seelischen Schmerzen, als der junge Talmudschüler im Selbststudium diesem *Führer der Verwirrten* zu folgen begann. Was war der Grund seiner großen Liebe, die Moses aus Dessau für seinen Namensvetter empfand, der sein philosophisch-theologisches Hauptwerk sechs Jahrhunderte früher im fernen ägyptischen Fustat (Alt-Kairo) geschrieben hatte?

Moses Ben Maimon, der von den christlichen Scholastikern *Maimonides* genannt wurde, war der bedeutendste und einflussreichste jüdische Denker des Mittelalters. Er wurde als ein vernünftiger und toleranter «Aufklärer» hoch geachtet und war der Rationalist des Judentums, das durch ihn Anschluss an die wissenschaftlichen und philosophischen Erkenntnisse der Araber und Griechen fand.

Dabei spielte, nebenbei gesagt, ein muslimischer Arzt, Richter, Philosoph und Theologe für ihn eine anregende Rolle. Zwar zitierte

Maimonides in seinen Hauptwerken seinen Zeitgenossen und Mitbürger aus Córdoba nicht: Muhammad Ibn-Ahmad Ibn-Rushd (1126–1198), den die Scholastiker *Averroes* nannten. Doch er verwies in einigen Briefen auf ihn und erklärte dessen Schriften für äußerst lesenswert. Schließlich ging es auch bei diesem Aufklärer innerhalb der islamischen Philosophie (falsafa islamiyya) um das strittige Problem, wie der Koran als religiöse Offenbarungsschrift sich mit der menschlichen Vernunft vereinbaren ließ, vor allem hinsichtlich unverständlicher oder mehrdeutiger Stellen. Averroes, rational geschult vor allem durch die Schriften Platons und Aristoteles', die er ausführlich kommentierte, erklärte es zur Aufgabe der Philosophie, die evidenten Aussagen der Heiligen Schrift dem Volk zu erklären und ihre unklaren Passagen als Bilderrede, wie einen Rebus, zu entziffern. Damit hatte dieser gläubige Muslim zugleich der Philosophie eine notwendige und übergeordnete Stellung zugeschrieben: Es gelte, mit den Mitteln des bloßen Verstandes die Offenbarungstexte zu erhellen. Es gehört zur «*Paradoxie des Averroes*», dass die meisten seiner Bücher von der islamischen Orthodoxie verurteilt und verbrannt wurden, er selbst 1195 durch den Almohaden-Kalifen al-Mansur aus Córdoba verbannt wurde und seine Philosophie im Islam keine Rolle spielte, während der Averroismus bei Juden und Christen nachhaltigen Einfluss gewann. «Das Fehlen von Renaissance und Aufklärung in der muslimischen Welt ist so gut wie gleichbedeutend mit dem Fehlen des Averroismus in diesem Gebiet der Welt.»[4]

Zwölf Jahre nach Averroes 1138 als andalusischer Jude in Córdoba geboren, das damals zu dem von Muslimen beherrschten Teil der iberischen Halbinsel gehörte, verbrachte Maimonides die ersten drei Jahrzehnte seines Lebens in Unsicherheit und Unruhe. Konflikte mit den muslimischen Almohaden, den «Bekennern der göttlichen Einheit», die andalusische Juden und Christen aufforderten, zum Islam almohadischer Prägung zu konvertieren, zwangen die Familie zur Flucht. Vor die Wahl zwischen Schwert und

Islam gestellt, begab sie sich auf eine zwölf Jahre lange Wanderschaft, bis sie sich schließlich 1165 im Kairo des Sultans Saladin niederließ. Hier begann Maimonides seine medizinischen Kenntnisse praktisch anzuwenden. Er wurde Arzt und schrieb einige medizinische Bücher. Doch sein geistiges Interesse richtete sich vor allem auf die Philosophie.

Er studierte die ethischen, naturwissenschaftlichen und metaphysischen Schriften des Aristoteles, die ihn durch ihre weltorientierte Sachlichkeit und argumentative Rationalität beeindruckten. So wollte auch er denken und schreiben. Wie ein Aristoteliker wandte er sich der jüdischen Überlieferung und Glaubensform zu. 1168, er ist 30 Jahre alt, begann er die 613 positiven und negativen Gebote der mosaischen Religion in eine systematische Ordnung zu bringen. Dieses streng formal gegliederte *Buch der Gesetze* ergänzte er durch eine umfangreiche Sichtung und ausführliche Kommentierung des gesamten Glaubensinhalts des Judentums, womit er eine einheitliche jüdische Rechtspraxis zu begründen versuchte. Vierzehn Bände umfasste seine *Mischneh Torah*, die *Wiederholung des Gesetzes*, die nicht nur durch ihren klaren Aufbau und verständlichen Sprachgebrauch ausgezeichnet war, sondern auch durch ihre philosophische Ausrichtung. Es ging um die Erhellung der Gründe der Gesetze, die nicht einfach angenommen, sondern hinsichtlich ihres Zwecks befragt wurden, wobei es schließlich auch den Zweck Gottes als Gesetzgeber zu klären galt. Die Gründe der Gesetze sollten als Mittel zur Erkenntnis Gottes einsichtig werden. Dabei hielt Maimonides nichts von esoterischem Geheimwissen, das sich hinter dunklen oder geheimnisvollen Worten verbarg. Bereits der erste Band *Von der Erkenntnis* machte seine rationalistische, an Aristoteles geschulte Intention deutlich.[5]

Die Spannung zwischen wissenschaftlicher Erkenntnis, philosophischer Reflexion und dem jüdischen Religionsgesetz mit seinen 613 Geboten rückte zunehmend in den Mittelpunkt seines

Interesses. Zehn Jahre arbeitete er an seinem arabisch geschriebenen, 1190 veröffentlichten Hauptwerk *Dalalat al-Ha'irin*, dem Wegweiser für die Verwirrten, wobei das Wort «ha'ir» in der mittelalterlichen arabischen Philosophie als Fachterminus den Widerstreit gegensätzlicher Begriffe oder Lehrmeinungen bezeichnete. Noch zu Maimonides' Lebzeiten, der 1204 in Kairo starb, erschien die von ihm autorisierte hebräische Übersetzung *More Newuchim*, sein Leitfaden für die Irrenden, aber auch Unschlüssigen, die sich in den Konflikt zwischen Gesetz (Scharia, Torah) und Philosophie (Falsafa), zwischen Offenbarungs- und Vernunftwissen, eigener jüdischer Tradition und fremder griechischer Rationalität verstrickt hatten. Für diese Schwankenden galt es eine einsichtige Lösung zu finden, in der die gesetzliche Begründung der Philosophie und die philosophische Begründung des Gesetzes zusammenspielten.[6] In drei Büchern zeigte er die Wege auf, um die drei zentralen Fragen nach dem Wesen Gottes, den Ursachen der Welt und den sittlichen Pflichten des Menschen vernünftig philosophisch-theologisch beantworten zu können.

Der dreizehnjährige Moses aus Dessau war wie geblendet vom sprachlichen und argumentativen Glanz dieses Führers der Unschlüssigen, dessen Worte für ihn geschrieben worden zu sein schienen. Was Maimonides über Gott, Welt und Mensch gedacht hatte, traf sein Innerstes. Er konnte sich nicht losreißen von diesem Buch, das ihm sein Lehrer David Fränkel zu lesen gegeben hatte, kaum hatte es die Druckerei verlassen. Nächtelang vertiefte er sich in die Lektüre, die Qualen seines gekrümmten Rückens vergessend. Bereits die *Einleitung zum Ersten Buch*, die Moses Maimonides als einen Brief an einen wissbegierigen Schüler geschrieben hatte, von dem er sich trennen musste, sprach den jungen Moses unmittelbar an. «Als du vor mir erschienst, mich von Weitem aufsuchtest, um bei mir Texte zu studieren, da lernte ich dich schätzen, wegen deines starken Verlangens zu studieren.»[7] Maimonides lobte die große Sehnsucht seines Schülers nach spekulativen Fragen, die Vortrefflichkeit seines Verstandes und die Schnelligkeit seines Vorstellungsvermögens. Auch die Frage, ob sich das Dasein Gottes demonstrativ beweisen ließ, hatte ihn nachdenklich werden lassen. «Du warst verwirrt, dich ergriff Verwunderung, doch die edle Seele forderte dich auf, *begehrenswerte Worte zu finden*. (Koh 12.10)»[8]

Mit der Verwunderung begann die Philosophie, sagte schon Aristoteles. Auch der kleine Talmudschüler Moses muss von diesem Staunen ergriffen gewesen sein, das seine Seele beunruhigte. Schon früh muss ihm der Widerstreit zwischen den Worten der jüdischen Gesetzesbücher und seinem eigenen Nachdenken bewusst geworden sein, zu dessen Lösung die «erhabene Lehre» des Maimonides einen Weg wies. Sie warf Licht in die Dunkelheit, in der das Geheimnis des Gottes verborgen war, der sich zwar in den jüdisch offenbarten Gesetzen zeigte, aber in seiner Einzigartigkeit unbegreiflich, unbestimmbar und unsagbar blieb.

Maimonides sprach ihm aus dem Herzen. Beim Lesen von *More Newuchim* entdeckte er sich selbst. Sein Körper wurde dabei zwar krumm. Aber seine Seele wurde durch das Licht geheilt, das wie ein Blitz die Dunkelheit aufklärte, in der sich Moses, der Sohn des Mendel Heymann, zu verirren drohte. Wie einen Wegweiser für sein ganzes Leben las er, was Maimonides seinem wissbegierigen jungen Schüler als das Ziel seines Buches vorgezeichnet hatte: «Ja, das Ziel besteht darin, einem religiösen Menschen eine Anweisung zu geben – dem Menschen, der eine demutsvolle Seele besitzt und zum festen Glauben an die Richtigkeit unseres Gesetzes gelangt ist; dem Menschen also, der religiös und moralisch vollkommen ist. Denn wenn dieser die Wissenschaften der Philosophie erforscht und ihre Begriffe erkennt, dann zieht ihn die Vernunft an und weist ihm den Weg, sich in ihrem Reich niederzulassen. Diesen Weg versperrt ihm dann wiederum der äußere Wortsinn des Gesetzes sowie das, was ihm selbst zuvor von den Bedeutungen solcher mehrdeutigen, metaphorischen oder zweifelhaften Begriffe verständlich war oder beigebracht wurde. Also verharrt er in Verwirrung und Schrecken: Soll er denn seiner Vernunft folgen und das verwerfen, was er von den erwähnten Begriffen weiß? Dann wird er jedoch glauben, damit gegen die Grundlagen des Gesetzes zu verstoßen. Oder soll er sich damit begnügen, was er von diesen Begriffen verstanden hat, und sich nicht von seiner Vernunft verleiten lassen? In diesem Fall wird er seiner Vernunft den Rücken kehren und sie meiden. Zugleich wird er aber erkennen, dass er sich selbst Schaden zufügt und seine Religion verdirbt. Er wird mit diesen eingebildeten Glaubensgrundlagen zurückbleiben. Die Folgen werden Angst und Unbehagen sein. Er wird immerfort Schmerz im Herzen empfinden und in starker Verwirrung verharren.»[9]

Als sein Lehrer David Fränkel im Herbst 1743 Dessau verließ und nach Berlin wegzog, fühlte sich der kleine Moses verloren. Allein glaubte er sich nicht aus der Verwirrung befreien zu können, in die ihn der Konflikt zwischen Gesetz und Vernunft verstrickt hatte. Also reiste er seinem Rabbi nach, und nach einer mühseligen tagelangen Wanderung stand er nun wie ein kleiner armseliger Bettelstudent, hungrig und frierend, vor dem Rosenthaler Tor und wurde von dem jüdischen Tor-Steher gefragt, was er wolle. «Lernen!» Und wohin? «Zu Rabbi Fränkel.»

2. Eintritt in die neue Welt der Philosophie

David Fränkel ist überrascht, seinen Schüler schon so bald wieder zu sehen. Was soll er nur mit ihm anfangen? Denn Moses hat nicht nur das Gesetz verletzt, als er Dessau eigenwillig verließ. Auch in Berlin befindet er sich nun in einer gesetzlosen Situation. Gerade hat auf Anweisung des neuen preußischen Königs Friedrich II. (1740–1786) der für die Staatsfinanzen zuständige Generalfiskal begonnen, die rechtliche und finanzielle Situation der

Berliner Juden nach sechs Kategorien zu gliedern, um eine für den Staat nützliche Ordnung zu schaffen. (Sein Vorschlag wird 1750 als *Revidiertes General-Privilegium und Reglement für die Judenschaft im Königreiche Preußen* übernommen und bleibt bis zum Emanzipationsedikt von 1812 in Kraft.) Das kategoriale Spektrum für die insgesamt etwa 2000 Juden, die nicht ganz zwei Prozent der Berliner Gesamtbevölkerung ausmachen, reicht dabei von der wohlhabenden Oberschicht der jüdischen Großkaufleute, Fabrikanten und Finanziers mit «Generalprivileg», die etwa 60 Familien umfasst, bis zur untersten Gruppe des Dienstpersonals generalprivilegierter Juden, den 400 jüdischen Köchinnen, Dienern und Hauslehrern, die sich nur so lange in Berlin aufhalten dürfen, wie ihr Dienstverhältnis besteht. Selbst zu dieser niedersten Gruppe hat Moses Mendelssohn keinen Zugang, als er bei Fränkel ankommt. Er ist zwar durch das Tor in die Stadt hineingekommen. Aber er ist damit das große Risiko eingegangen, ohne Bürgerrechte und Rechtsschutz jederzeit, ohne Vorankündigung und Begründung, aus Berlin ausgewiesen zu werden.

Rabbi Fränkel schickt Moses nicht zurück. Er besorgt ihm eine Unterkunft in der Dachkammer eines frommen, gutherzigen jüdischen Ehepaars, von dem er zweimal in der Woche eine Gratismahlzeit bekommt. Manchmal gelingt es ihm auch für die anderen Tage einen Freitisch aufzutreiben. Fränkel vermittelt ihm einen Studienplatz an der neu gegründeten Berliner Talmudschule, wo Moses weiterhin die Gesetze studieren kann. Ab und zu gibt er ihm Texte zum Abschreiben, womit sich sein Schüler ein wenig Geld verdienen kann. Es sind sieben Jahre, die Moses unter schwierigsten Bedingungen überleben muss. Streng genommen existiert er von Rechts wegen überhaupt nicht, sondern lebt schutz- und arbeitslos in der Illegalität und muss ständig fürchten, von den städtischen Ordnungshütern mit Ausweisungsbefugnis erwischt zu werden.

Stärker als sein Hunger, unter dem er jahrelang leidet, und

seine Angst, aus Berlin vertrieben zu werden, ist der energische Bildungstrieb, der ihn beherrscht. Was ihm rechtlich und körperlich mangelt, wird durch geistigen Genuss kompensiert. Er hat Glück, Hilfe bei der Befriedigung seines Wissensdurstes zu finden, der unerschöpflich zu sein scheint. Lehrer an der Talmudschule vermitteln ihm nicht nur breite Kenntnisse der mittelalterlichen jüdischen Religionsphilosophie, sondern führen ihn auch in die Grundlagen der Logik und Mathematik ein. Als Sechzehnjähriger schließt er Freundschaften mit anderen jungen Juden, vor allem mit dem sechs Jahre älteren Aron Salomon Gumperz, dem Sohn einer reichen Familie erster Kategorie, der ihn dazu anleitet, sich mit den modernen Wissenschaften zu beschäftigen. Durch Gumperz wird sein Interesse an den Schriften von Gottfried Wilhelm Leibniz und den vielen *Vernünftigen Gedanken* von Christian Wolff geweckt, die dieser tonangebende Aufklärer über das gesellschaftliche Leben der Menschen, über den richtigen Gebrauch des Verstandes, schließlich über Gott, die Welt, die Seele, auch alle Dinge überhaupt veröffentlicht hat. Es ist Gumperz, der ihn dazu bringt, fremde Sprachen zu lernen. Er hilft ihm, sich Englisch und Französisch anzueignen.

Auch Hochdeutsch ist für ihn zunächst eine fremde Sprache. In Dessau sprach er nur das deutsch-jüdische West-Jiddisch und hatte das Hebräische zu lesen gelernt. In der preußischen Metropole muss er deutsch sprechen, vor allem in den gebildeten Berliner Kreisen, in die ihn sein Freund Gumperz einführt. Zu den ersten deutschsprachigen Büchern, die er liest, gehören die christlich-theologischen *Betrachtungen über die Augsburgische Confession* von Johann Gustav Reinbeck, die ihn sofort fesseln. Eigentlich ist es seitens konservativer Rabbis verboten, ein solches deutschsprachiges Buch zu studieren, das ihn vom Weg eines frommen Juden abzubringen droht. Moses Mendelssohn riskiert die Verbannung aus der Glaubensgemeinschaft und Ausweisung aus der Stadt. Doch das hält ihn nicht davon ab, sich vor allem mit den philosophischen Beweisen für das Dasein Gottes zu beschäftigen, die Reinbeck als christlicher Theologe in seinen *Betrachtungen* zu liefern versucht hat. Dieses Problem wird auch den jüdischen Aufklärer sein Leben lang nicht loslassen.

Schon bald hat er eingesehen, dass er sich mit den klassischen Sprachen der Philosophie vertraut machen muss. Ein befreundeter Medizinstudent gibt ihm ein halbes Jahr lang kostenlos Lateinunterricht. Von dem wenigen Geld, das er spart, kauft er sich eine lateinische Grammatik und ein Wörterbuch, und mit ihrer Hilfe beginnt er nun eine Arbeit, die für seine geistige Entwicklung eine unvorhersehbare Bedeutung gewinnt. Im mühsamen Selbststudium liest er die lateinische Übersetzung von John Lockes *Essay concerning Human Understanding.* Wort für Wort schlägt er in seinem Lexikon nach, schreibt sie auf, um aus ihrer Abfolge den Sinn der Aussagen zu entziffern, was ihm schon bald immer besser gelingt. Es sind völlig neue Gedanken, die durch die Lektüre von Lockes erkenntnistheoretischem Hauptwerk in ihm geweckt werden. Dem Talmudschüler ist eine solche Art des Philosophierens zunächst völlig fremd. Die Radikalität Lockes fasziniert und erschreckt den gläubigen Juden, der Tora und Talmud als Offenbarungen göttlicher Gesetze studiert. Gibt es denn wirklich, wie Locke schrieb, keine angeborenen Ideen, sondern nur die zwei Quellen der Erkenntnis, die ihre Spuren auf dem anfänglich weißen, unbeschriebenen Blatt des menschlichen Verstandes hinterlassen: nur äußere sinnliche Eindrücke und innere Selbstwahrnehmungen? Entstehen abstrakte Ideen, Substanzen und geistige Wesen nur aus den vielen Einzelvorstellungen, die jedes Individuum in sich vorfindet? Ist damit nicht die Idee Gottes als jedem Menschen eingeborene Gewissheit vernichtet worden? Und sollen auch religiöse Glaubensformen nur in den eingeprägten Gewohnheiten begründet sein, die von den vielfältigen, unterschiedlichen Lebensformen der Menschen abhängen? Durch John Locke ist Moses Mendelssohn in eine philosophische Problemsituation gelockt worden, die seinen Verstand herausfordert und seinen Glauben verunsichert.

Er fühlt sich wieder sicherer, als er Lockes lateinisch geschriebene *Epistola de tolerantia* liest. Dieser *Brief über die Toleranz* entspricht weitgehend seiner eigenen Haltung. Die Befugnisse der Staatsgewalt sollen nicht auf das Seelenheil der Menschen ausgedehnt werden. Der Staat ist von der Kirche als einer Gemeinschaft von Menschen getrennt, die sich zusammenschließen, um Gott so zu verehren, wie sie glauben, dass es von ihm gewollt sei. Deshalb besteht auch eine Toleranzpflicht der christlichen Obrigkeit gegenüber den Juden, deren Glauben und Zeremonien ihnen freistehen. Die Staatsgewalt hat nur die Aufgabe, Leben, Freiheit, Gesundheit, körperliche Unversehrtheit und äußeren Besitz der ihr Unterworfenen durch gesetzlichen Zwang zu sichern. Genauso wenig wie einem Christen darf einem Juden Unrecht angetan werden, der für sein eigenes Seelenheil selbst verantwortlich ist. Auch er hat Anspruch auf die bürgerlichen Freiheiten für jedermann, der das öffentliche Wohl nicht gefährdet und die staatlichen Gesetze nicht verletzt. Menschen unterschiedlichen Glaubens, «deren Sitten rein und untadelig sind, müssen unter gleichen Bedingungen wie ihre Mituntertanen stehn».[10] Weder Mohammedaner noch Juden dürfen wegen ihrer Religion von den bürgerlichen Rechten der christlichen Gemeinschaft ausgeschlossen werden; und auch die öffentliche Ausübung ihres Glaubens darf nicht willkürlich verhindert werden «Wenn wir den Juden erlauben, Privathäuser und Wohnsitze unter uns zu haben, warum sollten wir ihnen nicht erlauben, Synagogen zu haben? Ist ihre Lehre falscher, ihr Gottesdienst abscheulicher, oder ist der bürgerliche Friede mehr bedroht durch ihre Versammlung in der Öffentlichkeit als in ihren Privathäusern?»[11]

Nach sieben mageren Jahren verändert sich Mendelssohns Situation langsam zum Besseren. Aus seinem Schattendasein steigt er 1750 in die unterste Kategorie jüdischer Bürger auf. Aus der rechtlosen Nichtexistenz gelingt dem 21-Jährigen der Schritt ins befristet geduldete Dienstpersonal eines Juden mit Generalprivileg. Er hat zwar keine allgemeinbildende Schule, keine Universität oder gar Akademie besucht und alles, was über das Talmudstudium hinausging, aus eigenem Antrieb sich selbst angeeignet. Aber man ist auf sein Wissen und seine Intelligenz aufmerksam geworden, die ihn zu einem fähigen Hauslehrer zu qualifizieren scheinen. Vier Jahre lang kümmert er sich um die Erziehung der vier Kinder des reichen jüdischen Seidenwarenfabrikanten Isaak Bernhard, bevor er dann 1754 als Buchhalter in dessen Geschäft eintritt, später Prokurist und schließlich 1768 sogar Teilhaber des prosperierenden Unternehmens wird.

Weder die anfängliche Lehrertätigkeit noch die spätere Arbeit als erfolgreicher Geschäftsmann können ihn jedoch davon abhalten, jede freie Stunde seinen eigenen Erkenntnisinteressen zu widmen. Die Geschäfte im Kontor, wo er von acht Uhr morgens bis neun Uhr abends die Bilanzen seines Herrn berechnet, drohen ihn zu Boden zu drücken, und «wie ein Lastesel schleiche ich mit beschwertem Rücken meine Lebenszeit hindurch, und zum Unglück sagt mir die Eigenliebe oft ins Ohr, daß mich die Natur vielleicht zum Paradepferd geschaffen hat».[12] Nur in den einsamen Stunden des späten Abends kann er sich seiner Liebe widmen. Bei Kerzenlicht in der Dunkelheit liest er die philosophischen Texte, die ihn zum nachfolgenden Selbstdenken anregen. Durch sie fühlt er sich «auf den sichern Weg zur wahren Weltweisheit, zur Erkenntniß meiner selbst und meines Ursprungs geleitet».[13] Über mangelnden Lesestoff kann er nicht klagen.

Nach John Locke ist es besonders dessen Zögling Lord Shaftesbury, dessen witzig und humorvoll geschriebene *Characteristicks of Men, Matters, Opinions, Times* Mendelssohn 1754 zu lesen beginnt. Vor allem der *Brief an einen Freund*, der sich mit der Freiheit von Witz und guter Laune (*Freedom of Wit and Humour*) beschäftigt, gefällt ihm wegen seiner geistreichen Gesprächsform und seines verfeinerten Scherzens, mit der alle dogmatischen Rechthaber, vor allem auf religiösem Gebiet, einer «Probe des Lächerlichen»[14] unterzogen werden. Derben Spott und überhebliche Missachtung eines anderen Menschen, den man lächerlich macht, lehnt Mendelssohn zwar ab. Aber er teilt die Hochschätzung, die sein neu gewonnener, gleichaltriger Freund Gotthold Ephraim Lessing dem englischen Lord entgegenbringt. Der gemeinsame Freund Aron Gumperz soll Anfang 1754 das erste Treffen der beiden eifrigen Schachspieler Lessing und Mendelssohn arrangiert haben, die lebenslang befreundet bleiben.[15]

Von Anfang an sehen sie sich verbunden in ihrem Kampf gegen religiöse Vorurteile und gesellschaftspolitische Unvernunft. Schon bald nach ihrer Begegnung gibt es einen Anlass zur gemeinsamen Aktion, als Lessings bereits 1749 geschriebene Komödie *Die Juden* 1754 in dessen *Gesammelten Schriften* publiziert wird, dieses Lustspiel, in dem ein kluger, höflicher und hilfsbereiter Jude sich in einer ihm feindlichen Gesellschaft mit ihren vielen Schurken zu behaupten weiß. Denn gegen die Kritik an Lessings *Juden* aus der Feder von Johann David Michaelis, dem bedeutendsten deutschen Orientalisten und christlichen Hebraisten seiner Zeit, dass sich unter den Juden, deren Händlertätigkeit zum Betrügen neige, kein so «edler Charakter» befinden könne, wendet Mendelssohn in der *Theatralischen Bibliothek* seine Gegenkritik in Form eines anonymen, deutsch geschriebenen Briefs an Aron Gumperz: «Ist es nicht genug, daß wir den bittersten Haß der Christen auf so manche grausame Art empfinden müssen; sollen auch diese Ungerechtigkeiten wider uns durch Verleumdungen gerechtfertigt werden? Man fahre fort uns zu unterdrücken, man lasse uns beständig mitten unter freyen und glückseligen Bürgern eingeschränkt leben, ja man setze uns ferner dem Spotte und der Verachtung aller Welt aus; nur die Tugend, den eintzigen Trost bedrengter Seelen, die einzige Zuflucht der Verlassenen, suche man uns nicht gänzlich abzusprechen.»[16]

Von dem scharfsinnigen Kulturkritiker und literarisch-philosophischen Freigeist Lessing, der Vorurteile lächerlich zu machen weiß, soll Mendelssohn die Lektüre Shaftesburys empfohlen worden sein. Die Anekdote berichtet, dass Lessing seinem Freund bei einem abendlichen Spaziergang eine amüsante philosophische Abhandlung Shaftesburys mitgebracht habe und auf die spätere Frage, wie sie ihm gefallen habe, die Antwort erhielt: «Recht gut. Aber so etwas kann ich auch schreiben.» Lessing soll ihn beim Wort genommen haben. Und so sollen Mendelssohns erste eigene Schriften entstanden sein, die ihn erfolgreich, ohne dass er sich als jüdischer Autor zu erkennen gibt, «als deutschen Schriftsteller» im Geist der Aufklärung eingeführt haben. Das betrifft wohl weniger seine *Philosophischen Gespräche*, in dem sich zwei Freunde im altgriechischen Dialogstil über die neue Philosophie von Leibniz und Voltaire, Baruch Spinoza und Pierre Bayle unterhalten, sondern vielmehr seinen im selben Jahr mit Lessings Hilfe veröffentlichten philosophischen Briefwechsel *Über die Empfindungen*, in dem Shaftesburys Stil des Philosophierens deutliche Spuren hinterlassen hat.[17]

Es geht um die freundschaftliche Auseinandersetzung zwischen einem Deutschen und einem Engländer zur Lösung des Problems: Wie lässt sich sinnvoll über Gefühle und Empfindungen räsonieren, ohne ihren sinnlichen Reiz zu verdrängen? Für den jungen deutschen Edelmann ist die Sache klar: «Wir sollen fühlen, genießen und glücklich seyn. Dieses System ist das System meiner jugendlichen Sittenlehre, die Richtschnur meines Wandels.» Wir fühlen nicht mehr, wenn wir denken! Gegen diesen lustvollen Gefühlsüberschwang setzt der englische Philosoph, der gerade eine Reise durch Deutschland unternimmt, seinen Wahlspruch einer aufgeklärten ästhetischen Kritik: «*Wähle, empfinde, überdenke und genieße. Wähle:* unter den Gegenständen, die dich umgeben, erlies dir solche, die deiner Wohlfart zuträglich sind. *Empfinde* sie: verschafe dir hinlängliche Begrife von ihrer Beschafenheit. *Ueberdenke*: stelle dir alle eintzelne Theile deutlich vor, und erwege ihre Verhälltnisse und Beziehungen auf das Gantze. Alsdann *geniesse*: richte deine Aufmerksamkeit auf den Gegenstand selbst.»[18] Nicht zufällig werden diese Worte einem Engländer namens Palemon zugeschrieben, einem «englischen Weltweisen und Namensvetter jenes liebenswürdigen Schwärmers, der uns durch die *Rhapsodie* des Grafen von Shaftesbury bekannt ist».[19] Mendelssohn ist auf Seiten dieses sachbezogenen Philosophen, der klarer und weiter denkt als sein deutscher Freund, der sich von der dunklen Macht seiner Gefühle beherrschen lässt, ohne sie «hinlänglich» begreifen, überdenken und genießen zu können.

Neben Locke und Shaftesbury, die zu seinen englischen Lieblingsschriftstellern werden, beginnt sich Mendelssohn ab 1754 auch mit den zeitgenössischen französischen Philosophen zu beschäftigen. Ihn überrascht die unglaubliche Freiheit und Kühnheit des eigenen Urteils, für das «les philosophes» auch das Risiko von Gefängnis und Exil auf sich nehmen. Doch zugleich fühlt er sich abgestoßen durch ihren witzelnden und tändelnden Denk- und Schreibstil. Die Schriften Voltaires und des Marquis Jean-Baptiste d'Argens sind ihm zu leichtsinnig, auch zu frivol. Sie gehen nicht in die Tiefe, besitzen keine metaphysische Schwere und sind oberflächlich in ihrer Kritik der Religion. Sie verstreuen nur Flittergold, das keinen wahren Wert besitzt. In den *Philosophischen Gesprächen* attackiert Mendelssohn besonders die Manier des französischen Volkes, seinen «spöttischsten Witz gegen die zu üben, welche tiefsinnigen Betrachtungen nachhingen, und in der grossen Welt nach einer gewissen übertriebenen Zärtlichkeit des Geschmacks nicht zu leben wußten».[20] Als habe er sich durch die bösen französischen Philosophen in seiner eigenen Lebens- und Denkweise getroffen gefühlt, erhebt er gegen ihre übersteigerte Freiheit, sittenlose Ausschweifung und gekünstelte Galanterie den Anspruch einer Vernunft, die ihren Namen zu Recht verdient.

Im Gespräch *Über die Empfindungen* richtet sich Shaftesburys Palemon, der «das *richtig* denken würdiger schätzt, als *frey* denken»[21], direkt gegen den leichtsinnigen Geist, der sich von Frankreich aus in alle Welt zu verbreiten droht: «Allein die so denken, haben die Vernunft nie gekannt. Ein Werk ihrer verkehrten Einbildungskraft, ein hülfloses Gespenst haben sie mit dem geheiligten Namen der Vernunft eingeweihet. Sie haben diesen eingebildeten Hausgötzen angebetet, und als er ihnen seine Hilfe versagte, nach der Gewohnheit der alten Götzendiener, sein Heiligthum wieder niedergerissen, und die taube Gottheit mit Schimpf belegt. Wer die wahre Vernunft kennt, und in ihren Wegen wandelt, kann weder an dem Nutzen noch an der Fülle des Vergnügens zweifeln, das sich aus ihrer Quelle ergießt.»[22]

Nur der französisch schreibende Genfer Bürger Jean-Jacques Rousseau genießt Mendelssohns Achtung, auch wenn er sich mit Rousseaus scharfer, die Menschen unglücklich machender Kulturkritik nicht einverstanden erklären kann, wie er am 26. Dezember 1755 an Lessing in einem langen Weihnachtsbrief schreibt, in dem er sich auf das Versprechen bezieht, das er seinem Freund vor dessen überstürzter Abreise aus Berlin gegeben hat. Mendelssohn fühlt sich einsam und verlassen. Lessing, der sein Glück in Leipzig unter Schauspielern und Theaterleuten versuchen will, fehlt ihm. «Viel Glück dazu! Reisen Sie immer! Streifen Sie die Welt durch. Lernen Sie tausend Narren kennen, um sie von noch größern Narren auslachen zu lassen. Lernen Sie tausend Elende kennen, um noch Elendere zum Mitleiden zu bewegen.»[23] Um seine eigene elende Leere zu füllen, hat er sich deshalb in die Aufgabe verbissen, die ihm der flüchtige, wie Quecksilber nicht festzuhaltende Freund gestellt hat: Er soll Rousseaus *Discours sur l'origine et les fondements de l'inégalité parmi les hommes* übersetzen und kommentieren, der Mitte 1755 in Amsterdam erschienen ist. Mendelssohn will seinen Freund nicht enttäuschen. Jeden Abend, nach den vielen Stunden ermüdender Buchhalterarbeit, konzentriert er sich mit seinen unvollständigen Französisch-kenntnissen, die er sich selbst beigebracht hat, auf diesen verwegenen Diskurs, in dem Rousseau seine radikale Kritik der modernen bürgerlichen Zivilisation durchgeführt hat.

Rousseau hat bis zu den tiefsten Wurzeln gegraben, um den Ursprung der Ungleichheit zwischen den Menschen freizulegen. Er hat den Menschen der zivilisatorischen Prägungen durch Kunst und Wissenschaft, durch Staat und Gesellschaft «entkleidet»[24], um den bedauernswerten Zustand der jetzt bestehenden Ungleichheit besser analysieren und verstehen zu können. Er hat auf einen «Naturzustand» zurückgeblickt, um einen Maßstab für seine Zivilisationskritik finden zu können. So hat er den natürlichen Menschen als animalisches Wesen entdeckt. Aus den Händen der Natur ist der Mensch als Tier hervorgegangen, das in seinem ursprünglichen ungeselligen Zustand frei und gut sein konnte. Streben nach Macht, Gefühle der Bevorzugung und Benachteiligung, individuelle Abhängigkeiten, Eigenliebe, Kampf um Anerkennung und Vorteile, all diese negativen Eigenschaften kamen erst ins Spiel, als der Mensch vom natürlichen Tier zum zivilisierten Nicht-Tier wurde. Zivilisierende Vergesellschaftung ist ein Prozess der De-Naturierung und Entfremdung.

Mendelssohn versteht seine Übersetzertätigkeit zunächst als Zerstreuung. Sie hilft ihm ein wenig über Lessings Abwesenheit hinweg. Auch Rousseaus Kritik der gegenwärtig bestehenden Ungleichheit zwischen den Menschen kommt seiner eigenen Situation entgegen. Als Jude erlebt er täglich, wovon Rousseau spricht. Die anthropologische Differenz zwischen freier natürlicher Existenz und unfreier gesellschaftlicher Struktur ist für ihn kein theoretischer Einschnitt, sondern eine praktische Lebenserfahrung. Und Mendelssohn stimmt auch Rousseaus kritischer Einsicht zu, dass die bestehenden Verhältnisse mit ihren eingespielten und gesetzlich geregelten Ungleichheiten nicht vernünftig sind. An Lessing schreibt er: «Ich kann in sehr wenig Stücken mit Rousseau uneins seyn, und mich kann nichts mehr ärgern, als wenn ich in einer philosophischen Staatskunst erwiesen sehe, daß alles nach der Vernunft so hat seyn müssen, wie es bey uns ist. Wenn Rousseau dem gesitteten Menschen nur nicht alle Moralität abspräche. Für diese bin ich allzu sehr eingenommen.»[25]

Im Januar 1756 erscheint im Berliner Verlag von Christian Friedrich Voß *Johann Jacob Rousseau Bürgers zu Genf Abhandlung von dem Ursprunge der Ungleichheit unter den Menschen, und worauf sie sich gründe: ins Deutsche übersetzt und mit einem Schreiben an den Herrn Magister Lessing und einem Briefe Voltairens an den Verfasser vermehret.*[26] Mendelssohns Name wird verschwiegen. Doch die beiden angehängten Briefe lassen schnell den Übersetzer identifizieren. Es ist schon wieder dieser kleine verwachsene jüdische Buchhalter im Kontor des Seidenfabrikanten Isaak Bernhard, der zu einem der besten deutschsprachigen Schriftsteller und tiefsinnigsten philosophischen Denker zu werden droht! Denn er hat nicht nur Rousseau übersetzt, sondern in seinem *Sendschreiben an Lessing in Leipzig* auch gegen Rousseaus Gemälde des Naturzustandes und eines ursprünglich tierischen Menschen sein eigenes Menschenbild als Alternative skizziert.[27]

Für Mendelssohn ist der Naturzustand kein geschichtlicher Anfang, sondern eine juristische Fiktion, die einen «naturrechtlichen» Sinn besitzt. Indem der Mensch als das bestimmt wird, was ihm auf natürliche Weise und wesentlich zukommt, wird er zwar aus der Gesellschaft gerissen, wie sie jetzt mit all ihren Ungerechtigkeiten und Ungleichheiten besteht. Aber erst diese Abstraktion kann deutlich erkennen lassen, was seine eigentliche Bestimmung ist. Die Gelehrten des Naturrechts, man erinnere sich vor allem an John Locke, sind Aufklärer. Sie haben nur betrachten und erhellen wollen, «was an und für sich selbst, und ohne die Einwilligung aller Nationen rechtmäßig ist. Hierauf haben sie das Recht der Natur gegründet, welches also nichts anders seyn kann, als *die Gesetze der Gerechtigkeit, die aus unserer wesentlichen Be-*

*schaffenheit herfliessen, und wenn sich auch alle Völker der Erde
dawider vereinigten, nicht verändert werden können.*»[28]

Neben dieser ursprünglichen natürlichen Gerechtigkeit, die
naturgesetzlich bestimmt ist und jederzeit überall eine nicht auf-
hebbare Geltung beanspruchen kann, dürfen auch die charakterlichen Eigenschaften des Menschen nicht verleugnet oder übersehen werden, die der Menschenfreund Mendelssohn gegen den
misanthropen Rousseau ins Feld führt. Die natürliche Bestimmung des Menschen, sei er nun als ursprünglicher Wilder oder als
zivilisierter Bürger vorgestellt, gründet nicht in seinem eigensüch-
tigen Streben nach Macht, sondern in seiner Neigung zu Moralität, Liebe, Glück und Harmonie, für die Mendelssohn «allzu sehr
eingenommen» ist: «Alle menschlichen Neigungen, alle seine Be-
gierden und die verborgensten Triebe, haben keine andere Macht
auf seine Seele, als in so weit sie ihm das Bild einer Güte, einer
Vollkommenheit, einer Ordnung vorstellen, und was sich hierauf
nicht gründet, das kann weder eines wilden noch eines gesitteten
Menschen Seele zukommen. (...) In uns liegt keine ausdrückliche
Bestimmung, an den Schwachheiten anderer Geschöpfe Mißver-
gnügen zu haben. Nein! Mitleiden gründet sich auf Liebe. Liebe
gründet sich auf die Lust an Harmonie und Ordnung. Wo wir Voll-
kommenheiten erblicken, da wünschen wir sie wachsen zu sehen;
und sobald sich ein Mangel bey ihnen äußert: So entspinnet sich
bey uns darüber eine Unlust, die wir Mitleiden nennen.»[29]

3. Der deutsche Sokrates

Durch Lessing ist Mendelssohn mit dem vier Jahre jüngeren Buch-
händlersohn Friedrich Nicolai bekannt gemacht worden, der nach
Lessings Abreise zu seinem liebsten Gesprächspartner wird.[30]
Nicolai, der später als äußerst erfolgreicher Verlagsbuchhändler
eine entscheidende Rolle in der Berliner Aufklärung spielen wird,

WIR TRÄUMTEN VON NICHTS ALS AUFKLÄRUNG

regt Mendelssohn dazu an, sich intensiver mit ästhetischen Problemen zu beschäftigen. Wie man schöne und gute Gedichte und Romane schreibt, beginnt Mendelssohn mehr zu interessieren als die Erhabenheit der großen metaphysischen Probleme. Er wird zum wichtigen literaturkritischen Mitarbeiter an der von Nicolai 1756 gegründeten *Bibliothek der schönen Wissenschaft und freyen Künste*. Mit Nicolai und Lessing, unter dessen Aufsicht die *Bibliothek* in Leipzig gedruckt wird, wird er in einen angeregten *ästhetischen Briefwechsel* über Sinn und Zweck des Trauerspiels verstrickt.[31] Es geht um die Rolle der Leidenschaften, des Mitleidens und der Bewunderung, über die heftig gestritten wird. Ästhetische Betrachtungen verbinden sich mit moralischen Reflexionen. Das zeigen auch Mendelssohns zahlreiche Beiträge für die *Briefe, die Neueste Litteratur betreffend*, die Lessing von 1759 bis 1765 herausgibt. Durch sie wird der jüdische Kontorist einer breiten Öffentlichkeit als geistreicher, umfassend gebildeter und elegant schreibender Publizist bekannt.

Seine Wende zur Literatur lässt die Lust am Philosophieren nicht versiegen. Vor allem die metaphysischen Fragen nach der Existenz der Seele und dem Dasein Gottes fordern ihn weiterhin heraus. Doch jetzt gilt es für sie und ihre möglichen Antworten eine neue Form zu finden, in der sich dichterische Einbildungskraft und geistige Reflexion vermitteln. Es sind Platons kunstvoll konstruierte und gedanklich ausgefeilte Dialoge, die Mendelssohn als Literaturkritiker und Philosoph faszinieren und zunehmend in ihren Bann ziehen. Bereits 1756 hat er sein *Sendschreiben an Lessing* über Rousseaus Analyse der Ungleichheit mit einer kurzen Lobrede auf Sokrates beendet. Er hat diesen Weisesten unter allen Griechen bewundert, der zugleich über ästhetischen Geschmack, anmutige Umgangsformen, moralische Klarheit und starken Mut verfügt haben soll; und gegen Rousseaus ungesellige Abkehr von den Menschen hat er die Freundschaft mit dem fernen Lessing gestellt: «Hat die Gesellligkeit einen Socrates gezogen:

warum sollte sie untauglich seyn, uns mit mehr solchen göttlichen Exempeln zu seegnen. O! Wenn kein Land dasjenige darbiethet, was Rousseau, in seinem Vaterlande zu finden, wünschet; so wollte ich mich begnügen, in einem solchen gebohren zu seyn, wo ich Socrates zum Muster, und Lessing zum Freunde haben könnte!»[32]

In den kommenden Jahren gewinnt das Vorbild Sokrates zunehmend Kontur und Stärke. 1757 beginnt Mendelssohn, zusammen mit Nicolai Griechisch zu lernen, um Platons Schriften in der Originalsprache lesen zu können. Für Lessings *Litteratur-Briefe* schreibt er einige Rezensionen über neuere Publikationen zu Platon und Sokrates. Er übersetzt mehrere Stellen aus den Platon'schen Dialogen, die er bald alle studiert hat. Besonders der *Phaidon*, in dem der zum Tode verurteilte Sokrates seinen skeptischen Freunden die Unsterblichkeit der Seele mit philosophischen Argumenten zu beweisen versucht, lässt seine Gedanken nicht mehr los. 1760 entscheidet er sich, nicht nur eine Übersetzung dieses schönsten und dramatischsten Dialogs anzufertigen. Er will ihn zu einem eigenen Werk umarbeiten, wobei er sich die «Fortschritte»[33] der neuzeitlichen Philosophie zunutze machen will. Denn er hält Platons Begründungen für die Unsterblichkeit der Seele für nicht wirklich überzeugend. Besser als sein großes Vorbild will Mendelssohn eine rationale Unsterblichkeitslehre entwickeln, die ebenso unumstößlich gewiss und hell einleuchtend zu sein beansprucht wie ein mathematischer oder geometrischer Beweis, auch wenn sie «nicht der selben Fasslichkeit fähig»[34] ist.

1761 beginnt er mit seiner Arbeit, im Sommer 1766 ist sie vollendet. Ein Jahr später erscheint im Verlag von Friedrich Nicolai *Phaedon, oder über die Unsterblichkeit der Seele in drey Gesprächen*, ein epochales Werk, das nicht nur seinen Verfasser als «deutschen Sokrates» zu einer europäischen Berühmtheit macht, sondern auch dem Verleger viel Geld in die Kasse bringt. Es wird mehrfach aufgelegt und in zehn Sprachen übersetzt, darunter Französisch und Englisch, Italienisch und Hebräisch.

In diesem ersten großen Werk, mit dem der Jude in Berlin zu einer Lichtgestalt der europäischen Aufklärung wird, hat Mendelssohn den alten griechischen Philosophen nicht nur bewundert. Er hat sich mit ihm weitgehend identifiziert oder, genauer gesagt: Mendelssohn hat seinen Sokrates nach dem Bild gezeichnet, das er von sich selbst hat. Der mutige Sokrates, der auch in den letzten Stunden vor seinem Tod klar denkend und moralisch integer bleibt, verkörpert sein eigenes Ideal-Ich. Das erhellt die einleitende Charakterisierung dieses weisesten und tugendhaftesten Mannes, der sich als wahrer Philosoph einerseits bemühte, «die Unwissenheit anderer zu beleuchten, Sophisterey zu bestreiten, Bosheit, Neid, Verleumdung und Beschimpfung von Seiten seiner Gegner auszuhalten, Armuth zu ertragen, festgesetzte Macht zu bekämpfen, und, was das Schwerste war, die finstern Schrecknisse des Aberglaubens zu vereiteln. Von der anderen Seite waren die schwachen Gemüther seiner Mitbürger zu schonen, Aergernisse zu vermeiden, und der gute Einfluß, den selbst die albernste Religion auf die Sitten der Einfältigen hat, nicht zu verscherzen.»[35]

Phaedon ist keine religiöse Schrift, jedenfalls nicht im Sinne einer überlieferten Offenbarungsreligion. Es ist das Dokument einer vernünftigen Religiosität, die jedem Menschen natürlich zukommen soll, wenn er über die beiden metaphysischen Hauptprobleme der menschlichen Seele und der göttlichen Existenz nachdenkt. Nicht Wunder oder Offenbarungen, nicht übersinnliche Schwärmereien oder gläubige Albernheiten liefern die Begründungen für die Einsicht, dass es Gott gibt und die menschliche Seele unsterblich ist. «Meine Gründe lege ich dem Socrates in den Mund», schreibt Mendelssohn am 22. Juli 1766 einem Freund. «Ich muß einen Heyden haben, um mich auf die Offenbarung nicht einlassen zu dürfen.»[36] Das war ein äußerst riskanter Schritt. Mit *Phaedon* verortet sich Moses Mendelssohn außerhalb der jüdisch-christlichen Tradition. Er setzt alles auf die Überzeugungskraft eines Menschen, der seinen Verstand richtig zu gebrauchen weiß und das «reine Licht der Vernunft»[37] auf alle Dinge und ihren Schöpfer werfen kann. Als «vernünftiger Heide» legt Sokrates seine metaphysischen Beweise vor, die Mendelssohn «nach dem Geschmacke unserer Zeiten einzurichten gesucht»[38] hat.

Seine Beweisführung für die Unsterblichkeit der Seele stützt sich zum einen auf eine naturphilosophische Lehre seiner Zeit. Mendelssohn greift auf das Prinzip der Kontinuität zurück: Alle Übergänge in der Natur vollziehen sich stetig über eine kontinuierliche Gesamtheit von Zwischenstufen. Dieses Prinzip würde verletzt, wenn es einen Sprung vom Dasein ins Nicht-Sein gäbe. So kann auch die Seele niemals zu existieren aufhören, weil ihre endgültige Vernichtung dem Grundgesetz der Natur widersprechen würde. Zum andern übernimmt Mendelssohn eine Bestimmung der metaphysischen Seelenlehre: Die Seele ist wesentlich einfach und unteilbar. Sie ist dem denkenden Subjekt als notwendige Einheit in der Fülle seiner verschiedenen Denkakte gegeben; und auch die menschliche Möglichkeit der Empfindung verweist auf eine personale Eigenart für sich, die in der Vielfalt unterschiedlicher Empfindungen identisch bleibt. Weil die Seele nicht wie materielle Dinge zusammengesetzt ist, kann sie durch keine Zerteilung zerstört werden. Die Demonstration seiner Gründe mag schwierig nachzuvollziehen sein. Doch Mendelssohn ist davon überzeugt, dass der gesunde Menschenverstand in der Lage ist, seine durch eine Kette einsichtiger Schlüsse erreichte Gewissheit zu fassen. Wie Sokrates vertraut er als Aufklärer darauf, die Menschen Schritt für Schritt zu Einsichten führen zu können, die ihnen ursprünglich und natürlich vertraut sind, auch wenn sie es nicht wissen. «Ich frage und forsche so lange, bis die verborgene Frucht ihres Verstandes ans Licht kömmt.»[39]

Die sechziger Jahre sind für Moses Mendelssohn ein Jahrzehnt des Erfolgs und Glücks. Im Juni 1762 kann er die große Liebe seines Lebens, die Kaufmannstochter Fromet Gugenheim aus Hamburg, heiraten. Mehrere Kinder kommen zur Welt.[40] 1763 erhält er den ersten Preis der Berliner Akademie für seine Abhandlung über das Problem der Evidenz in metaphysischen Wissenschaften. Im selben Jahr rückt er durch königliche Kabinettsorder in die dritte Gruppe der «außerordentlichen Schutzjuden» auf, die für sich, jedoch nicht für ihre Kinder, einen persönlichen Schutzstatus haben, weil sie als nützlich für das Gemeinwesen angesehen werden. Die Berliner Gemeinde befreit ihn von der Steuerzahlung. *Phaedon* wird 1767 ein großer literarisch-philosophischer Erfolg und macht seinen Verfasser berühmt. Gelehrte aus ganz Europa wollen seine Briefpartner sein, und zahlreiche Besucher wollen diesen ungewöhnlichen Menschen persönlich kennenlernen. Und als 1768 sein Arbeitgeber Isaak Bernhard stirbt, wird er Teilhaber der Seidenmanufaktur, die er mit großem ökonomischem Erfolg weiterführt und ausbaut.

Aus dem armseligen kleinen Talmudschüler Mosche aus Dessau ist ein anerkannter großer Philosoph und vermögender Geschäftsmann geworden. Doch dann geschieht plötzlich ein unerhörtes Ereignis, das ihn aus der Bahn wirft und in eine tiefe Krise stürzt. Er ist vierzig Jahre alt, als sein Denken eine folgenschwere Wende nehmen muss, die er unbedingt vermeiden wollte.

4. Warum der Jude kein Christ sein will

Mendelssohn ist erstaunt, als er im Oktober 1769 ein Paket erhält, in dem sich das noch ungebundene Exemplar eines Buches befindet, das gerade erst die Druckerei in Zürich verlassen hat. Es ist eine deutschsprachige Teil-Übersetzung von *La palingénésie philosophique*, französische Erstausgabe Genf 1769, einer philosophisch ausgeführten Entwicklungstheorie der lebendigen Wesen, wie sie gewesen sind und zukünftig sein werden, geschrieben von dem Genfer Naturforscher und Philosophen Charles Bonnet. Der Züricher Theologe Johann Caspar Lavater hat die Schlusskapitel übersetzt, in denen Bonnet seine biologische Theorie mit dem christlichen Gottesglauben verband. Die Vergangenheit und Zukunft der Lebewesen verweise demonstrativ auf die Existenz des Gottes, wie ihn die Christen als persönlichen Schöpfer anerkennen und anbeten. Lavater hat für diese biologisch-theologische Verknüpfung den programmatischen Titel gewählt: *Herrn Carl Bonnets philosophische Untersuchung der Beweise für das Christentum. Samt desselben Ideen von der künftigen Glückseligkeit des Menschen.* Der Theologe einer intensiven, gefühlsmäßig hoch gesteigerten Gottgläubigkeit und religiös überschwänglichen Glückseligkeit hat enthusiastisch Bonnets Schrift gelesen und die gelieferten *Beweise* «unter Freudentränen über die Gewißheit meiner Religion»[41] übersetzt.

Mendelssohn kennt einige Schriften Bonnets und schätzt ihn als Naturforscher. Er sollte sich also über die Zusendung des frischen Drucks freuen. Doch dann liest er die voran abgedruckte Anschrift, mit der sich Lavater öffentlich an ihn wendet. Das Buch ist ihm gewidmet. Das Widmungsschreiben klingt zunächst wie eine schöne Danksagung. Lavater erinnert Mendelssohn an einen Besuch, den er ihm sechs Jahre zuvor in Berlin abgestattet hat. Es sollen einige der glücklichsten Stunden seines Lebens gewesen sein, als er mit ihm, es war im März 1763, auch über das Christentum gesprochen habe und der jüdische Mendelssohn dabei eine «*philosophische* Achtung über den *moralischen* Charakter seines Stifters bezeugt» habe. Lavater lobt Mendelssohns liebenswürdigen Umgang, seine tiefen Einsichten, seine Liebe zur Philosophie, vor allem den vortrefflichen «Charakter *eines Israeliten, in welchem kein Falsch ist*». All das dient ihm zur Vorbereitung einer Bitte und einer Beschwörung, die er am Schluss der Widmung vor «dem GOtte der Wahrheit, Ihrem und meinem Schöpfer und Vater» auszusprechen wagt. Mendelssohn soll Bonnets Beweisschrift für das Christentum nicht unparteiisch lesen, sondern sich entscheiden: entweder versuchen, «dieselbe *öffentlich* zu widerlegen, wofern Sie die *wesentlichen* Argumentationen, womit die Thatsachen des Christenthums unterstützt sind, nicht richtig finden: Dafern Sie aber dieselben richtig finden, zu thun, was Klugheit, Wahrheitsliebe, Redlichkeit Sie thun heissen; – was *Socrates* gethan hätte, wenn er diese Schrift gelesen, und unwiderleglich gefunden hätte.»[42] In diesem Fall solle sich Mendelssohn zwar nicht wie Sokrates selbst töten. Aber er müsse seinen jüdischen Glauben aufgeben und Christ werden, wenn er keine Einwände gegen Bonnets Beweise fände. Dazu sei der deutsche Sokrates durch seine standhafte Wahrheitsliebe verpflichtet.

Lavater wird später betonen, dass es nicht seine Absicht gewesen sei, den verehrten Mendelssohn zu nötigen, die beweisbaren Tatsachen des Christentums zu widerlegen, oder ihm ein jüdisches Glaubensbekenntnis abzunötigen. Er habe ihn nur zu einer philosophischen Untersuchung auffordern wollen, im gemeinsamen Interesse an der Wahrheit.[43] Doch das ist nur die halbe Wahrheit. Denn es geht ihm in seiner öffentlichen Widmung, unterzeichnet am 25. August 1769, um mehr und anderes. Zum einen ist Lavater von einer christlichen Gotttrunkenheit berauscht, die nur in der Christusreligion einen Weg zur Glückseligkeit sehen lässt. Messianisch ersehnt er die Wiederkehr Christi und den Beginn eines «Tausendjährigen Königreichs»[44], in dem auch die gesamte jüdische Nation zu ihrem eigenen Glück christlich wird. Zum anderen verbindet sich dieses christuszentrierte Feuer mit einem starken missionarischen Eifer. Er will den jüdischen Weltweisen zum Proselyten machen, einem Neubekehrten, der seinen irrenden Glauben aufgibt und zur wahren Religion übertritt. Dafür legt er seine Schlinge aus, in der er Mendelssohn zu fangen versucht.

Mendelssohn sieht die Falle, in die er gelockt wird. Was tun? Er befindet sich in einem Dilemma. Er kann sich erstens als Jude nicht ernstlich auf einen theologischen Streit mit dem Christentum einlassen und die herrschende Glaubenslehre als unrichtig zu widerlegen versuchen. Ein Affront gegen das religiöse Fundament der deutsch-christlichen Leitkultur würde alle verächtlichen Vorurteile gegen sein Judentum stärken: Der Jude als Mörder Christi, wenngleich nur auf argumentativer Ebene. Doch er kann auch die zweite Möglichkeit nicht ernsthaft verwirklichen. Würde er seinem Judentum abschwören und zum christlichen Glauben übertreten, so würde er nicht nur verleugnen, wovon er überzeugt ist, sondern sein ganzes bisheriges Leben in religiöser Hinsicht als einen großen Irrtum verwerfen. Er würde zugestehen, dass er als kluger und vernünftiger Denker zuvor nicht richtig nachgedacht hat und erst von einem Christen auf den richtigen Weg gebracht werden musste. Und auch eine dritte Möglichkeit, die Lavater nicht erwähnt, bleibt ihm verwehrt. Er kann die Herausforderung nicht ignorieren und mit Schweigen übergehen. Er muss sich als «Israelit, in welchem kein Falsch ist» auf den öffentlichen Kampfplatz begeben, auf den ihn der schwärmerische Christ gelockt hat. Denn als Mann der Aufklärung darf er nicht den Makel auf sich nehmen, seine eigenen Überzeugungen und Argumentationen nicht vor dem Forum der Öffentlichkeit vertreten zu können.

Lavaters freundliche Widmung stellt Mendelssohns ausbalanciertes Lebenskonzept radikal in Frage. Was er bisher in ein harmonisches Gleichgewicht gebracht hat, wird nun auf ungewollte Weise zerstört: sein öffentlicher Auftritt als ein Gelehrter, der als gleichberechtigter Bürger zur «Republik der Weltweisen» gehört, und seine private Lebensform, mit der er die jüdischen Gesetze befolgt, wie er sie seit frühester Jugend als Talmudschüler studiert hat. Vor dem Publikum der Leserwelt hat er sich einen Namen nicht als gläubiger Jude, sondern als vernünftig denkender Literaturkritiker und Philosoph gemacht. Man nennt ihn den «Locke der Deutschen»[45] wegen seines klaren, eleganten Schreibstils oder den «deutschen Sokrates» wegen seiner erhellenden argumentativen Methodik, die von den ersten *Philosophischen Gesprächen* bis zum *Phaedon* immer feiner und souveräner wurde. Wenn er sich dabei auf religiösen Glauben und theologisches Wissen ein-

gelassen hat, dann nur im Sinne einer allgemeinen Vernunftreligion, die keiner göttlichen Offenbarung und keiner heiligen
Schrift bedarf, sondern jedem Menschen natürlich zugeschrieben
werden kann.

Dagegen hält er sein Judentum für seine Privatangelegenheit.
Er ist sich zwar sicher, dass es bei seiner Befolgung der mosaischen Gesetze vernünftiger zugehe als im Christentum mit seinen
unglaublichen Wundern und seinem sonderbaren Glauben an die
Dreieinigkeit Gottes. Die partielle Menschwerdung Gottes und
seine qualvolle Ermordung am Kreuz, die nach dem Willen der
ersten Person in der trinitarischen Gottheit geschehe, scheint ihm
eine unglaubliche Phantasie zu sein. Auch die Annahme ewiger
Höllenstrafen, die Lehre von der Erbsünde oder der Glaube an den
Satan und böse Geister seien mit Vernunftgründen nicht nach-
vollziehbar und widersprächen jeder begründbaren Erkenntnis-
möglichkeit.[46] Doch das muss er ja nicht publik machen. Öffentliche Religionsstreitigkeiten hält er in der Regel für nutzlos; und
oft seien sie, wie die Erfahrung zeige, auch schädlich und gefährlich, weil sie mehr Menschenhass als Erleuchtung oder Einsicht
bewirken. Außerdem ist er grundsätzlich tolerant gegenüber anderen Glaubensformen, und seien sie noch so albern, solange sie
nicht die harmonische Geselligkeit der Menschen zerstören, für
ihre Glückseligkeit nicht schädlich sind und zu ihrer moralischen
Besserung beitragen können.

Einige Monate denkt Mendelssohn über seine Entgegnung auf
Lavaters Herausforderung nach. Am 12. Dezember 1769 beendet
er sein *Schreiben an den Herrn Diaconus Lavater zu Zürich*, das
Friedrich Nicolai als Broschüre veröffentlicht. Geschickt entzieht
er sich der angebotenen Alternative. Er greift weder argumentativ
offen die Glaubenslehren des Christentums an, noch will er sich
taufen lassen. Stattdessen erzählt er eine kleine Geschichte, die
ihn selbst betrifft. Zunächst weist er Lavater darauf hin, «daß ich
meine Religion nicht erst seit gestern zu untersuchen angefan-

gen»[47] habe. Schon als junger Talmudschüler habe er seine Meinungen und Handlungen zu prüfen gelernt, und während seines späteren Berufslebens habe er seine abendlichen Ruhe- und Erholungsstunden der Weltweisheit und den schönen Wissenschaften gewidmet, wobei er die Religion seiner Väter nie aus den Augen verloren habe. Sein Eintritt in die neue Welt der Philosophie habe ihn nicht von seiner Religion entfernt, von deren Wahrheit er im Herzen überzeugt geblieben sei. Denn nach vieljährigem Forschen sei die Entscheidung völlig zum Vorteil seiner Religion ausgefallen.

Bemerkenswerterweise bezieht sich Mendelssohn in seiner Erinnerung nur auf eine Autorität. Er nennt Rabbi Moses Maimonides beim Namen, den toleranten jüdischen Aufklärer des Mittelalters, der ihn auf die Vereinbarkeit von jüdischem Gesetz und vernünftiger Erkenntnis hingewiesen hat und als *«Führer der Verwirrten»* zur ersten Orientierung diente. Auch die zentrale These seines Schreibens an Lavater übernimmt Mendelssohn von Maimonides. Gegen den missionarischen Eifer des Züricher Diakons stellt er den Grundsatz des Maimonides, dass das Judentum, im Gegensatz zum Christentum, niemanden bekehren will, der nicht nach jüdischem Gesetz geboren worden ist. «Dieser Geist der Bekehrung, dessen Ursprung einige so gern der jüdischen Religion aufbürden möchten, ist derselben gleichwohl schnurstraks zuwider. Alle unsere Rabbinen lehren einmüthig, daß die schriftlichen und mündlichen Gesetze, in welchen unsere geoffenbarte Religion bestehet, nur für unsere Nation verbildlich seyen. *Mose* hat *uns* das Gesetz geboten, es ist ein *Erbtheil der Gemeinde Jacobs.* (Siehe Talmud *von den Synedrien*, fol. 59. Majemonides von den Königen, Cap. 8. §. 10.) Alle übrigen Völker der Erde, glauben wir, seyen von Gott angewiesen worden, sich an das Gesetz der Natur und an die Religion der Patriarchen zu halten. (*Die sieben Hauptgebote* der Noachiden, welche ungefähr die wesentlichen Gesetze des Naturrechts in sich fassen.) Die ihren Lebenswandel nach den

Gesetzen dieser Religion der Natur und der Vernunft einrichten, werden *tugendhafte Männer von andern Nationen* genennet, und diese sind Kinder der ewigen Seligkeit. (Majemonides von der Buße C. 3. §. 5. Von den Königen C. 8. §. 11.)»[48]

Im Unterschied zum Christentum sei das Judentum nicht der ausschließliche Weg zur Erlösung und zur kommenden Welt der Glückseligkeit. Es befinde sich nur auf besondere Weise mit den Grundsätzen der natürlichen Religion, die der allgemeinen Menschenvernunft entsprechen, in Übereinstimmung. Mit dieser Verbindung von Toleranz und Vernünftigkeit nehme es einen Ehrenplatz in der Kultur der Aufklärung ein. Das ist 1769 Mendelssohns Glaubensbekenntnis, mit dem er sich aus Lavaters Schlingen zu befreien hofft.

Es sollte ihm nicht gelingen. Lavater lässt nicht locker. Der Streit weitet sich aus und erregt öffentliches Interesse. Lavater schreibt eine *Antwort an den Herrn Moses Mendelssohn zu Berlin*, in der er noch einmal seinen Wunsch *«Wollte Gott, dass Sie ein Christ wären!»* nachdrücklich unterstreicht und seine «entzückende Überzeugung» ausdrückt, «Sie, wo nicht itzo, doch gewiß in der Zukunft unter den glücklichen Anbetern *desjenigen* zu finden, *dessen Erbtheil die Gemeinde Jacobs ist*, meines Herren und Meisters *Jesus Christus*; hochgelobt in die Ewigkeit. Amen! Zürich, den 14. des Februars 1770.»[49] Mendelssohn entgegnet mit einer *Nacherinnerung*, Berlin, den 6. April 1770, wobei er noch einmal seinen Glauben nicht auf Wunderwerke und übersinnliche Offenbarungen gründet, sondern auf die Anerkennung der jüdischen Gesetze. «Wer mehrern Unterricht von dieser jüdischen Grundlehre zu haben wünschet, lese nach *Majemonid. von den Grundlehren des Gesetzes.*»[50] Beide Schriften werden im Verlag von Friedrich Nicolai veröffentlicht. Neue Mitstreiter betreten den Kampfplatz. Das Duell zwischen dem Christen und dem Juden eskaliert 1770 zur allgemein interessierenden Affäre. Freunde und Gegner Mendelssohns nutzen die Gelegenheit, ihre Haltung gegenüber ihm und dem Judentum öffentlich zu machen. Der erste große Kulturkampf zwischen Christentum und Judentum beginnt, wobei auch starke antisemitische Aggressionen publizistisch in Szene gesetzt werden.

Zwischen Lavater und Mendelssohn scheint es zwar zu einer versöhnlichen Schlichtung des Streits zu kommen. Am 15. Januar 1771 schreibt der Berliner Jude seinen letzten Brief an den Züricher Christen. Es sei Zeit, den alten Religionshass zwischen Juden und Christen aus der Welt zu schaffen und das Beste beider Religionen anzunehmen. Doch er selbst fühlt sich erschöpft und traumatisiert durch diese Auseinandersetzung, in die er unfreiwillig hineingezogen worden ist. Im Frühjahr 1771 erleidet er einen psycho-physischen Zusammenbruch. Kopfschmerzen, Schwindelanfälle und Herzrhythmusstörungen quälen ihn. Eines Nachts wacht er auf und kann sich nicht mehr bewegen. «Es war mir nehmlich dabei, als wenn etwas glühendes vom Gehirn herab, den Rückgrad entlang, einströmen wollte, und Widerstand fände, oder als wenn jemand mit glühenden Ruthen mir den Nacken geißelte.»[51]

Die psychosomatische Krise leitet eine entscheidende Wende ein. Durch den Konflikt mit Lavater wird Mendelssohns Denken auf die religiöse Macht des Judentums und die gesellschaftliche Situation der Juden gerichtet. «Bis zur Kontroverse mit Lavater war er, wenn auch Jude, ein deutscher Schriftsteller und Philosoph. Nun hatte Lavater, der einen Christen aus ihm hatte machen wollen, ihn zu der Erkenntnis geführt, dass er als Sprecher aller Juden in Deutschland, vielleicht sogar in Europa, die moralische Verpflichtung habe, sich der Probleme seiner Glaubensbrüder anzunehmen.»[52]

5. Bürgerliche Verbesserung und religiöse Toleranz

Unter den Folgen seines Zusammenbruchs hat Mendelssohn viele Jahre zu leiden. Kalte Kopfduschen, Fußbäder, Aderlässe, strenge Diät und viel Ruhe sollen den körperlichen Zustand verbessern. Seine Nervenschwäche ist mit starken Depressionen verbunden. Der Arzt rät ihm, auf größere geistige Anstrengungen und gelehrte Auseinandersetzungen zu verzichten. Aus Liebe zu ihm verzichtet Friedrich Nicolai auf seine häufigen Besuche, um den Erschöpften nicht durch angeregte Gespräche zu belasten.

Als es ihm etwas besser geht, beginnt Mendelssohn mit einer neuen Tätigkeit. In den siebziger Jahren konzentriert er sich vor allem auf Übersetzungsprojekte aus dem Hebräischen ins Deutsche. Sie helfen nicht nur ihm über seine Krise hinweg, sondern haben auch für seine christlichen Mitbürger und seine jüdischen Glaubensbrüder einen kulturpolitischen Nutzen: Sprachübersetzung als Kulturvermittlung. Den Christen ermöglicht er einen genaueren Einblick in die Grundlagen des jüdischen Lebens und Glaubens; und den Juden, die meist nur das Jiddische beherrschen, öffnet er einen Zugang zur deutschen Sprachkultur.

Schon um 1770 hat Mendelssohn begonnen, die alttestamentarischen *Psalmen* zu übersetzen. Als seine Nerven wieder einigermaßen stabil sind, nimmt er die Arbeit um 1773 wieder auf. Er hofft, dadurch sein inneres Gleichgewicht zu finden. Denn für ihn sind diese *Psalmen* eine heilige Dichtkunst, die jedem Menschen zur seelischen Stärkung helfen kann. «Soviel ist gewiß, mir haben die Psalmen manche bittere Stunde versüßt, und ich bete und singe sie, so oft ich ein Bedürfniß zu beten und zu singen bey mir verspüre.»[53] Mehr als zehn Jahre wird er sich damit beschäftigen, für diese biblischen Dichtungen eine freie rhythmisierte Versform zu finden, in der sich die Einheit von poetischer Form und religiösem Gehalt ausdrücken lässt.

Unter dem Protektorat des Berliner Oberrabbiners Hirschel

Lewin stellt Mendelssohn zwischen 1773 und 1776 die *Ritual-gesetze der Juden* systematisch zusammen und übersetzt sie ins Deutsche. Die preußische Justiz soll die Grundlagen der innerjüdischen Rechtsprechung aus erster Hand kennenlernen.

Und schließlich beginnt Mendelssohn in diesen Jahren auch noch mit seinem. Bibel-Großprojekt, bei dem ihm einige junge jüdische Gelehrte helfen. Er übersetzt die *Fünf Bücher Mose*, die er auch ausführlich kommentiert. Bisher gab es nur Luthers Übersetzung des Alten Testaments aus der lateinischen *Vulgata*. Jetzt endlich liegt eine deutsche Übersetzung des Originals vor, die zunächst mit hebräischen Buchstaben gedruckt wird. So kann sie von Juden gelesen werden, die zwar nur die hebräischen Buchstaben beherrschen, aber damit auch einen Zugang zur deutschen Sprache finden können. Über den Anlass und den Zweck seiner Übersetzung mit Kommentar, die in mehreren Bänden 1780 bis 1783 publiziert wird, berichtet er einem Freund: «Ich verlohr die Fähigkeit zu meditiren, und mit ihr Anfangs den größten Theil meiner Zufriedenheit. Nach einiger Untersuchung fand ich, daß der Ueberrest meiner Kräfte noch hinreichen könne, meinen Kindern und vielleicht einem ansehnlichen Theil meiner Nation einen guten Dienst zu erzeigen, wenn ich ihnen eine bessere Uebersetzung und Erklärung der heiligen Bücher in die Hände gebe, als sie bisher gehabt. Dieses ist der erste Schritt zur Cultur, von welcher meine Nation leider! in einer solchen Entfernung gehalten wird, daß man an der Möglichkeit einer Verbesserung beynahe verzweifeln möchte.»[54]

Geht es Mendelssohn bei seinen Übersetzungen um eine kulturelle Verbesserung der jüdischen Lebensform, so gibt es bald Gelegenheiten und Gründe, sich auch politisch für die *bürgerliche Verbesserung der Juden* zu engagieren. Die achtziger Jahre beginnen mit einer Anfrage. 1780 erreicht ihn ein Bittgesuch jüdisch-deutscher Gemeinden im französischen Elsass. Ihre Lage sei katastrophal und trostlos. Sie haben überhöhte Schutzgelder zu zahlen, seien von Handel und Handwerk ausgeschlossen und verfügten nur über beschränkte Aufenthaltsrechte. Könnte nicht der auch in Frankreich bekannte und anerkannte «Juif à Berlin» für den französischen Staatsrat eine Denkschrift verfassen, um eine Verbesserung ihrer Situation zu erwirken?

Bisher hat Mendelssohn sich hinsichtlich der «jüdischen Frage» öffentlich zurückgehalten. Er hielt es für besser, wenn christliche Schriftsteller oder Politiker auf das Schicksal der Juden aufmerksam machten. Ein Engagement in eigener Sache könnte die vorherrschenden Vorurteile verstärken. Deshalb wendet er sich an den preußischen Verwaltungsbeamten Christian Wilhelm Dohm, der seit 1779 in Berlin als Geheimer Staatsarchivar tätig ist. Das ist ein aufgeklärter menschenfreundlicher Jurist und Theologe, dessen historisches Wissen und klaren Verstand Mendelssohn schätzt. Dohm erklärt sich bereit, zusammen mit ihm ein *Mémoire sur l'etat des Juifs en Alsace* zusammenzustellen. Die gemeinsame Arbeit an diesem Memorandum bringt Dohm auf eine weiter reichende Idee. Er will eine umfangreiche Schrift verfassen und die Situation der Juden, vor allem in Preußen, zu einem Musterbeispiel notwendiger Aufklärung machen. Schon bald hat er seinen Plan verwirklicht.

1781 erscheint in Friedrich Nicolais Verlagsbuchhandlung Dohms epochale Schrift zur Judenemanzipation: *Ueber die bürgerliche Verbesserung der Juden*, mit der er eine doppelte Absicht verfolgt. Zum einen formuliert er eine Reihe konkreter Empfehlungen, um die Juden aus ihrem unfreiwilligen und unwürdigen Außenseiterdasein zu befreien. Er fordert für sie die bedingungslose Gewährung elementarer Staatsbürger- und Menschenrechte. Nur so könnten sie nützliche Glieder der Gesellschaft werden. Sie sollen dieselben Rechte wie alle anderen Untertanen haben; es soll ihnen völlige Erwerbsfreiheit gewährt werden; sie sollen Land besitzen und Ackerbau betreiben dürfen; alle Bildungsanstalten des Staates sollen ihnen zugänglich sein, wobei der Staat sich in besonderem Maße um die sittliche Bildung und Aufklärung der Juden sorgen soll; an allen Orten soll ihnen eine völlig freie Religionsausübung garantiert sein; in ihrem Rechtswesen sollen sie weitgehend autonom sein und nach Möglichkeit ihren eigenen «Ritualgesetzen» unterworfen bleiben.[55]

Diese Vorschläge werden zum anderen getragen von Dohms grundsätzlicher Einsicht, dass die Juden Menschen sind wie alle anderen und folglich auch wie solche behandelt werden müssen. Das ist für ihn als Aufklärer eine natürliche und einfache Wahrheit, die der gesunden Vernunft und allgemeinen Menschlichkeit entspricht. Entgegengesetzte Meinungen sind dagegen nur Ausdruck verfestigter Vorurteile, die einer unglücklichen geschichtlichen Dialektik folgen: Der traurige Zustand der jüdischen Lebensform und ihre Absonderung vom produktiven Hauptstrom der Gesellschaft sind Ergebnisse der «finsteren Politik», mit der man die Juden behandelt hat. Was man ihnen vorwirft, ist nur die Wirkung der ungerechten Gesetze und unmenschlichen Bedingungen, unter denen sie bisher leben mussten. «Diese Politick ist ein Überbleibsel der Barbarey der verflosnen Jahrhunderte, eine Wirkung des fanatischen Religionshasses, die der Aufklärung unserer Zeit unwürdig und durch dieselbe längst hätte getilgt werden sollen.»[56]

Mendelssohns Einfluss auf Dohms Empfehlungen und Einsichten ist nicht zu übersehen. Aber er ist nicht mit allem einverstanden. Deswegen greift er selbst zur Feder, um seine eigenen Vorstellungen zu Papier zu bringen. Anfang April 1782 erscheint bei Friedrich Nicolai sein *Anhang* zu Dohms Schrift. Er publiziert eine deutschsprachige Übersetzung der Schrift *Vindiciae Judaeorum* des portugiesischen Rabbi Manasseh Ben Israel, eines der leitenden Köpfe der Amsterdamer Juden im 17. Jahrhundert. Diese *Rettung der Juden* war 1656 in London veröffentlicht worden als ein Plädoyer für die Rückkehr der Juden nach England, von wo sie gegen Ende des 13. Jahrhunderts vertrieben worden waren. An Oliver Cromwell richtete Rabbi Manasseh sein *Sendschreiben zur Beantwortung einiger Fragen, die ihm ein vornehmer und gelehrter Engländer, die Beschuldigungen betreffend, die man der jüdischen Nation zu machen pflegt, vorgelegt hat.* Es beginnt mit einer verzweifelten Geste. Mit bitteren Tränen und einer beklemmten Seele beweint Manasseh «jene harte und schreckliche Anklage einiger Christen wider die zerstreuten niedergebeugten unter ihnen wohnenden Juden, daß sie (ich zittere indem ich es niederschreibe!) bey der Feyer ihres Osterfestes, zur Gährung ihres Brodts sich des Bluts einiger Christen bedienen, die sie zu diesem Ende umgebracht haben».[57] Wie ungeheuer muss der blindwütige Hass gegen die Juden sein, dass man ihnen ernsthaft vorwirft, christliche Kinder zu stehlen und zu peinigen, Kreuze und christliche Bilder durch schändliche Rituale zu entweihen, Christen zu berauben oder durch geschickte Handelsgeschäfte zu betrügen! All das seien nur Vorurteile oder Zeichen eines verwerflichen Aberglaubens, die seit Jahrhunderten zur Unterdrückung der Juden dienten, versuchte Manasseh Cromwell zu überzeugen, in der Hoffnung, wieder in England leben zu können.

Mendelssohn macht nicht nur diese Verteidigungsschrift den deutschen Lesern zugänglich, «jetzt, da so viel und mancherley von und über die Juden gesprochen wird».[58] Er verfasst dazu auch eine längere *Vorrede.* Es ist das erste Mal, dass er sich öffentlich zum Judentum und dessen gesellschaftlicher Situation äußert, und es ist zugleich eine sehr persönliche Stellungnahme, in der er von sich als Jude spricht. Schon mit dem ersten Satz weist er auf sein eigenes Schicksal hin. «Dank sey es der allgütigen Vorsehung, daß sie mich am Ende meiner Tage noch diesen glücklichen Zeitpunkt hat erleben lassen, in welchem die Rechte der Menschheit in ihrem wahren Umfange beherzigt zu werden anfangen.»[59] Es ist ein Anfang gemacht. Die Menschenrechte nehmen zu an politischer Kraft und gewinnen auch für Juden an Bedeutung. 1781 hat Kaiser Joseph II. ein «Toleranzedikt» für die jüdischen Gemeinden in Böhmen erlassen, das in den folgenden Jahren auf das ganze Habsburgische Reich erweitert worden ist. Als «fremde Religionsverwandte» besitzen sie rechtlich den Status von Schutzjuden, die nach wie vor eine Reihe von Sondersteuern zu bezahlen haben und von bestimmten Erwerbszweigen, wie Landwirtschaft und Handwerk, ausgeschlossen bleiben. Immerhin werden sie allgemein «geduldet», und ihre spätere Emanzipation wird gesellschaftspolitisch antizipiert. Langsam beginnt sich die Idee auszubreiten, dass die religiöse Toleranz nicht nur für die verschiedenen christlichen Religionsparteien gelten soll. Man denkt auch «an Heiden, Juden, Mohametaner und Anhänger der natürlichen Religion»[60]. In dieser Hinsicht bedankt sich Mendelssohn bei dem «weisesten Regenten», König Friedrich II., in dessen Staat jeder nach seiner Fasson selig werden können sollte, und er blickt dabei dankbar auf seine eigene Entwicklung zurück: «Unter seinem glorreichen Zepter habe ich Gelegenheit und Veranlassung gefunden, mich zu bilden, über meine und meiner Mitbürger Bestimmung nachzudenken, und über Menschen, Schicksal und Vorsehung, nach Maßgabe meiner Kräfte, Betrachtungen anzustellen.»[61]

Er ist dabei nicht allein gewesen. Der philosophische Dichter Lessing, sein lebenslanger Freund, dessen *Nathan der Weise* (1778) Moses Maimonides und Moses Mendelssohn nachgebildet ist, und der philosophierende Staatsbeamte Dohm waren seine Weg- und Kampfgefährten. Beide haben die Menschlichkeit des Menschen ins Zentrum der Aufklärungsphilosophie gerückt. Die Bestimmung des Menschen lieferte den Maßstab, um geschichtliche Fortschritte und Fehlentwicklungen beurteilen zu können. «Der Weltweise aus dem 18ten Jahrhunderte hat sich über den Unterschied der Lehren und Meinungen hinweggesetzt, und in dem Menschen nur den Menschen betrachtet.»[62] Dabei hat vor allem Dohm als Menschenrechtler entscheidend zur Klärung und Lösung des Judenproblems beigetragen. Aber all diese positiven Entwicklungstendenzen haben noch nicht jene negative Dialektik zwischen Ausgrenzung und «Kulturlosigkeit» aufheben können, die Dohm hellsichtig festgestellt hat. Mendelssohn folgt ihm mit seinen eigenen Worten: «Man fährt fort, uns von allen Künsten, Wissenschaften und andern nützlichen Gewerben und Beschäftigungen zu entfernen; versperret uns alle Wege zur nützlichen Verbesserung, und macht den Mangel an Cultur zum Grunde unserer fernern Unterdrückung. Man bindet uns die Hände, und macht uns zum Vorwurfe, daß wir sie nicht gebrauchen.»[63] Doch es gibt zwei wichtige Punkte, bei denen Mendelssohn seinen christlichen Mitstreitern nicht zustimmt.

Seinem Freund Lessing, der am 15. Februar 1781 gestorben ist, widerspricht er bei der Beantwortung der Frage, ob es in der Geschichte einen Fortschritt in moralischer und religiöser Hinsicht gibt. Wird die Menschheit im Lauf der Zeit besser? Und wird ihr durch Traditionen und Gewohnheiten beeinflusster religiöser Glaube immer vernünftiger, um sich schließlich in einer ewigen göttlichen Vernunftwahrheit zu vollenden? In seiner letzten religionsphilosophischen Schrift, die 1780 erschienen ist, hat Lessing eine positive Antwort gegeben. Ja, es gibt diese fortschreitende *Erziehung des Menschengeschlechts*, in der sich geschichtliche Entwicklung und vernünftige Erkenntnis, historische Zufälligkeiten und ewige Wahrheiten dynamisch vermitteln.[64] Das Historische ist vom Rationalen nicht streng getrennt. Die Geschichte ist ein Prozess, in dem sich die Vernunft verwirklicht und schrittweise in ihrer erhabenen Größe erfüllt. Auch die Religion folgt diesem Zusammenspiel. Sie ist weder bloß zufällig im Sinne eines geschichtlichen Ereignisses, das zu einer bestimmten Zeit stattgefunden hat; noch gehört sie ganz in den Bereich eines Notwendigen und Ewigen. Vielmehr ist sie eine Erscheinung des Unendlichen im Endlichen, des Ewig-Vernünftigen im geschichtlichen Werden.

Wie der einzelne Mensch sich von der Kindlichkeit über die Jugend zum Erwachsensein entwickelt, so gebe es auch eine Erziehung der Menschheit, die Lessing an der Entwicklung der Religion nachvollzogen hat, wobei er sich auf die Geschichte des Monotheismus konzentrierte. Sie begann mit dem ersten Menschen, der von Anfang an mit einem Begriff von einem einzigen Gott ausgestattet war. Nach dessen Zerteilung in viele Götter fanden die Juden, in Gefangenschaft bei den weisen Persern, zurück zum göttlichen Einen, der nun nicht mehr bloß der Größte unter all den verschiedenen Nationalgöttern war, sondern der eine Gott. Dann kam Christus als der erste zuverlässige, praktische Lehrer einer reinen Seele, die für ihr Gutsein mit der Unsterblichkeit belohnt wird. Später konnte die christliche Botschaft als vernünftig nachgewiesen werden. Ihre geoffenbarte Wahrheit erhellte sich als Vernunftwahrheit, wobei der Aufklärung eine wegweisende Rolle zukam. Die Wahrheiten des Neuen Testaments wurden durch eine vernünftige Spekulation aufgehoben, die auf die gegenwärtig «höchste Stufe der Aufklärung und Reinigkeit»[65] intendierte. Ihre Vollendung sah Lessing jedoch nicht in seiner Gegenwart, sondern in einer Zeit, die kommen wird. Die Vernünftigkeit des Christentums wird sich in einer immer besseren Zukunft verwirklichen, bis sie sich endlich in der «Zeit eines *neuen ewigen Evangeliums*»[66] vollendet, in der der Mensch das Gute nicht mehr tun wird, weil er dafür belohnt wird, sondern weil es das Gute ist.

Moses Mendelssohn ist seinem Freund auf dessen Weg von einem anfänglich kindlichen Glauben über Judentum und Christentum zu einer reinen Vernunftreligion nicht gefolgt. Für ihn gibt es keinen Fortschritt vom Unvollkommenen zum Vollendeten, von einer dunklen Vergangenheit ins reine Licht der Zukunft, vor allem nicht in moralischer und religiöser Hinsicht. Religiosität und humane Sittlichkeit sind überzeitlich, sich weitgehend immer gleich und stets sich selbst gegenwärtig. Die Bestimmung des Menschen hat mit der Geschichte nichts zu tun, mit ihren ständigen Schwankungen und Abwegen, Irrationalitäten und Widersprüchen. «Nach den Begriffen des wahren Judentums sind alle

Bewohner der Erde zur Glückseligkeit berufen, und die Mittel derselben so ausgebreitet, als die Menschheit selbst.»[67] Immer schon, überall und stets jetzt. Zwischen einem rohen Naturzustand, in dem die Menschen ihre natürlichen Kräfte erproben, und einer hochkultivierten Zivilisation, in der sie durch Wissenschaft und Kunst unterstützt werden, mag es einen epochalen Unterschied geben. «Aber vielleicht bleibt das Maaß und Gewicht ihrer Sittlichkeit in allen diesen mannigfaltigen Epochen, im Ganzen genommen, ungefähr dasselbe.»[68]

Das menschliche Geschlecht ist für Mendelssohn keine kollektive Einheit, die wie ein Individuum vom Kind zum Erwachsenen erzogen wird. Es ist die Gesamtheit aller Menschen, die als solche zu ihrer «Glückseligkeit» befähigt und berufen sind, wobei die Geschichte keinen notwendigen Fortschritt bedeutet, sondern eine permanente Irritation und Gefährdung der humanen Bestimmung des Menschen ist. Gegen die letzte große religiöse Grundüberzeugung Lessings steht Mendelssohns Bekenntnis: «Ich für meinen Theil habe keinen Begriff von der Erziehung des Menschengeschlechts, die sich mein verewigter Freund Lessing von, ich weis nicht, welchem Geschichtsforscher der Menschheit, hat einbilden lassen. (...) Der Fortgang ist für den einzelnen Menschen, dem die Vorsehung beschieden, einen Theil seiner Ewigkeit hier auf Erden zuzubringen. Jeder gehet das Leben hindurch seinen eigenen Weg; diesen führt der Weg über Blumen und Wiesen, jenen über wüste Ebenen oder über steile Berge und gefahrvolle Klüfte. Aber alle kommen auf der Reise weiter, und gehen ihres Weges zur Glückseligkeit, zu welcher sie beschieden sind. Aber daß auch das Ganze, die Menschheit hienieden, in der Folge der Zeiten immer vorwärts rücken, und sich vervollkommnen soll, dieses scheinet mir der Zweck der Vorsehung nicht gewesen zu seyn. (...) Nun findet ihr, in Absicht auf das ganze Menschengeschlecht, keinen beständigen Fortschritt in der Ausbildung, der sich der Vollkommenheit immer näherte. Vielmehr sehen wir das

Menschengeschlecht im Ganzen kleine Schwingungen machen, und es that nie einige Schritte vorwärts, ohne bald nachher, mit gedoppelter Geschwindigkeit, in seinen vorigen Stand zurück zu gleiten. (…) Der Mensch gehet weiter, aber die Menschheit schwankt beständig zwischen festgesetzten Schranken, auf und nieder, behält aber im Ganzen betrachtet, in allen Perioden der Zeit ungefähr dieselbe Stufe der Sittlichkeit, dasselbe Maaß von Religion und Irreligion, von Tugend und Laster, von Glückseligkeit und Elend.»[69]

Der zweite Streitpunkt betrifft den Vorschlag Dohms, der den Juden, wie jeder kirchlichen Gemeinschaft, die religiöse Macht zugesteht, ihre Mitglieder wegen Fehlverhaltens oder religiöser Häresie auf gewisse Zeit oder für immer ausschließen zu können. Dieses «Bannrecht» widerspricht jedoch fundamental Mendelssohns Grundüberzeugungen, in denen die Entwicklungsmöglichkeiten jedes einzelnen Menschen eine zentrale Rolle spielen. Vielleicht erinnert er sich an seine eigene Bildungsgeschichte. Denn auch er hätte damals ja verbannt werden können, als er als junger Talmudschüler begann, deutsche Bücher zu lesen und sich selbständig in die neuzeitliche Philosophie der Aufklärung einzuarbeiten. Vielleicht denkt er an Moses Maimonides, der seinen Horizont für die griechische Philosophie geöffnet hat, oder an seinen Glaubensbruder Baruch de Spinoza, der wegen seiner Beziehungen zu dem philosophischen Freidenker Juan de Prado 1656 aus der jüdischen Gemeinde in Amsterdam ausgeschlossen worden ist. Mendelssohn ist Aristoteles und Platon gefolgt und hat sich in seinem *Phaedon* die Maske eines Heiden aufgesetzt, um auf die Offenbarung von Glaubenswahrheiten verzichten zu können.

Es hätte also genug Gründe gegeben, den «deutschen Sokrates», der für sich seinen eigenen Weg der Vernunft und der Liebe gewählt hat, mit dem jüdischen Bann zu belegen. Zum Glück ist es nicht geschehen, und Mendelssohn hat sich durch eigene Willensanstrengung zur Leitfigur der jüdischen Aufklärung bilden können. Und so scheint er zwar gegen Dohms Empfehlung über-persönlich mit Vernunftgründen zu argumentieren. Aber in jedem Satz spürt man, dass es dabei auch um ihn als einzelnen Menschen geht. Nicht zufällig wählt er oft das Personalpronomen der ersten Person Singular. «Kirchliche Rechte, Kirchliche Gewalt und Macht. – Ich muß gestehen, daß ich mir von diesen Redensarten keinen deutlichen Begriff machen kan. (...) Am wenigsten weis ich von Rechte und Gewalt über Meinungen, die die Religion ertheilen und der Kirche zukommen sollen. Die wahre, göttliche Religion maßt sich keine Gewalt über Meinungen und Urtheile an; giebt und nimmt keinen Anspruch auf irdische Güter, kein Recht auf Genuß, Besitz und Eigenthum; kennet keine andere Macht, als die Macht durch Gründe zu gewinnen, zu überzeugen, und durch Überzeugung glückseelig zu machen. Die wahre, göttliche Religion bedarf weder Arme noch Finger zu ihrem Gebrauche; sie ist lauter Geist und Herz.»[70]

Verstand und Gefühl, Vernunft und Glauben charakterisieren die Menschen, die einen klaren Kopf haben, guten Willens sind und dem Gott der Liebe folgen. Gegenüber der Macht, den Rechten und der gesetzlichen «Kirchenzucht» religiöser Vormünder sind sie die eigentlichen Subjekte humaner Autonomie. In ihrem Namen verwirft Mendelssohn das Ausschließungs- und Bannrecht, das Dohm der jüdischen Obrigkeit als Vorrecht zugestanden hat, wobei er den «Bann» als einen verwerflichen Akt der intoleranten Selbstzerstörung durchschaut. «Zu den erleuchtesten und frömmsten unter den Rabinen und Aeltesten meiner Nation habe ich das Zutrauen, daß sie sich eines so schädlichen Vorrechts gern entäussern, auf alle Religions- und Synagogenzucht gern Verzicht thun, und ihre Mitbürger von ihrer Seite dieselbe Liebe und Duldung genießen lassen werden, nach welcher sie selbst bisher so sehr geseufzt haben. Ach! meine Brüder! ihr habt das drückende Joch der Intoleranz bisher allzuhart gefühlt, und vielleicht eine Art von Genugthuung darinn zu finden geglaubt, wenn euch die Macht eingeräumet würde, euern Untergebenen ein gleichhartes Joch aufzudrücken. Die Rache suchet ihren Gegenstand, und wenn sie andern nichts anhaben kan; so nagt sie ihr eigenes Fleisch. (...) Liebet; so werdet ihr geliebt werden! Berlin, den 19ten März 1782.»[71]

Das wollen nun vor allem einige christliche Leser so nicht stehen lassen. In Mendelssohns *merkwürdiger Vorrede zu Manasseh Ben Israel* erkennen sie das Judentum nicht wieder, das in ihren Augen durch strenge Zeremonialgesetze, eiserne Kirchenbande und intolerante Dogmatik bestimmt sei. Mendelssohn sei kein richtiger Jude mehr, wenn er jedes Kirchenrecht ablehne und für eine wahre Religion des Geistes und Herzens plädiere. Wieder, wie schon in seiner Affäre mit Johann Caspar Lavater, wird er aufgefordert, seinen jüdischen Glauben aufzugeben. Mit seinem Plädoyer für eine Religion der Liebe sei er dem Christentum näher gekommen, wird die neue Schlinge ausgelegt. Seien Sie konsequent – «nur noch ein Schritt, so sind Sie einer der unsrigen geworden!»[72] Doch Mendelssohn will Jude bleiben und kein Proselyt werden. Die Gründe dafür legt er 1783 in *Jerusalem oder über religiöse Macht und Judentum* öffentlich vor, dem kühnen und souveränen Werk eines radikalen Aufklärers, der selbstbewusst sein Judentum lebt.

Jerusalem ist die klarste und deutlichste Darstellung und Begründung der fundamentalen Überzeugungen Mendelssohns, deren Ursprung in seiner frühen Jugend liegt. Wir wollen hier nur kurz an John Locke und Moses Maimonides erinnern, deren Schriften Mendelssohn schon als junger Talmudschüler gelesen hat. Sie haben tiefe Spuren in seinem grundlegenden Werk hinterlassen, das für das moderne Judentum ebenso wegweisend ist wie für die Aufklärung in Deutschland überhaupt.[73]

Bereits der Aufbau von *Jerusalem* erinnert an Lockes *Brief über Toleranz*, den Mendelssohn während seiner ersten Berliner Jahre studiert hat. Zunächst klärt er die Aufgaben von Staat und Kirche, die streng voneinander getrennt werden müssen. Der Staat regelt durch zwingende Gesetze das bürgerliche Zusammenleben der Menschen; die Kirche gestaltet das Verhältnis zwischen Gott und den Menschen, wobei ihr kein Zwangsrecht zukommt. «Alle Rechte der Kirche sind, Vermahnen, Belehren, Stärken und Trösten, und die Pflichten der Bürger gegen die Kirche sind ein *geneigtes Ohr* und ein *williges Herz*.»[74] Dann geht Mendelssohn, wie Locke, auf die «Toleranzpflicht» ein. Sie betrifft sowohl den Staat, der sich gegenüber allen Religionen absolut tolerant zu verhalten habe, als auch die Kirche. Denn religiöse Handlungen und Überzeugungen «leiden, ihrer Natur nach, weder Zwang noch Bestechung. Sie fließen entweder aus freiem Antriebe der Seele, oder sind ein leeres Spiel, und dem wahren Geiste der Religion zuwider.»[75] Überhaupt kennen die Gesinnungen und Meinungen der Menschen, wenn es um ihr Seelenheil geht, keinen Zwang, stimmt Mendelssohn Locke zu, der ein Jahrhundert früher geschrieben hat, «daß die Sorge für sein Heil nur jeden selbst angeht. Aller Zwang und gewaltsamer Druck muß vermieden werden. Nichts darf auf Befehl geschehen. Jeder hat für sich die höchste und uneingeschränkte Autorität, für sich selbst zu urteilen.»[76]

Welche besondere Eigenart bleibt dann noch für das Judentum übrig? Diese Frage, die ihm zutiefst ins Herz dringt, beantwortet Moses Mendelssohn im Sinne von Moses Maimonides, dessen Schriften er noch in Dessau gelesen hat, bevor er 1743 nach Berlin gewandert ist. Sein eigener Glaube folgt dem *Buch der Gesetze*, der *Wiederholung der Gesetze* (Mischneh Torah) und dem *Wegweiser für die Verwirrten* (More Newuchim) des mittelalterlichen jüdischen Aufklärers. Das Wesen des Judentums besteht für ihn nicht aus Glaubenswahrheiten, die übernatürlich offenbart worden sind. Judentum ist keine geoffenbarte Religion wie das Christentum. Es gründet vielmehr in der Gesetzgebung, die Moses auf dem Berg Sinai für das jüdische Volk erhalten hat. Indem sie befolgen, was sie alltäglich tun und lassen sollen, demonstrieren gläubige Juden ihr Judentum, wobei der Wert ihrer eigentümlichen «Zeremonialgesetze» nur darin besteht, sie zum Nachdenken über das zu veranlassen, was sie für sittlich gut halten sollen. «Die Israeliten haben göttliche *Gesetzgebung*. Gesetze, Gebote, Befehle, Lebensregeln, Unterricht vom Willen Gottes, wie sie sich zu verhalten haben, um zur zeitlichen und ewigen Glükseligkeit zu gelangen; dergleichen Sätze und Vorschriften sind ihnen durch Mosen auf eine wunderbare und übernatürliche Weise geoffenbaret worden; aber keine Lehrmeinungen, keine Heilswahrheiten, keine allgemeine Vernunftsätze. Diese offenbaret der Ewige uns, wie allen übrigen Menschen, allezeit durch *Natur* und *Sache*, nie durch *Wort* und *Schriftzeichen*.»[77]

6. In der Gesellschaft von Freunden der Aufklärung

Zur selben Zeit entschließen sich einige Männer in Berlin, gemeinsam für die Ideale der Aufklärung zu kämpfen. Seit dem Frühjahr 1783 suchen sie Mitstreiter, um eine «Gesellschaft von *Freunden der Aufklärung*» zu bilden, die zunächst geheim gehalten wird, um ein höchstmögliches Maß an Geistesfreiheit zu sichern, die durch keine staatliche oder kirchliche Macht kontrolliert und eingeengt werden soll. Bald haben sich zwölf Gründungsmitglieder zusammengefunden. Im Sinne Shaftesburys setzen sie auf die Freiheit des kleinen Kreises und eine Kultur des gegenseitigen Respekts.[78] Es sind hochrangige Politiker, Juristen, Ärzte, Pädagogen und Theologen, die sich alle zwei Wochen, jeweils am Mittwoch, reihum in wechselnden Wohnungen treffen, «um durch freundschaftlichen Gedankenwechsel sich wechselseitig den Geist aufzuklären und dadurch Begriffe mancherlei Art sich selbst deutlich zu machen.»[79]

Zu dieser «Mittwochsgesellschaft», wie sie sich informell und unverdächtig nennt, gehören als erste Mitglieder, um nur die wichtigsten zu nennen: der Jurist und Publizist Johann Erich Biester, Sekretär des preußischen Kulturstaatsministers Karl Abraham Freiherr von Zedlitz, der für Kirchen- und Unterrichtsangelegenheiten in Preußen zuständig ist; der Schuldirektor und Reformpädagoge Friedrich Gedike; der Gymnasiallehrer und «Philosoph für die Welt»[80] Johann Jakob Engel; der äußerst emsige Verleger, Buchhändler und Schriftsteller Friedrich Nicolai, der als Berliner Hauptaufklärer gilt; der Geheime Justizrat Ernst Ferdinand Klein, der sich am stärksten für Denk- und Druckfreiheit engagiert; und nicht zuletzt der Geheime Kriegsrat im auswärtigen Dienst Christian Wilhelm Dohm, dessen Buch *Ueber die bürgerliche Verbesserung der Juden* zwei Jahre zuvor veröffentlicht worden ist und Mendelssohn zu seinen grundlegenden Gedanken über religiöse Macht, Judentum, Glaubensfreiheit und allgemeine Toleranz angeregt hat.

Ihnen allen geht es nicht um das Erreichen eines vorher festgelegten Ziels, über das bereits Einigkeit besteht. Man streitet miteinander und will durch dialogisches Argumentieren herausfinden, was man gemeinsam für richtig und vernünftig halten kann. Biester hat die Grundregel des Gesellschafts-Statuts formuliert: «Jedes Mitglied verspricht auf seine Ehre, vollkommene Toleranz aller Meinungen, selbst derer, die ungereimt scheinen möchten, und keine Art von Anfeindung darüber weder in noch außerhalb der Gesellschaft.»[81] Worüber man sich zunächst innerhalb des Freundeskreises klarzuwerden versucht, findet seinen öffentlichen Ausdruck in der *Berlinischen Monatsschrift*. Sie ist bereits Anfang 1783 von Biester und Gedike gegründet worden, und fast alle Mitglieder der bald erweiterten Mittwochsgesellschaft publizieren Beiträge in diesem Zentralorgan der Spätaufklärung in Preußen.

Die Zahl der Mitglieder der Mittwochsgesellschaft ist auf 24 begrenzt. Auch Moses Mendelssohn wird von Biester zur Teilnahme eingeladen. Man schätzt ihn besonders als einen Denker, der sich für Gedankenfreiheit und eine weit reichende religiöse Toleranz engagiert. Vor kurzem ist sein *Jerusalem* erschienen und hat bei den Berliner Aufklärern große Aufmerksamkeit und Zustimmung gefunden. Mit Nicolai ist er schon seit 1755 befreundet, mit Dohm hat er sich für die Judenemanzipation eingesetzt, die meisten anderen Mitglieder sind ihm persönlich bekannt. Doch Mendelssohn sagt ab. Er fühle sich gesundheitlich nicht wohl, leide an Nervenschwäche und sei zu konzentrierter geistiger Mitarbeit nicht in der Lage.

Im Oktober 1783 hakt Biester nach. Er schickt Mendelssohn die Gesellschaftsstatuten und eine Liste der Mitglieder zu und macht ihm einen neuen Vorschlag. Weil man sein Urteil schätzt, will man ihm die Nachschriften der Vorträge zukommen lassen. Seine kritische Stellungnahme könne er in einer der «Kapseln» abgeben, die zwischen den Freunden der Aufklärung geheim zirkulieren. «Wollen Sie dies erlauben und gütig genug sein, zuweilen Ihr Votum zu geben? Sie werden auf diese Weise ein Ehrenmitglied der Gesellschaft und haben Fug und Recht, wenn Sie wollen oder wenn es Ihre Bequemlichkeit erlaubt, die Gesellschaft zu besuchen, oder nicht zu besuchen, wie es Ihnen beliebt.»[82] Mendelssohn akzeptiert Biesters Vorschlag, und in den beiden kommenden Jahren zeichnet er sich durch besonderen Eifer aus. Er ist kein ordentliches Mitglied, spielt aber eine zentrale Rolle. Vor allem zu zwei Problemen liefert er bedeutsame Beiträge.

Der erste große Meinungsstreit betrifft das Selbstverständnis der Aufklärer selbst. Wir alle wollen zwar aufklären, stellt der Prediger und Oberkonsistorialrat Johann Friedrich Zöllner im Dezember 1783 fest. Aber die grundlegende Frage – «*Was ist Aufklärung?*» – haben wir noch nicht ausreichend beantwortet. Was soll man praktisch für die Aufklärung der Mitbürger tun? Soll Aufklärung gänzlich ungebunden sein, oder müssen bestimmte Grenzen eingehalten werden? Soll sie nur die Gebildeten oder auch die einfachen Menschen betreffen, also Volksaufklärung sein? In den kommenden Monaten werden dazu einige Vorträge gehalten und diskutiert. Zuerst wird ein schriftlicher Beitrag des besonders emsigen Mitglieds Johann Karl Friedrich Möhsen, Leibarzt Friedrichs II., über die Frage herumgeschickt: «Was ist zu thun zur Aufklärung der Mitbürger?», zu dem Mendelssohn am 26. Dezember 1783 sein verkapseltes Votum abgibt.

Mendelssohns Text zeichnet sich durch eine konsequente Bejahung der ungebundenen Gedankenfreiheit aus. Denn es ist ihm kein Beispiel aus der Geschichte bekannt, wo eine unbegrenzte Aufklärungsarbeit oder freie Meinungsäußerung «der öffentlichen Glückseligkeit *wirklich* geschadet hat».[83] Es mag zwar viele Fälle geben, in denen man fest gefügte, traditionsmächtige nationale Vorurteile von rechtschaffenen Menschen nicht aggressiv angreifen müsse. Es gelte in dieser Hinsicht Nutzen und Schaden sorgfältig abzuwägen. Und oft sei es ja auch so gewesen, dass eine konsequente Aufklärung, vor allem in Religionsdingen, zunächst Irritation und Unsicherheit erzeugt habe und als bedrohlich wahrgenommen worden sei. Aber nach den ersten Jahren der Krise seien die Zeiten doch in der Regel besser geworden. Die anfänglichen Gefahren erwiesen sich als «Vorboten der Verbesserung». Auch die Frage, ob die Grenzen der Aufklärung «durch *Gesetze* und *Censores* bestimmt»[84] werden sollen, verneint Mendelssohn. Er lehnt alle kirchlichen oder staatlichen Zensurmaßnahmen radikal ab. Verantwortlich für die mögliche Begrenzung der Aufklärung sei allein der einzelne Aufklärer. Nur auf seine Aufrichtigkeit und kluge Situationseinschätzung komme es an.

In einem Brief an August von Hennings wird Mendelssohn seine Überzeugung später noch einmal klar und deutlich formulieren. Vor allem gegen die Glaubenseiferer (Zeloten), die vor den Gefahren der Aufklärung warnen und sie zu hemmen versuchen, richtet er sein Argument: «Der Aufklärer, der nicht unbedachtsam zufahren und Schaden anrichten will, hat sorgfältig auf Zeit und Umstände zu sehen und den Vorhang nur in dem Verhältnisse aufzuziehen, in welchem das Licht seinen Kranken heilsam seyn kann. Aber die Entscheidung muß ihm selbst überlassen werden, und keine öffentliche Anstalt darf hierin Maaß und Ziel setzen. Die Zeloten haben Recht, wenn sie zuweilen die Folgen der Aufklärung für bedenklich halten. Der Trugschluß liegt bloß darin, daß sie euch bereden wollen, den Fortgang derselben zu hemmen. Aufklärung hemmen, ist in aller Betrachtung und unter allen Umständen weit verderblicher, als die unzeitigste Aufklärung. Sie rathen also zu einem Mittel, das schädlicher ist als die Krankheit. Das Übel, welches zufälliger Weise aus der Aufklärung entstehen kann, ist außerdem von der Beschaffenheit, dass es in der Folge sich selbst hebt. Lasset die Flamme nur recht auflodern, so wird sie den Rauch selbst verzehren, den sie hat aufsteigen lassen.»[85]

Anschließend halten am 21. Januar 1784 der Oberkonsistorialrat Johann Friedrich Zöllner und der königliche Leibarzt Christian Gottlieb Selle ihre Vorträge, die heftig diskutiert werden. Dann ist auch Mendelssohn selbst an der Reihe.[86] Am 16. Mai 1784 trägt er seine Gedanken zur Aufklärung vor, die in der Septemberausgabe der *Berlinischen Monatsschrift* in erweiterter Form veröffentlicht werden: *Über die Frage: was heißt aufklären?* In seiner Antwort fasst er Grundüberzeugungen und -motive seines Denkens prägnant zusammen. Er erklärt grundsätzlich, dass es ihm vor allem auf die umfassende Bildung des Menschen ankomme, die seiner wesentlichen Bestimmung entspreche. Sie ist das Maß und das Ziel all seiner Bestrebungen und Anstrengungen. Ohne sie verliere man sich in Orientierungslosigkeit oder grundloser Aktivität. Begriffsklärungen führen den Grundgedanken weiter aus. «Bildung zerfällt in *Kultur* und *Aufklärung*. Jene scheint mehr auf das *Praktische* zu gehen», wie es in Handwerken, Künsten und Geselligkeitssitten gestaltbar ist. «*Aufklärung* hingegen scheinet sich mehr auf das *Theoretische* zu beziehen. Auf vernünftige Erkenntnis (objekt.) und Fertigkeit (subjekt.) zum vernünftigen Nachdenken über Dinge des menschlichen Lebens nach Maßgebung ihrer Wichtigkeit und ihres Einflusses in die Bestimmung des Menschen.»[87]

Aufklärung und Kultur gehören also zusammen. Nur im Wechselspiel miteinander ermöglichen sie die Bildung eines Volkes. Ohne die Korrektive der Arbeit, Kunst und Geselligkeit bleibt Aufklärung abstrakt; ohne vernünftige Erkenntnis und richtigen Verstandesgebrauch ist Kultur eine bloße Spielerei. Mit dieser Verschränkung kommt Mendelssohn am Ende seines Aufsatzes auf eine geschichtsphilosophische «Dialektik der Aufklärung»[88] zu sprechen, mit der er die Orientierungsgrundlage seines eigenen lebenslangen Denkens und Handelns skizziert, seit ihn Maimonides auf den Zusammenhang zwischen Vernunft und Lebensform, Aufklärung und Judentum aufmerksam gemacht hat. Wie eine Begründung für seine eigene vernünftige Religiosität klingt die allgemeine Bestimmung: «Wo theoretische Aufklärung und praktische Kultur mit gleichen Schritten fortgehen», da helfen sie sich gegenseitig und schützen sich vor ihrer Zerstörung. Wenn sie jedoch immer weiter auseinandertreten, drohen beide von innen heraus in ihr Gegenteil umzuschlagen und missbraucht werden zu können. «Mißbrauch der Aufklärung schwächt das moralische Gefühl, führt zu *Hartsinn, Egoismus, Irreligion* und *Anarchie*. Mißbrauch der Kultur erzeuget *Üppigkeit, Gleißnerei, Weichlichkeit, Aberglauben und Sklaverei*.»[89]

Neben dem Selbstverständnis der Aufklärung taucht schon früh in den Diskussionen der Mittwochsgesellschaft ein zweites Problem auf. Die Freunde der Aufklärung sehen sich zunehmend von Feinden der Aufklärung umstellt. Schwärmer und Geisterbanner, apokalyptische Träumer und sehnsüchtige Chiliasten, Wunderheiler und Alchemisten, offenbarungsgläubige Theosophen und erleuchtete Enthusiasten sind wieder auf dem Vormarsch. Das Zeitalter Friedrichs II., des Aufklärers auf dem preußischen Thron seit 1740, geht zu Ende. Der preußische Kronprinz, der 1786 als Friedrich Wilhelm II. König von Preußen werden wird, steht unter dem Einfluss eines Geistersehers, der die Aufklärer als Verführer des Volkes verachtet und bekämpft.

Beunruhigt über diese kulturpolitische Entwicklung hält Friedrich Gedike im Juli 1784 seinen Vortrag *Über die heutige Schwärmerei*, wobei er zunächst ein finsteres Bild malt. Das Gift der Schwärmerei ist überall wirksam. Jeder sieht «den Krebsschaden unseres Zeitalters, der immer weiter um sich frisst.»[90] Der Züricher Theologe Johann Caspar Lavater imaginiert ein Tausendjähriges Königreich und bietet *Aussichten in die Ewigkeit*, wobei er eine genaue Beschreibung der Stufen der Seligkeit im Jenseits liefert. Selbst Philosophen, man denke nur an den hochempfindsamen Glaubensphilosophen Friedrich Heinrich Jacobi, verlassen den Weg der Vernunft, «um sich von der Imagination und von dunklen Gefühlen am Seile leiten zu lassen».[91] Man braucht nur die Kataloge der Buchmessen der letzten zehn Jahre durchzublättern, um über die Menge des esoterischen, mystifizierenden und schwärmerischen Unsinns zu erstaunen. Was soll man dagegen tun? Gedike schlägt das Lachen als Heilmittel vor. Ist es nicht lächerlich, womit man es hier zu tun hat! Als vernünftiger Mensch kann man doch nicht ernst nehmen, was all die vielen überschwänglichen Enthusiasten vorführen oder vorspiegeln. «Allgemeine kalte vernünftige Widerlegung ist, wie die Erfahrung aller Zeiten gelehrt hat, eine sehr unwirksame Arznei gegen den Schwärmer. Weit wirksamer sind die beißenden Mittel des *Spottes* und der Satyre.»[92]

Am 19. August 1784 gibt Mendelssohn seine Stellungnahme zu Gedikes Vortrag ab. Zunächst weist er auf die Quelle hin, aus der Gedike seine Empfehlung bezogen hat. Er kennt die «Probe des Lächerlichen» des Third Earl of Shaftesbury, dieses «Lachen wir!», mit der er besonders die französischen Propheten (Kamisarden) und erleuchteten Quäker verspottet hat, die zu seiner Zeit die Geister zu verwirren drohten. Sein Freund Lessing hat ihn drei Jahrzehnte früher auf den englischen Gentleman und dessen Witz und Humor hingewiesen. Mendelssohns erste literarisch-philosophische Versuche *Über die Empfindungen* sind durch Shaftesburys Stil beeinflusst gewesen, dessen feinen Spott er schätzte und dessen *Freedom of Wit and Humour* er teilweise ins Deutsche übersetzte. «Shaftesbury war schon der Meinung: das beste Mittel, den Fortgang der Schwärmerei und des Aberglaubens zu hemmen, seyen Scherz und Laune.»[93] Doch nun ist er nicht mehr davon überzeugt, dass man damit den Kampf gewinnen könne, den es jetzt zu führen gelte. «Allein ächte Aufklärung ist es dann doch wohl nicht, wenn die Menschen, aus Furcht verspottet zu werden, ihren Aberglauben zu verheimlichen suchen. Sie ziehen alsdann höchstens die Maske der gesunden Vernunft vor, spotten wohl selbst mit, wo dieser Modeton herrscht, und sind nichts destoweniger in ihren geheimsten Schlafgemächern Schwärmer, verführte und auch verführende Schwärmer. Das einzige Mittel, Aufklärung zu befördern, ist *Aufklärung*. (...) Die Quelle des Übels kann nicht anders, als durch Aufklärung verstopft werden. Man helle den Gegenstand auf, so verschwinden die Gespenster. Man ziehe ans Licht, was so gerne im Finstern schleicht, bringe alles an den Tag, was man von den Bemühungen, Anstalten und Verrichtungen der Schwärmerei in Erfahrung bringen kann, mit Verachtung gegen die Verführer, wo er in seiner Blöse gezeigt werden kann; aber mit Verschonung und ohne Geißel der Satyre gegen den Verführten, der Mitleid aber nicht Hohn verdient.»[94]

Zwei Wochen später, am 1. September 1784, wiederholt Mendelssohn seine Überlegungen in einem Brief an den Arzt und Philosophen Johann Georg Zimmermann, der ihm sein Buch *Über die Einsamkeit* zugeschickt hat. Wieder erinnert er an Shaftesbury und dessen feinen Spott. Aber es scheint, als seien ihm angesichts der geistigen Situation der Zeit der Witz und die gute Laute verlorengegangen. Es ist ein melancholischer Ton, mit dem Mendelssohn in dieser vertraulichen Mitteilung daran erinnert, was er sein Leben lang gewollt hat. «Wir träumten von nichts als Aufklärung,

und glaubten durch das Licht der Vernunft die Gegend so auf-
gehellt zu haben, daß die Schwärmerey sich gewiß nicht mehr
zeigen werde. Allein wie wir sehen, steiget schon, von der andern
Seite des Horizonts, die Nacht mit allen ihren Gespenstern wieder
empor. Das Fürchterlichste dabey ist, daß das Uebel so thätig,
so wirksam ist. Die Schwärmerey *thut*, und die Vernunft begnügt
sich zu *sprechen*.»[95]

7. Das letzte Gefecht mit einem philosophischen Schwärmer

Mendelssohn fühlt sich heimisch im Kreis der Berliner Aufklärer.
Auch sein Familienleben entspricht seinen Vorstellungen einer
modernen bürgerlichen Familie. Seine Frau Fromet, seine Töchter
Recha und Brendel, die seit kurzem mit Simon Veit verheiratet
ist, und sein ältester, 1770 geborener Sohn Joseph, in den er große
Hoffnungen setzt und den er sich als seinen Nachfolger wünscht,
sie alle sind «gute, aufklärungswürdige Menschen, an deren Vergnügen ich auch herzlichen Antheil nehme»[96], teilt er im September 1784 stolz Zimmermann mit. Vor allem der vierzehnjährige
Joseph, der sich besonders für Physik und Chemie interessiert,
hat einen scharfen Verstand. Er forscht gern in den soliden Wissenschaften, während er für hebräische Sprache und talmudische
Gesetzesstudien nicht viel übrig hat. Aber Mendelssohn lässt ihn
seinen eigenen Weg gehen. Er lehnt erzieherischen Zwang ab und
ist sich sicher, dass der starke Charakter seines Sohnes sich eher
brechen als biegen lässt. Doch er will verhindern, dass Joseph, wie
die junge Generation überhaupt, den Glauben an Gott verliert.
Deswegen hält er es für seine Pflicht, «ihn frühzeitig zur vernünftigen Erkenntniß Gottes anzuführen»[97], und er entschließt sich,
ihm zusammen mit seinem Schwiegersohn Simon und einem
jungen Freund der Familie (Bernhard Wessely) die erforderliche

Anleitung zum richtigen Verstandesgebrauch in Fragen der Religion und des Glaubens zu geben.

In einigen frühen Morgenstunden zwischen fünf und neun Uhr, wenn er sich noch heiter und nervenstark fühlt, spricht Mendelssohn mit diesen drei jungen wissbegierigen Menschen über Gott und die Einsichten der natürlichen Religion. Statt sich auf jüdische Religionsgesetze, göttliche Offenbarungen oder religiöse Texte einzulassen, fordert er «diese drey Jünglinge von schätzbaren Geistesgaben und noch beßrem Herzen»[98] auf, ihren eigenen Verstand frei zu gebrauchen. In mehreren Sitzungen entfaltet er zunächst eine philosophische *Vorerkenntnis* über Wahrheit, Schein und Irrtum, über evidente Erkenntnis und verträumte Illusion, über Idealismus und Leib-Seele-Dualismus. Dann geht er ohne jeden Schulzwang auf die *Wissenschaftlichen Lehrbegriffe vom Daseyn Gottes* ein, die jeder vernünftige Mensch einzusehen und nachzuvollziehen vermag. Das Spektrum reicht vom Epikureismus bis zum Spinozismus, wobei auch Lessings «Verdienst um die Religion der Vernunft» behandelt wird. So entstehen, aus dem gemeinsamen morgendlichen Nachdenken, die siebzehn Aufsätze, die 1785 als *Morgenstunden oder Vorlesungen über das Daseyn Gottes* publiziert werden, Mendelssohns wichtigste philosophisch-theologische Abhandlung im Geist der Aufklärung.

Der Titel weist nicht nur auf die Entstehungsbedingungen hin. Er ist auch programmatisch gemeint. Mendelssohn will die Gottesfrage im hellen Licht des Vernunftgebrauchs aufklären, statt sich in dunkle Gefühle und verwirrende Nachtgedanken zu verlieren. Die *Morgenstunden* enden mit einer Verteidigung des klassischen ontologischen Gottesbeweises gegen mögliche Einwände. Im Anschluss an Descartes und Leibniz vertraut Mendelssohn nicht auf mysteriöse Offenbarungen oder religiöse Erlebnisse. Stattdessen will er einen «Beweisgrund *a priori*» vom Dasein Gottes demonstrieren, den er für zwingend hält. Er geht aus von der rein begrifflichen Bestimmung eines unendlichen, schrankenlosen, allervollkommensten und notwendigen Wesens. Aus der widerspruchslosen Denkbarkeit dieses allerhöchsten Wesens schließt er auf dessen Existenz, weil ohne sie dieses Wesen ja nicht seiner gedanklichen Bestimmung entsprechen würde. «Bleibt dieser Begriff des Allervollkommensten auch ohne die Vollkommenheit der Existenz noch denkbar? Kann der Inbegriff aller Realitäten ohne die Realität des würklichen Daseyns gedacht werden? Wenn dieses nicht ist; so stehet unser Schluß feste; so muß das Allervollkommenste auch würklich vorhanden seyn.»[99]

Mit seiner privaten morgendlichen Demonstration des notwendigen Daseins Gottes hat Mendelssohn zugleich die beiden Gegner bekämpft, die öffentlich an Macht und Einfluss gewinnen. Denn er sieht sich in den beiden letzten Jahren seines Lebens immer stärker von zwei Seiten bedroht. Für ihn sind es neue Gespenster, die zu zerstören drohen, wovon er als Aufklärer geträumt hat. Zu den alten Dämonen des Vorurteils, des Aberglaubens, der Intoleranz und der Unterdrückung gesellen sich Atheismus und Schwärmerei. Denn von der einen Seite macht sich ein gottloser Materialismus breit, der nur das für wirklich anerkennt, was man mit seinen natürlichen Sinnesorganen betasten und begucken kann. Gerade erst ist 1783 die deutsche Übersetzung des *Système de la nature* (1770) des französischen Materialisten Paul Henry d'Holbach veröffentlicht worden und hat viele Leser gefunden. Mendelssohn hält dieses *System der Natur*, in dem weder für eine unsterbliche Seele noch für einen übernatürlichen Gott Platz ist, für «seichtes Geschwätz»[100], das die französischen Materialisten durch Witz und Persiflage zu schmücken wissen. Von der anderen Seite fühlt Mendelssohn sich von einer zunehmenden Schwärmerei umgeben. Immer mehr Menschen glauben als Tatsache sehen und betasten zu können, «was seiner Natur nach nicht unter die Sinne fallen kann».[101] In die besten Köpfe und Herzen Deutschlands schleicht sich ein alberner Hang zur übersinnlichen Wahrnehmung Gottes ein, über den man lachen könnte,

wenn er nicht so ernst gemeint wäre und so gravitätisch daher-
kommen würde.

Schon seit zwei, drei Jahren streitet sich Mendelssohn in dieser Hinsicht mit Friedrich Heinrich Jacobi, einem vermögenden
Privatgelehrten, der in Pempelfort, nahe Düsseldorf, lebt und gegen Aufklärung und Rationalismus seine unmittelbare Erfahrung
göttlicher Existenz zu behaupten und verständlich zu machen
versucht. Bereits als junger Mann war er mystisch orientiert. Nur
im direkten Ich-Du-Verhältnis mit einem personalen Gott glaubte
er seine beklemmende Angst vor der körperlichen Vergänglich-
keit bewältigen zu können.[102] Dagegen war er äußerst misstrau-
isch gegen alle Versuche, Gottes Existenz rational zu beweisen,
und auch Mendelssohns Demonstrationen für die Unsterblichkeit der Seele waren ihm zu vernünftig. Sie besänftigten nicht die
Angst, unter der er litt.

Ein Anlass, mit dem berühmten Berliner Philosophen ins
Gespräch zu kommen, bot sich, als Jacobi 1783 erfuhr, dass Mendelssohn ein Buch über die Werke und den Charakter seines 1781
gestorbenen Freundes Lessing schreiben will. Jacobi hat Lessing
1780 in Wolfenbüttel besucht und mit ihm über Gott und die Welt
gesprochen. Dabei soll ihm Lessing offenherzig erklärt haben,
dass er sich zum überzeugten Anhänger Baruch Spinozas gewan-
delt habe. Lessing ein Spinozist, der Gott und Natur pantheistisch
identifiziert und keinen eigenständigen, von der Natur losgelös-
ten Gott anerkennt! Also streng genommen weder Christ noch
Deist, sondern ein Atheist, der die Natur vergöttert, die für ihn
Eins und Alles ist! Das musste Lessings Freund Mendelssohn mitgeteilt werden, und so begann im Sommer 1784 die Korrespon-
denz des Pempelforter Gläubigen mit dem Berliner Aufklärer, wobei die gemeinsame Freundin Elise Reimarus eine vermittelnde
Rolle spielte.

Als Jacobi im Sommer 1785 informiert wird, dass Mendelssohns *Morgenstunden* in Druck gegangen sind, entschließt er sich

zur Veröffentlichung seines privaten Briefwechsels mit Lessings altem Freund. Was vertraulich behandelt worden ist, wird publizistisch ausgebreitet und ausführlich kritisch kommentiert. Im Oktober 1785 erscheint in einem Breslauer Verlag Jacobis Kampfschrift *Über die Lehre des Spinoza, in Briefen an den Herrn Moses Mendelssohn.* Es beginnt der Spinoza- oder Pantheismusstreit, das letzte große Gefecht des jüdischen Aufklärers vor dem Forum der Öffentlichkeit.[103] Es wird angegriffen und verteidigt, behauptet und widerlegt, erinnert und korrigiert, geschwärmt und kritisiert. Zu einer Verständigung kommt es nicht, im Gegenteil. Die persönliche Beziehung wird zerrüttet, und philosophisch zugeschärft werden die unterschiedlichen geistigen Haltungen der beiden Kontrahenten.

Für den christlichen Glaubensphilosophen Jacobi führt jeder Versuch, mit Vernunftgründen die Existenz Gottes zu demonstrieren und aufzuklären, zu einem unerträglichen Atheismus. So sei der ontologische Gottesbeweis in Mendelssohns *Morgenstunden* nur der extremste Ausdruck des überheblichen Anspruchs, alles beweisen zu wollen und nichts als gegeben hinzunehmen. In der rationalen Tendenz, alles mit vernünftigen Mitteln zu demonstrieren, zeige sich der dogmatische Wille des Menschen, von nichts außer sich selbst abhängig zu sein. Damit aber entziehe sich ihm jede transzendente Wahrheit, die nicht im menschlichen Subjekt, sondern im göttlichen Dasein und seinem ewigen reinen Licht begründet sei. Gegenüber diesen atheistischen Verfehlungen kommt es für Jacobi darauf an, die Wahrheit in ihrer evidenten Transzendenz gläubig anzunehmen. Es gelte, die Grenze der rationalen Vernunft mit einem «Salto mortale» zu überspringen, um die entscheidenden religiösen Einsichten unmittelbar sinnlich-übersinnlich zu gewinnen. Gerade weil es durch wissenschaftliche Lehrbegriffe nicht erfasst werden könne und sich einem logischen Beweisverfahren entziehe – «so kann das Uebernatürliche auf keine andre Weise von uns angenommen werden, als es

uns gegeben ist; nehmlich als *Tatsache* – ES IST! Dieses Uebernatürliche, dieses Wesen aller Wesen, nennen alle Zungen: DEN
GOTT.»[104]

Für den jüdischen Aufklärer Mendelssohn dagegen kann diese
«Tatsache» nur eine schwärmerische Illusion sein. Sein eigener
Glaube und gesunder Menschenverstand sagen ihm, dass Gott
uns nicht sinnlich oder gefühlsmäßig gegeben ist. Es gebe keine
unmittelbare Einsicht in die Wirklichkeit des Übersinnlichen,
keine geoffenbarten Religionswahrheiten, sondern nur Überzeugung durch Argumente und Beweise. Gegen den Schwärmer Jacobi beharrt Mendelssohn bis zuletzt auf der erhellenden Kraft
der Vernunft.

Doch am stärksten wehrt er sich gegen die Zumutung, mit der
Jacobi seine Briefe *Über die Lehre des Spinoza* beendet hat. Wieder, wie schon im Lavater-Streit fünfzehn Jahre davor, wird er
als Jude aufgefordert, die göttliche Wahrheit anzuerkennen, die
allein durch Jesus Christus bezeugt worden ist. Jacobi wird gewusst haben, wie sehr er Mendelssohn mit seinem «Beschluss»
treffen konnte. Er «segnet und versiegelt» sein Werk mit Worten
aus dem «frommen Engelreinen Munde» Johann Caspar Lavaters: «*Ich bin in die Welt gekommen, der Wahrheit Zeugniß zu
geben.* Siehe da deinen großen Beruf, Mensch! du allein Wahr-
heitsfähiges königliches Erdengeschöpfe! (…) Wer allenthalben
Ueberzeugung hochhält, nie wider, nie ohne Ueberzeugung handelt, urtheilt, spricht – Der ist der redliche Rechtschaffene; eine
Ehre der Menschheit – Er ist *aus der Wahrheit*. Christus würd' ihn
einen *Sohn der Wahrheit* nennen.»[105]

Jacobi hat Lavater auf seiner Seite. Auch Mendelssohn ist nicht
allein. Er wird besonders von seinem langjährigen Freund Friedrich Nicolai unterstützt. Die meisten anderen Berliner Aufklärer
sehen in Jacobis Attacke eine Verschwörung, die von der «La-
vater-Partei» angezettelt worden ist. Mit christlich-missionari-
schem Sendungsbewusstsein will sie die «Fahne des Glaubens»[106]

gegen Ketzereien ins Feld führen, und in Mendelssohn glaubt sie den jüdisch-ungläubigen Antichristen erkannt zu haben, der im Kreis der Berliner Freunde der Aufklärung eine führende Rolle spielt. Wie kann er darauf reagieren? Mendelssohn fürchtet die Wiederkehr der schrecklichen körperlichen und geistigen Krise, in die ihn sein Streit mit Lavater gestürzt hat. Noch einmal würde er eine solche Qual nicht überleben.

In dieser aufgewühlten Situation denkt Mendelssohn an Immanuel Kant, dessen klaren Verstand und moralische Integrität er schätzt. Schon seit längerem kennen und respektieren sich die beiden Aufklärer, auch wenn sie in einigen Grundsätzen nicht übereinstimmen und ihr persönlicher Kontakt ein einmaliges Ereignis gewesen ist, als Mendelssohn im Sommer 1777 Kant in Königsberg besucht hat, den die sanfte Gemütsart, gute Laune und gebildete Intelligenz seines Gastes anregte und ermunterte. Beide haben die Preisfrage der Königlich Preußischen Akademie für das Jahr 1763 beantwortet, ob die metaphysischen Wahrheiten derselben Evidenz fähig sind wie die mathematischen. Der Berliner gewann den ersten, der Königsberger den zweiten Preis.

Kant schickte Mendelssohn 1766 seine Kritik an den Träumen des Geistersehers Emanuel Swedenburg, 1781 auch seine *Kritik der reinen Vernunft*, deren Widerlegung von Gottesbeweisen Mendelssohn verunsicherte. Besonders Kants logischer Nachweis von der Unmöglichkeit eines ontologischen Beweises vom Dasein Gottes, wie ihn Mendelssohn demonstrierte, musste ihn zutiefst irritieren. Hatte Kant recht mit seiner destruktiven Feststellung, dass der Vernunftbegriff eines absolut notwendigen, allerhöchsten Wesens bloß eine Idee ist, die eine Möglichkeit bestimmt, aber «ganz unfähig ist, um vermittelst ihrer allein unsere Erkenntnis in Ansehung dessen, was existiert, zu erweitern»? Und war Kants Argument nicht sogar gegen ihn als klug kalkulierenden Geschäftsmann gerichtet, als er das mögliche Erkenntnisobjekt Gott zur Nullexistenz erklärte? «Es ist also an dem so berühmten ontologischen Beweise, vom Dasein eines höchsten Wesens, aus Begriffen, alle Mühe und Arbeit verloren, und ein Mensch möchte wohl eben so wenig aus bloßen Ideen an Einsichten reicher werden, als ein Kaufmann an Vermögen, wenn er, um seinen Zustand zu verbessern, seinem Kassenbestand einige Nullen anhängen wollte.»[107] Mendelssohn hielt sich für zu schwach, um «dieses Nervenkraft verzehrende Werk» konzentriert studieren zu können, doch er gab die Hoffnung nicht ganz auf, «es in diesem Leben noch ganz durchdenken zu können.»[108]

Dafür ließ Mendelssohn dem «alles zermalmenden Kant»[109] als Gegengabe seine Schrift *Jerusalem oder über religiöse Macht und Judentum* zukommen. Kant lobte die besondere Gabe Mendelssohns, zugleich gründlich und elegant schreiben zu können, und er sprach seinem *Jerusalem* am 16. August 1783 brieflich das größte Lob aus: «Ich halte dieses Buch für die Verkündigung einer großen, obzwar langsam bevorstehenden und fortrückenden Reform, die nicht allein Ihre Nation, sondern auch andere treffen wird. Sie haben Ihre Religion mit einem solchen Grade von Gewissensfreiheit zu vereinigen gewußt, die man ihr gar nicht zugetraut hätte und dergleichen sich keine andere rühmen kann. Sie haben zugleich die Notwendigkeit einer unbeschränkten Gewissensfreiheit zu jeder Religion so gründlich und hell vorgetragen, daß auch endlich die Kirche unsererseits darauf wird denken müssen, wie sie alles, was das Gewissen belästigen oder drücken kann, von der ihrigen absondere, welches endlich die Menschen in Ansehung der wesentlichen Religionspunkte vereinigen muß; denn alle das Gewissen belästigende Religionssätze kommen uns von der Geschichte, wenn man den Glauben an deren Wahrheit zur Bedingung der Seeligkeit macht.»[110] Auch in ihren beiden, kurz aufeinander folgenden, Beantwortungen der Frage *Was ist Aufklärung?* für die *Berlinische Monatsschrift* sind Mendelssohn und Kant sich nahegekommen.

Es spricht also einiges dafür, Kant im Spinoza-Streit auf seiner

Seite zu haben, und so lässt Mendelssohn ihm ein frisches Druck-
exemplar seiner *Morgenstunden* zuschicken, das er am 16. Oktober 1785 mit einem Brief ins ferne Königsberg flankiert. Voller
Wut auf den schwärmerischen Jacobi teilt er Kant mit: «Er für
seine eigene Person zieht sich am Ende unter die Kanone des
Glaubens zurück u. findet Rettung u. Sicherheit in der Bastion
des seligmachenden *Lavater*'s, aus dessen ‹engelreinem› Munde
er am Ende seiner Schrift eine trostreiche Stelle anführt, die mir
keinen Trost geben kann, weil ich sie nicht verstehe. (...) Seine
eigene Person bringt er in Sicherheit u. verläßt seinen Freund
nackt u. wehrlos auf freiem Felde, daß er ein Raub oder ein Spott
der Feinde werde. Ich kann mich in dieses Betragen nicht finden
und möchte wissen, was rechtschaffene Männer davon denken.
Ich fürchte, die Philosophie hat ihre Schwärmer, die ebenso unge-
stüm verfolgen und fast noch mehr auf das Proselytenmachen gesteuert sind, als die Schwärmer der positiven Religion.»[111]

Mendelssohn kann nicht abwarten, was Kant über Jacobis Angriff denkt. Er fühlt sich zwar körperlich entkräftet, sein Nerven-
system ist geschwächt, die schriftliche Ausarbeitung der *Morgenstunden* hat seine geistige Energie erschöpft, und eigentlich will er
religiösen Streitigkeiten aus dem Weg gehen. Doch Jacobis *Briefe*
haben seinen Kopf und sein Herz zu sehr beunruhigt, als dass er
sich der Auseinandersetzung entziehen könnte. Und so schreibt
er gegen Ende des Jahres 1785 *An die Freunde Lessings*, um seine
Sicht der Dinge klarzumachen. So schnell wie möglich will er
das Manuskript in Druck geben. Am Freitag, dem 30. Dezember,
bringt er seine letzten Sätze zu Papier. Er stellt fest, dass der
Widerstreit zwischen ihm und Jacobi nicht zu schlichten ist, und
empfiehlt, den Disput zwischen dem Christen und dem Juden zu
beenden und den Kontakt abzubrechen.

«Er kehre zum Glauben seiner Väter zurück, bringe durch die
siegende Macht des Glaubens die schwermäulige Vernunft unter
Gehorsam, schlage die aufsteigenden Zweifel, wie in dem Nach-

satze seiner Schrift geschieht, durch Autoritäten und Machtsprüche nieder; *seegne* und *versiegele* seine kindliche Wiederkehr mit Worten aus dem *frommen, engelreinen Munde* Lavaters.

Ich von meiner Seite bleibe bey meinem jüdischen Unglauben, traue keinem Sterblichen einen *engelreinen Mund* zu, möchte selbst von der Autorität eines *Erzengels* nicht abhängen, wenn von ewigen Wahrheiten die Rede ist, auf welche sich des Menschen Glückseeligkeit gründet, und muß also schon hierin auf eigenen Füßen stehen oder fallen.«[112]

Am Samstag, dem letzten Tag des Jahres 1785, spätabends nach Sabbat-Ausgang, will Mendelssohn seine Erklärung *An die Freunde Lessings* noch schnell zur nahe gelegenen Druckerei von Christian Friedrich Voß bringen. Seine geliebte Fromet fleht ihn an, auf seine Gesundheit zu achten. Er soll nicht so eilen, und er möge sich doch wenigstens in einen Mantel hüllen, der ihn gegen die winterliche Kälte in den Straßen Berlins schütze. Doch überstürzt und ungeduldig verlässt er das Haus. Er will die bedrückende Affäre für sich so schnell wie möglich aus der Welt schaffen. Nach seiner Rückkehr fühlt er sich erleichtert.

Dann kommt der Rückschlag. Er hat sich eine schwere Erkältung zugezogen, die seine letzten Kräfte verzehrt. Am Montag wird Marcus Herz gerufen, sein Arzt, der bei Kant Philosophie studiert hat und dessen Lieblingsschüler gewesen ist. Herz trifft den gebückten, schmächtigen Mendelssohn im Kontor seiner Seidenmanufaktur, wo er sich mit Handlungsbüchern beschäftigt. «Wie geht es, mein lieber Moses? Sind Sie krank? – Ich habe mich Sonnabends erkältet, war seine Antwort, als ich meine Schrift im Betref der Jacobischen Sache zu Vossen brachte; es ist mir lieb, daß ich diese verdrießliche Sache vom Halse habe.»[113] Den Dienstag verbringt er kränker und schwächer, in einen wärmenden Pelz gehüllt, auf dem Sofa unter Lessings Büste sitzend.

Am Mittwoch, dem 4. Januar 1786, eilt am frühen Morgen der Arzt wieder zu ihm. Mendelssohn hat eine elende Nacht hinter sich. Marcus Herz ist über sein Aussehen und seinen Zustand erschrocken. «Seine Augen hatten nicht mehr jenes durchdringende Feuer, sein Gesicht war eingefallen und blaß.»[114] Herz weiß nicht recht, was er tun soll, weil Mendelssohn keine Arzneien verträgt. Er geht ins Nebenzimmer, um seiner Frau und seinem Schwiegersohn Simon Veit über seinen Zustand zu berichten. Ein Geräusch auf dem Sofa ruft ihn zurück. «Da lag er ohne vorhergegangenes Röcheln, ohne Zuckung, ohne Verzerrung, mit seiner gewöhnlichen Freundlichkeit auf den Lippen, als wenn ein Engel ihn von der Erde hinweggeküßt hätte. Sein Tod war der so seltne natürliche, *ein Schlagfluß aus Schwäche*. Die Lampe verlosch, weil es ihr an Oel gebrach, und nur ein Mann, wie er, von seiner Weisheit, Selbstbeherrschung, Mäßigkeit und Seelenruhe, konnte bey seiner Constitution die Flamme 57 Jahr brennend erhalten.»[115]

EINE TRÖSTENDE AUSSICHT IN DIE ZUKUNFT

Sind die Europäer Kantianer und wenn ja, warum sie dafür gute Gründe haben

Am Morgen des 11. September 2001 strahlte ein heiterer Spätsommerhimmel über New York, als plötzlich die Katastrophe geschah. Weltweit wurde am Fernseher miterlebt, wie zwei entführte Passagierflugzeuge in die beiden monumentalen Türme des World Trade Center hineinstürzten, sich gewaltige Explosionen in den höheren Stockwerken ereigneten und die stählernen Giganten in sich zusammenbrachen. Die terroristische Attacke mit ihren mehreren tausend Opfern war ein welthistorisches Ereignis im wörtlichen Sinn. Es vollzog sich medial und mondial vor den Augen der Weltöffentlichkeit und eröffnete zu Beginn des neuen Jahrtausends ein erschreckendes Szenario, das schockartig aus der Zukunft auf uns zuzukommen drohte. Was war «es»? Was war das für ein Ereignis, das wir mit seinem Datum benennen: der «11. September», «September eleventh» oder nur «9/11»?

Das erschütternde Ereignis am 11. September 2001 war Anlass für zahlreiche Analysen und Diskussionen in verschiedenen Hinsichten, aus denen sich ein komplexes Geflecht von Problemsituationen ergab. Es wurde tiefenpsychologisch als eine traumatische Erfahrung reflektiert, die stärkste Ängste hervorrief. Seit dem Einsturz der Twin Towers chiffriert «Nine-Eleven» die drohende

Gefahr, dass die Aggression noch lange nicht zu Ende ist und es noch schlimmer kommen kann. Es aktualisierte weltpolitisch die Auseinandersetzung mit der Perspektive, die Samuel P. Huntington 1996 für die Weltordnung des 21. Jahrhunderts entworfen hatte, dass es sich dabei nämlich nicht mehr um politische, wirtschaftliche oder kriegerische Konflikte zwischen Staaten handeln werde, sondern um einen *Clash of Civilizations,* einen Kampf zwischen den Angehörigen unterschiedlicher Kulturkreise, vor allem zwischen dem Westen, China und den islamischen Staaten.[1] Es ließ grundsätzlich über die Besonderheit der «Neuen Kriege» nachdenken, die sich nicht mehr unter die klassischen Begriffe des Krieges fassen lassen, weder als zwischenstaatlicher Krieg, noch als innerstaatlicher Bürgerkrieg, ja nicht einmal als Partisanenkrieg im Sinne Carl Schmitts, in dem Terror eingesetzt wird für eine angestrebte nationalstaatliche oder territoriale Souveränität.[2] Es verstärkte das völkerrechtliche Problem eines möglichen US-amerikanischen Präventivschlags gegen sogenannte «Schurkenstaaten» (rogue States), von denen sich die USA, vor allem nach der Auflösung des kommunistischen Blocks seit 1990, bedroht fühlten. 9/11 verschärfte die Auseinandersetzung mit den religiösen Grundlagen von Staaten, deren theokratische Herrschaftsstruktur sich durch eine Berufung auf eine Heilige Schrift legitimiert. Das apokalyptische Geschehen ließ die Horrorvisionen eines religiösen Fanatismus auftauchen, der vom Todestrieb beherrscht ist und in ein selbstzerstörerisches Märtyrertum hineintreibt. Es konturierte das psychologische Bild eines neuen Charaktertyps junger muslimischer Männer, die, wie etwa die an den Anschlägen beteiligten Mitglieder der Hamburger al-Qaida-Zelle, kulturell «dazwischen» leben, einerseits groß geworden in einer modernen, säkularisierten Gesellschaft, die sie zunächst wertschätzten, dann jedoch hasserfüllt zurückwiesen, andererseits beeinflusst von einem fundamentalistisch ausgerichteten Islam, dessen lebensweltliche Wurzeln ihnen dennoch fremd blieben.

Nicht zuletzt gab «Nine-Eleven» Anlass zu einer grundlegenden philosophischen Auseinandersetzung, die um die Frage kreiste: Welche Rolle kann Aufklärung heute spielen?

1. Kant und der Irak-Krieg

Hat es noch einen Sinn, sich auf die Geschichte und die Programmideen der Aufklärung zu beziehen, um sich in den gegenwärtigen und künftigen Krisen orientieren und vernünftige Lösungen finden zu können? Im Für und Wider der Argumente und Überzeugungen tauchte ein Name immer wieder auf: Immanuel Kant. Er stand im Mittelpunkt kontroverser Positionen hinsichtlich der Macht und Ohnmacht einer *europäischen* Aufklärung, die durch die US-amerikanische Machtpolitik und einen islamischen Fundamentalismus gleichermaßen herausgefordert wird. Wir wollen zunächst die Streitpunke skizzieren, bevor wir uns zur Klärung des Problems Kants Philosophie der Aufklärung selbst zuwenden.

Kurze Chronik der Kant-Debatte aus Anlass des 11. Septembers und seiner Folgen.

22. Oktober 2001. Als ihn die Nachricht vom 11. September erreichte, saß der französische Philosoph Jacques Derrida gerade mit einem Freund in einem Café in Shanghai. Er war auf einer Vortragsreise in China unterwegs. Kurz darauf reiste er nach New York, das er liebte. Das bot der Philosophiedozentin Giovanna Borradori die Gelegenheit, am 22. Oktober mit Derrida über diesen brutalen Akt zu sprechen. Was kann *Philosophie in Zeiten des Terrors* leisten? Im Büschel seiner Antworten hob sich ein Gedanke besonders hervor. Derrida knüpfte an seine politischen Überlegungen über ein «kommendes Europa» an, die er bereits 1990 skizziert hatte. Er verstand sich als ein Europäer, der dem Ideal der *Aufklärung*, der *Lumières*, des *Illuminismo* die Treue hielt, wobei er zugleich an einer Aufklärung unserer Zeit arbeiten wollte.[3] Um das traumatisierende Ereignis des 11. September philosophisch begreifen zu können, ergriff er Partei für ein neues Europa, das seine Vergangenheit nicht leugnet, sondern sie als eine Ressource betrachtet, um eine zukünftige Demokratie der Weltbürger denken zu können. Immanuel Kant hatte es zu seiner Zeit mit der Idee eines «Weltbürgerrechts» zu begreifen versucht. Seine kurze Abhandlung *Vom ewigen Frieden* verwies auf keine Tatsache, sondern auf eine Aufgabe, die nach und nach bewältigt werden müsse. Derrida verstand den «ewigen Frieden» als eine Zielvorstellung der Aufklärung, die für die weltgeschichtliche Entwicklung eine vernünftige Perspektive eröffnete und offen ließ. Daran galt es anzuknüpfen, im paradoxen Gestus einer Erinnerung an die Zukunft.[4]

Dezember 2001. Am 11. September war Jürgen Habermas zu Hause in Starnberg. Bald darauf reiste er nach New York, die «Hauptstadt des 20. Jahrhunderts», wo Giovanna Borradori mit ihm, wie zuvor mit Derrida, ein längeres Gespräch über *Fundamentalismus und Terror* führen konnte. Die monströse Tat der Terroristen, die für Habermas «die anarchistischen Züge einer ohnmächtigen Revolte»[5] trug, veranlasste auch ihn, an die Vergangenheit der europäischen Aufklärung als Leitidee für die Zukunft zu erinnern. Denn es war ja gerade dieses unvollendete Projekt einer über sich selbst aufgeklärten Moderne, das den Fundamentalismus zu seiner blindwütigen, gewaltsamen Reaktion motivierte. Dagegen helfen konnte Habermas zufolge längerfristig nicht die selbst-zentrierte «abgebrühte Supermachtpolitik»[6], für die sich die US-Regierung unter George W. Bush zu entscheiden schien. Es galt vielmehr eine Koalition gegen den Terrorismus zu bilden, «die im günstigsten Fall den Übergang vom klassischen Völkerrecht zu einem kosmopolitischen Rechtszustand befördern»[7] könnte. Dafür hatte Kant das Entwicklungsmodell skizziert. Nicht nur der Terrorismus von al-Qaida, sondern vor allem

die totalitären Regime des 20. Jahrhunderts mit ihren Grausamkeiten der politischen Massenkriminalität demonstrierten die
aktuelle Notwendigkeit dessen, was Kant als weltbürgerlichen Zustand antizipiert hatte. «Das ist eine Tatsache, und ich sehe auch
normativ keine sinnvolle Alternative zu dieser Entwicklung.»[8]

29. Januar 2002. Vor den Abgeordneten und Senatoren des amerikanischen Kongresses hielt US-Präsident Bush seine *Rede zur
Lage der Nation*, die landesweit im Fernsehen übertragen wurde.
Er begann dramatisch: «Unsere Nation ist im Krieg, unsere Wirt-
schaft ist im Tief, und der zivilisierten Welt drohen Gefahren, wie
es sie noch nie gegeben hat.» Bush erklärte dem Terrorismus weltweit den Krieg. Auch präventive Maßnahmen wurden legitimiert.
Vorbeugend sollten Regime, die die USA mit Massenvernichtungswaffen bedrohen, daran gehindert werden, sie zu entwickeln, zu
besitzen oder gar anzuwenden. Das betraf besonders die «Achse
des Bösen» – Irak, Iran, Nord-Korea – und ihre terroristischen
Verbündeten, die den Frieden der Welt bedrohten. Das Teuflische
gebe es wirklich. Es müsse bekämpft werden. Gott, so beschwor es
Bush als Manichäer, sei auf Seiten der USA.

Juni/Juli 2002. In der Zeitschrift *Policy Review N° 113* lieferte
Robert Kagan die politisch-philosophischen Argumente für die
Kriegspolitik der USA: *Power and Weakness*, Macht und Ohnmacht. Kagan war neokonservativer Schüler des politischen Philosophen Leo Strauss, einflussreicher Berater der Bush-Adminis-
tration, Mitbegründer der wichtigen Denkfabrik «Project for the
New American Century» (PNAC), Seniorpartner von «Carnegie
Endowment for International Peace» und regelmäßiger politischer Kolumnist verschiedener Zeitschriften. Für ihn ging es
weniger um das Verhältnis zwischen dem guten Amerika und den
Mächten des Bösen. Kagan zog eine andere Grenzlinie. Gegen die
militärische Machtpolitik der USA stellte er die Friedenssehn-
sucht des ohnmächtigen Europa. Für ihn war klar: Amerikaner
und Europäer haben eine unterschiedliche Weltsicht, sie leben in

verschiedenen Welten, vergleichbar den Unterschieden zwischen Männern und Frauen: «Americans are from Mars and Europeans are from Venus.» Diese Anspielung auf den millionenfach verkauften Bestseller von Cris Evatt über tausend und einen kleinen Unterschied zwischen den Geschlechtern[9] war nur ein kleiner sexistischer Scherz. Für die politische Philosophie bedenkenswerter waren Kagans wiederholte Hinweise auf Thomas Hobbes und Immanuel Kant. Die Rollen hat er klar verteilt: Die Vereinigten Staaten von Amerika blieben realistisch der Geschichte verhaftet und übten militärische Macht aus in einer anarchischen Hobbes'schen Welt, in der auf internationale Regelungen und Völkerrecht kein Verlass ist. Dagegen wende sich Europa von der Macht ab. «Es betritt eine in sich geschlossene Welt von Gesetzen und Regeln, transnationalen Verhandlungen und internationaler Kooperation, ein posthistorisches Paradies von Frieden und relativem Wohlstand, das der Verwirklichung von Kants ‹Ewigem Frieden› gleichkommt.»[10]

Auf das verzeichnete Bild der politischen Philosophie von Thomas Hobbes, das durch die Hobbes-Interpretationen von Leo Strauss und Carl Schmitt[11] geprägt worden ist, können wir nicht näher eingehen. Erwähnt sei nur, dass Kagans «Hobbessche Welt» an dessen Konstruktion eines ursprünglichen *Naturzustandes* (status naturae; state of nature; natural condition of mankind) erinnerte, in dem jeder gegen jedermann Krieg führt (bellum omnium contra omnes) und die Menschen einander wie Wölfe feindlich entgegenstehen (homo homini lupus). Gegen diesen Naturzustand hatte Hobbes das Bild des bürgerlichen und kirchlichen Staates (common wealth) entworfen, in dem die Menschen aus Vernunftgründen einem mächtigen Souverän, sei es ein König oder ein Parlament, das absolute Recht übertragen, sie zu regieren. Damit werde der Krieg eines jeden gegen jedermann in einen Frieden aller mit allen überführt.[12] Doch das gelte nur für die Bürger eines Staates, nicht für die Menschen überhaupt. Für den welt-

EINE TRÖSTENDE AUSSICHT IN DIE ZUKUNFT

weiten Zusammenhang der Staaten gebe es keine übergeordnete Macht mit Gesetzeskraft. Daran hat Kagan angeknüpft. Ihm zufolge sollen wir uns weltgeschichtlich noch immer im Naturzustand befinden. Nur so konnte er seinen kriegerischen Hobbes gegen den friedlichen Kant stellen, den gefährlichen «Dschungel» gegen das «Paradies» eines ewigen Friedens, die Realitäten kriegerischer Machtpolitik gegen die Träumereien der Aufklärungsphilosophie.

Juli / August 2002. Jacques Derrida hielt zwei Kongress-Vorträge über *Das Recht des Stärkeren* (in Cerisy-la-Salle) und *Die Welt der kommenden Aufklärung* (in Nizza), in denen er äußerst engagiert gegen das Getöse der kriegerischen Mobilisierungen argumentierte. In seinen *Essays über die Vernunft* plädierte er für ein Europa Kants, das jenseits jedes Eurozentrismus für das Vernünftige und eine souveräne Staatsmacht stehe. Wenn überhaupt das Recht eines starken Souveräns auf der weltpolitischen Bühne gerechtfertigt werden könne, dann nur im Sinne Kants als ein wechselseitiger Zwang, der «mit der Freiheit von jedermann nach einem allgemeinen Gesetze zusammen bestehen könne».[13] Davon aber habe sich die amerikanische Administration seit dem 11. September gelöst unter dem Vorwand, gegen die «Achse des Bösen» in der Welt zu Felde ziehen zu müssen.

Im September 2002 veröffentlichte der amerikanische Präsident eine neue militärisch-politische Doktrin. Diese *Nationale Sicherheitsstrategie* erlaubte einen präventiven Erstschlag (preemptive strike) gegen potenzielle Feinde oder Staaten, die den antiamerikanischen Terrorismus unterstützen, auch wenn Zeitpunkt und Ort des zukünftigen feindlichen Angriffs ungewiss sind. Die Einführung dieses neuen Begriffs eines Präventivkriegs, den zu führen sich die amerikanische Großmacht unilateral aus eigener Vollmacht vorbehielt, war eine radikale Neuerung im modernen internationalen Zusammenleben: Allgemeine Gesetze des Völkerrechts und das Gewaltverbot der UN-Charta gelten nicht für die Vereinigten Staaten. «The course of this nation does not depend on the decisions of others.»[14]

11. Oktober 2002. Mit deutlichen Mehrheiten des Repräsentantenhauses und des Senats erhielt der US-Präsident die Vollmacht für einen Krieg gegen den Irak, der über Massenvernichtungswaffen verfügen soll und den islamistischen Terroristen Unterschlupf und Unterstützung biete, zwei Behauptungen, die sich später als gezielte Propagandalügen erwiesen. In den kommenden Monaten verschärfte sich der Konflikt zwischen Amerika und Europa. Es kam zu einer *Krise des Westens*, der sich in einen europäischen und einen amerikanischen Westen zu spalten drohte. Auf Pressekonferenzen spottete der amerikanische Verteidigungsminister Donald Rumsfeld über das ohnmächtige «alte Europa», worauf ihm der deutsche Philosoph Peter Sloterdijk entgegnete: «Das alte Europa, durch Frankreich und Deutschland ehrenvoll vertreten, ist die avancierte Fraktion des Westens, die sich unter dem Eindruck der Lektionen des 20. Jahrhunderts zu einem postheroischen Kulturstil – und einer entsprechenden Politik – bekehrt hat; hingegen sitzen die Vereinigten Staaten in den Konventionen des Heroismus fest.»[15]

5. Februar 2003. Mit dem Titel *Of Paradise and Power. America and Europe in the New World Order* wurde Robert Kagans erweiterte Buchfassung seines Zeitschriftenaufsatzes *Power and Weakness* veröffentlicht. Den geschlechterdifferenzierenden Hinweis auf Mars und Venus, Kriegsgott und Liebesgöttin, strich er. Stattdessen steigerte er den Konflikt zwischen den USA und Europa in eine metaphysische Dimension: «Eine der größten Differenzen zwischen Europäern und Amerikanern ist heute eine philosophische, ja metaphysische Kontroverse darüber, wo genau die Menschheit auf dem Kontinuum zwischen den Gesetzen des Dschungels und den Gesetzen der Vernunft steht. Anders als die Europäer glauben die Amerikaner nicht, dass wir kurz vor der Verwirklichung des kantischen Traums stehen.»[16]

Zehn Tage später kam es am 15. Februar zu riesigen Massen-
demonstrationen in London und Rom, Madrid und Barcelona,
Berlin und Paris, die sich gegen die Vorbereitungen eines Krieges
gegen den Irak richteten. Es waren die größten öffentlichen Pro-
testaktionen seit dem Ende des Zweiten Weltkriegs.

Am 20. März 2003 gab Präsident George W. Bush als obers-
ter Befehlshaber der US-Streitkräfte den Befehl zum Angriff. Der
Krieg gegen den internationalen Terrorismus, in dem sich die
USA seit «Nine-Eleven» zu befinden glaubten, wurde exemplarisch gegen den Irak geführt. Bereits am 1. Mai wurde Bagdad eingenommen, und Bush erklärte die Kampfhandlungen für beendet.
Es begannen die mörderischen Auseinandersetzungen zwischen
verschiedenen politischen und religiösen Gruppierungen, wobei
nun auch viele islamistische «Heilige Krieger» in den Irak ström-
ten und ein Inferno anzurichten begannen.

31. Mai 2003. In der *Frankfurter Allgemeinen Zeitung* erschien
ein Manifest von Jürgen Habermas und Jacques Derrida, in dem
beide die Demonstrationen vom 15. Februar zum Anlass nahmen,
die «Kantische Tradition»[17] als das herauszustellen, *was die Europäer verbindet.* Habermas und Derrida waren sich bewusst, dass
die Suche nach einer besonderen «europäischen Identität» ihre
Tücken hat. Nationale Unterschiede waren nicht zu übersehen.
Die kontinentalen und die angelsächsischen Länder, das «alte
Europa», das avantgardistische «Kerneuropa» der sechs Gründungsmitglieder der Europäischen Gemeinschaft und die mittel-
osteuropäischen Beitrittskandidaten zur Europäischen Union
ließen sich nicht bruchlos zusammenfügen. Die Irakkrise ließ
die Bruchlinien deutlich hervortreten. Kriegswillige europäische
Staaten betonten die engen transatlantischen Beziehungen zu
den USA, während scharfe Kritiker der amerikanischen Kriegspolitik die Differenzen zwischen Europa und Amerika unterstrichen. Dennoch waren für Habermas und Derrida Züge einer gemeinsamen politischen Mentalität der Europäer erkennbar. Nicht

zuletzt war es ihre katastrophale kriegerische Vergangenheit, aus der die europäischen Staaten nach dem Zweiten Weltkrieg die Konsequenz gezogen hatten, neue supranationale Formen einer friedlichen Kooperation zu entwickeln. Wäre das nicht auch ein weiter wirkendes Modell, in dem «die Kantische Hoffnung auf eine Weltinnenpolitik»[18] ihre universalistische Kraft entfalten könnte?

5./6. Juli 2003. Einige Wochen später antworteten das liberale Mitglied des britischen Oberhauses Ralf Dahrendorf und Timothy Garton Ash, der Zeitgeschichte in Oxford und an der Stanford University lehrte, in der *Süddeutschen Zeitung.* Gegen das Europa von Habermas und Derrida, das als Nicht- oder gar Anti-Amerika profiliert wurde, stellten sie die Triebkraft einer «angewandten Aufklärung, die Europa und Amerika verbindet».[19] Das erinnerte nicht nur an Dahrendorfs 1963 publiziertes Buch, in dem er die Bildung der amerikanischen Nation und den Entwurf der amerikanischen Verfassung aus dem Geist der Aufklärung nachgezeichnet hatte.[20] Es hob auch die wahre Rolle des «großen Aufklärers» Kant hervor, der von den beiden Liberalen gegen zwei Fehleinschätzungen verteidigt wurde.

Zum einen richteten sich Dahrendorf und Garton Ash gegen den Neokonservativen Kagan, der in seinen Streitschriften für Amerikas Macht und gegen Europas Ohnmacht «Kant als den Philosophenkönig der EU krönen will», der sich im Vergleich mit dem realistischen Thomas Hobbes als Phantast eines ewig friedlichen Paradieses lächerlich mache. Zum andern war ihnen das Bild zu weich gezeichnet, das Habermas und Derrida von einer kantischen Tradition und kantischen Hoffnung skizziert hatten. «Wir sind Kantianer», betonten auch Dahrendorf und Garton Ash. Aber wir verwechseln Kant nicht mit Rousseau, der sich seinen Träumereien von einem glückseligen Paradies hingab. «Nein, Immanuel Kant war aus anderem, härterem Holz geschnitzt als der Genfer Träumer von Arkadien. Kant wusste nicht nur, dass es Macht gibt, sondern dankte der Natur ‹für die Unvertragsamkeit, für die missgünstig wetteifernde Eitelkeit, für die nicht zu befriedigende Begierde zum Haben oder auch zum Herrschen.› Nur durch die ‹ungesellige Geselligkeit› der Menschen, also durch Vielfalt und Zwiespalt, durch ‹Antagonism›, können Menschen der arkadischen Idylle entkommen, in der ‹bei vollkommener Eintracht, Genügsamkeit und Wechselliebe alle Talente auf ewig in ihren Keimen verborgen bleiben.›»

November 2003. In einem *Interview über Krieg und Frieden* wurde Jürgen Habermas von dem Philosophen Eduardo Mendieta mehrmals auf sein Verhältnis zu Kant angesprochen. Seine Antworten waren klar und bestimmt. Scharf kritisierte er, dass die Bush-Regierung «das 220-jährige Kantische Projekt einer *Verrechtlichung* der internationalen Beziehungen mit moralischen Phrasen ad acta gelegt»[21] habe. Die Regierung habe sich den Schock des 11. September mit Druck, schamloser Propaganda und gezielter Verunsicherung zunutze gemacht, um ihre unilaterale Politik mit hochgerüsteter militärischer Macht durchzusetzen, ohne jede Rücksicht auf internationale Institutionen und Rechte. Dagegen gelte es, an Kants Projekt einer Konstitutionalisierung des Völkerrechts festzuhalten, das einen weltbürgerlichen Zustand anvisierte. Es möge sein, dass dabei ein idealistischer Impuls mitwirkte. Aber das sei ein «Idealismus ohne Illusion».[22] Und deshalb gehe auch Robert Kagans Trennung zwischen einem mächtigen Amerika nach Hobbesscher Art und einem paradiesischen Europa im Geiste Kants am Problem vorbei. «Der philosophische Vergleich trägt nicht weit: Kant war in gewisser Weise selbst ein treuer Schüler von Hobbes; er hat jedenfalls das moderne Zwangsrecht und den Charakter staatlicher Herrschaft nicht weniger nüchtern beschrieben als dieser.»[23]

Ebenfalls Ende des Jahres 2003 kam es in der Zeitschrift *Merkur* zu einem Kant-Irak-Streit zwischen Volker Gerhardt und Manfred Bierwisch. Für Gerhardt, einen der besten Kenner von

Kants Philosophie, hatte sich der Terrorakt am 11. September nicht nur gegen die USA oder die westliche Kultur gerichtet. Gezielt hatten die Attentäter die Kultur der Welt angegriffen, die globale Zivilisation, zu der alle Menschen gehören. Um dagegen dem *Recht* der Menschen, die an einem friedlichen Zusammenleben unter «republikanischen», rechtsstaatlich begründeten Ordnungen interessiert sind, universelle Geltung zu verschaffen, bedarf es der *Macht*. In dieser Hinsicht besaßen Kants Überlegungen *Zum ewigen Frieden* einen blinden Fleck. Es fehlte der internationalen Staatengemeinschaft ein durchsetzungsfähiges Gewaltmonopol. Daraus zog Gerhardt den Schluss, dass die *Macht im Recht* sei und die USA als demokratische Weltmacht rechtmäßig gegen den diktatorisch regierten Irak Krieg führte.

Bierwisch widersprach im Namen Kants, dessen Prinzipienethik sich nicht mit dem amerikanischen Anspruch einer militärischen Ordnungsmacht verbinden lasse, im Gegenteil: «Das selbstherrliche Prinzip ‹My way or no way› ist nicht nur im Sinne Kants unzulässig, sondern auch praktisch kontraproduktiv. Es macht die Welt weder demokratischer noch sicherer.»[24]

Gerhardt erwiderte pragmatisch: Solange es noch kein starkes internationales Machtmonopol für die Durchsetzung universeller Grund- und Menschenrechte gebe, «ist es das kleinere Übel, wenn eine überlegene Macht den Weltpolizisten spielt. Denn als Alternative bleibt nur die globale Anarchie. Wer jedoch eine Weltordnung im Zeichen von Freiheit und Rechtlichkeit aufbauen will, der benötigt eine weltweit wirksame Macht, die das Menschenrecht durchsetzt und die rechtliche Ordnung schützt. Diese Macht haben derzeit nur die Vereinigten Staaten von Amerika.»[25]

(Bemerkenswerterweise hat Volker Gerhardt später erklärt, dass er sich geirrt habe, als er den US-Militäreinsatz gegen den Irak auch ohne Zustimmung des Sicherheitsrates der Vereinten Nationen für richtig hielt. Er habe die Faktizität des Weltrechts unterschätzt, das den Kriegszug als Rechtsbruch verurteilen ließ. Wer heute politisch erfolgreich sein will, müsse das bestehende Weltrecht respektieren. Gerade eine Weltmacht habe sich an die Regeln der internationalen Ordnung zu halten.)

Kant-Jahr 2004. Weltweit fanden Gedenkveranstaltungen und Kongresse zu Kants Ehren statt, der 1804 gestorben war. Zahlreiche Bücher erschienen, die sich mit der Person und der Philosophie Kants beschäftigten. Der 200. Todestag bot Anlass, sich die geistige Freiheit, moralische Integrität und politische Intention des großen Aufklärers zu vergegenwärtigen. Den allgemeinen Tenor brachte der amerikanische Philosoph Hilary Putnam zum Ausdruck: «Ich betrachte Kant als den großen Bahnbrecher, den Erforscher eines Terrains, das wir uns immer noch zu erkunden abmühen. In diesem Sinne ist er immer noch unser aller Zeitgenosse.»[26] Auch die Kant-Debatte ging weiter.

In einem Vortrag in der Kapelle des Mansfield College in Oxford versuchte Timothy Garton Ash die Frage zu beantworten: *Lässt sich die europäische Macht moralisch begründen?* Er verwies auf Kants «großartigen Aufsatz *Idee zu einer allgemeinen Geschichte in weltbürgerlicher Absicht*», kritisierte das nur auf militärische Macht konzentrierte Bild, das Kagan vom Unterschied zwischen Europa und Amerika gezeichnet hatte, lobte das «wunderbare Buch»[27] *Die angewandte Aufklärung*, das Ralf Dahrendorf über die USA geschrieben hatte, und wies den Wertekanon zurück, mit dem Habermas und Derrida Europa als ein «Nicht-Amerika» bestimmt hatten.

Im selben Jahr erschien Garton Ashs weltgeschichtliche Betrachtung *Freie Welt*, motiviert durch die grundsätzliche Überzeugung: Nur gemeinsam könne es Europa und Amerika gelingen, *die Chance der Krise* des Westens zu nutzen. Sie sollte durch keine «europäische Identität» aufs Spiel gesetzt werden, wie sie Habermas als Kantianer zu bestimmen versucht hatte. «Hier sehen wir den geistigen Hohepriester des Postnationalismus und des ‹Verfassungspatriotismus›, wie er zur emotionalen Identifikation mit einem sich von Amerika abgrenzenden Europa aufruft, die stark an den altmodischen Identifikationsnationalismus europäischer Nationalstaaten erinnert. Schlussfolgerung: deutscher Nationalismus – schlecht, europäischer Nationalismus – gut?»[28]

Ebenfalls im Kant-Jahr 2004 entfaltete Habermas ausführlich seine Gedanken über das Kantische Projekt und den gespaltenen Westen und versuchte die universalistisch gerichtete Frage zu beantworten: *Hat die Konstitutionalisierung des Völkerrechts noch eine Chance?* Ja, aber nur, wenn die USA nicht länger die zivilisierende Kraft universalistischer Rechtsverfahren missachten, sondern wieder, wie nach 1918 und nach 1945, die Rolle eines Schrittmachers auf dem Weg der Evolution des Völkerrechts zu einem «weltbürgerlichen» Zustand übernehmen. Die Chancen dazu seien nicht völlig vertan. Denn schließlich sei es doch auch ein Glücksfall der Weltgeschichte, dass die Supermacht USA «zugleich die älteste Demokratie auf Erden ist und daher, anders als Kagan uns weismachen möchte, zur Kantischen Idee einer Verrechtlichung internationaler Beziehungen sozusagen von Haus aus Affinitäten hat».[29]

Mit dieser versöhnlichen Annäherung an ein Amerika im Geiste Kants soll die Chronik der Kant-Debatte hier abgeschlossen sein, die viele Fragen offen ließ. Oft wurde nur der Name «Kant» wie ein symbolisches Erkennungszeichen gebraucht. Sonderbar schillernd war das Bild, das von Kant gezeichnet wurde. Es schien einen weichen und einen harten Kant gegeben zu haben, einen friedliebenden Träumer und einen Realisten, der die Menschen und ihre Geschichte in antagonistischer Hinsicht begriff. Wenden wir unsere Aufmerksamkeit deshalb Kant selbst zu, angeregt durch einige der aufgetauchten Fragen: Was verband Kant mit Europa? Wie verstand er seine Rolle als Aufklärer? Aus welchem Holz war Kant gemacht? Wie bestimmte er das Verhältnis zwischen Macht und Philosophie, zwischen Religion, Moral und Politik? Und worauf zielten seine Ideen eines «ewigen Friedens» und eines «Weltbürgertums»?

2. Ein Weltbürger in Königsberg

Was hat Europa mit Kant zu tun? Die Frage lässt sich zunächst biographisch umwenden: *War Kant Europäer?* Die großen Jubiläums-Feiern, die seit 200 Jahren vor allem in Deutschland zelebriert worden sind, legen eine verneinende Antwort nahe. Als für Friedrich Wilhelm Joseph Schelling bereits in Kants Todesjahr 1804 das «reine Gold von Kants Philosophie» zu glänzen begann, schien der Königsberger Philosoph der wahre Verkünder des «deutschen Geistes» zu sein.[30] An ihm sollte sich das Selbstbewusstsein der Deutschen erhöhen, das unter der Machtentfaltung Napoleons litt. Bei den großen Jubiläen des letzten Jahrhunderts war es kaum anders. Der 100. Todestag wurde 1904 mit mächtigem Pomp und Pathos inszeniert. In diesem großen Preußen spiegelte sich das wilhelminische Selbstverständnis kultureller und politischer Stärke. Nach dem Ersten Weltkrieg sah es allerdings anders aus. 1924, in Erinnerung an sein Geburtsjahr 1724, brauchte man Kant als ein Ideal und erklärte ihn zu einem geistigen Retter aus der Schwäche, die man nach der nationalen Niederlage unter dem Diktat der Siegermächte fühlte. 1954 war ein stilles Jubiläumsjahr. Nachdem durch Nationalsozialismus und Zweiten Weltkrieg verlorengegangen war, was früher die Voraussetzung von Kant-Feiern gewesen war – Königsberg, Ostpreußen, nationale Einheit und manches andere –, fand der 150. Todestag keine öffentlich-offizielle Aufmerksamkeit. Nur einige Philosophen, unter ihnen Karl Popper, Ernst Bloch, Karl Jaspers und Max Horkheimer, wiesen auf die philosophische Aktualität Kants hin. Dabei hoben sie vor allem die Freiheit und die Humanität hervor, die anzustreben Kant als Aufgabe hinterlassen hatte.[31]

Und heute? Der Blick auf diesen kleinen Mann aus dem fernen Königsberg, das heute als Kaliningrad zu Russland gehört, ist nicht mehr deutsch-national verengt, sondern lässt ihn als einen «weltweisen» und weltweit ausstrahlenden Denker erscheinen, der seine geistige Energie vor allem aus dem europäischen Diskurs der Moderne bezog.

Dagegen könnte man einwenden, dass Kant seine Heimatstadt Königsberg kaum verlassen hat. Es lockte ihn nicht in die Welt. Er reiste nicht gern, nicht einmal nach Berlin, wohin ihn Bewunderer und Freunde, besonders Moses Mendelssohn und Marcus Herz, oft einluden. Von seinen 80 Lebensjahren verbrachte er 74 in Königsberg und die restlichen sechs (1748–1754) als Hauslehrer in kleinen abgelegenen Winkeln Ostpreußens. Doch er legte sich dafür auch einen guten Grund zurecht. Seit Königsberg in Kants Geburtsjahr 1724 aus drei Stadtteilen vereinigt worden war, entwickelte es sich zu einer europäischen Metropole, deren Bürger ein hohes Maß an Freiheit besaßen. Das herrschaftliche Personal des Königreichs Preußen war weit weg in Potsdam und Berlin. Selbstbewusste Stadtbürger waren nicht eingesponnen in ein dichtes Netz höfischer Tradition. Stattdessen waren viele von ihnen im weltweiten Handelsgeschäft tätig. Der Ostseehafen und der Pregelfluss begünstigten den Verkehr mit angrenzenden und fernen Ländern. Verschiedene Sprachen und Sitten charakterisierten Königsberg als multikulturelle Metropole. Hier lebten englische Kaufleute, unter ihnen auch Kants Freunde Joseph Green und Robert Motherby; der Hafen wurde von französischen Fachleuten verwaltet; jüdische Händler waren im internationalen Warenverkehr tätig; Zigeuner belebten die städtische Atmosphäre; Polen, Esten, Litauer und Russen waren gern gesehene Besucher oder Handelspartner.

Warum also sollte Kant reisen? Für ihn war Königsberg der passende Ort, an dem ihm jene «Erkenntnis des Menschen als *Weltbürger*»[32] möglich war, die er 1798 in seiner Altersschrift

Anthropologie in pragmatischer Absicht ins Zentrum der Philosophie rückte. In seiner Heimatstadt hatte er wahrnehmen und erforschen können, was der Mensch, «als freihandelndes Wesen, aus sich selber macht, oder machen kann und soll».[33] Es klingt wie ein spätes Liebesbekenntnis, wenn Kant seine Reiseunlust mit dem Hinweis begründete: «Eine solche Stadt, wie etwa *Königsberg* am Pregelflusse, kann schon für einen schicklichen Platz zur Erweiterung sowohl der Menschenkenntnis als auch der Weltkenntnis genommen werden; wo diese, auch ohne zu reisen, erworben werden kann.»[34]

Kant lebte zwar «nur» in Königsberg. Doch schon als junger *Natur*forscher bereiste er gedanklich das ganze Weltgebäude, nicht nur den Globus, sondern auch den Himmel in seiner erhabenen Größe; und um die Fortschritte und Rückfälle in der *Kultur* zu verstehen, richtete er später seine Aufmerksamkeit auf den wichtigsten Gegenstand in der Welt, auf den *Menschen*, den er als seinen eigenen letzten Zweck schätzte. Zur Orientierung dienten ihm vor allem die großen Werke europäischer Denker. Er war ein begeisterter Leser, der seinen eigenen Verstand im kritischen Gespräch mit anderen Forschern und Philosophen gebrauchte und entwickelte, von denen die meisten keine Deutschen waren.

Es war ein Glücksfall, dass der Student «Emanuel Kandt», wie er im Verzeichnis der Königsberger Albertus-Universität eingetragen war, sich aus der Privatbibliothek seines Professors Martin Knutzen die Bücher ausleihen konnte, die ihn interessierten. John Lockes Gedanken *Über den richtigen Gebrauch des Verstandes* lernte er durch Knutzens Übersetzung kennen. Von ihm bekam er Isaac Newtons *Philosophiae Naturalis Principia Mathematica* (Mathematische Grundlagen der Naturphilosophie) zu lesen, die ihn sein Leben lang zum Nachdenken herausforderten, auch Samuel Clarkes *Briefwechsel mit Gottfried Wilhelm Leibniz von 1715/16*, in dem ein erbitterter metaphysischer Streit über Gott und die Welt, spekulativen Rationalismus und erfahrungsorientierten Realismus geführt worden war.

Ein ungelöster Widerstreit zwischen Cartesianern und Leibnizianern über das Wesen *lebendiger Kräfte* der Natur regte ihn zu seiner akademischen Abschlussarbeit an, in der er sich 1746, gerade 22 Jahre alt geworden, die Freiheit herausnahm, «großen Männern zu widersprechen». Das schien ihm zu seiner Zeit kein Verbrechen mehr zu sein. Er bildete sich ein, «der menschliche Verstand habe sich schon der Fesseln glücklich entschlagen, die ihm Unwissenheit und Bewunderung ehemals angelegt hatten. Nunmehr kann man es kühnlich wagen, das Ansehen derer *Newtons* und *Leibnize* für nichts zu achten, wenn es sich der Entdeckung der Wahrheit entgegen setzen sollte, und keinen anderen Überredungen als dem Zuge des Verstandes zu gehorchen.»[35] In den kommenden Jahren las der kühne Selbstdenker Kant vor allem die umfassenden naturgeschichtlichen und kosmologischen Werke des 18. Jahrhunderts, unter anderem Pierre de Maupertuis' *Essai de Cosmologie* (Versuch einer Kosmologie), Comte de Buffons *Histoire naturelle* (Allgemeine Naturgeschichte) und Wright of Durhams *New hypothesis of the universe* (Neue Hypothese von dem Weltgebäude). Sie regten ihn zu seiner eigenen Himmelsschrift an, die er an Newtons Grundsätzen orientierte und 1755 abschloss: *Allgemeine Naturgeschichte und Theorie des Himmels.*[36]

Nach seiner Erforschung des Kosmos konzentrierte Kant sich verstärkt auf die erkenntnistheoretischen und metaphysischen Grundfragen der Naturwissenschaften. Er las die vernunftorientierten Schlüsselwerke des Rationalismus, vor allem von Descartes und Leibniz, und des Empirismus, die ihn auf die sinnliche Grundlage aller Erkenntnisse verwiesen. Schriften des schottischen Skeptikers David Hume, des irischen Sensualisten George Berkeley und des englischen Verstandesanalytikers John Locke überzeugten ihn davon, dass alles Denken zeitlich mit sinnlichen Anschauungen *anfangen* muss, weil uns nur durch die Sinne Gegenstände empirisch *gegeben* werden können. Aber zugleich hielt er an der Einsicht der Rationalisten fest, dass nicht all unsere Erkenntnis aus der Erfahrung *entspringt*, sondern der Mensch stets auch reine, nicht empirisch bestimmte Verstandesbegriffe und Erkenntnisformen benötigt, um Erfahrungsgegenstände und ihre gesetzmäßigen Zusammenhänge *denken* zu können. Nur das gleichwertige Zusammenspiel der empirischen und rationalen Grundquellen ermögliche Erkenntnis, wird es später in Kants *Kritik der reinen Vernunft* heißen: «Ohne Sinnlichkeit würde uns kein Gegenstand gegeben, und ohne Verstand keiner gedacht werden. Gedanken ohne Inhalt sind leer, Anschauungen ohne Begriffe sind blind. (...) Beide Vermögen, oder Fähigkeiten, können auch ihre Funktionen nicht vertauschen. Der Verstand vermag nichts anzuschauen, und die Sinne nichts zu denken.»[37]

Dann ereignete sich das Schlüsselerlebnis des Jahres 1762. Kant las die gerade erschienenen Schriften des Genfer Philosophen Jean-Jacques Rousseau, den *Gesellschaftsvertrag* und die pädagogische Aufklärungsschrift *Emile oder Über die Erziehung*. Er war ganz außer sich. In der Mitte seines Lebens entdeckte Kant den Menschen. Zuvor hatte er alles auf die Erkenntnis der gegenständlichen Welt gesetzt. «Es war eine Zeit da ich glaubte dieses allein könnte die Ehre der Menschheit machen u. ich verachtete den Pöbel der von nichts weis. Rousseau hat mich zurecht gebracht. Dieser verblendende Vorzug verschwindet, ich lerne die Menschen ehren.»[38] Kant wollte nicht länger wie ein einäugiger Zyklop nur seine theoretische Neugierde an Welttatsachen befriedigen. Rousseau setzte ihm ein zweites Auge ein, um die praktische Tiefendimension der menschlichen Natur besser sehen zu können. Moral, Religion, Politik und Anthropologie rückten ins Zentrum seiner Erkenntnisinteressen. In dieser Hinsicht stellten die *Himmlischen Geheimnisse* (Arcana Coelestia) des schwedischen Naturforschers Emanuel von Swedenborg eine erste große Herausforderung dar. Sie lieferten keine astronomischen oder kosmologischen Erkenntnisse des Himmels als Weltall, sondern verstrickten Kant in die phantasievolle himmlische Gefühlswelt eines schwärmerischen Geistersehers, aus der er sich am Ende nur mittels des praktisch aufgeklärten Verstandes des Franzosen Voltaire befreien konnte: «Laßt uns unser Glück besorgen, in den Garten gehen, und arbeiten.»[39]

Kants Geist war europäisch geprägt. Deshalb ist es kein Zufall, dass in der gegenwärtigen Suche nach einer Identität Europas immer wieder der Name Kant fällt. Wenn Europa mehr sein will als ein bürokratisches Wirtschaftsgeflecht, kann der alte Königsberger Aufklärer als unser philosophischer Zeitgenosse noch immer zur kulturellen Orientierung dienen, sei es nun mit kritischem Vorbehalt wie bei Kagan oder selbstbewusst wie bei Derrida, Habermas, Dahrendorf und vielen anderen Philosophen. Dass es dafür gute Gründe gibt, sollen die folgenden kleinen Skizzen zeigen.[40]

3. Von der Kritik zur Aufklärung

Kants Annäherung an die zeitgenössische preußische Aufklärung, die in Berlin ihr Zentrum hat, geht nicht von ihm aus. Es ist der junge jüdische Student der Medizin und Philosophie Marcus Herz, der als Vermittler wirkt. Befreundet haben sie sich, als Herz Ende der sechziger Jahre an der Königsberger Universität bei Kant studierte, wo dieser als schlecht bezahlter Dozent tätig war. Als Kant 1770 endlich, er war immerhin schon 46 Jahre alt, zum Professor für Logik und Metaphysik ernannt wurde, musste er noch eine akademische Pflichtübung erfüllen. Eine lateinisch verfasste Inaugural-Dissertation wurde erwartet, die es öffentlich zu verteidigen galt. Als Thema wählte Kant die Frage: Wie hängen rezeptive Sinnlichkeit und kreativer Verstand zusammen? Er beantwortete sie mit seiner Schrift *De mundi sensibilis atque intelli-*

gibilis forma et principiis. Am 21. August 1770 verteidigte er seine Überlegungen zur «Form der Sinnen- und Verstandeswelt und ihren Gründen» im großen Hörsaal der Universität, wobei ihm der 23-jährige Marcus Herz als Mitstreiter (Respondent) zur Seite stand.

Dann geht Herz nach Berlin zurück. Er wird Doktor der Medizin und arbeitet als praktischer Arzt am jüdischen Krankenhaus. Mit Kant bleibt er brieflich in Verbindung. So ist er immer als einer der Ersten darüber informiert, worüber Kant in den kommenden zehn Jahren philosophiert, ohne etwas zu veröffentlichen. Man beginnt den schweigenden Kant für einen alten Professor zu halten, der nichts mehr zu sagen hat. Herz weiß es besser. Zwar gibt es mehrfach Anlass zur Sorge, dass Kant sein Interesse an erkenntnistheoretischen Fragen völlig verloren habe. Aber dann beruhigt er seinen Schüler wieder mit ausführlichen Hinweisen auf den schwierigen Gang seiner Gedanken, mit dem er sich auf völlig neuen Wegen bewege. Er arbeite an einer «Kritik der reinen Vernunft», in der er nicht nur das Spannungsverhältnis zwischen Sinnlichkeit und Verstand, *mundus sensibilis* und *mundus intelligibilis,* grundsätzlich kläre, sondern auch klar und deutlich die Möglichkeiten und Grenzen der theoretischen Erkenntnis bestimme. Das sei vor allem hinsichtlich der praktischen Probleme wichtig, mit denen sich der Mensch moralisch herumplage. All das klingt noch recht verwirrend, und Kant braucht zehn Jahre, um seinen Gedankengang ans Ziel zu bringen, wobei er in Marcus Herz einen interessierten Begleiter hat.

Wenn es ums Ganze geht, steht der Mensch als moralisches Wesen im Zentrum von Kants Philosophieren. Was soll ich tun, wenn ich gut sein will? Und was darf ich hoffen, wenn mir ein gutes Leben gelungen ist? Der Vernunft, wie auch ihrer Kritik, kommt es wesentlich auf das menschliche Leben in sittlicher Hinsicht an. Sie steht unter dem Primat des Praktischen. Die Endabsicht, auf die alles vernünftige Philosophieren hinausläuft, betrifft dabei vor allem drei Fragen, die alle Menschen zu allen Zeiten notwendig interessieren. Wie frei bin ich in meinen Handlungen und meinem Willen? Gibt es eine zukünftige Welt, die nach meinem Tod meine Seele fortdauern lässt? Und existiert Gott als alles umfassende Ursache der Natur und tiefster Grund der moralischen Existenz? Die ganze Vernunft des Menschen ist, Kant zufolge, mit diesem praktischen Problem beschäftigt, «*was zu tun sei*, wenn der Wille frei, wenn ein Gott und eine zukünftige Welt ist».[41]

Um in dieser Problemsituation eine Lösung zu finden, schlägt Kant einen eigenwilligen Weg ein. Er verschiebt Freiheit, Unsterblichkeit und Gott in den Bereich eines Glaubens, der sich grundsätzlich dem Wissen entzieht. Diese strikte Trennung kann nur mit einer doppelten philosophischen Strategie gelingen. Kant muss, gleichsam negativ, den Bereich der theoretischen Erkenntnis absichern und abgrenzen, um sie davor zu bewahren, über das Erfahrbare hinaus in das transzendente Gebiet des Übersinnlichen zu schwärmen und sich dabei in unlösbare Widersprüche und undurchsichtige Dunkelheiten zu stürzen; und er muss zugleich positiv demonstrieren, dass der Glaube an Gott, Freiheit und unsterbliche Seele kein unsinniges Hirngespinst ist, sondern für das praktische Leben einen höchsten Wert besitzt. Er will also das Wissen begrenzen, um für den Glauben Platz zu schaffen.

Die *Kritik der reinen Vernunft*, an deren Schluss Kant das eigentliche Ziel der praktischen Vernunft bekannt gibt, ist ein Versuch, zunächst grundsätzlich und endgültig festzustellen, was überhaupt in den Grenzen möglicher Erfahrung gewusst werden kann. Sie baut noch kein metaphysisches System auf, weder der Natur noch der Sitten. Ihr kritischer Anspruch ist bescheidener. Als Kritik ist sie eine einführende Vorübung, die das Vermögen der theoretischen Vernunft mit ihren eigenen Mitteln überprüft. Gegen einen despotischen «Dogmatismus» einerseits, der festsetzt, was gewusst wird, ohne sich selbst kritisch in Frage zu stellen, und einen anarchischen «Skeptizismus» andererseits, der mit allem Wissen kurzen Prozess macht, geht die vernünftige «Kritik» der Vernunft einen dritten Weg. Sie nimmt das beschwerliche Geschäft der Selbsterkenntnis auf sich und will sich über die Möglichkeiten und Begrenzungen des menschlichen Vernunftvermögens klarwerden. «Diesen Weg, den einzigen, der übrig gelassen war, bin ich nun eingeschlagen und schmeichle mir, auf demselben die Abstellung aller Irrungen angetroffen zu haben, die bisher die Vernunft im erfahrungsfreien Gebrauche mit sich selbst entzweiet hatten.»[42]

Kants Kritik der Vernunft wendet sich gegen Dogmatismus und Skeptizismus in Vernunftfragen. Doch das sind nicht ihre einzigen Widersacher. Es geht hier nicht nur um eine Position innerhalb der Philosophiegeschichte. Als Kritiker erhebt Kant einen aktuellen Anspruch. Er nimmt teil an seiner Gegenwart als einem «kritischen Zeitalter», das modern ist hinsichtlich staatlicher Macht und kirchlicher Autorität. «Unser Zeitalter ist das eigentliche Zeitalter der *Kritik*, der sich alles unterwerfen muß. *Religion*, durch ihre *Heiligkeit*, und *Gesetzgebung*, durch ihre *Majestät*, wollen sich gemeiniglich derselben entziehen. Aber alsdenn erregen sie gerechten Verdacht wider sich, und können auf unverstellte Achtung nicht Anspruch machen, die die Vernunft nur demjenigen bewilligt, was ihre freie und öffentliche Prüfung hat aushalten können.»[43]

Während Kant in Königsberg seine kritischen Gedanken entwickelt, macht Herz in Berlin ein interessiertes Publikum damit vertraut, woran sein philosophischer Lehrer arbeitet. Seit Ende der siebziger Jahre ist das Haus Herz, das Marcus zusammen mit seiner Frau Henriette für Gäste offen hält, ein geistiger Mittelpunkt der Berliner Aufklärung. In diesem abgegrenzten Raum entwickelt sich jene einzigartige Form der gemischten Geselligkeit, in der Adelige und Bürger, Männer und Frauen, Christen und Juden, Theologen und Freigeister, Staatsbeamte und Künstler, Wissenschaftler und Philosophen zwanglos zusammenkommen,

um sich selbst als Publikum gemeinsam zu bilden und aufzuklären. Aus der Ferne spielt Kant seine wegweisende Führungsrolle.
Nicht ohne Stolz teilt Herz am 24. November 1778 seinem ver-
ehrungswürdigen Professor mit: «Ich genieße diesen Winter eine
Glückseligkeit, zu welcher meine Phantasie nie in ihren Wünschen sich hatte versteigen können. Ich verkündige heute bereits
zum zwanzigsten Mal öffentlich ihre philosophische Lehren mit
einem Beifall, der über alle meine Erwartung geht. Die Anzahl
meiner Zuhörer nimmt täglich zu, sie ist schon bis auf einige u.
dreißig herangewachsen, lauter Leute vom Stande und Gelahrte
von Profession. Professores der Medizin, Prediger, Geheimräte,
Bergräte usw., unter denen unser würdiger Minister das Haupt ist;
er ist immer der erste auf meiner Stube u. der letzte, der hinweg-
gehet.»[44]

Der Königlich Preußische Staatsminister für Kirchen- und Unterrichtsangelegenheiten Karl Abraham Freiherr von Zedlitz ist
nicht nur das wissbegierige Haupt der Zuhörer von Herz. Er ist die
kulturpolitische Führungspersönlichkeit im Zeitalter der Aufklärung, verantwortlich vor allem für die tolerante Kirchenpolitik
und eine fortschrittliche Schul- und Universitätsreform im Preußen Friedrichs II. In beiden Bereichen gelte es, frei «räsonieren»
zu können, womit keine nörgelnde Vernünftelei gemeint ist, sondern ein Denken, das sich an der Vernunft (la raison) orientiert,
statt sich auf staatliche oder kirchliche Autoritäten zu berufen.
Begleitet wird Zedlitz meist von seinem Privatsekretär Johann
Erich Biester, der brieflichen Kontakt mit Kant aufnimmt. Auch
Moses Mendelssohn ist oft bei Herz zu Gast, zusammen mit
dem Philosophen Johann Jakob Engel und dem Theologen Johann
Friedrich Zöllner.

Endlich erscheint im Mai 1781, nach zehnjähriger Arbeit mit
vielen Aufschüben und Unterbrechungen, die erste Auflage der
Kritik der reinen Vernunft. Sofort informiert Kant seinen hoch-
geschätzten Freund Herz über die Publikation. Ein Widmungs-

exemplar soll er erhalten, «der es würdig fand, meine Ideen zu bearbeiten und so scharfsinnig war, darin am tiefsten hineinzudringen»[45], ein zweites soll Herz, vermittelt über Biester, an Minister Zedlitz schicken, ein drittes an Mendelssohn. Unerfreulich sind die Reaktionen der Beschenkten. Sie nehmen das ihnen zugesandte Werk nur schweigend zur Kenntnis. Offensichtlich übersteigt die *Kritik der reinen Vernunft* ihre Verstandeskräfte. Sie finden sich nicht zurecht in dieser so unpopulär geschriebenen, auf anschauliche Beispiele verzichtenden Neubegründung einer vernunftkritischen Philosophie, deren Logik und Dialektik nur mühsam nachzuvollziehen sind. Mendelssohn legt das Exemplar, das ihm durch Herz überbracht wird, gleich ganz zur Seite, was Kant, wie er sich bei Herz beschwert, «sehr unangenehm ist, aber ich hoffe, dass es nicht auf immer geschehen sein werde. Er ist unter allen, die die Welt in diesem Punkte aufklären könnten, der wichtigste Mann.»[46] Erst zwei Jahre später, am 10. April 1783, wird sich Mendelssohn selbst melden und entschuldigend auf seine Nervenschwäche hinweisen: «Ihre *Kritik der reinen Vernunft* ist für mich auch ein Kriterium der Gesundheit. So oft ich mich schmeichele an Kräften zugenommen zu haben, wage ich mich an dieses Nervensaft verzehrende Werk.»[47]

In diesem Frühjahr 1783 beginnt sich in Berlin eine Gruppe zu organisieren, die sich zunächst als «Mittwochsgesellschaft» privat trifft, doch schon bald als «Gesellschaft von Freunden der Aufklärung»[48] durch ihre Publikationen öffentliche Aufmerksamkeit erregt. Sekretär dieses Netzwerkes von Juristen, Politikern, Theologen, Philosophen, Pädagogen und Ärzten ist der Ministersekretär Johann Erich Biester, ein kleiner verwachsener Mann, der sich mit überwältigender Lebhaftigkeit und einer kräftig tönenden Stimme für das gemeinsame Projekt engagiert. Zusammen mit dem Schuldirektor Friedrich Gedike gibt er die *Berlinische Monatsschrift* heraus, in der vor allem veröffentlicht werden kann, was zuvor im Freundeskreis diskutiert worden ist.

In der *Vorrede* zur ersten Ausgabe sind die programmatischen Ziele formuliert worden: «Eifer für die Wahrheit, Liebe zur Verbreitung nützlicher Aufklärung und zur Verbannung verderblicher Irrthümer, und Ueberzeugung einer nicht verdienstlosen Unternehmung.»[49] Publizität ist das wichtigste Ziel, verbunden mit einem großen Engagement für Denk- und Druckfreiheit, selbständigen Verstandesgebrauch, gesellschaftspolitische Liberalität und religiöse Toleranz.

Ein erstes, grundsätzliches Thema der Diskussionen ist das Selbstverständnis der Aufklärer selbst. Der Prediger und Diakon an der Marienkirche Johann Friedrich Zöllner hat es im Zusammenhang mit der heftig umstrittenen Frage, ob ein Ehebündnis ohne geistliche Sanktionierung geschlossen werden soll, ins Spiel gebracht. «*Was ist Aufklärung?* Diese Frage, die beinahe so wichtig ist, als *was ist Wahrheit*, sollte doch wohl beantwortet werden, ehe man aufzuklären anfinge! Und noch habe ich sie nirgends beantwortet gefunden!»[50] Das ist zunächst nur eine kleine Nachfrage. Aber mit ihr schlägt die gesellschaftspolitische Auseinandersetzung in eine Grundsatzdiskussion um, die nicht nur die meisten offiziellen Mitglieder der «Gesellschaft von Freunden der Aufklärung» zu Stellungnahmen provoziert. Auch das Ehrenmitglied Moses Mendelssohn zieht aus der monatelang geführten Diskussion seine Schlüsse. Für die Septemberausgabe 1784 bringt er seine Antwort auf die Frage «*was heißt aufklären?*»[51] zu Papier, die er zuvor in einem Vortrag zur Diskussion gestellt hat.

Nun kommt auch Kant wieder ins Spiel. Seine *Kritik der reinen Vernunft* war zwar weitgehend auf Unverständnis gestoßen und zunächst ein großer publizistischer Misserfolg. Aber zumindest sind sich die Berliner sicher, dass der strenge Vernunftkritiker kein Gegner der Aufklärung ist und grundsätzlich auf ihrer Seite steht. Schließlich hat er doch von einem «Zeitalter der Kritik» gesprochen, der sich alles unterwerfen muss, auch Religion und Gesetzgebung, wenn sie geachtet und respektiert werden wollen.

Auch Kants Anspruch auf eine «freie und öffentliche Prüfung» aller wichtigen gesellschaftlichen Dinge entsprach ihren eigenen Vorstellungen. Wie also würde wohl Immanuel Kant die strittige Frage, was wahre Aufklärung ist, beantworten? Biester bittet ihn um einen Beitrag. Kant sagt zu. Im September 1784 schreibt er seine *Beantwortung der Frage: Was ist Aufklärung?*. Er ist überrascht, als er zur gleichen Zeit in einer Anzeige für die *Berlinische Monatsschrift* liest, dass gerade erst Herr Mendelssohn zu derselben Frage seine Antwort publiziert hat. «Mir ist sie noch nicht zu Händen gekommen; sonst würde sie die gegenwärtige zurückgehalten haben, die jetzt nur zum Versuche da stehen mag, wiefern der Zufall Einstimmigkeit der Gedanken zuwege bringen könne.»[52] Die Berliner nehmen seine Anregung gern auf. Seine Zuschrift wird am 10. Oktober 1784 im kleinen Kreis besprochen und mit kommentierenden Voten versehen, bevor sie dann in der Dezember-Ausgabe der *Berlinischen Monatsschrift* ans Licht der Öffentlichkeit gelangt, drei Monate nach Mendelssohns Beitrag.

Kant kann in seiner *Beantwortung der Frage: Was ist Aufklärung?* nicht näher auf die Berliner Diskussion eingehen. Er kennt nicht die einzelnen strittigen Punkte, über die dort debattiert wird. Als sicher kann jedoch angesehen werden, dass er gelesen hat, was der Kammergerichtsrat Ernst Ferdinand Klein, ebenfalls als Freund der Aufklärung engagiert, in der April-Nummer 1784 der *Berlinischen Monatsschrift* anonym *Über Denk- und Druckfreiheit* veröffentlicht hat. Nachdem er zunächst geschickt zusammengestellt und ausführlich zitiert hat, was König Friedrich II. vor allem gegen die «herrschsüchtigen Priester» gewettert hat, die nicht länger die Dummheit, unter dem Namen der Frömmigkeit, zur Verehrung aufstellen und die Freiheit zu denken einschränken sollten, hat Klein das Bild des «kühnen Räsonneurs» entworfen, zu dessen Natur mehr als alles andere *«die Freiheit laut zu denken»* gehört.[53] Daran kann Kant anknüpfen. Klein scheint von ihm gesprochen zu haben, und so entscheidet sich Kant für eine recht persönliche Antwort auf die gestellte Frage. Er formuliert zwar eine allgemeine Programmidee «der Aufklärung», und man wird ihm später vorwerfen, nichts Inhaltliches gesagt zu haben. Aber dabei hebt er besonders hervor, was ihn selbst und seine kritische Arbeit charakterisiert. Er zieht ein Resümee aus seiner eigenen vierzigjährigen Beschäftigung mit wissenschaftlichen Problemen und philosophischen Gedanken.

Es ist nicht Kants Absicht, eine geschichtlich genaue Analyse der sozialen, politischen und kulturellen Situation am Ende des 18. Jahrhunderts zu liefern. Stattdessen reflektiert er die Aktualität seines eigenen Lebensplanes, über den er sich schon als junger, zwanzigjähriger Student völlig klar gewesen ist. Damals hat er beschlossen, nur seinen eigenen Verstand zu gebrauchen und sich kühn von den Fesseln zu befreien, die ihm Bewunderung, Bequemlichkeit oder Unwissenheit angelegt hatten. Er wollte seinen Lauf auf der Bahn antreten, die er sich vorgezeichnet hat, «und nichts soll mich hindern, ihn fortzusetzen».[54] Jetzt führt es der Sechzigjährige dem lesenden Publikum mit vier wuchtigen Sätzen vor Augen: «*Aufklärung ist der Ausgang des Menschen aus seiner selbst verschuldeten Unmündigkeit. Unmündigkeit* ist das Unvermögen, sich seines Verstandes ohne Leitung eines anderen zu bedienen. *Selbstverschuldet* ist diese Unmündigkeit, wenn die Ursache derselben nicht am Mangel des Verstandes, sondern der Entschließung und des Mutes liegt, sich seiner ohne Leitung eines andern zu bedienen. Sapere aude! Habe Mut, dich deines *eigenen* Verstandes zu bedienen! ist also der Wahlspruch der Aufklärung.»[55]

Kant unterschätzt nicht die Schwierigkeit, eigene Schritte ohne Leitung durch paternalistische, kirchliche, staatliche oder traditionsmächtige Vormünder zu gehen. Wer Angst vor dem Stolpern und Fallen hat, die bei den ersten freien Schritten drohen, «schreckt gemeiniglich von allen ferneren Versuchen ab».[56] Es ist für jeden einzelnen Menschen durchaus schwer, sich aus seiner

EINE TRÖSTENDE AUSSICHT IN DIE ZUKUNFT

beinahe zur zweiten Natur gewordenen Unmündigkeit herauszu-
arbeiten. Doch für eine gesellschaftlich ausstrahlende und wirksame Aufklärung muss dieser mutige Schritt gewagt werden.

Das Modell dazu bietet jene Existenzweise, die Kant als
«Selbstdenker» für sich gewählt hat. Das zeigen die drei zentralen
Bestimmungen, die er für wesentlich hält und auf seine spezielle
Weise miteinander verknüpft: Denkfreiheit, Öffentlichkeit (Publizität) und die Vernunft eines Gelehrten. Denn zur gesamtgesell-
schaftlichen Aufklärung, wie Kant sie versteht und selbst exemplarisch praktiziert, «wird nichts erfordert als *Freiheit*; und zwar
die unschädlichste unter allem, was nur Freiheit heißen mag,
nämlich die: von seiner Vernunft in allen Stücken *öffentlichen Gebrauch* zu machen. (...) Der *öffentliche* Gebrauch seiner Vernunft
muß jedermann frei sein, und der allein kann Aufklärung unter
Menschen zu Stande bringen. (...) Ich verstehe aber unter dem
öffentlichen Gebrauche seiner eigenen Vernunft denjenigen, den
jemand *als Gelehrter* von ihr vor dem ganzen Publikum der *Leserwelt* macht.»[57]

4. *Praktische Vernunft aus sich selbst*

Einige Monate später, im April 1785, liegt dem Lesepublikum Kants
neuestes Buch vor: *Grundlegung zur Metaphysik der Sitten.* Lange
und mit Spannung hat man auf diese Schrift gewartet, in der Kant
sich zum ersten Mal grundsätzlich mit Problemen der Moral und
Ethik beschäftigt. Die meisten Leser sind zunächst enttäuscht.
Kants Gedanken sind hochgradig abstrakt und beziehen sich
kaum auf konkrete Lebensverhältnisse. Weitgehend von empirischen Tatsachen gereinigt, stoßen sie auf großes Unverständnis.
Dagegen ist Kant davon überzeugt, dass gerade in einer Zeit, in
der es mit den Sitten nicht zum Besten steht, der Versuch sinnvoll
ist, das sittliche Gesetz klar und rein zu bestimmen. Das aber kann

nur eine *Metaphysik der Sitten* oder eine Kritik der reinen praktischen Vernunft, in deren Zentrum die Idee eines «möglichen *reinen* Willens» steht, der, da es hier um Moral geht, zugleich ein reiner «*guter Wille*» sein muss.[58]

Immerhin gibt es einige Fallbeispiele[59], die zeigen, worauf Kant hinzielt; und es wird auch hier, wie schon in seiner Aufklärungs-Schrift, wieder deutlich, dass Kant als reiner Moralphilosoph zugleich von sich spricht. Er orientiert sich an seinem Ideal-Ich und begründet philosophisch, was er selbst warum für gut hält. Der Krämer, der nicht nur aus betriebswirtschaftlicher Klugheit seine Kunden in der Regel korrekt bedient, sondern weil er ehrlich aus Grundsätzen ist; der Arme, der finanziell am Ende ist, aber dennoch kein falsches Versprechen über die Rückgabe des geliehenen Geldes geben will; der Ehrliche, der das bei ihm Hinterlegte nicht verheimlicht, obwohl dessen Eigentümer gestorben ist und es keinen Hinweis gibt, wo sich das Depositum befindet; der redliche Mann, der selbst unter Androhung des Todes nicht bereit ist, eine Unschuldige lügnerisch zu beschuldigen: In all diesen Fällen werden jene Maximen befolgt, die Kant auch für sein eigenes Handeln als moralische Richtlinien hoch schätzt und mit dem Bewusstsein seiner humanen Existenz verknüpft.

Selbstverständlich leugnet Kant nicht, dass Menschen auch nach gegenteiligen Maximen handeln. Wenn man beobachtet, wie Individuen tatsächlich handeln und welchen lebensgeschichtlich ausgebildeten subjektiven Grundsätzen sie dabei folgen, dann scheint es illusionär zu sein, an einen reinen guten Willen der Menschen zu glauben. Noch in seinen späten Reflexionen zur Anthropologie notiert sich Kant: «Die Frage: Ist der Mensch Gut oder Böse; ist schweer zu beantworten.»[60] Er neigt wohl eher zu einer pessimistischen Antwort. Doch es ist ja nicht Kants praktisches Erkenntnisinteresse, zu erfahren, was in der Welt tatsächlich alles gewollt und wie in ihr wirklich gehandelt wird. Auch geht es ihm nicht darum, einzelne Handlungen unter mögliche Gesetze zu fas-

EINE TRÖSTENDE AUSSICHT IN DIE ZUKUNFT

sen und danach zu beurteilen. Das ist Aufgabe der Rechtslehre. «Die Ethik gibt nicht Gesetze für die Handlungen (denn das tut das Ius), sondern nur für die Maximen der Handlungen.»[61]

Als Metaphysiker der Sitten versucht Kant zu begründen, warum Maximen wie Ehrlichkeit, Treue im Versprechen, freundliches Wohlwollen und Wahrhaftigkeit als sittlich gut gelten können, dagegen Maximen wie Unehrlichkeit, falsches Versprechen, feindselige Missgunst und Lust zur Lüge verworfen werden müssen. Für diese Grundlegung braucht er ein Unterscheidungskriterium. Kant will keinen neuen Grundsatz aller sittlichen Handlungen einführen oder erfinden, als seien vor ihm die Menschen moralisch unwissend oder in ständigem Irrtum befangen gewesen. Er sucht nur eine einfache Formel, um den Grund genau bestimmen und festigen zu können, aus dem Handlungsmaximen als gut gelten können. Und er vertraut darauf, dass der Grundbegriff des guten Willens dem «gesunden Verstande beiwohnet und nicht so wohl gelehrt als vielmehr nur aufgeklärt zu werden bedarf».[62] Dass man seine Handlungen zunächst nach ihren subjektiven Grundsätzen (Maximen) betrachten muss, setzt er voraus. Aber dann kommt es darauf an, diese Grundsätze einer kritischen Prüfung zu unterwerfen. Nur wenn sie diese Probe bestehen, kann ihnen das Prädikat der Moralität zugesprochen werden. Zu nichts anderem dient der kategorische Imperativ, dieses erstaunliche Grundgesetz der über sich selbst aufgeklärten praktischen Vernunft: «*Handle nur nach derjenigen Maxime, durch die du zugleich wollen kannst, daß sie ein allgemeines Gesetz werde.*»[63]

Konkretes individuelles Handeln, selbst gewählte und gewollte Maxime und allgemeines, objektives Gesetz werden durch den kategorischen Imperativ in einer Formel zusammengefügt, die zur kritischen Prüfung des sittlichen Gehalts befolgter Maximen dienen kann. An seinen Fallbeispielen führt Kant es exemplarisch vor. Das Ergebnis ist immer das Gleiche. In einzelnen Situationen kann man zwar lügen, betrügen oder stehlen wollen. Wenn ein

Mensch sich «in Verlegenheit befindet, daraus er sich auf andere Art nicht ziehen kann»[64], wird er nicht unbedingt moralisch handeln. Aber daraus kann nicht gefolgert werden, dass man es als allgemeines Gesetz auch wollen könne, lügen, betrügen, verleumden oder stehlen zu dürfen, wann immer einem danach der Sinn steht. Die Befolgung solcher Maximen würde nämlich zu einem allgemeinen Orientierungsverlust im gesellschaftlichen Zusammenleben führen, den niemand, sofern er zu vernünftigen Überlegungen fähig ist, wirklich wollen kann.

Bemerkenswerterweise spricht Kant nicht von Staatsinteresse oder königlich-landesväterlicher Leitung des Volkes, auch nicht von Heiliger Schrift, religiöser Orientierung oder kirchlich festgelegter Rechtgläubigkeit. Offensichtlich spielen Staat und Kirche, König und Gott in seiner Maximen-Ethik keine Rolle. Gegen staatliche und kirchliche Mächte stellt er die moralische Selbstgesetzgebung freier Menschen, die sich aus ihrer Unmündigkeit befreit haben. Das verdeutlichen besonders seine Antworten auf zwei Fragen, die sich an den kategorischen Imperativ stellen lassen.

Warum formuliert Kant das Kriterium des moralischen Handelns überhaupt als Imperativ? Seine Antwort: Weil jeder Mensch ein Doppelwesen ist, das in sich den Antagonismus zwischen natürlichen Neigungen und vernünftiger Sittlichkeit austragen muss. Der Mensch, selbst wenn er seinem guten Willen folgen will, fühlt in sich ein mächtiges Gegengewicht gegen alle Moralgesetze, die er vernünftigerweise zu denken in der Lage ist. Um diesen unaufhebbaren «Widerstand der Neigung gegen die Vorschrift der Vernunft (*antagonismus*)»[65] moralphilosophisch zu kennzeichnen, braucht es einen Imperativ. Sein «du sollst!» hat Kant zufolge nur für menschliche Wesen einen Sinn, deren Wollen in konkrete Lebensbedingungen eingebunden ist, mit all ihren Verführungen und Ablenkungen, sinnlichen Neigungen und pragmatischen Nützlichkeitserwägungen. Weder ein Tier, das durch seine natürlichen Instinkte gesteuert wird, noch ein Heiliger, der von allen natürlichen Leidenschaften gereinigt ist, braucht einen Imperativ zu befolgen.

Von wem stammt dieser Imperativ, der den Menschen darüber aufklärt, wie er handeln soll? Kants Antwort: von keinem anderen als von ihm selbst! Die Freiheitsmaxime des Aufklärers, «Habe Mut, dich deines *eigenen* Verstandes zu bedienen!», erklärt den Menschen zu seinem eigenen Gesetzgeber. Das Sollen, dem er folgen kann, entstammt seinem eigenen Wollen. Diese Selbstgesetzgebung des Willens hat Kant zum obersten Prinzip der Sittlichkeit erklärt. Es ist nicht die Natur, die den Menschen an ihrem Gängelband führt. Es ist nicht der Staat, der ihn zur Befolgung von Moralgesetzen zwingt. Es sind keine göttlichen Gebote oder Heiligen Schriften, die ihm vorschreiben, was er tun soll, wenn er guten Willens ist. Der kategorische Imperativ ist ein Appell an sich selbst als eine autonome Person, wobei im «du» jedes einzelne Individuum mit seinesgleichen in ein allgemeines Verhältnis eingebunden ist. Denn es ist deine eigene Vernunft, mit der du deine selbst gewählten Maximen der Probe unterwirfst, ob sie als Prinzipien einer allgemeinen Gesetzgebung gelten können.

5. Religion in den Grenzen der bloßen Vernunft

Schon in seiner *Beantwortung der Frage: Was ist Aufklärung?* hat Kant den Hauptpunkt «vorzüglich in *Religionssachen* gesetzt»[66], weil auf diesem Gebiet die Machthaber ein besonderes Interesse daran haben, den Vormund über ihre Untertanen zu spielen. Sein Hang zum freien Denken und Handeln fühlte sich vor allem durch kirchliche Machtansprüche und theologische Dogmen gebremst. In seinen moralphilosophischen Schriften ist es eine Moral ohne Gott, für die er gute Gründe sucht. Es ist, wenn man hier einen Gott ins Spiel bringen will, der Gott in uns selbst, der als erhabene

Größe unser moralisches Selbstbewusstsein qualifiziert. Und wenn es sich dabei um Religion handelt, dann nur im Sinn einer Religion des guten Lebenswandels, die sich aus der selbst verantworteten Moralität freier Menschen ergibt.

1791 schreibt Kant für die *Berlinische Monatsschrift* einen Aufsatz *Über das Misslingen aller philosophischen Versuche in der Theodizee.* «Unter Theodizee versteht man die Verteidigung der höchsten Weisheit des Welturhebers gegen die Anklage, welche die Vernunft aus dem Zweckwidrigen in der Welt gegen jene erhebt.»[67] Die Schrecken des Weltgeschehens sind ja nicht zu übersehen. Erdbeben, Vulkanausbrüche und Überschwemmungen zerstören ganze Landstriche. Grausamkeit und Bösartigkeit, Kriege und Morde sind an der Tagesordnung. Wie aber ist das möglich, wenn es einen gütigen und weisen Weltschöpfer gibt? Am sogenannten Hiob-Problem führt Kant seine religionsphilosophischen Überlegungen in Form eines Streitgesprächs aus. Denn schon zwischen dem guten alttestamentarischen Hiob, der alles Böse mied, aber dennoch von schlimmsten Übeln und schrecklichen Krankheiten heimgesucht wurde, und seinen Freunden, die ihn zu trösten versuchten, kam es zu einer Disputation, bei der Hiobs Freunde wie dogmatische Theologen auftraten, die zu wissen glaubten, warum Gott Hiob so schrecklich leiden ließ: Weil Gott alle Sünder für ihre Verbrechen strafe, müsse Hiob schuldig sein. So haben diese Dogmatiker des Glaubens a priori ihr Urteil gefällt. Hiob dagegen sprach, wie er selbst dachte und wie ihm zumute war. Weil er sich sicher war, ein gutes Leben in moralischer Hinsicht geführt zu haben, konnte er seinen Freunden nicht recht geben. Warum er so leiden musste, wusste er nicht.

In diesem Widerstreit steht Kant ganz auf Seiten Hiobs. Denn dieser gute Mensch habe gegen jede religiöse Gewissheit und theologische Dogmatik eine «Aufrichtigkeit des Herzens» bewiesen, die, Kant zufolge, zugleich eine «Aufrichtigkeit in Bemerkung des Unvermögens unserer Vernunft» ist. An diesem Punkt des

Rechtshandels angekommen, fällt Kant seinen Schiedsspruch zum Hiob-Problem: «Mit dieser Gesinnung bewies er, daß er nicht seine Moralität auf dem Glauben, sondern den Glauben auf seine Moralität gründete: in welchem Falle dieser, so schwach er auch sein mag, doch allein lauter und echter Art, das ist von derjenigen Art ist, welche eine Religion nicht der Gunstbewerbung, sondern des guten Lebenswandels, gründet.»[68] Zuerst kommt die Moral. Auf ihrer Grundlage kann sich eine säkularisierte Religion des guten Lebens herausbilden. Unverkennbar ist dabei, dass sich Kant damit auch kritisch gegen seinen pietistischen Kinderglauben richtet, der die gottselige Frömmigkeit als Grundlage aller Tugend annahm. Jetzt heißt es gerade umgekehrt: Moralität muss vorausgehen, die Theologie ihr dann folgen.

Der bald siebzigjährige Kant plant, in einer Serie von Beiträgen für die *Berlinische Monatsschrift* als Philosoph in Religionssachen seinen eigenen Verstand zu gebrauchen. Seine Perspektive ist klar. Wenn die Religion aus der Moral hervorgeht, dann kann nur die praktische Moralphilosophie eine Grundlage bieten, auf der Glaubenslehren kritisch untersucht werden können. 1792 beginnt Kant die natürliche Religion und den christlichen Glauben vor dem Gerichtshof der praktischen Vernunft zu verhandeln. 1793 erscheinen seine vier Beiträge als Buch mit dem programmatischen Titel: *Die Religion innerhalb der Grenzen der bloßen Vernunft.* Unausgesprochen knüpft Kant an die Überlegungen an, die ein Jahrhundert zuvor John Locke 1695 über die Vernünftigkeit des Christentums (*The Reasonableness of Christianity*) veröffentlicht hat. Doch er führt sie weiter aus und löst sie von Lockes unbefragter christlicher Gläubigkeit. Denn bei Locke ist es noch Jesus Christus als der Messias gewesen, dessen moralische Maximen ein tugendhaftes Leben der Menschen begründen sollten. Auf dieses Vorbild kann Kant verzichten. Er rückt den Menschen als moralischen Selbstgesetzgeber an die erste Stelle.

Die späte Religionsschrift Kants ist ein Höhepunkt der europäischen Aufklärung für ein säkulares Zeitalter. Kein anderer seiner Texte zeigt so deutlich, worin ihr kritischer Anspruch besteht, dem sich auch die Religion unterwerfen muss, wenn sie unverstellte Achtung beanspruchen will. Mit seiner moralischen Gesinnung und seiner agnostischen Überzeugung, dass wir von Gottes Existenz nichts wissen können, überprüft Kant die christlichen Glaubenslehren auf ihren moralischen Gehalt. Kant will deutlich machen und philosophisch aufklären, «was im Text der für geoffenbart geglaubten Religion, der Bibel, *auch durch bloße Vernunft erkannt* werden kann».[69] Heilige Schriften sind keine göttlichen Dogmen, denen man bedingungslos zu folgen hat. Sie sind geschichtlich überlieferte Texte, die an den Maßstäben der theoretischen und praktischen Vernunft gemessen werden können. Nur was sich dabei als moralisch begründen lässt, kann für eine Religion des guten Lebenswandels Geltung beanspruchen.

Der moralische Vernunftglaube ist das A und O jeder vernünftigen Religion, die allein im Moralisch-Praktischen ihren liebenswerten Kern besitzt. Und Kant fährt fort, dass *«alles, was, außer dem guten Lebenswandel, der Mensch noch tun zu können vermeint, um Gott wohlgefällig zu werden, bloßer Religionswahn und Afterdienst Gottes»*[70] ist, ein *«Fetischdienst»*, der immer und überall dort anzutreffen ist, wo nicht Prinzipien der Sittlichkeit, sondern Statuten, Gebote, Glaubensregeln, Dogmen und kirchliche Kontrolle die Grundlage und das Wesentliche der Religiosität bilden und dabei für den Menschen zur Fessel werden. Denn wenn die Religion der Moral fundamental vorhergehe, werde sie immer nur eine herrschaftliche Position einnehmen können und als Mittel der Gewalt von Glaubensdespoten instrumentalisiert werden.

Zweifellos hat der alte Kant den Konflikt mit den kirchlichen und staatlichen Zensurbehörden provoziert, die unter Friedrich Wilhelm II., seit 1786 König von Preußen, eingerichtet worden sind. Seit Juli 1788 gilt das *Königliche Edikt, die Religionsverfassung in den preußischen Staaten betreffend*, das sich gegen die «Modelehrer» richtet, die sich nicht «entblöden», ihre antichristlichen Irrtümer dreist und unverschämt «durch den äusserst gemissbrauchten Namen *Aufklärung* unter das Volk auszubreiten».[71] Im Dezember 1788 ist es durch ein *Erneuertes Zensur-Edikt* flankiert worden, das die «Zügellosigkeit der jetzigen sogenannten Aufklärer» unterbindet, welche die Pressefreiheit in eine «Preß-Frechheit» ausarten lassen.[72] Und dann gibt es seit dem 14. Mai 1791 auch noch die gegenaufklärerische «Geistliche Immediat-Examinations-Kommission», deren Aufgabe es ist, Bücher und Zeitschriften zu zensieren, die nach Ansicht der Regierung dem Volke schädlich sein könnten.

Nicht nur die *Berlinische Monatsschrift* gerät in die Schusslinie dieser Zensurbehörde. Auch Kants *Religion innerhalb der Grenzen der bloßen Vernunft* zieht die «Bannstrahlen aus dem Gewölke der Hofluft»[73] auf sich. Am 1. Oktober 1794 ergeht eine Kabinettsorder an Kant. Allergnädigst befiehlt seine Königliche Majestät von Gottes Gnaden, dass Kant in Zukunft sich nichts mehr in Religionsdingen zu Schulden kommen lassen darf. Schon seit einiger Zeit habe er als höchste Person im Staat mit großem Missfallen beobachtet, wie der berühmte Aufklärer im fernen Königsberg seine Philosophie «zu Entstellung und Herabwürdigung mancher Haupt- und Grundlehren der heiligen Schrift und des Christentums mißbraucht».[74] Das sei unverantwortlich und widerspreche sowohl seiner Pflicht als Lehrer der Jugend als auch den landesväterlichen Absichten des Königs selbst. Also keine weitere Kritik der Religion und der Kirche, «widrigenfalls Ihr Euch, bei fortgesetzter Renitenz, unfehlbar unangenehmer Verfügungen zu gewärtigen habt».[75]

So leicht lässt sich ein Kant nicht einschüchtern. Er behandelt die königliche Order nicht als unkritisierbaren Machtspruch, sondern als eine Anklage, gegen die er sich zur Wehr setzt. Er schreibt seiner Königlichen Majestät einen Brief, in dem er selbstbewusst eine Erklärung abgibt: Er sei absolut nicht dazu bereit, vom Wahlspruch der Aufklärung abzurücken. Er bestehe auf der Freiheit des Gelehrten, der seine eigene Vernunft in allen Bereichen öffentlich gebrauchen dürfe, selbstverständlich auch hinsichtlich der Religion. Nur als Gelehrter habe er die biblische Glaubenslehre einer Prüfung durch «bloße Vernunft» ausgesetzt. Dabei stellt Kant noch einmal nachdrücklich klar, wo für ihn die Prioritäten liegen. Offenbarungen und historisch überlieferte Beweisgründe sind nur «zufällig» und für eine aufrichtige und ernsthafte Religiosität nicht wesentlich. Denn nur aus der praktischen Vernunft und ihren sittlichen Maximen können Allgemeinheit, Einheit und Notwendigkeit der Glaubenslehre hervorgehen, «die das Wesentliche einer Religion überhaupt ausmachen, welches im Moralisch-Praktischen (dem, was wir tun *sollen*) besteht».[76] Allein das selbst entworfene und zu verantwortende moralische Gesetz in mir ist die Quelle eines Glaubens, der nur aus ihr seine Kraft und Würde beziehen kann.

6. Eine philosophische Geschichte in weltbürgerlicher Absicht

Es gibt kein kantisches Paradies. Der Mensch befindet sich in keiner Schutzzone, «wo er in ruhiger Untätigkeit und beständigem Frieden sein Dasein verträumen oder verändeln könne».[77] Schon lange ist er aus diesem Garten Eden entlassen worden. Man braucht ja nur zu lesen, was im *Ersten Buch Mose* erzählt worden ist. Als Philosoph hat Kant diese biblische Geschichte rational rekonstruiert. Er hat sich vernünftige Gedanken über den *mutmaßlichen Anfang der Menschengeschichte* gemacht, mit denen er Schritt für Schritt der Linie der Paradies-Erzählung gefolgt ist. Er behauptet nicht, dass es tatsächlich so geschehen ist. Stattdessen konstruiert er ein Modell, um begreifen zu können, wie der Mensch zu dem werden konnte, was er ist.

Wie in der alttestamentarischen Überlieferung berichtet wird, so geht auch Kant von der Vermutung aus, dass ein anfängliches Menschenpaar «gleichsam in einem *Garten*, unter einem jederzeit milden Himmelsstriche»[78] gelebt hat, in dem es vor Raubtieren geschützt und mit natürlichen Nahrungsmitteln reichlich versorgt war. Diese ersten Menschen konnten stehen, gehen und sprechen, «ja *reden*, d.i. nach zusammenhängenden Begriffen sprechen, mithin *denken*».[79] Mit diesen selbst erworbenen Geschicklichkeiten und seiner rege gewordenen Vernunft war bereits eine Distanzierung von der Natur verbunden, die den Menschen aus dem Reich der Tiere heraushob: Er folgte nicht mehr nur instinktmäßig dem Ruf der Natur, sondern dachte sich neue, weiter gehende Genüsse aus; er übersteigerte den natürlichen, «tierischen» Geschlechtstrieb und kultivierte seine erotische Einbildungskraft; er blieb nicht in einen unmittelbar empfundenen gegenwärtigen Lebensaugenblick eingebunden, sondern konnte das Zukünftige erwarten, was ihn nicht nur planen ließ, sondern in seiner Ungewissheit auch ängstigte und mit der Sorge um eine Zukunft belastete, an deren Ende der Tod auf ihn wartet; und er lebte nicht mehr in einer alle Lebewesen umfassenden Gleichheit, sondern begriff sich selbst als den Zweck der Natur, für den alle anderen Tiere da sind.

Mit diesen menschlichen Eigenarten war schon im paradiesischen Garten der Natur die «*Entlassung* des Menschen aus dem Mutterschoße der Natur verbunden: eine Veränderung, die zwar ehrend, aber zugleich sehr gefahrvoll ist, indem sie ihn aus dem harmlosen und sicheren Zustande der Kindespflege, gleichsam aus einem Garten, der ihn ohne seine Mühe versorgte, heraustrieb, und ihn in die weite Welt stieß, wo so viel Sorgen, Mühe und unbekannte Übel auf ihn warten».[80] Im biblischen Text ist es als Vertreibung des Menschen wegen der Missachtung eines göttlichen Gebots erzählt worden. Kant dagegen begreift diese Entlassung in die Welt als den notwendigen «Ausgang des Menschen» aus einer rohen, tierischen Lebenswelt in eine menschliche Geschichte, «aus dem Gängelwagen des Instinkts zur Leitung der Vernunft, mit einem Worte: aus der Vormundschaft der Natur in den Stand der Freiheit».[81] Mit dem Schritt aus dem Paradies der Tiere beginnt die geschichtliche Epoche einer menschenmöglichen Mündigkeit, die in der Aufklärung als *«Ausgang des Menschen aus seiner selbst verschuldeten Unmündigkeit»*[82] zu ihrem philosophischen Selbstbewusstsein findet.

Der Stand der Freiheit verstrickt den Menschen in eine Welt, in der so viele Gefahren, Mühseligkeiten, Ängste und Verzweiflungen auf ihn warten, dass er sich oft mit seiner Phantasie in das Paradies zurücksehnt. Aber dieser Rückschritt ist ihm verwehrt. Mit seiner Freiheit ist er in eine Weltgeschichte entlassen worden, die nicht rückgängig gemacht werden kann. Hat sie einen Sinn? Hat sie ein Ziel? Gibt es in ihr einen Fortschritt vom Schlechteren zum Besseren? Oder ist diese Geschichte nur eine ewige planlose Abfolge von stets neuen Herausforderungen, die den Menschen quälen und nicht zur Ruhe und Vernunft kommen lassen?

Mit seiner *Idee zu einer allgemeinen Geschichte in weltbürgerlicher Absicht* hat Kant auf diese Fragen eine Antwort gegeben. Es ist sein erster Beitrag für die *Berlinische Monatsschrift*, der im November 1784 erschienen ist und bereits die wesentlichen politischen Überlegungen skizziert, die Kant in den neunziger Jahren weiter ausführen wird. Dabei verfolgt er jene doppelseitige Argumentationslinie, die für ihn typisch ist. Er vermittelt die empirische Feststellung von historischen Erfahrungstatsachen mit rationalen Gedanken, die den geschichtlichen Prozess begreifen lassen. Im Sinne seiner Logik der Erkenntnis könnte man sagen: Empirische Geschichtsschreibung ohne philosophische Leitlinie ist blind, philosophische Geschichtskonstruktion ohne historischen Inhalt ist leer.

Kant ist Realist. Er hat einen klaren Blick für gesellschaftliche und geschichtliche Tatsachen. Hinsichtlich dessen, was einzelne

Menschen oder Staaten tun, macht er sich keine Illusionen. Seit die Menschen sich nicht mehr instinktmäßig wie Tiere verhalten, sondern in den Stand der Freiheit entlassen sind, jedoch auch nicht wie vernünftige Weltbürger nach einem guten Plan handeln, scheinen chaotische Zustände zu herrschen. «Man kann sich eines gewissen Unwillens nicht erwehren, wenn man ihr Tun und Lassen auf der großen Weltbühne aufgestellt sieht; und, bei hin und wieder anscheinender Weisheit im einzelnen, doch endlich alles im großen aus Torheit, kindischer Eitelkeit, oft auch aus kindischer Bosheit und Zerstörungssucht zusammengewebt findet: wobei man am Ende nicht weiß, was man sich von unserer auf ihre Vorzüge so eingebildeten Gattung für einen Begriff machen soll.»[83]

Es ist ein verworrenes Spiel menschlicher Dinge, das sich dem aufmerksamen Betrachter zeigt. Die Menschen sind aus krummem Holz gemacht, aus dem nichts ganz Gerades gezimmert werden kann. Sie bieten kein besonders liebenswürdiges Bild. Oft handeln sie gegeneinander, «getrieben durch Ehrsucht, Herrschsucht oder Habsucht».[84] Sie kämpfen um Macht über andere, selbstsüchtig auf ihren eigenen Vorteil bedacht, und wollen immer mehr haben. Wenn sie sich gesellig zusammenfinden, bleiben sie doch zugleich ungesellig auf sich konzentriert. Sie leben im *antagonistischen* Zustand «ungeselliger Geselligkeit».[85] Auch zwischen den einzelnen Stämmen oder Staaten, in denen sich Menschen vergesellschaftet haben, geht es um Machtpolitik. Seit Anfang der Menschheitsgeschichte gibt es Angriffe und Eroberungen, Kriege und Völkermorde. Wie oft sind Fortschritte in der Kultur durch barbarische Verwüstungen wieder zunichte gemacht worden; und wie oft haben Kriege zerstört, was zivilisatorisch mühsam aufgebaut worden ist!

Doch Kant will sich nicht auf eine bloß *empirische* Anschauung der Menschheitsgeschichte beschränken. Er entwirft eine «philosophische Geschichte»[86] und denkt als ein philosophischer

Kopf, um vielleicht doch eine «*Naturabsicht* in diesem widersinnigen Gange menschlicher Dinge»[87] entdecken zu können. Gegen die scheinbar trostlose Empirie konzipiert er eine *Idee zu einer allgemeinen Geschichte* und orientiert sich dabei an einem «Leitfaden» der Vernunft, der die Empirie zwar nicht verdrängt, aber anders begreifen lässt. Es findet gleichsam eine Umwendung der Perspektive statt.

Im Licht dieser Idee zeigt es sich nun, dass der permanente *Antagonismus* als eine produktive Antriebskraft gesellschaftlicher Entwicklung wirksam ist. Denn vollkommene Eintracht, Genügsamkeit und Wechselliebe würden zu einer Ruhe führen, in der die menschlichen Talente und Kräfte sich nicht entfalten könnten. «Dank sei also der Natur für die Unvertragsamkeit, für die missgünstig wetteifernde Eitelkeit, für die nicht zu befriedigende Begierde zum Haben oder auch zum Herrschen! Ohne sie würden alle vortreffliche Naturanlagen in der Menschheit ewig unentwickelt schlummern. Der Mensch will Eintracht; aber die Natur weiß besser, was für seine Gattung gut ist: sie will Zwietracht.»[88]

Die Freiheit des Menschen, die sich in ihrem durchgängigen Antagonismus demonstriert, muss rechtlich unter Kontrolle gebracht werden. Bliebe sie ungebunden und wild, gäbe es keine Gesellschaft, in der die größtmögliche Freiheit des einen zugleich mit der Freiheit des anderen bestehen kann. Rechte haben ihren Sinn in der Bestimmung und Sicherung der Freiheiten, die sich Menschen gegenseitig zugestehen, insofern dies nach einem allgemeinen Gesetz möglich ist.[89] So ist also auch der gesetzliche Zustand einer «bürgerlichen Gesellschaft» freier Menschen die Frucht «der Ungeselligkeit, die durch sich selbst genötigt wird, sich zu disziplinieren».[90]

Und schließlich wird durch die antagonistischen Beziehungen zwischen einzelnen Staaten, die sich gegenseitig kriegerisch verwüsten und gesetzlos wie Wilde zu vernichten suchen, auch hier Schritt für Schritt geschichtlich einsichtig, dass eine weltbürgerliche Verfassung notwendig und sinnvoll ist, durch welche jedem Staat seine Souveränität und seine Rechte bestimmt und gegen die Eingriffe anderer Staaten gesichert sind. Gerade die traurige Erfahrung all der mörderischen Kriege und allseitigen Gewalttätigkeiten, die so viel Not und Leid für die Menschheit gebracht haben, lässt die *Idee* vorscheinen, «aus dem gesetzlosen Zustande der Wilden hinaus zu gehen, und in einen Völkerbund zu treten; wo jeder, auch der kleinste, Staat seine Sicherheit und Rechte, nicht von eigener Macht, oder eigener rechtlichen Beurteilung, sondern allein von diesem großen Völkerbunde (Foedus Amphictyonum), von einer vereinten Macht, und von der Entscheidung nach Gesetzen des vereinigten Willens, erwarten könnte».[91]

Ist Kant ein schwärmerischer Utopist, der auf keine Erfahrungen Rücksicht nimmt? Ist er ein Träumer, der seine Hirngespinste für die Wirklichkeit hält? Kant hat sich selbst diese Fragen gestellt und in den letzten beiden Absätzen seiner Geschichte beantwortet. Nein, er sei kein Illusionist, sondern ein Philosoph der *Aufklärung*. Ihm komme es darauf an, prognostisch in den historischen Erfahrungen etwas von dem zu entdecken, was den Gang der Geschichte als einen mühseligen langen Weg zu einem allgemeinen weltbürgerlichen Zustand begreifen lässt. Und dafür gebe es schon einige Anzeichen. Bürgerliche Freiheiten, gesetzliche Zustände, freier öffentlicher Vernunftgebrauch, zwischenstaatliche Annäherungen, Welthandel und die allgemeine Freiheit der Religion deuten an, was vernünftigerweise erwartet und herbeigeführt werden kann. An diesem Prozess nimmt die Aufklärung selbst *dialektisch* teil: Sie trägt dazu bei, das zu verwirklichen, was sie *in weltbürgerlicher Absicht* am Leitfaden der Vernunft entdeckt hat. Sie begreift sich als den zentralen Teil einer vernünftigen Entwicklung, die durch sie überhaupt erst ihre eigene Sprache findet.[92]

Rückschläge sind nicht zu vermeiden. Das grausame Narrenspiel auf der großen Weltbühne ist noch lange nicht zu Ende. Doch trotz aller Hindernisse, Gegenbewegungen und Abstürze wird als ein großes Gut die Idee der Aufklärung lebendig bleiben, die «eine tröstende Aussicht in die Zukunft» eröffnet, «in welcher die Menschengattung in weiter Ferne vorgestellt wird, wie sie sich endlich doch zu dem Zustande empor arbeitet, in welchem alle Keime, die die Natur in sie legte, völlig können entwickelt und ihre Bestimmung hier auf Erden kann erfüllet werden».[93]

7. Der europäische Traum vom ewigen Frieden

In den neunziger Jahren des 18. Jahrhunderts erscheinen in rascher Folge Kants rechts- und staatsphilosophische Schriften: seine Abhandlung *Über den Gemeinspruch: Das mag in der Theorie richtig sein, taugt aber nicht für die Praxis* (1793); sein philosophischer Entwurf *Zum ewigen Frieden* (1795); *Die Metaphysik der Sitten* mit ihrem Ersten Teil über die metaphysischen *Anfangsgründe der Rechtslehre* (1797); und *Der Streit der Fakultäten* (1798), in der sich der Philosoph im Zweiten Abschnitt mit den Juristen über die Frage streitet: ob das menschliche Geschlecht im beständigen Fortschreiten zum Besseren sei? Man hat sie lange Zeit als altersschwache Werke eingeschätzt und nur wenig beachtet. Erst seit etwa 40 Jahren, im Zuge einer Rehabilitierung der praktischen Philosophie, vollzieht sich eine vollständige Kehrtwende, die Kants späte Schriften als Gründungstexte für einen modernen, freiheitlichen Verfassungsstaat und ein internationales Staatengeflecht erscheinen lässt.[94]

Während Kant über Krieg und Frieden, eine staatsbürgerliche und eine weltbürgerliche Verfassung nachdenkt, befindet sich Europa im Krieg. Das ideologisch-monarchistische Bündnis zwischen Preußen und Österreich gegen das revolutionäre Frankreich führt 1792 zu einem Ersten Koalitionskrieg, in den bald auch andere europäische Staaten verstrickt werden. Länger als zwanzig Jahre werden die Koalitionskriege dauern. Jedoch nicht für Preußen, das am 5. April 1795 in Basel einen Sonderfrieden mit Frankreich schließt, der bis 1806 halten wird. Unter dem Eindruck dieses Friedens schreibt Kant seinen philosophischen Entwurf *Zum ewigen Frieden*, der gegen Ende des Jahres 1795 erscheint und ein durchschlagender publizistischer Erfolg ist. Rasch werden mehrere Auflagen und auch Übersetzungen in fremde Sprachen veröffentlicht. Vor allem im revolutionären Frankreich wird die Schrift beachtet und begrüßt.

Vor dem Gerichtshof der Vernunft verhandelt Kant den großen menschheitsgeschichtlichen Fall: Unter welchen Bedingungen kann die Aufgabe gelöst werden, zwischen den Staaten und Völkern einen Frieden zu schaffen, der nicht nur ein vorübergehender Waffenstillstand ist, sondern auf Dauer Schluss macht mit diesem ewigen Töten und Getötetwerden, zu dem die Menschen von ihren Machthabern wie Maschinen abgerichtet und eingesetzt werden? Wie gelingt es der Menschheit, endlich aus dem Naturzustand ständigen Sich-Bekriegens in einen Friedenszustand fortzuschreiten, der ihnen Freiheit und Sicherheit bietet? Er muss «*gestiftet*» werden, was nur auf *gesetzliche* Weise geschehen kann.[95]

Kant nennt seine Friedensschrift, die er stilistisch wie einen Friedensvertrag mit (vorläufigen) Präliminar- und (endgültigen) Definitivartikeln aufbaut und formuliert, nicht ohne satirischen Hintersinn *Zum ewigen Frieden*. Das sieht aus wie der Witz auf einem Gasthausschild, auf das ein Friedhof gemalt ist. Der «ewige» Friede spielt auf das fromme Bild des Todes als das *Ende aller Dinge* an, das Kant in der Juniausgabe 1794 der *Berlinischen Monatsschrift* als «Übergang aus der Zeit in die Ewigkeit»[96] persifliert hat. Es ist nur eine dunkle Einbildung ohne Erfahrungsgehalt, um die Angst vor dem Tod zu besänftigen. Ist also auch sein «ewiger Friede» nur ein süßer Traum oder eine sachleere Idee, worüber die Staatsoberhäupter, «die des Krieges nie satt werden können»[97], nur lachen können?

In drei Definitivartikeln entwirft Kant die grundlegenden Prinzipien für das Staatsbürgerrecht, das Völkerrecht und das Weltbürgerrecht. Das sind keine Ideen für die Ewigkeit. Sie sollen die Geschichte nicht stillstellen. Es sind Maximen für einen gesetzlichen Zustand, der Kant zu seiner Zeit bereits als realisierbar erscheint, wenngleich nur in kontinuierlicher Annäherung, ohne dass das letzte Ziel des völkerrechtlich stabilisierten ewigen Friedens erreicht werden könne. Vor allem die Ereignisse in den 1776 unabhängig gewordenen Vereinigten Staaten von Amerika und im revolutionären Frankreich seit 1789 spielen dabei eine entscheidende, vorbildhafte Rolle.

Bereits der *Erste Definitivartikel* geht von einer staatsbürgerlichen Ordnung aus, zu der sich freie und gleiche Menschen durch eine «republikanische Verfassung» zusammengeschlossen haben. Kant ist davon überzeugt, dass die politische Struktur eines jeden Staates, der zum wirklichen Frieden fähig sein kann, *republikanisch* sein muss, wie es John Locke 1689 in seinen Abhandlungen über die Regierung als Alternative zu einer «patriarchalen» Übermacht vorgedacht hat. Republikanisch ist das Volk sein eigener Souverän, das nach seinem eigenen Gesetz regiert wird und selbst darüber entscheidet, wie es leben will, wobei es von sich aus eher zum Frieden als zum Krieg neigen wird. Feudale oder absolutistisch regierte Staaten werden dagegen zu einer wirklichen Friedenspolitik schon aus konstitutionellen Gründen nicht in der Lage sein, auch wenn ab und zu ein friedensliebender Monarch herrschen mag: «Wenn (wie es in dieser republikanischen Verfassung nicht anders sein kann) die Beistimmung der Staatsbürger dazu erfordert wird, um zu beschließen, ‹ob Krieg sein solle, oder nicht›, so ist nichts natürlicher, als daß, da sie alle Drangsale des Krieges über sich selbst beschließen müßten (...), sie sich sehr bedenken werden, ein so schlimmes Spiel anzufangen. Da hingegen in einer Verfassung, wo der Untertan nicht Staatsbürger, die also nicht republikanisch ist, es die unbedenklichste Sache von der

Welt ist, weil das Oberhaupt nicht Staatsgenosse, sondern Staatseigentümer ist, an seinen Tafeln, Jagden, Lustschlössern, Hoffesten u.d.gl. durch den Krieg nicht das mindeste einbüßt, diesen also wie eine Art von Lustpartie aus unbedeutenden Ursachen beschließen, und der Anständigkeit wegen dem dazu allezeit fertigen diplomatischen Korps die Rechtfertigung desselben gleichgültig überlassen kann.»[98]

Der *Zweite Definitivartikel* erweitert die Argumentation auf das Verhältnis zwischen den Staaten. Wie einzelne freie Menschen sich in einem gesetzlich geregelten republikanischen Zusammenhang vereinen, so können auch Staaten miteinander in einer Verbindung zusammenkommen, die ihren kriegerischen Eigensinn unter gemeinsame Kontrolle bringt und einen dauerhaften Frieden begründet. «Dies wäre ein *Völkerbund*, der aber gleichwohl kein Völkerstaat sein müßte.»[99] Denn Kant fürchtet, dass die Vereinigung aller Staaten unter ein gemeinsames Oberhaupt einen kosmopolitischen *Despotismus* herbeiführen könne, der die Einzelstaaten und ihre Bürger entmündige. Dagegen entwirft er den rechtlichen Zustand einer staatlichen Verbindung ohne hegemoniale Vormacht: eine *Föderation* freier, souveräner Staaten, die sich nach einem gemeinschaftlich verabredeten *Völkerrecht* richten.

Damit geht Kant weit über das hinaus, was seine ideengeschichtlichen Vorgänger zu denken gewagt haben. So hat etwa Thomas Hobbes zwar den kriegerischen Naturzustand für den innerstaatlichen Bereich überwunden, für die Staaten untereinander aber weiterhin einen bellizistischen Naturzustand angenommen, der keinen dauerhaften Frieden ermögliche. Und auch das von Kant gelobte Projekt des französischen Abbé de Saint-Pierre für einen *«paix perpétuelle»*, der ihm durch Rousseaus kritisches Resümee bekannt geworden ist, bleibt hinter seinem Entwurf zurück. Denn Saint-Pierre hat seine Friedensschrift, die er 1713 unter dem Eindruck des Friedens von Utrecht zwischen mehreren europäischen Staaten verfasst hat, nur als einen Appell an die 24 christlichen Fürsten und Könige Europas verstanden, die sich zu einer bestimmten Zeit aus Nützlichkeitserwägungen zu einem Friedensbund vereinigen sollten, «dem sich womöglich auch die mohammedanischen Fürsten anschließen könnten».[100] Kant dagegen entwirft als Philosoph für die interstaatlichen Beziehungen eine Rechtsordnung, die eine unbegrenzte kosmopolitische Absicht verfolgt. Sie spricht nicht die absolutistischen Landesväter an, sondern richtet sich an die Vernunftfähigkeit jedes Individuums, das mit anderen friedlich zusammenleben will. Sie wird nicht durch eine aristokratische Elite von oben durchgesetzt, sondern von mündigen Bürgern von unten angestrebt.

Dabei zeige vor allem die Gründungsgeschichte der USA, dass die Disposition zu einem solchen Völkerbund sich bereits historisch zu verwirklichen beginnt. «Die Ausführbarkeit (objektive Realität) dieser Idee der *Föderalität*, die sich allmählich über alle Staaten erstrecken soll und so zum ewigen Frieden hinführt, läßt sich darstellen. Denn wenn das Glück es so fügt: daß ein mächtiges und aufgeklärtes Volk sich zu einer Republik (die ihrer Natur nach zum ewigen Frieden geneigt sein muß) bilden kann, so gibt diese einen Mittelpunkt der föderativen Vereinigung für andere Staaten ab, um sich an sie anzuschließen, und so den Freiheitszustand der Staaten, gemäß der Idee des Völkerrechts, zu sichern, und sich durch mehrere Verbindungen dieser Art nach und nach weiter auszubreiten.»[101]

Der *Dritte Definitivartikel* zum ewigen Frieden betrifft das Recht der Weltbürger. Dabei handelt es sich nicht um allgemeine Menschenliebe. Kant argumentiert nicht als Philanthrop. Auch im Hinblick auf alle Bürger in einer gemeinsam bewohnten Welt geht es ihm um eine gesetzliche Regelung. Das Weltbürgerrecht bezieht sich auf das Recht jedes Fremden auf allgemeine, weltweit zu praktizierende *Hospitalität* (Wirtbarkeit). Niemand soll bei seiner Ankunft und seinem Aufenthalt auf dem Boden eines fremden Landes «feindselig» behandelt werden, solange er sich selbst friedlich verhält; und niemand soll abgewiesen werden, wenn damit sein Tod oder «Untergang» verbunden ist. Das ist für Kant jedoch kein allgemeines *Gastrecht*. Weltbürger haben nur ein gegenseitiges globales *Besuchsrecht*, da sich Menschen nun einmal zu bestimmten Staaten oder Gesellschaften an bestimmten Orten vereinigt haben und sich nun nicht mehr auf der ganzen Oberfläche der Erde ins Unbegrenzte zerstreuen können, wie es ursprünglich der Fall gewesen sein mag. Kant vollzieht diese Einschränkung in Anspielung auf die Kolonialpolitik europäischer Staaten, die er mit starken Worten kritisiert. Zwar habe ursprünglich niemand weniger Recht, an einem bestimmten Ort der Erde zu sein, als der andere. Aber die europäischen Nationen hätten den Besuch fremder Länder, zu dem sie berechtigt seien, mit dem Erobern gleichgesetzt. Um das gesetzlich zu verhindern, soll das Weltbürgerrecht auf «Hospitalität» begrenzt bleiben.

Kant ist sich darüber klar, dass vor allem sein Modell eines Völkerbundes freier Staaten eine höchst problematische Konstruktion ist. Denn hier fehlt ja jene übergeordnete, vereinheitlichende Gesetzesmacht, die den Bürgern einer Republik ihr Leben in gesicherter Freiheit ermöglicht. Wie soll die Föderation der Staaten gesichert oder rechtsverbindlich garantiert werden, wenn diese ihre Souveränität nicht aufgeben und sich jederzeit wieder aus der geschlossenen Allianz herauslösen können? Kant kann nur darauf vertrauen, dass sich die zu einem Bund vereinigten Staaten *verpflichtet* fühlen, ihre eigene Staatsräson gegebenenfalls dem gemeinsamen Ziel unterzuordnen, miteinander in Frieden zu leben und ihre Konflikte nur durch Streit, aber nicht durch Krieg zu lösen. Ohne dieses moralische Moment der Pflicht verliert Kants Völkerbund seine verbindende Kraft.

Aber das ist für Kant kein zwingendes Argument, die philosophisch entworfene Föderation für eine leere Idee halten zu müssen. Stattdessen verbindet er die moralische *Verpflichtung* mit einer *Hoffnung*, die über die bestehenden Verhältnisse hinausweist und den Frieden als eine permanente *Aufgabe* begreift: «Wenn es Pflicht, wenn zugleich gegründete Hoffnung da ist, den Zustand eines öffentlichen Rechts, obgleich nur in einer ins Unendliche fortschreitenden Annäherung wirklich zu machen, so ist der *ewige Friede*, der auf die bisher fälschlich so genannten Friedensschlüsse (eigentlich Waffenstillstände) folgt, keine leere Idee, sondern eine Aufgabe, die, nach und nach aufgelöst, ihrem Ziele (weil die Zeiten, in denen gleiche Fortschritte geschehen, hoffentlich immer kürzer werden) beständig näher kommt.»[102]

Im *Anhang* seiner Friedensschrift bringt Kant schließlich noch einen Gedanken zum Ausdruck, mit dem auch unser Blick auf Kants Philosophie abgeschlossen werden soll. Wie steht es überhaupt um das Spannungsverhältnis zwischen *Moral* und *Politik*? Nicht zuletzt dokumentiert auch Kants Beantwortung dieser Frage die Aktualität seiner Philosophie. Dass viele politische Entscheidungsprozesse kaum noch öffentlich transparent sind; dass vor allem der Trieb zum Immer-mehr-haben-Wollen und nicht die Idee der allgemeinen Wohlfahrt das profitorientierte wirtschaftliche Handeln zu bestimmen scheint; dass die siegessicheren Gesten angeklagter Spitzenmanager des Finanzkapitals als unerträglich erscheinen; dass sich staatliche Entscheidungsträger selbst oft von den «Reformen» ausnehmen, die sie anderen Bürgern zumuten; dass so viele Politiker kein Vertrauen mehr verdienen, weil sie nur ihre eigene Machtposition im Auge haben; dass sie für ihre eigenen Zwecke moralische oder religiöse Motive vorschieben, an die sie selbst nicht glauben; und dass sie dabei sogar vor willkürlich inszenierten Kriegen nicht zurückschrecken, wobei sie ihre wirklichen Motive vor der Öffentlichkeit verschleiern – all diese populären kritischen Bedenken klingen wie von Kant souffliert. Das Muster dazu findet sich am Ende seines Entwurfs *Zum ewigen Frieden*, an dem er zwei Typen von Politikern charakterisiert, deren subjektives Verhältnis zu Moral und Recht er klar profiliert.

Auf der einen Seite steht der *moralische Politiker*: Er handelt so, dass die subjektiven Prinzipien seines politischen Willens jener Moral entsprechen, die Kant mit seinem Kategorischen Imperativ zu begründen versucht hat. Er richtet sein Handeln am allgemeinen Recht aller Menschen aus, die als freie und gleiche Bürger leben wollen.

Anders sieht es beim *politischen Moralisten* aus: Er orientiert sein Handeln nicht an allgemeinen Rechts- und Moralprinzipien, sondern schmiedet sich seine Moral so, wie er es für seinen Vorteil jeweils gebrauchen kann. Für ihn gibt es nur jene «Schlangenwendungen einer unmoralischen Klugheitslehre»[103], die Kant scharf kritisiert, weil sie die Machtinteressen und subjektiven Handlungsmaximen über die rechtlich-politischen Grundsätze stellt, die der politische Moralist nur dann rhetorisch ins Spiel bringt, wenn er es für seine Zwecke für opportun hält. Dann kann er sogar humanitäres Mitgefühl mit fernen Unterdrückten demonstrieren, um aggressive militärische Maßnahmen moralistisch zu legitimieren.

Kants Sympathie liegt bei den moralischen Politikern. Von ihnen erhofft er sich die schrittweise Verbesserung der gesellschaftlichen und politischen Verhältnisse, sowohl in den Einzelstaaten als auch im internationalen Staatengeflecht. Für sie entwirft er die Grundideen des Staatsrechts, des Völkerrechts und des Weltbürgerrechts.

Vor der Klugheit politischer Moralisten, die nur ihre eigene Machtposition und moralische Willkür im Auge haben, zeigt Kant keinen Respekt. Sie verdient keine Achtung, welche die kritische Vernunft nur jenem politischen Handeln gewährt, das sich an der Moral eines guten Willens im Interesse freier und gleicher Staats- und Weltbürger orientiert.

Ist Kants Bild des moralischen Politikers nur eine Illusion, die etwas vorgaukelt, das nicht verwirklicht werden kann, gleichsam eine personenleere Idee? Kant kennt den Einwand der Realisten.

Deshalb hat er seine Charakterisierung des moralischen Politikers als Ausdruck einer philosophisch begründeten Hoffnung gezeichnet. Und als solche ist Kants Typisierung noch immer wirksam. Denn die politischen Moralisten mögen zwar die Szene der nationalen oder internationalen Realpolitik beherrschen. Aber die aktuelle Kritik an ihnen, an der Arroganz der Mächtigen, die das Vertrauen der Staatsbürger verspielen, zeigt doch auch, dass Kants Unterscheidung im allgemeinen Bewusstsein einer aufgeklärten kritischen Öffentlichkeit lebendig ist. Kants politische Philosophie in moralischer Hinsicht ist von unüberholter Aktualität, auch wenn man seinen Namen nicht nennt oder gar bekennen muss: «Ich bin ein Kantianer.»

8. Auf Kants Spuren: Karl Popper und Hannah Arendt

Sind Europäer Kantianer? Das war die Frage, um die nach den terroristischen Angriffen am 11. September 2001 auf amerikanischer und europäischer Seite gestritten worden ist. Am prägnantesten hat sie Robert Kagan ins Spiel gebracht, der die Ablehnung US-politischer Kriegsmaßnahmen seitens einiger europäischer Staaten auf Kant und die Aufklärung zurückführte. Er sprach von einer europäischen Weltsicht und einer kantischen Ordnung Europas, die dem Paradies eines «ewigen Friedens» entspreche, wobei er auf eine doppelte Ironie der Geschichte hinwies: Die europäische Großmachtpolitik in den letzten Jahrhunderten habe sich selbst nicht an die visionären Entwürfe der Aufklärung gehalten; und die gegenwärtige Friedfertigkeit der Europäer sei nur durch amerikanische Kriegsanstrengungen möglich geworden. «Die neue kantische Ordnung Europas konnte nur unter dem Schirm amerikanischer Macht gedeihen, ausgeübt nach den Regeln der alten Hobbesschen Ordnung.»[104]

Das ist nicht ganz falsch. Denn die Weltgeschichte verlief nach Kants Tod ja durchaus nicht so, wie er es sich erhofft hatte. Seine Ideen schienen geschichtlich widerlegt worden zu sein. Preußen zog 1806 wieder in den Krieg gegen Frankreich, den es katastrophal verlor. Die europäische Völkerschlacht bei Leipzig im Oktober 1813 forderte ungeheure Blutopfer. In den Bismarck'schen Kriegen zwischen 1864 und 1871 gegen Dänemark, Österreich und Frankreich war von Kants Gedanken nichts zu spüren. Der große preußische Machtpolitiker hatte mit dem preußischen Friedensphilosophen nichts zu tun. Immer stärker geriet die äußere Politik der europäischen Staaten auf die Bahnen eines hochgradig mobilisierten Nationalismus und eines kriegerischen Imperialismus. Mit seinen Materialschlachten verbreitete der Erste Weltkrieg die Schrecken eines technologisch entgrenzten Krieges, ins Apokalyptische gesteigert dann in den millionenfachen Massenverbrechen des Zweiten Weltkriegs.

Von der gewaltigen Zerstörungskraft dieser Kriege und Völkermorde hatte sich Kant kein Bild machen können. Auch er hatte in seinem Leben zwar mehrere Kriege erlebt. Er erkannte deutlich, dass die Staatskörper und Regierungen seiner Zeit nur in einem rohen Entwurfe existierten. Aber das hatte ihn nicht gehindert, in der *allgemeinen Geschichte in weltbürgerlicher Absicht* «allmählich, mit unterlaufendem Wahne und Grillen, *Aufklärung* als ein großes Gut» entspringen zu sehen. Er hielt an diesem kleinen «aber» fest, das sich geschichtlich an dem Wenigen der Aufklärung zeigte, das den Fortschritt zum Besseren denken und erhoffen ließ: «Diese Aufklärung aber, und mit ihr auch ein gewisser Herzensanteil, den der aufgeklärte Mensch am Guten, das er vollkommen begreift, zu nehmen nicht vermeiden kann, muß nach und nach bis zu den Thronen hinauf gehen, und selbst auf ihre Regierungsgrundsätze Einfluß haben.»[105]

Nach dem Zweiten Weltkrieg begann Europa sich neu zu gestalten. Die Katastrophengeschichte der totalitären Terrorsysteme und verheerenden Kriege des 20. Jahrhunderts setzte einen Prozess in Gang, der noch nicht abgeschlossen ist. Denn wo und was ist Europa? Als eine zwischenstaatliche, sich dynamisch entwickelnde Gemeinschaftsbildung entzieht es sich eingespielten begrifflichen Bestimmungen. Europa ist kein Nationalstaat, sondern ein staatsähnliches Gebilde, das sich in Entwicklung befindet. Es ist auch keine Gesellschaft, weder geschlossen noch offen. Europa gibt es nicht. Es gibt nur das «staats- und völkerrechtliche Laboratorium»[106] Europa, in dem der dynamische, ergebnisoffene Prozess der Europäisierung stattfindet, der schrittweise Kants Wegweiser zum Völkerbund folgt. Es hat sich eine föderative Vereinigung gebildet, an die sich neue Staaten anschließen, um, wie Kant es 1795 formuliert hat, «so den Freiheitszustand der Staaten, gemäß der Idee des Völkerrechts, zu sichern und sich durch mehrere Verbindungen dieser Art nach und nach auszubreiten».

Das geschichtliche Großexperiment der Vereinigten Staaten von Europa fand seinen vorläufigen Abschluss mit der Bildung der *Europäischen Union* Anfang der neunziger Jahre des 20. Jahrhunderts, deren Konvent 2000 in Nizza ihre *Charta der Grundrechte* formulierte und damit dokumentierte, was die europäischen Bürger normativ zusammenhält. Am 1. Mai 2004 sind schließlich zehn weitere Staaten der EU beigetreten, die neue Fragen stellen lassen: Was verbindet die Europäer auf diesem vorgelagerten Kap Asiens, das geographisch vom Ural-Gebirge bis zur portugiesischen Atlantikküste reicht, vom Nordkap bis Kreta? Gibt es gemeinsame Werte für diesen Bund vereinigter Staaten von Europa, zwischen denen Kriege unvorstellbar geworden zu sein scheinen? Was heißt Euro-Föderalismus? Braucht Europa eine Verfassung, und, wenn ja, wie soll sie aussehen?

Man ist auf der Suche nach Antworten.[107] Nicht die schlechteste davon hat sich in der amerikanisch-europäischen Auseinandersetzung nach dem 11. September Gehör verschafft: die «Idee zu einer europäischen Geschichte in weltbürgerlicher Absicht», die sich an der Philosophie Immanuel Kants orientiert. Ihre Grundzüge sollen noch einmal kurz in Erinnerung gerufen werden: Kant war Europäer, der die Impulse des europäischen Denkens seit der griechischen Antike bis in die Neuzeit aufgriff und sie für die Moderne ausarbeitete; er verknüpfte den Prozess der Aufklärung im Zeitalter der Kritik mit dem freien, eigenen und öffentlichen Verstandesgebrauch mündiger Menschen; er entwarf die Grundzüge einer Moral für freie Menschen, die selbst bestimmen wollen, was sie tun sollen; er trennte Wissen und Glauben, zog eine scharfe Linie zwischen Staat und Kirche und begründete das gute Handeln in moralischer Hinsicht nach Prinzipien, die ohne überlieferte Offenbarungen, religiöse Glaubensgewissheiten oder kirchliche Machtsprüche als vernünftig begründet werden können; er hob die «ungesellige Geselligkeit» hervor, die moderne freiheitliche Republiken charakterisiert, in denen jeder sich für den anderen und dessen Lebens- und Glaubensformen nur so weit interessiert, dass man sich, gesichert durch Gesetze, nicht feindlich ins Gehege kommt[108]; er bot eine tröstende Aussicht in die Zukunft, wobei er auf die produktive Kraft der Aufklärung in einem Leben voller Antagonismen vertraute; und er entwarf staatsbürgerliche, zwischenstaatliche und weltbürgerliche Rechtsordnungen, die ein friedliches Zusammenleben freier und gleicher Menschen ermöglichen.

Sind Europäer Kantianer? Jedenfalls haben sie gute Gründe, es sein zu wollen; und zentrale philosophische Grundgedanken Kants sind bereits so weit ins allgemeine Bewusstsein der meisten Europäer eingegangen, dass sie für selbstverständlich gelten und nicht mehr mit Kants Namen verbunden werden. Man kann Kantianer sein, ohne es wissen zu müssen. Doch dieser popularisierte Kantianismus, der sich im Bewusstsein einer breiten Öffentlichkeit niedergeschlagen hat, kam nicht automatisch zustande. Es waren einzelne politische Denker und philosophische Intellektuelle, die nach ihren schrecklichen Erfahrungen von totalem Krieg und totaler Herrschaft zu Kant zurückkehrten und sich für die Gegenwärtigkeit seiner Philosophie, auch gegen starke Widerstände, engagierten. Auf die ungeheuerlichen Katastrophen im Zeitalter der Extreme, die in der Geschichte ohne Beispiel waren, reagierten sie mit den Mitteln jener kritischen Rationalität und autonomen Urteilskraft, die sie in Kants Werk der Aufklärung vorgeprägt fanden. Nur zwei von ihnen sollen abschließend zur Sprache kommen: Karl Popper und Hannah Arendt.

Karl Popper (28. Juli 1902, Wien – 17. September 1994, London). Erst spät hat Popper klar und deutlich herausgestellt, welche wegweisende Rolle Kants kritische Philosophie in seiner Lebensgeschichte spielte.[109] Nach dem Ende des Zweiten Weltkriegs war er aus Neuseeland, wohin er und seine Frau 1937 aus Furcht vor einer Annexion Österreichs durch Hitler gezogen waren, nach Europa zurückgekehrt. 1946 begann er an der London School of Economics zu arbeiten, wo er dann von 1949 bis 1969 als ordentlicher Professor für «Logik und wissenschaftliche Methodenlehre» tätig war. In enger Beziehung zu den neuesten Entwicklungen in den Natur- und Sozialwissenschaften arbeitete er vor allem an der Lösung wissenschaftstheoretischer Probleme. Doch es gab auch mehrfach Gelegenheiten, sich an seine eigene Entwicklung zu erinnern, wobei Immanuel Kant zunehmend in den Fokus seiner Aufmerksamkeit rückte. Im Rückblick auf seinen langen Weg zur Philosophie brachte er ihn als den «größten deutschen Philosophen»[110] zur Sprache, der die entscheidenden Ideen der Aufklärung formuliert und begründet hatte.

In seinen früheren Werken war der Name Kant zwar wiederholt erwähnt worden, jedoch meist nur in Anmerkungen und ohne besonderen Nachdruck. Das änderte sich in den fünfziger Jahren. Popper gliederte sich in die Tradition der Aufklärung ein, von der er entscheidende Impulse für die Art seines eigenen Philosophierens übernommen hatte. Denn schon zu Beginn seiner intellektuellen Entwicklung war es Kants *Kritik der reinen Vernunft* gewesen, durch die sich der Achtzehnjährige 1920 hindurchzuarbeiten begonnen hatte. Sie vermittelte Popper ein erstes Bild davon, was es heißt, philosophieren zu können. Auch dass er sich einige Jahre später der Erkenntnistheorie zuwandte, obwohl er, nach seiner Tischlerlehre und seinem Pädagogikstudium, doch eigentlich praktische Sozial- und Erziehungsarbeit mit Jugendlichen leisten wollte, rechtfertigte Popper später durch seine Erinnerung an Kant. «Die Erkenntnistheorie, wie die Philosophie überhaupt, bedarf einer *apologia pro vita sua* – einer Verteidigung ihrer Existenz. Denn was die Philosophie nach dem Tode Kants auf dem Gewissen hat, in intellektueller sowie auch in moralischer Hinsicht, das stellt eine schwere Anklage dar.»[111] Das betraf vor allem jene metaphysischen Höhenflüge, die sich im Gefolge des von Fichte, Schelling und Hegel begründeten Deutschen Idealismus immer weiter vom Prozess der wissenschaftlichen Erkenntnis entfernt hatten. Dagegen wandte sich Popper wieder der Frage Kants zu, die dieser kritische Denker im Anschluss an Isaac Newtons *Mathematische Prinzipien der Naturphilosophie* gestellt und mit seiner Erkenntnistheorie zu beantworten versucht hatte. Denn auch der junge Karl Popper war bis zum Spätsommer 1919 ein begeisterter Anhänger Newtons gewesen, bis zu jenem Schlüsselerlebnis, als Albert Einstein mit seiner allgemeinen Relativitätstheorie den universellen Anspruch von Newtons Gravitationsgesetzen zu widerlegen versuchte.

Einsteins kühne wissenschaftliche Revolution hatte den enthusiastischen Newtonianer Popper irritiert. Er musste sich mit dem Gedanken vertraut machen, dass Newtons Physik möglicherweise falsch ist. Das brachte ihn auf jene Frage zurück, die Kant einst im Anschluss an Newton gestellt hatte. Er musste sie angesichts der veränderten Problemsituation nur radikaler formulieren. Hatte Kant seine *Kritik der reinen Vernunft* geschrieben, um das wahre, gesicherte und hinreichend begründete Wissen der Newton'schen

Theorie erkenntnistheoretisch abzusichern, so sah sich Popper dem Problem konfrontiert, dass sich jede wissenschaftliche Theorie als bloßes Vermutungswissen erweisen könnte. Einsteins Revolution hatte ihn, *gegen* Kant, erkennen lassen, dass wir viel weniger wissen, als es Kant geglaubt hatte. «In den zwanziger Jahren wurde mir zuerst klar, was die Einsteinsche Revolution für die Erkenntnistheorie bedeutete. Wenn Newtons Theorie, die auf das Strengste überprüft war, und die sich besser bewährt hatte, als ein Wissenschaftler je hätte träumen können, sich als eine unsichere und überholbare Hypothese entpuppte, dann war es hoffnungslos, von irgendeiner physikalischen Theorie je zu erwarten, dass sie mehr als hypothetischen Status erreichen könne.»[112] Doch diese Krise ließ ihn zugleich, *mit* Kant, seine erkenntniskritische Hauptfrage stellen: Wie lassen sich empirische Wissenschaften überhaupt noch von metaphysischen oder pseudowissenschaftlichen Spekulationen abgrenzen, wenn wir den grundsätzlich hypothetischen Charakter selbst der erklärungsstärksten naturwissenschaftlichen Theorien anerkennen müssen? «Dieses, das ‹*Abgrenzungsproblem*› (Kants Frage nach den ‹Grenzen der wissenschaftlichen Erkenntnis›) kann definiert werden als die Frage nach einem *Kriterium der Unterscheidung von ‹empirisch-wissenschaftlichen› und ‹metaphysischen› Behauptungen* (Sätzen, Satzsystemen).»[113]

In seiner *Logik der Forschung*, die 1934 erschien und zum weltberühmten Standardwerk der modernen Wissenschaftslehre wurde, hat Popper das «Kantsche Problem» gelöst durch eine *negative* Methodenlehre, die auf den ersten Blick enttäuschend klingen mag: Sicheres Wissen ist uns versagt. Eine wahre Erkenntnis dessen, was als Welt (der Wissenschaft oder des Wissens im Allgemeinen) der Fall ist, können wir niemals erreichen. Wir können nur Vermutungen anstellen und Hypothesen entwerfen, um sie kritischen Überprüfungen und empirischen Widerlegungsversuchen auszusetzen. Es gibt keine Gewissheit; das einzige Wissen, dessen wir uns sicher sein können, besteht im sokratischen Eingeständnis unseres Nichtwissens. Fehlbarkeit ist unser Schicksal, «Fallibilismus» ihre Philosophie. Doch dieser Verlust der Illusion einer gesicherten Erkenntnis zwingt uns nicht zu Skeptizismus und Pessimismus. Denn wir werden durch einen *optimistischen* Gedanken versöhnt, der das Lebenswerk Poppers wie ein roter Faden durchzieht: Wir können aus den Fehlern lernen, die wir gemacht haben; und nichts anderes als diese Fähigkeit ermöglicht es, dass Erkenntnis wachsen kann. Permanente Kritik des Vermutungswissens im Vertrauen auf potenziellen Erkenntniszuwachs ist das Grundmotiv von Poppers «kritischer Rationalität», mit dem er zugleich gegen alle Dogmen ankämpfte, die sich prinzipiell oder fundamentalistisch ihrer Widerlegung entziehen wollen.

Alle seine großen Werke, die ihn zu einem der berühmtesten und einflussreichsten Denker des zwanzigsten Jahrhunderts gemacht haben, sind Variationen dieses einen Motivs, das Popper auf so vielen Gebieten durchgespielt hat. Seine *Logik der Forschung* (1934) stellte die Grundzüge rationaler Wissenschaften dar, die nicht die Absicht verfolgen, endgültige Einsichten in das Wesen der Welt zu bieten, sondern die kühne Gedanken erproben, mit denen wir, wie mit von uns gemachten Netzen, die wirkliche Welt einzufangen versuchen, ohne sie jemals ganz fassen zu können. *Das Elend des Historizismus* (1944) widerlegte den faszinierenden und doch so trügerischen Glauben an die Vorhersagbarkeit geschichtlicher Entwicklungen und sprach sich für eine Sozialtechnik der kleinen Schritte aus, die durchaus auch kühn sein kann, wenn es die Problemsituation erfordert. *Die offene Gesellschaft und ihre Feinde* (1945) war kritisch gegen die totalen Herrschaftssysteme des Nazismus und Stalinismus gerichtet und plädierte für eine demokratische Gesellschaft, die nicht abstrakte Glücksgüter zu realisieren versucht, sondern durch Reformen in der Lage ist, die dringlichsten konkreten Übel abzuschaffen, zu denen oft genug auch die Regierenden gehören. Die Aufsätze in *Vermutungen und Widerlegungen* (1963) waren Ausführungen der einfachen

These: Wir können aus unseren Fehlern lernen. Sein Sammelband *Objektive Erkenntnis* (1972) war ein evolutionärer Entwurf, um den sachhaltigen Anspruch des Vermutungswissens zu begründen, mit dem wir die Welt zu begreifen versuchen. Und schließlich lieferten auch seine 1984 veröffentlichten Aufsätze *Auf der Suche nach einer besseren Welt*, ebenso wie sein letztes zu Lebzeiten erschienenes Buch *Alles Leben ist Problemlösen* (1994), eine Begründung für ein schöpferisches und verantwortungsbewusstes Denken und Handeln in einer Welt, deren Zukunft offen ist und uns den Spielraum lässt, aktiv in sie einzugreifen und sie vernünftig zu gestalten.

Als 1957 die erste deutsche Ausgabe von Poppers politisch-philosophischem Hauptwerk *The Open Society and Its Enemies* erschien, das er 1938 bis 1942 im neuseeländischen Zufluchtsort als seinen Beitrag zu den Kriegsanstrengungen gegen Hitler geschrieben hatte, widmete er sie «dem Andenken Immanuel Kants, des Philosophen der Freiheit, der Menschlichkeit und des Gewissens. Wer dieses Buch liest, wird sehen, wieviel der Verfasser Kant zu verdanken hat.»[114] Doch welchen Kant hatte er im Sinn? Popper wollte keine Missverständnisse aufkommen lassen. Sein Kant war nicht der Begründer des spekulativen Deutschen Idealismus, als der er oft, wie Popper klagte, in den Lehrbüchern der Philosophiegeschichte behandelt worden ist. Für ihn war Kant «*der Philosoph der Aufklärung*»[115], der für die offene Gesellschaft des Westens, die aus mehreren weitreichenden Revolutionen hervorgegangen ist, die philosophische Orientierung geliefert hatte. Um ihn und seine Intention deutlich zu machen, leitete Popper die deutsche Buchausgabe seiner *Offenen Gesellschaft* mit der Übersetzung der Rede ein, die er einige Jahre zuvor, am Abend des 12. Februar 1954, im Londoner Rundfunk zu Kants 150. Todestag gehalten hatte.

Poppers Gedächtnisrede war sein erstes großes Bekenntnis zu Kants Aufklärungsphilosophie, die er ab jetzt ins Zentrum seines politischen Denkens stellte. Sie begann mit einer Erinnerung an

Kants Beerdigung. Noch nie hätten die Königsberger Einwohner einen solchen Leichenzug gesehen wie an jenem kalten Februartag, als Kant zu Grabe getragen wurde. Er war als Sohn eines armen Handwerkers geboren worden und wurde wie ein König begraben. Alle Glocken der Stadt läuteten. Der Verkehr stand still, und der Menschenstrom, der dem Sarg folgte, schien nicht abzubrechen. Grund dafür musste mehr sein als Kants geleistete philosophische Denkarbeit. Popper wagte die Vermutung, «daß damals, im Jahre 1804, unter der absoluten Monarchie Friedrich Wilhelms III., jenes Glockenläuten für Kant ein Nachhall der amerikanischen und französischen Revolutionen war: ein Nachhall der Ideen der Jahre 1776 und 1789. Kant war für seine Mitbürger zu einem Symbol dieser Ideen geworden, und sie kamen zu seinem Begräbnis, um ihm zu danken als einem Lehrer und Verkünder der Menschenrechte, der Gleichheit vor dem Gesetz, des Weltbürgertums, der Selbstbefreiung durch das Wissen und – was vielleicht noch wichtiger ist – des ewigen Friedens auf Erden.»[116]

Die Keime dieser Ideen waren schon von anderen gepflanzt worden. Popper erinnerte an John Locke, der sich für religiöse Toleranz und eine republikanische Regierungsform eingesetzt hatte, und an Voltaire, der diese englischen Errungenschaften 1734 in seinen *Briefen aus London über die Engländer* auf dem europäischen Kontinent bekanntmachte. Doch erst Kant gab diesen Ideen der Aufklärung ihre ausgefeilte philosophische Begründung, und zwar als «ihr letzter großer Vorkämpfer»[117], bevor sich nach seinem Tod besonders die deutsche Philosophie auf ihre Irr- und Abwege begab. Denn «nach Kants Tod, als er sich nicht mehr wehren konnte, wurde dieser Weltbürger benützt, um den Zwecken der nationalistischen romantischen Schule zu dienen, und zwar mit Erfolg, allem zu Trotz, was er gegen den romantischen Geist, den sentimentalen Enthusiasmus und die Schwärmerei gesagt und geschrieben hatte».[118]

Gegen diese Fehlzeichnung skizzierte Popper seinen Kant als

einen mutigen Denker, der den «eigenen Verstandesgebrauch» zum Wahlspruch der Aufklärung erklärte und ihm in seinen kosmologischen, erkenntnistheoretischen, moralphilosophischen, religionskritischen und rechts- und staatsphilosophischen Arbeiten auch selbst gefolgt ist. Worum es auch immer ging, sei es die wissenschaftliche Erkenntnis oder das moralische Handeln, die Religion oder die staatliche Macht: Stets kam es Kant auf die Autonomie des Menschen an, die für ihn die einzig lebenswerte Form des menschlichen Lebens war. Dieser Idee des freien Menschen, «die ein Erbgut unseres Abendlandes ist, hat Kant auf dem Gebiet des Wissens wie auf dem der Ethik eine neue Bedeutung gegeben. Und weiter hat er ihr die Idee einer Gesellschaft freier Menschen hinzugefügt – einer Gesellschaft aller Menschen. Denn Kant hat gezeigt, dass jeder Mensch frei ist: *nicht* weil er frei geboren, sondern weil er mit einer Last geboren ist – mit der Last der Verantwortung für die Freiheit seiner Entscheidung.»[119]

In den kommenden Jahren verfeinerte und vertiefte Popper seine Apologie des Königsberger Aufklärers. Am 25. August 1958 trug er auf einer Tagung in Alpach seine Gedanken *Zum Thema Freiheit* vor. Er begann mit einem bescheidenen Hinweis, der jedoch seinen großen Anspruch nicht verdecken konnte. Popper wollte keinen neuen Weg in der Philosophie einschlagen. Er wollte kein revolutionärer Führer sein, dessen neuen Gedanken man gläubig folgen sollte. Stattdessen stellte er sich als ein ganz und gar altmodischer Philosoph vor, «der an eine völlig veraltete und überholte Philosophie glaubt. Es ist die Philosophie eines längst vergangenen Zeitalters, des Zeitalters des Rationalismus und der Aufklärung. Als einer der letzten Nachzügler des Rationalismus und der Aufklärung glaube ich an die Selbstbefreiung des Menschen durch das Wissen – ebenso wie einst Kant, der letzte große Philosoph der Aufklärung. Ich möchte also ganz deutlich sagen, daß ich hier Ansichten vertrete, die schon vor etwa 150 Jahren als überholt und als völlig verfehlt erkannt wurden. Denn die

Aufklärung wurde ja schon kurz vor 1800 von der Romantik als Aufklärerei (oder ‹Aufklärricht›, eine Anspielung auf Kehricht) entlarvt. Aber leider bin ich so rückständig, daß ich noch immer an dieser veralteten und überholten Philosophie festhalte.»[120]

Nach diesem Glaubensbekenntnis hob Popper einige Hauptpunkte der kritischen Philosophie Kants hervor: Gedankenfreiheit; religiöse Freiheit; Respekt vor den ehrlichen Ansichten der anderen Menschen; freie Meinungsbildung; öffentlichen Verstandesgebrauch und eine klare und einfache Sprache im Interesse an allgemeiner Verständlichkeit. Einen besonderen Wert legte er auf das «Problem der politischen Freiheit», das Kant zwar durch seine Forderung, «daß durch den Staat die Freiheit des einzelnen so weit, und nur so weit, beschränkt werden soll, wie es durch das Zusammenleben der Menschen notwendig wird»[121], als lösbar dargestellt hatte. Aber Kant habe damit noch kein Kriterium politischer Freiheit geliefert, weshalb Popper, auf Kants Linie, über seinen Vordenker hinaus ging. Er schlug vor: «*Ein Staat ist politisch frei, wenn seine politischen Institutionen es seinen Bürgern praktisch möglich machen, ohne Blutvergießen einen Regierungswechsel herbeizuführen, falls die Mehrheit einen solchen Regierungswechsel wünscht.* Oder kürzer ausgedrückt: Wir sind frei, wenn wir unsere Herrscher ohne Blutvergießen loswerden können.»[122]

Im selben Jahr 1958 hielt Popper in Zürich einen Vortrag, in dem er die Ideen der Aufklärung geschichtlich zuordnete. Er stellte sich die Frage: *Woran glaubt der Westen?* Zu ihrer Beantwortung übernahm er zahlreiche Formulierungen seines Alpacher Plädoyers für die Freiheit, und er griff auf Überlegungen zurück, die er zum ersten Mal in *Die offene Gesellschaft und ihre Feinde* angestellt hatte. Aber neu war seine politisch-philosophische Ausrichtung auf «den Westen», den er als jene moderne Zivilisation charakterisierte, in der die Traditionen von Rationalismus und Aufklärung eine dominierende Rolle spielten. Es war eine eigenwillige Dialektik, die Popper mit seiner ironischen Selbstcharakterisierung als «verspäteter Nachzügler der Aufklärung» sichtbar zu machen versuchte. «Ich weiß sehr wohl, daß mein Rationalismus und meine Aufklärung höchst unzeitgemäße Ideen sind und daß es lächerlich wäre, zu behaupten, dass der Westen, bewusst oder unbewusst, an diese Ideen glaubt.»[123] Aber dieses Unzeitgemäße konnte nicht die Tatsache vergessen machen, dass die westliche Zivilisation ohne diese Ideen nicht existieren würde; und dass besonders die Europäer gute Gründe haben, sich wie Popper als Nachzügler Kants zu verstehen, um eine menschenwürdige Zukunft anstreben zu können.

Was sich geschichtlich herausgebildet hat, ist keine Garantie für die Zukunft. Politische Geschichte und Philosophiegeschichte folgen weder einem verborgenen Plan noch einer gesetzartigen Notwendigkeit. Es waren die Erfahrungen der Katastrophen im 20. Jahrhundert, die auch Popper schon früh am Sinn und Fortschritt der Geschichte zweifeln ließen. Bereits während des Ersten Weltkriegs hatte er die sinnlose Tragik der Weltgeschichte als unerträglich empfunden. Der Nationalsozialismus zerstörte die Ansätze einer demokratischen Gesellschaft, vertrieb ihn in die Fremde, und einige seiner Freunde wurden deportiert und ermordet. Der stalinistische Terror führte ihm vor Augen, was der Irrglaube an Gesetze eines weltgeschichtlichen Ablaufs bewirken kann. Doch alle Negativitäten ließen Popper nicht verzweifeln oder zu einem Propheten des Untergangs werden. Stattdessen gab er ihnen eine Wende, mit der er historisch nachvollzog, was er zunächst als Erkenntnistheoretiker erkannt hatte: Wir können aus unseren Fehlern lernen.

1961 hielt Popper im Bayerischen Rundfunk eine Rede zum Thema *Der Sinn der Geschichte*. Wieder erinnerte er einleitend an Kant, der die *«Selbstbefreiung durch das Wissen»*[124] zur Leitidee der Aufklärung erklärt hatte. Auch mit diesem *«sapere aude!»* war keine geschichtliche Notwendigkeit verbunden. Kants Appell an den Mut, selbst zu denken, beschrieb keine Tatsache. Er war ein Hinweis auf das Denken mündiger Menschen, die sich selbst ein Ziel setzen und ihrem Leben einen vernünftigen Sinn geben können. Dann übertrug Popper Kants Aufforderung vom menschlichen Verstand auf die Geschichte. Auch sie hat nur insofern einen Sinn, als wir bereit sind, ihr einen menschenwürdigen Sinn zu geben und ihn zu verwirklichen. Zum Glück müssen wir dabei nicht ganz von vorn anfangen. Denn wir können trotz aller Rückschläge aus der Geschichte auch lernen, dass eine ethische und politische Sinngebung, die sich an den Ideen der Aufklärung orientiert, keineswegs vergeblich zu sein braucht. Und hat nicht die politische Geschichte Europas nach den ungeheuren Katastrophen selbst gezeigt, dass wir die Kraft dieser Ideen nicht unterschätzen sollten? Als ein «ganz und gar altmodischer Philosoph», der an die Philosophie eines längst vergangenen Zeitalters glaubte, hat Popper der offenen Zukunft eine sinnvolle Perspektive vorgezeichnet, wobei er an den positiven Tendenzen der Gegenwart anknüpfte: «Den Ideen der Aufklärung, denen Kant Ausdruck gegeben hat, sind wir in mancher Hinsicht näher gekommen als irgendeine Generation vor uns; insbesondere der Idee der Selbstbefreiung durch das Wissen, der Idee einer pluralistischen oder offenen Gesellschaftsordnung und der Idee der Verkündigung des ewigen Friedens als Ziel der politischen Kriegsgeschichte.»[125] Dagegen mache es keinen vernünftigen Sinn, die große historische Aufgabe der Aufklärung als überholt hinter sich zu lassen oder als völlig verfehlt zu verwerfen.

Hannah Arendt (14. Oktober 1906, Linden bei Hannover – 4. Dezember 1975, New York). Während Popper im Bayerischen Rundfunk dafür plädierte, seinen eigenen Verstand ohne Leitung eines anderen zu gebrauchen und durch sein eigenes verantwortungsbewusstes Handeln der politischen Geschichte einen menschenwürdigen Sinn zu geben, befand sich Hannah Arendt in Jerusalem. 1961 nahm sie als Beobachterin am Prozess gegen den

SS-Obersturmbannführer Adolf Eichmann teil, der als Leiter des «Judenreferats» im Reichssicherheitshauptamt maßgeblich an der in Europa bis zur «Endlösung» getriebenen Vernichtung des jüdischen Volkes beteiligt gewesen war. Das reichhaltige dokumentarische Prozessmaterial, das sie zu Gesicht bekam, verarbeitete sie in einem Bericht, der zunächst in fünf aufeinander folgenden Essays in der amerikanischen Wochenzeitschrift *The New Yorker* erschien, zwei Jahre später erweitert in dem Buch *Eichmann in Jerusalem*.

Es war ein Skandal, der bis heute nachwirkt.[126] Besonders von offiziell jüdischer Seite wurde scharfe Kritik an diesem Werk geübt, in dessen Mittelpunkt nicht die größte Katastrophe stand, die das jüdische Volk je erlitten hatte, sondern der Angeklagte mit seinen individuellen Eigenarten. Man warf Hannah Arendt den Untertitel – *Ein Bericht von der Banalität des Bösen* – vor, der als eine unerträgliche Verharmlosung empfunden wurde, ihre mangelnde Liebe zum eigenen Volk, nicht zuletzt den Stil, mit dem sie jene Passagen geschrieben hatte, in denen Eichmann als ein Hanswurst erschien, dessen Sprache und Auftritt vor Gericht sie angesichts des Grauenhaften nicht einmal als makaber, sondern als ausgesprochen «komisch» empfunden hatte. Was gab es da zu lachen?

Sie hätte oft lachen müssen, «aber laut!»[127], antwortete Hannah Arendt in dem legendären Fernsehgespräch, das sie am 28. Oktober 1964 mit Günter Gaus führte, auf die Frage, warum ihr so viele Vorwürfe wegen des «Tons» gemacht wurden, mit dem sie Eichmann charakterisiert hatte. So wäre sie nun einmal. Hier sei der ironische, teilweise humoristische Stil wirklich sie als Mensch. Ihr ihren Ton vorzuwerfen sei «ein Einwand gegen mich als Person. Dagegen kann ich nichts tun.»[128]

Dabei war es nicht nur eine individuelle charakterliche Besonderheit, um die es hier ging. Mit ihrer Reaktion nahm Hannah Arendt an einer langen Tradition humorvoller Philosophen teil, die angesichts des Angeklagten in ihr Lachen eingestimmt hätten. Denn Eichmann war zwar ein menschliches Ungeheuer und einer der größten Verbrecher während der Nazi-Herrschaft – er hat das unheimliche Leben eines Massenmörders geführt. Eichmann war verantwortlich für Taten, von denen man sich zuvor keinen Begriff machen konnte. Aber dieses monströse Böse kontrastierte mit dem Auftreten und Sprachgebrauch des Angeklagten, der vor Gericht als eine lächerliche Figur agierte. Komisch waren zum einen seine endlosen Sätze, zusammengebaut aus bürokratischen Floskeln, die kaum zu verstehen waren. «Amtssprache ist meine einzige Sprache», rechtfertigte er sich gegenüber dem Vorwurf des Anklägers, sich doch bitte klar auszudrücken. «Doch die Amtssprache war eben gerade deshalb seine Sprache geworden, weil er von Haus aus unfähig war, einen einzigen Satz zu bilden, der kein Klischee war.»[129] Es war kein vorgetäuschtes «leeres Gerede», mit dem Eichmann abscheuliche Gedanken verborgen hätte, wie die Richter in ihrer Urteilsverkündung sagten, sondern Hannah Arendt zufolge seine sprachliche Eigenart. Er verfügte nur über die standardisierten Formeln einer bürokratischen Sprache, die keinen persönlichen Ausdruck subtiler Gefühle oder komplexer Gedanken ermöglichte.

Komisch war zum anderen seine steife und mechanisierte Haltung. Es war die menschliche Erstarrung, die Hannah Arendt lachen ließ, und zwar mit jenem philosophischen Sinn für das Humoristische und Lächerliche, der von Platon bis Henri Bergson, von Aristoteles bis Kant und Arthur Schopenhauer erhellt und reflektiert worden war.[130] Denn zum Lachen reizte nicht nur der unauflösliche Widerspruch zwischen Eichmanns leitender Funktion im «Verwaltungsmassenmord» und seinem Auftritt vor Gericht. Es war vor allem der «Mechanismus seiner Reaktionen»[131], der etwas Unmenschliches an sich hatte. Eichmann konnte Hannah Arendt als eine jener komischen Figuren erscheinen, die Bergson in seinem Buch *Das Lachen* gezeichnet hatte. Seine marionettenhaft wirkende Steifheit, seine erstarrte Grimasse und seine floskelhaften Wiederholungen widersprachen der Lebendigkeit und Flexibilität, die wir von einem menschlichen Wesen erwarten. Dafür wurde er mit Lachen bestraft.[132]

In ihrem Buch *Elemente und Ursprünge totaler Herrschaft* hatte Hannah Arendt vom «radikal Bösen» gesprochen. Sie griff diese Wortfügung Kants auf, um den Schrecken anzudeuten, der sich politischen, geschichtlichen und moralischen Maßstäben entzog und deshalb von Kant in theologischer Hinsicht reflektiert worden war.[133] Der Versuch totaler Herrschaft, «in den Laboratorien der Konzentrationslager das Überflüssigwerden von Menschen herauszuexperimentieren»[134], war durch den totalitären Glauben motiviert, dass alles zerstörbar ist, auch das Wesen des Menschen. Radikal böse war der Totalitarismus als ein System, in dem alle Menschen gleichermaßen überflüssig wurden und die Welt nur noch als völlig sinnlos erschien.

Dagegen handelte *Eichmann in Jerusalem* von der «Banalität des Bösen». Damit sollten Eichmanns Taten nicht als alltäglich oder gewöhnlich verharmlost werden. Als Teil des Systems waren sie grauenerregend. Doch der Angeklagte, wie er tatsächlich vor Gericht auftrat und sprach, hatte nichts radikal Böses an sich. Er besaß keine Tiefe, keine verborgene Dämonie, keine teuflische Bösartigkeit, auch keinen freien Willen zum Bösen. «Eichmann war nicht Jago und nicht Macbeth, und nichts hätte ihm ferner gelegen, als mit Richard III. zu beschließen, ‹ein Bösewicht zu werden›. (...) Er hat sich nur, um in der Alltagssprache zu bleiben, *niemals vorgestellt, was er eigentlich anstellte.*»[135]

Banal war Eichmann wegen seiner Gedankenlosigkeit und mangelnden Einbildungskraft. Seine Unfähigkeit, sich ohne Klischees und Amtssprache auszudrücken, war «aufs engste mit einer Unfähigkeit zu *denken* verknüpft. Das heißt hier, er war nicht imstande, vom Gesichtspunkt eines anderen Menschen aus sich irgend etwas vorzustellen. Verständigung mit Eichmann war unmöglich, nicht weil er log, sondern weil ihn der denkbar zuverlässigste Schutzwall gegen die Worte und gegen die Gegenwart anderer, und daher die Wirklichkeit selbst umgab: absoluter Mangel an Vorstellungskraft.»[136]

Was Eichmann mangelte, motivierte Hannah Arendt zu ihren letzten Überlegungen über das Denken, das Wollen und das Urteilen, in denen Kant eine zentrale Rolle spielte. Ihre nicht abgeschlossenen Überlegungen zum *Leben des Geistes* sollten die Fragen beantworten, auf die sie durch Eichmanns gedankenlose Existenz gestoßen worden war. Sie blickte auf Kant und die Aufklärung zurück, um sich darüber klarzuwerden, was es heißt, als denkender und urteilsfähiger Mensch in einer Weltgemeinschaft zu leben. Vor allem Kants «*erweiterte Denkungsart*» wurde als Prototyp eines kritischen Denkens reflektiert, jene Fähigkeit des Menschen nämlich, sich in den Standpunkt anderer Menschen versetzen und die Welt auch aus deren Perspektive betrachten zu können, eine Denkweise also, die erst aufgrund ihrer Erweiterung wirklich verstehen ließ, worin die Borniertheit, Beschränktheit und Banalität Eichmanns eigentlich bestanden hatte.

Zwei Jahre nach der Publikation von *Eichmann in Jerusalem* hielt Hannah Arendt 1965 an der New York School for Social Research ihre vierteilige Vorlesung *Some Questions of Moral Philosophy*, die 2006 als deutsche Übersetzung *Über das Böse* erschien. Handelte ihr Prozessbericht, ausgehend von der Person des Täters, von dem geschichtlichen Phänomen der Deportation und Vernichtung der Juden Europas, so war ihre Vorlesung ein Versuch, das «Böse» des Nationalsozialismus und seiner Handlanger philosophisch zu verstehen. Wichtige Anregungen dazu lieferte ihr die Philosophie Kants, wobei sie eine bemerkenswerte Verschiebung vornahm. Denn sie blickte nicht auf dessen Moralphilosophie zurück, wie er sie in seiner *Kritik der praktischen Vernunft* entworfen hatte. Stattdessen begann sie das menschliche Denken und Verhalten mit jenem Blick zu betrachten, «den Kant nur hinsichtlich des sozusagen ästhetischen Verhaltens für angemessen hielt».[137] Sie las seine *Kritik der Urteilskraft* in moralphilosophischer Hinsicht, womit sie jede metaphysische Überhöhung des «Bösen» von vornherein vermeiden konnte. In den Mittelpunkt ihrer Überlegungen rückte sie das «Urteil» als den wahren Schiedsrichter zwischen wahr und unwahr, schön und hässlich, Recht und Unrecht, wobei ihr immer klarer wurde, was für Eichmann charakteristisch gewesen war: Es fehlte ihm jenes Urteilsvermögen, dessen Prinzip Kant hauptsächlich an der ästhetischen Urteilskraft verdeutlicht hatte.

Der Mangel an Urteilskraft kann sich auf verschiedenen Gebieten zeigen – in intellektueller Hinsicht als Dummheit, in ästhetischen Fragen als Geschmacklosigkeit, in moralischen Angelegenheiten als Stumpfheit. Was 1965 noch recht deutlich getrennt worden war, wurde in den kommenden Jahren komplexer vermittelt. Hannah Arendt konzentrierte sich, weiterhin angeregt durch den Eichmann-Prozess, verstärkt auf das Verhältnis zwischen Denken und Moral. Die «Gedankenlosigkeit» Eichmanns, die sie in ihrem Rundfunkgespräch mit Joachim Fest zunächst noch als «empörende Dummheit»[138] charakterisiert hatte, ließ sie fragen: «Ist unsere Fähigkeit zu urteilen, das Rechte vom Unrechten, das Schöne vom Häßlichen zu unterscheiden, von unserem Denkvermögen abhängig? Fallen die Unfähigkeit zu denken und ein verheerendes Versagen dessen, was wir gemeinhin Gewissen nennen, zusammen?»[139] Als einziges unverkennbares Kennzeichen Eichmanns erschien ihr nicht mehr dessen Dummheit, sondern etwas vollkommen Negatives: «eine merkwürdige, durchaus authentische Unfähigkeit zu denken.»[140]

Um sie begreifen zu können, galt es, sich über das Wesen der Urteilskraft, in der sich das Denken verwirklicht, klarzuwerden, wobei bereits mit ihrer Frage das *ästhetische* Geschmacksurteil mit dem *praktischen* Urteilsvermögen zusammengeführt wurde. Schön und hässlich, das Rechte und das Unrechte, gut und böse.

In allen Fällen ging es Hannah Arendt zufolge um das gleiche Problem. Kant hatte es als ein «analogisches» Verhältnis gekennzeichnet, das zwischen der ästhetischen, der politischen und der moralischen Urteilskraft besteht. Denn trotz ihrer unterschiedlichen Gegenstände handelt es sich stets um ein kritisches Unterscheidungsvermögen, mit dem der Mensch die Mannigfaltigkeit menschlicher Erfahrungen und Handlungsmöglichkeiten «beurteilt», gedanklich verarbeitet und für sich verständlich macht. Daraus hat Hannah Arendt ihren originellen Schluss gezogen: Sie las und interpretierte Kants «ästhetische» Urteilskraft als Grundlegung einer *Politischen Theorie*, über die sie im Herbstsemester 1970 an der New York School for Social Science eine dreizehnstündige Vorlesung hielt.[141] Zur Orientierung ihres eigenen Denkens dienten ihr drei Anknüpfungspunkte.

Die *reflektierende Urteilskraft*. Urteilskraft ist das Vermögen, das Besondere im Verhältnis zum Allgemeinen denken zu können.[142] Sie ist *«bestimmend»*, wenn das Allgemeine (eine Regel, ein Prinzip, ein Gesetz) bereits vorgegeben ist. Denn dann gilt es nur noch zu bestimmen und das Besondere unter das Allgemeine zu «subsumieren». So standen für Eichmann die Gesetze für die Vernichtung der Juden a priori fest. Automatisch folgte er allem, was Gesetzeskraft hatte, und er musste nur noch die vielen einzelnen Fälle, mit denen er es verwaltungstechnisch zu tun hatte, unter Gesetze subsumieren. Dagegen ist die Urteilskraft *«reflektierend»*, wenn sie vom Besonderen zum Allgemeinen geht, wenn also die mannigfaltigen Formen des Lebens und der Welt zunächst als unbestimmt erscheinen. Dann gilt es, selbst ein Gesetz oder eine Regel zu finden, um sich so das Besondere verständlich zu machen. Die Urteilskraft wird nicht zum Bestimmen, sondern zum Reflektieren angeregt. Das macht sie zum politischsten unter den geistigen Vermögen des Menschen. «Es ist die Fähigkeit, *Besonderheiten* zu beurteilen, ohne sie unter jene allgemeinen Regeln zu subsumieren, die gelehrt und gelernt werden können, bis sie sich zu Gewohnheiten entwickeln, welche von anderen Gewohnheiten und Regeln ersetzt werden können.»[143] Während die bestimmende Urteilskraft aufgrund ihrer Subsumptionslogik für wechselnde Herrschaftssysteme funktional ist, entspricht die reflektierende Urteilskraft dem Geist von Subjekten, für die der Sinn von Politik die Freiheit ist. Sie enthält Momente der Spontaneität und der Selbstreflexion, weil sie sich, angesichts der mannigfaltigen Erfahrungen, zugleich immer wieder in Frage stellen muss. Jeder besondere Fall stellt sie auf die Probe. Das alles war Eichmann absolut fremd. Er wollte weder die besonderen Ereignisse und Individuen verstehen noch seine Urteilskraft reflektieren. Er war in Hannah Arendts Augen ein gedankenloser Mensch, der im Räderwerk totaler Herrschaft wie ein Automat funktionierte.

Die *erweiterte Denkungsart*. § 40 der *Kritik der Urteilskraft* handelt vom ästhetischen Geschmack «als einer Art von *Sensus communis*». Denn Kant schätzte zwar die besondere Urteilskraft jedes einzelnen Menschen. Aber er legte zugleich Wert auf den «*gemeinen Menschenverstand*», wobei er sich mit dem Wörtchen «gemein» nicht auf etwas Dummes oder Vulgäres bezog, sondern auf das, was Shaftesbury in seinen moralphilosophischen Schriften als «*sensus communis*» bezeichnet hatte: als eine charakterliche Eigenschaft, «welche aus dem rechten Sinn für die gemeinsamen Rechte der Menschheit und der naturgegebenen Gleichheit erwächst, die unter den Geschöpfen der gleichen Gattung anzutreffen ist.»[144] Wir urteilen nicht allein. Gemeinsam können wir feststellen, was wir für Recht und Unrecht halten. Als Menschen verfügen wir über einen Gemeinsinn, diesen höchsten, sechsten Sinn, der unsere fünf Sinne in eine gemeinsame Welt einfügt. Ähnlich klang es bei Kant, als er den Sensus communis als eine «*erweiterte Denkungsart*»[145] beschrieb, bei der jeder Einzelne über die subjektiven Bedingungen seines Urteils hinaus geht, sich in den Standpunkt anderer Menschen versetzt und dabei auch über sein eigenes Urteil reflektiert. «Unter dem sensus *communis* aber muß man die Idee eines *gemeinschaftlichen* Sinnes, d. i. eines Beurteilungsvermögens verstehen, welches in seiner Reflexion auf die Vorstellungsart jedes andern in Gedanken (a priori) Rücksicht nimmt, um gleichsam an die gesamte Menschenvernunft sein Urteil zu halten, und dadurch der Illusion zu entgehen, die aus subjektiven Privatbedingungen, welche leicht für objektiv gehalten werden könnten, auf das Urteil nachteiligen Einfluß haben würde.»[146]

An dieser «erweiterten» gemeinschaftlichen Urteilskraft, die Kant mehr dem ästhetischen als dem intellektuellen oder moralischen Sinn des Menschen zugeschrieben hatte, orientierte sich Hannah Arendt, um ihr Verständnis von Aufklärung als «Selbstdenken» mit der Pluralität von Weltsichten zu verknüpfen. Die Maxime der Aufklärung, mit klarem Kopf «selbst zu denken», verband sie mit der reflektierten Urteilskraft, jederzeit «sich an die Stelle jedes anderen denken» zu können. In der zwölften und dreizehnten Stunde ihrer Vorlesung konzentrierte sie sich auf dieses Zusammenspiel von Selbst und Anderen. Sie stellte die Notwendigkeit der Präsenz der anderen Menschen für das Urteilen fest, wobei sie die Urteilsfähigkeit nicht mit Empathie verwechselte. Wir versetzen uns, wenn wir unsere Denkungsart «erweitern», nicht in die Köpfe oder Gefühlswelten anderer Subjekte. Schließlich können wir ja nie wirklich wissen, was der andere denkt oder fühlt. Wir «denken» uns nur an die Stelle jedes anderen, wenn wir uns vergegenwärtigen, ob unser eigenes Urteil Teil eines allgemeinen Sensus communis sein könnte.

Das *Weltbürgertum*. Kant hatte die Hoffnung, dass sich langsam eine «*weltbürgerliche* Verfassung» entwickeln und es im Lauf der Geschichte immer besser werde. Daran knüpfte Hannah Arendt an. Sie war zwar keine geschichtsphilosophische Optimistin. Sie vermied das Wort «Fortschritt» und wandte sich gegen eine unbewiesene, letztlich unbeweisbare «Fortschrittsideologie», die sie angesichts der unvorhersehbar gewesenen Katastrophen des 20. Jahrhunderts als «ein bequemes, sei es spekulatives, sei es pseudo-wissenschaftliches Ausweichen vor der Wirklichkeit»[147] kritisierte. Aber mit Kant plädierte sie dennoch für eine Idee der Menschheit, in der die Menschen wirklich menschlich sind. Die «erweiterte Denkungsart» in ihrer größtmöglichen Ausdehnung ließ sie ein Weltbürgertum imaginieren, als dessen Teil sie sich selbst verstand. «Man urteilt immer als ein Mitglied einer Gemeinschaft, geleitet von seinem gemeinschaftlichen Sinn, seinem sensus communis. Doch letztendlich ist man Mitglied einer Weltgemeinschaft durch die einfache Tatsache, ein Mensch zu sein; das ist unsere ‹weltbürgerliche Existenz›. Wenn man urteilt und wenn man in politischen Angelegenheiten handelt, so soll man sich an der Idee, nicht der Tatsächlichkeit des Weltbürger-Seins und damit auch des Weltbetrachter-Seins orientieren.»[148] Kritisches Denken und selbständiges Urteilen mögen sich zwar nach wie vor in der Einsamkeit abspielen. Doch durch die Einbildungskraft werden im eigenen Denken die anderen Menschen gegenwärtig. Der Raum, in dem sich Hannah Arendt als Denkerin und Aufklärerin bewegte, war potenziell weltöffentlich. «Kritisches Denken nimmt, mit anderen Worten, die Position von Kants Weltbürger ein.»[149]

Am 4. Dezember 1975 starb Hannah Arendt in ihrem New Yorker Wohnzimmer an einem Herzinfarkt, während gerade ihre Freunde Salo und Jeanette Baron bei ihr zu Gast waren. In ihrer Schreibmaschine steckte die erste, leere Manuskriptseite von *JUDGING* (Das Urteilen), dem letzten und dritten Teil, mit dem sie ihre Trilogie *The Life of the Mind* (Vom Leben des Geistes) abschließen wollte. Am Nachmittag hatte sie noch ihre Notizen geordnet. Am nächsten Tag wollte sie das Manuskript in die Maschine zu tippen beginnen. So blieb der Kernpunkt ihrer politischen Philosophie in einer ungeschriebenen Abhandlung verborgen.

PS: Es ist ein breites Spektrum, das Hannah Arendts Werk umfasst. Es reicht von ihrer Dissertation über den *Liebesbegriff bei Augustin* bis zu ihren späten Reflexionen über Denken und Wollen, Handeln und Urteilen. In ihrer politischen Philosophie konzentrierte sie sich auf die *totale Herrschaft* und die Kräfte der *Revolution*, auf Zionismus und die europäische Arbeiterbewegung. Sie erzählte die Lebensgeschichte Rahel Varnhagens, einer *deutschen Jüdin aus der Romantik*, als Drama einer gescheiterten Assimilation. Sie setzte sich mit Karl Marx auseinander und mit Martin Heidegger, mit Gotthold Ephraim Lessing und anderen *Menschen in finsteren Zeiten*. Bemerkenswerterweise spielte in ihrem Lebenswerk «die Frauenfrage» keine besondere Rolle. Sie blieb ein blinder Fleck in ihrem Denken. Zwar schrieb sie ihre erste Rezension, in der sie ein zeitgenössisches politisches Problem diskutierte, 1933 über das Buch von Alice Rühle-Gerstel: *Das Frauenproblem in der Gegenwart*. Sie forderte die Frauen auf, in die politische Arena zu treten und für konkrete politische Ziele zu kämpfen.[150] Sich nur auf karitative Aktivitäten zu konzentrieren, war ihr zu wenig. Aber die organisierte Frauenbewegung blieb ihr fremd. Andere Probleme in den finsteren Zeiten, die sie politisierten, waren zu überwältigend, um ihr Interesse für die Frauenfrage zu wecken. Vor allem der Zusammenhang von Antisemitismus, Nationalismus und totalitärer Diktatur, der sich bis zur Vernichtung des jüdischen Volkes und der Zerstörung des Menschen steigerte, ließ das Schicksal der Frauen als Nebensache erscheinen.

Doch das heißt nicht, dass Hannah Arendt für die besonderen Leistungen einzelner Frauen blind gewesen wäre. Überzeugt davon, dass das kritische Urteilen seine Kraft nur von den positiven Beispielen einzelner Menschen beziehen kann, erinnerte sie an Rosa Luxemburg, die als unorthodoxe Kommunistin «ganz bewusst Frau» war und auf den Gleichheitsruf der feministischen Suffragetten gewiss gern erwidert hätte: «Vive la petite différence!» Sie war eine Außenseiterin, nicht nur als polnische Jüdin in einem

Land, das ihr missfiel, und in einer Partei, die sie bald verachtete, «sondern eben auch als Frau».[151] Hannah Arendt hätte in dieser Hinsicht auch an Olympe de Gouges und das Schicksal dieser Vergessenen denken können, die mit ihrem Leben dafür bezahlt hatte, ohne Unterstützung durch allgemeine Gesetze ihr eigenes Urteil über die Rechte der Frauen in einer von Männern beherrschten Welt zu wagen.

MANN, BIST DU FÄHIG, GERECHT ZU SEIN?

Requiem für eine mutige Frau oder: Warum Olympe de Gouges auf dem Platz der Revolution guillotiniert wurde

Aufklärung ist kein Zustand. Sie ist, wie Kant 1784 in seiner Programmschrift feststellte, ein langwieriger Prozess mit vielen Rückfällen. Aufklärung ist der schwierige «Ausgang» aus einer Situation, die erwachsenen, mündigen Menschen eigentlich nicht mehr angemessen ist. Sie versucht die Unmündigkeiten aufzuheben, in denen sich Menschen «selbst verschuldet» noch immer befinden, auch wenn sie bereits aus dem elterlichen Vorrecht zu ihrer eigenen Selbsterhaltung freigesetzt worden sind.

Doch ist es wirklich nur ihre eigene Schuld? Zumindest war sich Kant darüber klar, dass Unmündigkeit noch immer der gesellschaftliche Normalfall war. Aber er war zugleich davon überzeugt, dass dieser Zustand weder naturgegeben noch unaufhebbar ist. Darauf zielt das Prädikat «selbst verschuldet». Denn es ist offensichtlich zweierlei, etwas als freier Mensch tun zu können und, was man vermag, auch wirklich zu tun. Die Ursache dafür, das Mögliche nicht wirklich werden zu lassen, sah Kant nicht allein bei den autoritären, religiösen, staatlichen oder familiären Vormündern. Denn oft sind es die Menschen selbst, die sich wie Kinder bequem in ihrer Unmündigkeit eingerichtet haben. An sie appellierte Kant, endlich ihr Recht der Mündigkeit in Anspruch zu nehmen, das ihnen als Erwachsenen doch schon längst zugesprochen worden ist.

Dass es zur eigentlichen menschlichen Natur gehört, sich als freie Wesen selbst erhalten und selbst denken zu können, haben die Menschen bereits zu erkennen gelernt. Etwas zu können schließt ein Wissen darüber ein, was man tun kann und dass man es tun kann. Aber dieses Wissen ist noch keine Gewissheit. Denn erst wenn man tut, was man kann, kann man sicher sein, es zu können. Zu diesem Schritt ist eines unverzichtbar: Mut. Gegen den zur zweiten Natur gewordenen Hang zur Anpassung, Unterwürfigkeit und Bequemlichkeit setzte Kant «Entschließung» und «Mut». Es gilt, etwas zu wagen. «Sapere aude! Habe Mut, dich deines *eigenen* Verstandes zu bedienen! ist also der Wahlspruch der Aufklärung.»[1]

1. *Das unmündige schöne Geschlecht*

Der Schritt in die Mündigkeit ist nicht einfach. Er ist, wie Kant besonders hervorhob, auch nicht ungefährlich. Es sind vor allem die Frauen, denen es schwergemacht wird, mündig zu werden. In der Regel wird ihr Ausgang aus der Unmündigkeit durch die selbstverschuldete Vormundschaft der Männer blockiert. Doch das soll sie, Kant zufolge, nicht hindern, den mutigen Schritt zum Selbstdenken und zur Selbständigkeit zu wagen. «Daß der bei weitem größte Teil der Menschen (darunter das ganze schöne Geschlecht) den Schritt zur Mündigkeit, außer dem daß er beschwerlich ist, auch für sehr gefährlich halte: dafür sorgen schon jene Vormünder, die die Oberaufsicht über sie gütigst auf sich genommen haben. Nachdem sie ihr Hausvieh zuerst dumm gemacht haben, und sorgfältig verhüteten, daß diese ruhigen Geschöpfe ja keinen Schritt außer dem Gängelwagen, darin sie sie einsperreten, wagen durften: so zeigen sie ihnen nachher die Gefahr, die ihnen droht, wenn sie es versuchen, allein zu gehen. Nun ist diese Gefahr zwar eben so groß nicht, denn sie würden durch einigemal Fallen wohl endlich gehen lernen; allein ein Beispiel von der Art macht doch schüchtern, und schreckt gemeiniglich von allen ferneren Versuchen ab.»[2]

Das ganze schöne Geschlecht? Kant war ein Denker des 18. Jahrhunderts. Auch für ihn war es reizvoll, die unterschiedlichen Charaktere der beiden Geschlechter polarisierend zu beschreiben. Er hielt das zwar für keine ernsthafte philosophische Tätigkeit, sondern eher für eine anregende Beobachtung. Doch einige Besonderheiten der menschlichen Natur vor Augen zu führen kann zugleich unterhaltsam und lehrreich sein. Im Mittelpunkt von Kants Beobachtungen standen dabei die unterschiedlichen Gefühle für das Schöne und für das Erhabene, die sich auch im «Gegenverhältnis beider Geschlechter»[3] zeigen. Für ihn lag die Zuordnung offen zutage: Als Typus gehöre die Frau zum *schönen*, der Mann der Idee nach zum *erhabenen* Geschlecht. Das Gefühl des Schönen betreffe dabei nicht nur die feinere äußere Gestalt und das zartere, anmutigere Mienenspiel der Frauen, sondern auch ihren Verstand und ihre Sittlichkeit. Bei Frauen sei alles viel schöner als beim Mann, während beim Mann das Gefühl für das Erhabene überwiege, wie Kant an zahlreichen Beispielen anschaulich zu machen suchte.

Doch während die Polarisierung der Geschlechtscharaktere bei vielen seiner Zeitgenossen dazu führte, das «schöne Geschlecht» in den ausschließlich reproduktiv definierten Bereich des Familienlebens einzuweisen, wobei es durch unterwürfigen Geist und liebende Gefälligkeit das Glücksgefühl des Mannes steigern sollte, ging Kant von der Gleichberechtigung beider Geschlechter aus. Besonders im Eheleben bilden sie eine komplementäre Einheit, und in ihrem Verhältnis zueinander wäre «ein Vorzugsstreit läppisch, und, wo er sich ereignet, das sicherste Merkmal eines plumpen oder ungleich gepaarten Geschmackes».[4] Auch in der Gesellschaft sollten beide Geschlechter gleichberechtigt sein. Die Unterscheidung des Schönen und des Erhabenen betrifft nicht die natürlichen Rechte, die ihnen als Menschen zukommen.

Mann und Frau sind gleichermaßen frei und mündig. So stand es bereits im *Ersten Buch Mose*, das Kant 1786 in philosophischer Hinsicht kommentierte. Der *mutmaßliche Anfang der Menschengeschichte* bestand nicht zuletzt darin, dass nicht ein einzelner Mensch, sondern «ein Paar» sich im Paradies befand und aus ihm gemeinsam in den Stand der Freiheit entlassen wurde. Als vernünftige Wesen waren sie sich gleich, wobei Kant für diese Gleichheit ein besonderes Merkmal herausstellte: Jeder Mensch hat den Anspruch, «*selbst Zweck zu sein*, von jedem anderen auch als ein solcher geschätzt, und von keinem bloß als Mittel zu anderen Zwecken gebraucht zu werden. Hierin, und nicht in der Vernunft, wie sie bloß als ein Werkzeug zur Befriedigung der mancherlei Neigungen betrachtet wird, steckt der Grund der so unbeschränkten Gleichheit des Menschen.»[5]

Zwei Jahre später hat Kant diese kurze Charakterisierung in seiner *Kritik der praktischen Vernunft* ausführlich begründet. Freigesetzt aus dem Mechanismus der Natur entwickelt sich die menschliche Persönlichkeit, die das moralische Gesetz in sich selbst als ein heiliges, unverletzliches Eigentum besitzt. Einzelne Individuen mögen es zwar missachten oder verletzen. «Der Mensch ist zwar unheilig genug, aber die Menschheit in seiner Person muß ihm heilig sein. In der ganzen Schöpfung kann alles, was man will, und worüber man etwas vermag, auch *bloß als Mittel* gebraucht werden; nur der Mensch, und mit ihm jedes vernünftige Geschöpf, ist *Zweck an sich selbst*. Er ist nämlich das Subjekt des moralischen Gesetzes, welches heilig ist, vermöge der Autonomie seiner Freiheit.»[6]

Jeder Mensch besitzt als Person eine Selbstzweckhaftigkeit. Er ist kein bloßes Mittel, das von anderen Menschen gebraucht wird.

Das macht seinen absoluten Wert aus, der von Kant als personale «Würde» bestimmt wurde. Dieser Zweck an sich selbst ist nichts anderes als die Freiheit, die Kant jedem Menschen als sein angeborenes Recht zuschrieb. In seiner *Metaphysik der Sitten* hat er es 1797 noch ein letztes Mal als allgemeines Menschenrecht unterstrichen: «*Freiheit* (Unabhängigkeit von eines anderen nötigender Willkür), sofern sie mit jedes anderen Freiheit nach einem allgemeinen Gesetz zusammen bestehen kann, ist dieses einzige, ursprüngliche, jedem Menschen, kraft seiner Menschheit, zustehende Recht.»[7] Und im Hinblick auf dieses ursprüngliche Menschenrecht sind alle Menschen gleich.

Auch Kinder sind Menschen. Doch bei ihnen braucht es eine gewisse Zeit, bis sie das ihnen zustehende Recht in Anspruch nehmen können. In der Regel wachsen sie in einer häuslichen Gemeinschaft auf, in der sie nicht alles tun können, was sie wollen, und in der sich Eltern um ihre Pflege, Ernährung, Erziehung und Bildung zu kümmern haben. Als Kinder des Hauses, die mit den Eltern zusammen eine Familie bilden, sind sie eine Zeitlang *unmündig*. Doch sie werden, ohne dass dazu ein besonderer Kündigungsvertrag notwendig ist, schließlich aus ihrer Abhängigkeit befreit. Als volljährige Menschen, die sich selbst erhalten können, gewinnen sie ihre natürliche Freiheit, die ihnen als Personen von Geburt an zusteht. «*Mündig* (maiorennes) sind sie ihre eigenen Herren (sui iuris).»[8]

Das natürliche Recht auf die eigene Freiheit, die den Menschen als «Zweck an sich selbst» auszeichnet, ist nicht auf Männer beschränkt. Unauflöslich ist es mit der unbeschränkten Gleichheit verbunden, die seit paradiesischen Zeiten das Menschengeschlecht verbindet. Die Besonderheiten des «schönen Geschlechts» bilden hinsichtlich menschlicher Mündigkeit keine Ausnahme. Jedenfalls sollten sie es nicht. Denn Kant wird die maskuline Formulierung, sein «eigener Herr zu sein (sui iuris)», nicht zufällig gewählt haben. Er wusste, dass die gesellschaftliche Wirklichkeit nicht den Grundprinzipien seiner Moral- und Rechtslehre entsprach. Der Unterschied zwischen den Geschlechtern war machtpolitisch ungleich gewichtet. Die Macht der Männer erzeugte den widersprüchlichen Zustand einer Gemeinschaft der Geschlechter ohne Gleichheit.

Grob verallgemeinernd, lässt sich feststellen, dass die Frauen im Jahrhundert der Aufklärung zwar eine wichtige Rolle zu spielen begannen, vor allem in zahlreichen Schriften, in denen Philosophen, Mediziner und Schriftsteller ihre geistigen, körperlichen und charakterlichen Eigenarten zu klären versuchten. Auch in der alltäglichen Lebenswirklichkeit waren sie öffentlich präsent. So gesehen wurde das 18. Jahrhundert auch als Jahrhundert der Frau bezeichnet. «Einer Frau allerdings, die noch immer eine untergeordnete Stellung einnimmt und als unmündig gilt. Ohne Rechts- und Politikfähigkeit, bleibt sie von den Positionen der Macht ausgeschlossen und existiert rechtlich nur vermittelt über die Männer. Ihre beruflichen, bürgerlichen und politischen Rechte sind nicht anerkannt.»[9] In ihren ökonomischen Handlungen war sie geschäftsunfähig und auf die für jeden Einzelfall zu erteilende Ermächtigung seitens ihres Mannes angewiesen; die elterliche Gewalt in der Familie übte allein der Vater aus, der auch im Falle einer Scheidung privilegiert blieb; und in den politischen Organisationen des Staates hatte sie keine Stimme. Als ihre Vormünder hatten die Männer, wie Kant mit leichter Ironie bemerkte, die Oberaufsicht über ihre Frauen «gütigst» auf sich genommen. Er wird dabei vor allem das Bild des Hausvaters vor sich gehabt haben, der sich als paternalistische Autorität um alle Mitglieder seines Hauses sorgte.

Aber vielleicht dachte er auch an das Frauenbild, das selbst in den Schriften einiger tonangebender Aufklärer noch vorherrschte: an die «Femme» etwa, die in der französischen *Encyclopédie*, zu der keine Frau als Autorin zugelassen war, nur als «femelle de l'homme»[10] beschrieben worden war, als das Weibchen des Man-

MANN, BIST DU FÄHIG, GERECHT ZU SEIN?

nes; oder an Sophie, die Jean-Jacques Rousseau am Ende seines Erziehungsromans dem jungen Emile als ideale Gefährtin zur Seite stellte, damit er nicht allein sei und in der Geschlechterdifferenz seine naturgegebene Aktivität und Stärke entwickeln könne: «Da die Frau dazu geschaffen ist, zu gefallen und sich zu unterwerfen, muß sie sich dem Manne liebenswert zeigen und ihn nicht herausfordern, ihre Macht liegt in ihren Reizen, und mit ihnen muß sie ihn zwingen, seine eigene Kraft zu entdecken und zu gebrauchen.»[11]

Der mündige Mensch, das unmündige schöne Geschlecht. Für Kant gab es nur eine Möglichkeit, diesen Widerspruch aufzulösen. Einzelne Frauen sollten den Mut haben, ihre eigene Urteilskraft zu erproben und den Schritt in die Freiheit zu wagen. Sie sollten sich aus dem Gängelwagen befreien, in den sie durch ihre Vormünder eingesperrt worden waren, und als Selbstdenkende «die Fußschellen einer immerwährenden Unmündigkeit»[12] abwerfen. Sie sollten lernen, als mündige Menschen selbständig zu gehen, auch wenn sie dabei zunächst mehrmals fallen würden. Kant hat keine Namen genannt, auch wenn er einige Frauen gekannt und geschätzt hat, die in ihrem Leben, ihrem Denken und in ihren Schriften einen Ausgang aus der Unmündigkeit versucht haben. Ob Olympe de Gouges dazugehört hat, ist nicht belegt. Ihren Mut hätte er jedenfalls bewundert.

2. Eine Tochter klagt ihren Vater an

Während Kant im Spätsommer 1784 für die *Berlinische Monatsschrift* die Frage «*Was ist Aufklärung?*» beantwortet, wobei er für die uneingeschränkte Freiheit plädiert, öffentlich «sich seiner eigenen Vernunft zu bedienen und in seiner eigenen Person zu sprechen»[13], beginnt im fernen Paris eine außergewöhnliche Frau ihre literarische Karriere. Sie schreibt einen Briefroman, der zwei

Jahre später pseudonym erscheint. Es sind die *Memoiren der Madame Valmont über die Undankbarkeit und die Grausamkeiten der Familie der Flaucourt gegenüber der ihrigen.* Sie benutzt den Deckmantel des Romans, verkleidet ihre eigene Geschichte hinter literarischen Figuren und verschweigt ihre Autorschaft. Sie weiß, dass diese Geschichte eine Anklage ist, die dem Angeklagten nicht gefallen kann und seine strafende Macht herausfordert. Denn die *Memoiren der Madame Valmont* handeln von einem Grafen, der mit einer verheirateten jungen Frau namens Olinde einen außerehelichen «Bastard» zeugt. Ohne Skrupel überlässt er die Geliebte und ihre Tochter ihrem Schicksal. Nach dem frühen Tod des Ehemanns ist es ein Leben im Elend, wobei Mutter und Tochter nicht nur moralisch als ehrlos gelten, sondern auch juristisch als rechtlos.

Als Erwachsene wendet sich Madame Valmont schließlich an ihren biologischen Vater, den Marquis de Flaucourt. Nicht für sich, sondern für ihre alte Mutter, die in schrecklicher Not lebt, klagt sie um Hilfe. Sie fordert den Grafen auf, «sich einer von der Natur auferlegten Pflicht zu stellen». Denn sie ist davon überzeugt, dass auch die rechtlosen Mütter und ihre rechtlosen Kinder einen Anspruch auf das natürliche Recht besitzen, das ihre Anerkennung und Unterstützung fordere. Die Antwort des Grafen ist schroff. «Sie haben nicht das geringste Anrecht darauf, meine Vaterschaft einzuklagen. Tun Sie es mir nach und beweinen Sie das Schicksal derer, die Ihnen das Leben gegeben haben.»[14] Doch zum Seufzen und Klagen ist seine leibliche Tochter nicht bereit. Stattdessen veröffentlicht sie im Todesjahr des väterlichen Marquis ihren verschlüsselten autobiographischen Briefroman.

Der Graf von Flaucourt ist Jean-Jacques, Marquis Le Franc de Pompignan, geboren 1709 im südfranzösischen Städtchen Montauban, 50 Kilometer nördlich von Toulouse, ein erfolgreicher Dichter, Theaterautor und als Homme de lettres Mitglied der Académie française. Seine Geliebte Olinde ist Anne-Olympe Gouze, verheiratet mit einem Metzger. Und die Autorin selbst, Madame Valmont, ist deren Tochter Marie Gouze, die sich später *Olympe de Gouges* nennt, wobei sie den göttlich klingenden Vornamen ihrer Mutter übernimmt, das «Gouze» ins elegantere «Gouges» verändert und das Adelsprädikat «de» einfügt, um an ihre vornehme Herkunft zu erinnern.[15]

Marie Gouze wurde am 7. Mai 1748 geboren. Bei ihrer Taufe war ihr Vater nicht dabei. Er wusste, dass er nicht ihr Erzeuger sein konnte. Zu lange war er abwesend gewesen. Im Taufregister tauchte sein Name nicht auf. Als er zwei Jahre später starb, wollte der Graf von Pompignan zwar das kleine Mädchen zu sich nehmen, um es standesgemäß erziehen zu lassen. Doch die Mutter wollte auf ihre Tochter nicht verzichten. Verärgert zog sich der Graf zurück und brach den Kontakt völlig ab. So wuchs die kleine Marie ohne Vater auf. Ihre Bildung war spärlich. Mehr schlecht als recht lernte sie in der Ursulinen-Schule von Montauban lesen und schreiben. Das südfranzösische Okzitanisch, das vom Französischen des Nordens stark abwich, war ihre Muttersprache.

Die Mängel der Erziehung konnte sie jedoch durch zwei besondere natürliche Gaben ausgleichen. Sie war intelligent – und außergewöhnlich hübsch. Sie sei ein «babichon» gewesen, ein kleines zartes Reh, wird später berichtet. Als junge Frau, kaum sechzehn Jahre alt, soll sie das vollkommene Ideal der südlichen Schönheit verkörpert haben. Man schwärmte von ihren funkelnden dunklen Augen, ihrer schwarzen gelockten Haarpracht, ihrem griechischen Profil und ihrer schlanken Taille. Im Oktober 1765 wurde sie verheiratet. Ihre Mutter hatte, ohne die Siebzehnjährige zu fragen, den Ehemann ausgesucht. Marie mochte diesen Louis-Yves Aubry nicht. «Dazu war er weder reich noch von hohem Stande. Ich wurde ohne jeglichen Grund geopfert, der immerhin den Widerwillen hätte ausgleichen können, den ich für diesen Menschen empfand.»[16] Zehn Monate später brachte Marie Aubry, geborene Gouze, einen Sohn zur Welt. Kurze Zeit darauf verschwand ihr Ehemann aus ihrem Leben. Sie empfand es als eine große Befreiung. Seit dieser kurzen Erfahrung erschien ihr die Ehe als «die Grabstätte des Vertrauens und der Liebe».[17] Sie fühlte sich frei. Ab jetzt nannte sie sich Olympe de Gouges.

Was sollte die junge Witwe mit ihrem kleinen Sohn tun? Sie ging nach Paris. Ohne Leitung eines anderen ließ sie die Enge des kleinstädtischen Montauban hinter sich und tauchte ein in das großstädtische Leben der französischen Metropole. Heiraten wollte sie nie wieder. Einen Beruf hatte sie nicht gelernt. Die französische Sprache der Hauptstadt war ihr nicht vertraut. Doch sie hatte Erfolg. Bald war sie eine umschwärmte «Femme galante». Ungebunden lebte sie als eine jener Damen, von denen man sagte, «sie hätten, ohne die Unverschämtheit des Lasters zu besitzen, doch auch nicht die strenge Konsequenz der Tugend gehabt».[18] Die Galanterie war für sie ein Mittel, der Armut zu entkommen. Sie lebte von der Liebe. Finanziell unterstützt wurde sie besonders von dem wohlhabenden Unternehmer Jacques Biétrix.

Bald rühmte man in Paris ihre ungewöhnliche Schönheit und ihren geistreichen Witz. Stolz trat sie auf, der Klang ihrer Stimme reizte die Sinne, große schwarze Augen, ein roter Mund und ein bezauberndes Lächeln wurden verführerisch eingesetzt. Am meisten beeindruckte sie durch ihre natürliche Grazie. Sie genoss die Vergnügungen des dekadenten Ancien Régime und erwarb dabei ein kleines Vermögen. Sie stürzte sich in das turbulente Treiben und lernte die großen Libertins kennen, unter ihnen auch Ludwig Philipp, den Herzog von Orléans und Vetter des Königs Ludwig XVI., dessen Palais Royal einen Mittelpunkt des überschwänglichen Amüsements bildete. Doch am liebsten besuchte sie die Theater der Hauptstadt und die Salons von Schauspielerinnen und freisinnigen Frauen, wo man sich im Kreis von Literaten, Künstlern und Schauspielern frei von Konventionen fühlen konnte. Hier kam Olympe de Gouges auch mit dem Geist der Aufklärung in Berührung und lernte ihren eigenen Verstand zu ge-

MANN, BIST DU FÄHIG, GERECHT ZU SEIN?

brauchen. Von einer «Femme galante» entwickelte sie sich zu einer «Femme de lettres». Sie wollte Schriftstellerin und Theaterautorin werden.

1784 erfährt sie, dass der Baron von Pompignon gestorben ist. Der Tod ihres biologischen Vaters regt sie zur literarischen Arbeit an. Sie ist 36 Jahre alt und beginnt, ihren ersten Roman zu schreiben: *Die Memoiren der Madame Valmont*, in dem sie gegen die bestehenden Gesetze das Menschenrecht für illegitim geborene Kinder fordert. Einer späteren Auflage dieses verschlüsselten Briefromans stellt sie 1788 ein Vorwort *Für die Damen* voran. Scharf widerspricht sie den Gelehrten, die dem schönen Geschlecht kein anderes Recht zugestehen wollen als das, zu gefallen. «Die Männer versichern, wir seien zu nichts anderem Nutze als eben dazu, ein Hauswesen zu führen; Frauen indes, die sich dem Geiste (l'esprit) zuneigen und sich gar mit Ambitionen der Literatur widmen, seien für die Gesellschaft untragbare Wesen. Da sie ihr nicht ihre Nützlichkeit erweisen, fielen sie ihr nur zur Last.»[19] Damit aber kann und will sich Olympe de Gouges keinesfalls einverstanden erklären.

3. Die Freundin der Sklaven

1784 schreibt Olympe de Gouges nicht nur ihre *Memoiren*, mit denen sie die gesetzliche Rechtlosigkeit der «ehrlosen» Mütter und ihrer «Bastarde» kritisiert. Sie bringt auch ihr erstes Drama zu Papier, in dem es um die Ohnmacht der schwarzen Sklaven und die Macht der weißen Kolonialherren geht. Mutig ergreift sie Partei für die Ausgebeuteten, wobei sie sich auf die natürlichen Rechte jedes Menschen beruft.

Für die politische Philosophie der Aufklärung musste die Sklaverei in den europäischen Kolonien ein menschheitsgeschichtlicher Skandal sein. Schon in John Lockes 1689 veröffentlichter

Zweiten Abhandlung über die Regierung wurde sie an zentraler Stelle behandelt. Wenn die drei natürlichen Rechtsgüter des Menschen, sein Leben, seine Freiheit und sein Eigentum (life, liberty and estate), angeboren, unantastbar und unveräußerlich sind, dann widerspricht das Gewaltverhältnis zwischen Sklave und Herr dem elementaren Menschenrecht. Für Locke war die Sklaverei nichts anderes als «der fortgesetzte Kriegszustand zwischen einem Eroberer und einem Gefangenen»[20], ein Zustand der Feindschaft und der Vernichtung, in dem ein Mensch einen anderen willkürlich in seine Gewalt gebracht und ihm seine Freiheit geraubt hat. Die tiefste moralische Begründung für das Recht auf Menschenrechte lieferte Kant: Jeder Mensch hat den Anspruch, «selbst Zweck zu sein». Es gehört zur Würde jedes Menschen, nicht bloß als Mittel für die Zwecke eines anderen gebraucht zu werden und dafür einen Preis zu haben. In Frankreich war es vor allem der aufgeklärte Marquis Marie Jean Antoine de Condorcet, der 1776, ausführlicher dann 1781 in seinen *Réflexions sur l'esclavage des nègres*, die Sklaverei kritisierte, die den elementaren Regeln der Gerechtigkeit widerspreche.

Die herrschende politische Ökonomie entsprach nicht der aufklärenden Vernunft. England, Frankreich, Spanien und andere europäische Staaten waren Kolonialmächte. Reichtum wurde großteils aus dem Handel mit Waren aus den Kolonien erwirtschaftet, deren Produktion auf billiger Sklavenarbeit beruhte. Auch die Sklaven selbst waren gewinnbringende Handelsobjekte.

Olympe de Gouges kennt die «Colons», die in Paris lebenden Großgrundbesitzer, die vor allem aus ihren Ländereien auf Santa Domingo, dem heutigen Haiti, ihren Reichtum herauspressen. Ihr protziges Auftreten provoziert sie, und die Ausbeutung der schwarzen Sklaven verletzt zutiefst ihr Gerechtigkeitsgefühl. Und so schreibt sie ihr dramatisches Lehrstück *Zamore und Mirza oder der glückliche Schiffbruch*, das sie in der Pariser Comédie Française aufführen lassen will, wo die Kolonialherren sich gern

MANN, BIST DU FÄHIG, GERECHT ZU SEIN?

als Zuschauer amüsieren und ihren Reichtum zur Schau stellen. Sie weiß, dass ihr Stück eine Provokation ist. Denn sie hat Zamore und seine geliebte Mirza, zwei entlaufene Sklaven, zu den Helden ihres Dramas gemacht und dabei auch die mörderische Tat Zamores verteidigt, die ihn schuldlos schuldig werden ließ. Er hat einen Weißen getötet, als dieser seine Mirza entführen wollte. Dafür ist er zum Tode verurteilt worden. Nach vielen Irrungen und Verstrickungen kommt es schließlich zu einem glücklichen Ende für die beiden Sklaven. Zamore und Mirza können als freie Menschen ein Paar werden.

Am 8. Juni 1785 präsentiert Olympe de Gouges ihr Schauspiel der Comédie Française. Es wird zwar angenommen. Doch es wird nicht gespielt. Dann wird es vom Spielplan gestrichen. Olympe gibt keine Ruhe. Jahrelang kämpft sie für die Aufführung ihres Stücks auf den Brettern, die für sie die Welt bedeuten. Sie stößt bei den Schauspielern auf erbitterten Widerstand und fühlt sich von der Comédie schikaniert. Sie muss feststellen, dass hinter den Schauspielern sowohl Kreise des Hofes stehen als auch die Colons, die vom Sklavenhandel profitieren. Wegen ihrer Hartnäckigkeit steht sie kurz davor, in die Bastille geschickt zu werden, das Gefängnis von Paris.

Olympe nimmt Kontakt zu den «Freunden der Schwarzen» (Les Amis des Noirs) auf, einer Gruppe philanthropischer Aufklärer, die sich für die Abschaffung der Sklaverei engagieren. Um ihre Zeitgenossen aufzurütteln, schreibt sie ihre *Reflexions sur les hommes nègres*, die Anfang 1788 erscheinen. Angeregt durch die Philosophie der Aufklärung benutzt sie ihren eigenen Verstand und spricht in ihrer eigenen Person: «Die Neger haben mich wegen ihres beklagenswerten Schicksals immer interessiert. Diejenigen, die ich habe befragen können, konnten meine Neugier in keiner Weise befriedigen. Sie betrachteten diese Leute als Wilde, als Wesen, die von Himmel verflucht seien, aber je älter ich wurde, desto deutlicher sah ich, daß es Gewalt und Vorurteile waren, die sie zu dieser abscheulichen Sklaverei verurteilt hatten, daß die Natur keine Rolle spielte und daß allein das ungerechte und übermächtige Interesse der Weißen das alles bewirkt hatte. Wann endlich wird man sich damit beschäftigen, das Schicksal der Neger zu verändern oder es zumindest zu lindern? Die Menschen sind überall auf der Welt gleich.»[21]

Ein Jahr später beginnt die Französische Revolution. Gegen die absolute Vormacht von Adel und Klerus organisiert sich der Dritte Stand aller nichtadligen und nichtklerikalen französischen Bürger, die 96 Prozent der Bevölkerung ausmachen. Am 17. Juni 1789 ernennen sich die Deputierten des Dritten Standes zur «Nationalversammlung», um ihre nationale Einheit und Souveränität zu bekräftigen. Dann geht es Schlag auf Schlag. Am 14. Juli stürmen bewaffnete Frauen und Männer die Bastille. Das Volk greift in die Revolution ein. In allen Teilen des Landes kommt es zu gewaltsamen Bauernunruhen. Bereits drei Wochen später, am 4. August 1789, werden die alten Feudalrechte gegenüber den Bauern abgeschafft; und am 26. August 1789 werden von der Nationalversammlung, nach dem Vorbild der amerikanischen *Virginia Bill of Rights*, die natürlichen, unveräußerlichen und heiligen *Rechte des Menschen und des Bürgers* erklärt: sein gleiches Recht auf Freiheit, Eigentum, Sicherheit und Widerstand gegen Unterdrückung, wobei die Freiheit gemäß Artikel 4 darin besteht, «alles tun zu dürfen, was einem anderen nicht schadet. Die Ausübung der natürlichen Rechte jedes Menschen hat also nur die Grenzen, die den übrigen Mitgliedern der Gesellschaft den Genuß eben dieser Rechte sicherstellt. Diese Grenzen dürfen nur durch das Gesetz bestimmt werden.»[22]

Olympe de Gouges sieht ihre eigenen Erwartungen in Erfüllung gehen. Auch der Aufführung ihres anti-kolonialen Dramas sollte nun nichts mehr im Wege stehen. Sie schickt den Text an den Präsidenten der Nationalversammlung und fordert die Comédie auf, endlich dieses Stück zu spielen, das bereits 1785 angenommen worden ist. Die Schauspieler geben sich geschlagen. Die Premiere soll am 28. Dezember 1789 stattfinden, mit dem neuen, politisch offensiveren Titel *Die Sklaverei der Schwarzen* (L'Esclavage des noirs). Das ruft ihre Gegner auf den Plan. Drei Tage vor der Aufführung erscheint als anonyme Streitschrift ein offener *Brief an Madame de Gouges.* Im Namen aller Kolonialisten, deren politisch-ökonomische Macht ungebrochen ist, wird sie mit dem Tode bedroht. Man will sie zwar nicht hinterrücks mit dem Dolch ermorden, aber fordert sie zu einem tödlichen Duell heraus. Olympe antwortet, dass sie ihre Sache verteidigen werde, jedoch nicht mit dem Degen oder der Pistole, sondern nur mit ihren eigenen Mitteln als Schriftstellerin und Theaterautorin.

Am Montag, den 28. Dezember 1789 wird die *Sklaverei der Schwarzen* in der Comédie uraufgeführt, die jetzt «Theater der Nation» heißt. Es kommt zum Skandal. Fast tausend Zuschauer, unter ihnen zahlreiche von den Colons bezahlte Krawallmacher, lassen die Aufführung zum Spektakel werden. Befürworter und Gegner der Sklaverei stacheln sich gegenseitig auf, und im Geschrei der beiden Seiten droht das Spiel auf der Bühne unterzugehen. Der Lärm ist unerträglich, und die Vorstellung muss mehrmals unterbrochen werden. Die Reaktionen der Pariser Presse am nächsten Tag sind gemischt. Insgesamt herrscht ein frauenfeindlicher Ton vor. Die Autorin habe durch ihr Sympathisieren mit einem mörderischen Sklaven den Anspruch verspielt, vom Zuschauer rücksichtsvoll behandelt zu werden. «Angesichts der Ansprüche, die ihre weiblichen Eigenschaften in den Hintergrund rücken, ohne ihre Schwächen vergessen zu lassen, erkennt er in ihr nicht mehr ihr liebenswürdiges Geschlecht.»[23] In den kommenden Tagen wird das Stück noch zweimal, vor halbleerem Raum, aufgeführt. Das Theater nimmt es aus dem Spielplan und schließt die Akte Gouges.

4. Die Frau ist frei geboren

Die Französische Revolution lässt Olympe de Gouges ein drittes
Leben beginnen. Nach der Galanterie und der Literatur zieht jetzt
die Politik ihr Hauptinteresse auf sich. Sie schreibt zwar weiterhin
einige Dramen und Romane. Doch ab 1789 wird sie berühmt und
berüchtigt als eine Selbstdenkerin, die mit einer eigenwilligen
revolutionären Prosa[24] an die Öffentlichkeit tritt. Mit zahlreichen
Zeitschriftenartikeln, Denkschriften, Wandzeitungen und offenen Briefen mischt sie sich kühn in das politische Geschehen ein.
In ihrem *Aufschrei eines Weisen, von einer Frau* hält sie es für an
der Zeit, «die Stimme zu erheben, darf doch die Vernunft fürder-
hin nicht weiter Stillschweigen bewahren».[25] Sie nennt die gesellschaftlichen Übel beim Namen und schlägt vor, wie sie zu behe-
ben sind. Freiwillige Abgaben in eine *patriotische Kasse*, die von
allen Ständen entrichtet werden, sollen das staatliche Defizit ausgleichen und die Not der Armen lindern. Mit ihren *Patriotischen
Anmerkungen* skizziert sie ein sozialpolitisches Programm, das
sich gegen die unbarmherzigen Reichen und ihr unproduktives
Kapital richtet, auch gegen die Glücksritter und Spekulanten
der revolutionären Umbruchszeit, und sich für öffentliche Werk-
stätten für Arbeitslose ausspricht. Ein politisch-philosophischer
Traktat klärt auf über *das ursprüngliche Glück des Menschen*. Sie
wendet sich direkt an ihre Geschlechtsgenossinnen, um sie zu
hilfreichen Spenden aufzufordern: *Heroische Tat einer Französin
oder: Wie Frankreich von den Frauen gerettet wird*. Als Frau
dringt sie, wie sie an Louis Philipp, Herzog von Orléans, schreibt,
in politische und philosophische Bereiche vor, von denen sie zuvor nur geträumt hat. An Ludwig XVI. wendet sie sich direkt. Sie
schreibt ihm als «eine Frau, ein verkanntes Wesen», die allein
den Mut habe, «ihrem König den einzigen Ausweg zu zeigen, der
Frankreich noch retten kann».[26]

Voller Freude begrüßt Olympe de Gouges die neue Verfassung,

die am 3. September 1791 von der Verfassunggebenden Versammlung verabschiedet worden ist. Frankreich ist eine konstitutionelle Monarchie. Die absolute Macht des Königs ist begrenzt; Prinzipien der Gewaltenteilung und der Volkssouveränität sind verfassungsrechtlich sanktioniert; und das Parlament erhält als gesetzgebende Gewalt großen politischen Einfluss. Doch warum sind alle Frauen durch ein verschärftes Zensuswahlrecht ihrer Stimme beraubt? Und warum darf keine einzige Frau Mitglied der Nationalversammlung sein? Olympe de Gouges hält die Ausgrenzung der Frauen für einen menschenrechtlichen Skandal, vor allem angesichts des großen Engagements, mit dem so viele Frauen die Französische Revolution in Gang gebracht und vorwärts getrieben haben. Sie ist auch eine Revolution der Frauen gewesen, die nun um ihren Verdienst betrogen werden.[27]

Der Verfassung vom 3. September 1791 ist die *Erklärung der Menschen- und Bürgerrechte* vom 27. August 1789 als allgemeine Richtlinie vorangestellt. Auch hier die gleiche große Leerstelle. Die Frau ist ein weißer Fleck in diesen siebzehn Artikeln, die von den natürlichen, unveräußerlichen und heiligen Rechten des Menschen (droits de l'homme) handeln, aber nur die Männer meinen. Und selbst wenn man die Frauen dazuzählt, so ist doch der Widerspruch zwischen dem allumfassenden Anspruch dieser Rechte und ihrer beschränkten Anwendung auf die Situation der Frauen unübersehbar. Damit kann sich Olympe de Gouges nicht zufriedengeben. Sie entwirft ihre eigene *Erklärung der Rechte der Frau und der Bürgerin*, die sie bald nach der neuen französischen Verfassung veröffentlicht. Mitte September 1791 schickt sie ihre *Déclaration des droits de la femme et de la citoyenne* zugleich an die Nationalversammlung und an die Königin Marie Antoinette, der sie dieses einmalige Beweisstück weiblicher Rechtsbehauptung widmet.[28]

Bereits in ihrer einleitenden Anrede an die Königin weist sie die «Madame» darauf hin, dass die revolutionären Ideen nur dann verwirklicht werden können, «wenn alle Frauen von ihrem beklagenswerten Schicksal und vom Verlust ihrer Rechte in der Gesellschaft überzeugt sind. Unterstützen Sie, Madame, eine so gute Sache; verteidigen Sie dieses beklagenswerte Geschlecht.»[29] Dann spricht sie in einer kurzen Vorbemerkung die Männer direkt an. Mit einer simplen Frage stellt sie ihre Macht und Vormundschaft in Frage: «Mann, bist du fähig, gerecht zu sein? Eine Frau stellt dir diese Frage. Dieses Recht zumindest wirst du ihr nicht nehmen können. Sag mir, wer hat dir diese selbstherrliche Macht verliehen, mein Geschlecht zu unterdrücken? Deine Kraft? Deine Talente?»[30] Jedenfalls ist es nicht die Natur gewesen, in deren Ordnung die Geschlechter gemeinschaftlich zusammenwirken. Nein, es ist der Mann selbst, der für sich eine Ausnahmeposition beansprucht und zurechtschneidert, und das auch noch in einem Jahrhundert, in dem die Aufklärung den natürlichen Freiheits- und Gleichheitszustand aller Menschen bereits aufgezeigt und gut begründet hat. Extravagant und blind will der Mann «in diesem Jahrhundert der Aufklärung und des Scharfsinns in krassester Unwissenheit und despotisch über ein Geschlecht herrschen, das alle intellektuellen Fähigkeiten sein eigen nennt. Es ist dieses Geschlecht, das Nutzen aus der Revolution ziehen und sein Anrecht auf Gleichheit geltend machen will.»[31]

Dann werden den siebzehn Artikeln der französischen Menschenrechtserklärung entsprechende weibliche Formulierungen entgegengesetzt, oder es wird die Gemeinsamkeit aller Bürgerinnen und Bürger betont, die zusammen eine Nation bilden. Manchmal scheint es nur eine einfache Ersetzung zu sein, wie etwa in Artikel 1, der nun heißt: «Die Frau ist frei geboren und bleibt dem Manne gleich an Rechten.» Doch es gibt auch weiter reichende Unterschiede, wie in Artikel 4. Steht in der Menschenrechtserklärung, dass die Freiheit jedes Menschen darin bestehe, alles tun zu dürfen, was einem anderen nicht schadet, wobei die Ausübung dieser Freiheit durch gegenseitige Begrenzung kontrol-

liert wird, so handelt es sich in Olympe de Gouges' Frauenrechts-
erklärung um einen natürlichen und vernünftigen Anspruch, der
gesetzlich eingelöst werden muss. Das natürliche Recht auf Freiheit, das auch den Frauen als Menschen von Geburt an zusteht,
muss von den jetzt herrschenden männlichen Tyrannen anerkannt werden. Es ist nicht gegeben, sondern muss eingeklagt werden: «Freiheit und Gerechtigkeit bestehen darin, den anderen das
zurückzugeben, was ihnen zusteht. So hat die Ausübung der natürlichen Rechte der Frau ihre Grenze allein in der fortdauernden
Tyrannei, die der Mann ihr entgegensetzt. Diese Schranken müssen durch Gesetze der Natur und Vernunft verändert werden.»[32]
Nicht unerwähnt soll auch Artikel 10 bleiben, der in der Menschenrechtserklärung die Freiheit der Meinung und der religiösen
Überzeugung garantiert. Olympe de Gouges ist konkreter und
weiß besser, was auf dem Spiel steht: «Niemand darf wegen seiner
Meinung, auch wenn sie grundsätzlicher Art ist, verfolgt werden.
Die Frau hat das Recht, das Schafott zu besteigen. Sie muß gleichermaßen das Recht haben, die Rednertribüne zu besteigen.»[33]

5. Im Räderwerk der Politik

Olympe de Gouges hat ihrer *Erklärung der Rechte der Frau* nicht
nur einen an Rousseau erinnernden *Gesellschaftsvertrag* (contrat
social) angehängt, in dem sie die Rechte klärt, die *Mann und
Frau* während ihrer Ehe «aus freiem Willen und gegenseitiger Zu-
neigung»[34] besitzen und die ihnen gleichberechtigt im Fall einer
Trennung zustehen, besonders hinsichtlich ihrer legitimen oder
«illegitimen» Kinder. Sie hat auch ein *Nachwort* verfasst, in dem
sie den Frauen den philosophischen Geist der *Aufklärung* als Stär-
kungsmittel verschreibt. «Vereinigt euch unter dem Banner der
Philosophie.» Enthusiastisch appelliert sie an das ganze schöne
Geschlecht: Habt Mut, die Hindernisse zu überwinden, die man

vor euch aufrichtet. Es ist in eurer Macht. Ihr müsst es nur wollen. «Die Sturmglocke der Vernunft ist im ganzen Universum vernehmbar. Fordere deine Rechte ein. Das gewaltige Reich der Natur ist nicht mehr umlagert von Vorurteilen, Fanatismus, Aberglauben und von Lüge. Die Fackel der Wahrheit hat die Wolken von Dummheit und Anmaßung vertrieben. Der versklavte Mann hat zwar seine Kräfte vervielfacht, doch benötigte er die deinen, um seine Ketten zu sprengen. Befreit, ist er nun seiner Gefährtin gegenüber ungerecht geworden.»[35] Das ist der Stand der Dinge im September 1791.

Die zunehmend heftiger und brutaler werdenden politischen Ereignisse im revolutionären Frankreich verstricken Olympe de Gouges in Konflikte, die für sie immer bedrohlicher werden. Ihr Mut bleibt ungebrochen. Ihre politische Unabhängigkeit gibt sie nicht auf. Sie gebraucht ihren eigenen Verstand, um Lösungen für die Probleme zu finden, die in den kommenden beiden Jahren das französische Volk an den Rand des Abgrunds treiben. Als freiheitsliebende Frau, die Gerechtigkeit fordert, gerät sie zwischen alle Fronten.

Ihre stille Sympathie für König Ludwig XVI. und seine Frau Marie Antoinette gibt sie auf, als sie von der gescheiterten Flucht der königlichen Familie ins feindliche Ausland erfährt. Sie hält es für einen Verrat an der Revolution, von der sie sich Freiheit und Gleichheit für alle Bürger und Bürgerinnen erhofft. Radikale Jakobiner werfen ihr dennoch vor, weiterhin überzeugte Royalistin zu sein und den gefangen gehaltenen König wieder inthronisieren zu wollen. Einerseits verteidigt sie ihren republikanischen Bürgersinn im November 1792 mit einem *Rechenschaftsbericht meine Moral betreffend*, in dem sie alle Könige als «fette Maden» verurteilt, «die den Völkern das Mark aus den Knochen saugen».[36] Doch andererseits hält sie das Todesurteil gegen den entmachteten König, der jetzt nur noch der einfache Bürger Ludwig Capet ist, für unmenschlich und unklug. Sicher, er ist ein Tyrann gewe-

MANN, BIST DU FÄHIG, GERECHT ZU SEIN?

sen, der den Tod verdient habe. Aber er ist auch ein Mensch, dessen Leben geschont werden soll. Außerdem sei er lebend viel mehr wert. «Dieses schuldbeladene Haupt, einmal von seinem Rumpfe getrennt, ist uns in keiner Weise mehr von Nutzen. Er hat uns zuviel gekostet, dieser Kopf, als daß wir nicht einen echten Vorteil daraus ziehen sollten.»[37] Vielleicht könne die großzügige Begnadigung ja dazu beitragen, dass Preußen und Österreich, die sich im Koalitionskrieg gegen Frankreich befinden, die Unabhängigkeit der französischen Republik anerkennen und mit ihr einen Frieden schließen.

Nach der Abschaffung des Königtums in Frankreich am 21. September 1792 ist Olympe de Gouges zwar eine überzeugte Republikanerin. Aber sie ist auch eine entschiedene Gegnerin der radikalen Jakobiner. Sie hasst besonders Maximilien Robespierre, der nicht nur den König köpfen will, sondern am liebsten alle bürgerlichen Liberalen der Gironde, die seiner Vorstellung einer Volksdemokratie nicht folgen wollen. Tollkühn greift sie Robespierre an, dessen fanatischer Freiheitsglaube die Ideale der Revolution verrate. «Oh Maximilien, du rufst den Frieden für jedermann aus und erklärst dem Menschengeschlecht den Krieg. Mittelmäßig und anmaßend im Umgang mit jenen, die dir an Verdiensten und Talenten überlegen sind; kriecherisch und betrügerisch dem Volk gegenüber – dies dein Porträt.»[38]

Am 21. Januar 1793 wird Ludwig Capet öffentlich auf der Place de la Révolution hingerichtet. Es kommt zu kriegerischen Auseinandersetzungen mit fast allen europäischen Monarchien. Mit Ausnahme der Schweiz und der skandinavischen Staaten führt die Erste französische Republik Krieg gegen ganz Europa. Als die französische Armee gegen die gegenrevolutionären Truppen der äußeren Feinde zu verlieren droht und royalistische Aufstände im Inneren, vor allem in der Vendée, zu einem Bürgerkrieg führen, macht Olympe de Gouges einen eigensinnigen Vorschlag. Sie will das entzweite Volk und seine Repräsentanten versöhnen. Weil sie fürchtet, dass die Revolution ihre eigenen Kinder zu fressen beginnt, will sie «dem verbrecherischen Treiben aller Fraktionen Einhalt gebieten, die in ihrer Raserei ihre Väter umbringen und die Republik in Stücke reißen, um sich schließlich in die Fetzen zu teilen».[39] So steht es auf dem Plakat *Die drei Urnen oder Das Wohl des Vaterlandes, von einem Reisenden der Lüfte,* das sie im Juli 1793 an den Mauern von Paris öffentlich anbringen lassen will. Die Bürger sollen selbst entscheiden, unter welcher Regierungsform sie leben wollen. Souverän sollen sie an den Urnen ihre Wahl treffen zwischen den drei Möglichkeiten: eine republikanische Regierung; föderative Regierung; konstitutionelle Monarchie.[40]

Weiß Olympe de Gouges nicht, dass durch ein neues Gesetz vom 29. März 1793 jeder, der sich schriftlich für die Wiedereinführung des Königtums und gegen die *Republik, eins und unteilbar* ausspricht, vor das Revolutionstribunal geführt und mit dem Tode bestraft wird? Oder geht sie dieses Risiko bewusst ein? Sie nennt sich einen Reisenden der Lüfte, der frei über allem zu schweben scheint und aus «dem Reich der Narren»[41] kommt. Jedenfalls beginnt sie gerade zusammen mit einem Plakatkleber ihren *Drei Urnen*-Vorschlag an den Wänden anzubringen, als sie angezeigt und verhaftet wird. Es ist der 25. Juli.

Die nächsten Monate verbringt sie in verschiedenen Gefängnissen. Sie wollte einen souveränen Volksentscheid. Dafür muss sie sich nun vor einem Volksgerichtshof verantworten. Es beginnen Verhöre, über deren scharfen Ton sie erschrickt. Selbst Männer, die sie als besonnene, einsichtsvolle Republikaner kennt, handeln ihr gegenüber wie brüllende Löwen und reißende Tiger, die durch vernünftige Argumente nur noch weiter aufgereizt werden. Man wirft ihr konterrevolutionäre Handlungen gegen die eine unteilbare Republik vor.

Aus dem Gefängnis schreibt sie einen Plakattext *An das Revolutionstribunal,* vor dem ihr Fall verhandelt werden wird: «Furchtbares Tribunal, vor dem Verbrechen und Unschuld gleichermaßen erzittern. Ich fordere von dir unbeugsame Strenge, wenn ich gefehlt haben sollte. (...) Erbebt, ihr neuen Tyrannen! Meine Stimme wird sich noch aus des Grabes Tiefe Gehör zu verschaffen wissen. Meine Kühnheit treibt euch nur noch zu schlimmeren Taten. Unerschrocken, gerüstet mit den Waffen der Redlichkeit, trete ich euch entgegen und verlange von euch Rechenschaft über euer grausames Treiben, das sich gegen die wahren Stützen des Vaterlandes richtet. Und ihr, ihr Vertreter der Obrigkeit, die ihr über mich richten werdet, ihr sollt mich kennenlernen! Abhold jeder Intrige, jenseits aller Parteien, deren leidenschaftliche Kämpfe Frankreich gespalten haben, bahnte ich mir einen neuen Weg: mich nur auf meine eigenen Augen verlassend, nur meiner innern Stimme gehorchend bin ich den Törichten entgegengetreten, habe ich die Niederträchtigen angegriffen und mein ganzes Vermögen der Revolution geopfert. (...) Ist nicht in Artikel 7 der Verfassung die Meinungs- und Pressefreiheit als kostbarstes Gut des Menschen verankert? Wären denn diese Gesetze und Rechte, ja die ganze Verfassung nichts weiter als hohle Phrasen, jedes Sinnes entleert? Wehe mir, ich habe diese traurige Erfahrung gemacht!»[42]

6. Eine Frau wird geköpft

Am 28. Oktober 1793 wird Olympe de Gouges in das düstere Gewölbe der mittelalterlichen Conciergerie verlegt, aus der in der Regel niemand mehr lebend hinauskommt. Der Prozess vor dem «Tribunal Criminel extraordinaire et révolutionnaire» findet wenige Tage später am 2. November statt. Die revolutionäre Gewalt hat sich gerade zur Schreckensherrschaft gesteigert. Am 13. Oktober sind 21 Girondisten geköpft worden, am 16. Oktober fiel der Kopf Marie Antoinettes, der Olympe de Gouges ihre *Erklärung der Rechte der Frau und Bürgerin* gewidmet hatte. Der öffentliche

Ankläger Fouquier-Tinville beantragt die Todesstrafe. Das Gericht, mit einstimmiger Erklärung der Geschworenen, erklärt die Angeklagte für schuldig und fällt das Todesurteil. Es soll gedruckt, im ganzen Land angeschlagen und auf dem Platz der Revolution öffentlich vollstreckt werden. Das mechanische Fallbeil, diese moderne praktische Erfindung des Dr. Joseph-Ignace Guillotin, soll wieder zum Einsatz kommen.[43]

Die Nacht vom 2. zum 3. November liegt Olympe schlaflos in ihrer Zelle. Am Morgen schreibt sie ihrem Sohn, der als Offizier in der französischen Rheinarmee seinen Militärdienst leistet, ihren letzten Brief: «Ich sterbe, mein geliebter Sohn, ein Opfer meiner abgöttischen Liebe für Vaterland und Volk. Seine Feinde, die sich trügerisch der Maske des Republikanismus bedienen, haben mich skrupellos aufs Schafott entsandt. (…) Ich sterbe, mein Sohn, mein geliebter Sohn, ich sterbe unschuldig. Alle Gesetze hat man verletzt für die tugendreichste Frau ihres Geschlechts.»[44]

Am Morgen des 3. November stürzen sintflutartige Regenfälle auf Paris nieder. Am frühen Nachmittag betreten ein Amtsdiener, der Henker von Paris und sein Gehilfe die Gefängniszelle der Conciergerie, um Olympe zu ihrem letzten Gang abzuholen. In einem winzigen Raum wird ihr Haar in großen Büscheln abgeschnitten. Ein letzter Blick in einen kleinen Spiegel, um sich zurechtzumachen. Sie lächelt sich zu und murmelt: «Gott sei Dank ist mein Gesicht nicht zu blaß, es wird mir keinen Streich spielen.» Ihre wenigen Habseligkeiten übergibt sie dem Gerichtspförtner. Dann beginnt sie die Stufen in den Hof hinabzusteigen. Es hat zu regnen aufgehört. Über eine kleine Leiter klettert sie auf den Schinderkarren, der sie zum Hinrichtungsort fahren wird. Sie setzt sich, wie man ihr befiehlt, gegen die Fahrtrichtung nieder. Ihre Hände werden hinter dem Rücken gefesselt. Henri Sanson, der Henker, gibt das Zeichen zur Abfahrt. Der Karren wird von berittenen Gendarmen und Nationalgarden begleitet.

Eine Stunde dauert die Fahrt von der Conciergerie durch die

belebten Straßen von Paris bis zur Place de la Révolution, auf der die gewaltige Freiheitsstatue steht. Es ist kalt, die Temperatur liegt nur wenige Grad über null. Olympe friert in ihrem armseligen Kleid, und die Fesseln lassen sich das Blut in ihren kalten Armen stauen. Die gaffende Menge am Straßenrand und in den Fenstern der Häuser zeigt kein Mitleid mit der zum Tode Verurteilten. Schließlich wird die Guillotine sichtbar, die in der Mitte des Platzes auf einem erhöhten Podest aufgebaut worden ist. Sie ist umdrängt von Blumenmädchen, Limonadenverkäufern und fliegenden Händlern, die sich ihre guten Geschäfte nicht entgehen lassen wollen. Der Karren hält. Olympe steigt herab. Ihre letzten freien Schritte außerhalb des Wagens führen sie auf die Plattform des Schafotts. Von der Höhe blickt sie gefasst auf die Menge und ruft ihr zu: «Kinder des Vaterlandes, ihr werdet meinen Tod rächen.»[45]

Ohne Widerstand lässt sie sich auf das hölzerne Brett ziehen. Ihr gefesselter Körper wird in die Maschine geschoben, wo man am freigelegten Hals die «lunette» befestigt, einen halbmondförmigen Holzbügel, der den Kopf fixiert. Eine Turmuhr in der Ferne schlägt viermal. Dann betätigt Sanson einen Hebel. Das Fallbeil saust in weniger als einer Sekunde herunter. Der Kopf der Guillotinierten fällt in den bereitgestellten Korb. Aus der Menge erhebt sich Geschrei. «Es lebe die Republik!» Es wird laut geklatscht, und einige Hüte werden begeistert in die Luft geworfen.

So also ist am 3. November 1793 Olympe de Gouges zu Fall gekommen, die den Mut hatte, selbst zu denken und als mündige Frau eigene Schritte außerhalb des patriarchalen Gängelwagens zu gehen. Einige Jahre zuvor hatte Kant bemerkt, dass die dabei drohende Gefahr nicht so groß sein würde, weil «durch einige Mal Fallen» auch das ganze schöne Geschlecht wohl endlich allein zu gehen lerne. Aber er hatte auch befürchtet, «allein ein Beispiel von der Art macht doch schüchtern, und schreckt gemeiniglich von allen ferneren Versuchen ab».[46]

Vierzehn Tage nach Olympes Hinrichtung wird Pierre-Gaspard Chaumette, Vorsitzender der Pariser Kommune und engagiertes Mitglied des Revolutionstribunals, die Gelegenheit ergreifen, einige aufmüpfige Republikanerinnen mit dem Hinweis einzuschüchtern: «Erinnert euch an dieses schamlose Mannweib Olympe de Gouges, die Frauengesellschaften gründete, ihren Haushalt vernachlässigte, politisieren wollte und Verbrechen beging. Solche unmoralischen Wesen wurden unter dem Beil, das die Gesetze rächt, vernichtet. Wollt ihr es ihnen nachmachen? Nein, denn ihr würdet spüren, dass ihr nicht anziehend und wahrhaft achtenswert wäret, wenn ihr nicht dem entsprecht, wozu euch die Natur bestimmt hat. Wir wollen, dass die Frauen geachtet werden; daher zwingen wir sie, sich selbst zu achten.»[47] Alle Achtung vor dieser gütigst auf sich genommenen Vormundschaft! Sie hat Chaumette nicht davor geschützt, bald selbst unter die revolutionäre Zwangsgewalt zu geraten. Am 13. April 1794 hat auch er auf Befehl Robespierres durch die Guillotine seinen Kopf verloren.

DIE VIELSEITIGSTE BILDUNG
DER INDIVIDUEN

Wie Wilhelm von Humboldt zum aufgeklärten Selbstdenker wurde und seine Ideen für eine Bildungsreform entwickelte

Das Projekt der Aufklärung ist in Europa eng mit dem Problem der Revolution verknüpft gewesen. Nicht zufällig war England das Ursprungsland der Aufklärung. Die Glorreiche Revolution von 1688/89 beendete nicht nur die 150 Jahre während Epoche blutiger Religions- und Bürgerkriege. Sie war ein Sieg des Parlamentarismus und eines toleranten Protestantismus, der zugleich ein geistiger Erfolg war. Vieles, was John Locke zuvor über religiöse Toleranz, rechtmäßige politische Ordnung und richtigen Verstandesgebrauch gedacht und geschrieben hatte, gewann eine aktuelle Bedeutung, die zur philosophischen Legitimation der neuen Verhältnisse beitragen konnte. Es passte in die politische Situation der Zeit. Auch seine pädagogischen Gedanken über die Erziehung zur Tugend, Lebensklugheit, menschenwürdigen Lebensart und geistigen Entwicklung (1693) und seine religionskritische Freilegung des vernünftigen Kerns des Christentums (1695) waren nur möglich und wirksam im Gefolge der revolutionär errungenen Freiheiten.

1. Das Geschichtszeichen der Französischen Revolution

Wesentlich spannungsreicher war, hundert Jahre später, das Verhältnis zwischen Aufklärung und Revolution in Frankreich. Es kann zwar nicht daran gezweifelt werden, dass alle Streiter für die Lichter der Erkenntnis (les lumières philosophiques) damit zugleich gegen politischen Despotismus, geistige Bevormundung, dogmatische Glaubensvorschriften und kirchliche Übermacht ankämpften und dafür auch Verfolgung und Unterdrückung in Kauf nahmen. Sie wollten Licht ins Dunkel bringen. Von Voltaire bis d'Holbach, von Diderot und Rousseau bis d'Alembert und Helvétius reichte die Phalanx der Macht- und Religionskritiker, die sich nur an der Vernunft orientieren wollten und radikal die bestehenden Verhältnisse kritisierten. Die Welt der *Enzyklopädie* war ja nicht nur ein ungeheures Kompendium des Wissens von A bis Z, sondern zugleich ein kritisches Unternehmen gegen theologisches Scheinwissen und absolutistische Herrschaftsanmaßung. Manches davon musste zwischen den Zeilen, an entlegenen Stellen oder in unscheinbaren Querverweisen verborgen werden. Aber es wurde auch mit offenem Visier gekämpft. Rousseau griff direkt die «Tyrannenökonomie» an. Sein *Gesellschaftsvertrag* (contrat social) war ein institutionenpolitisches Gründungsdokument für die Souveränität eines Volkes freier Menschen, die nur ihrem Gemeinwillen (volonté générale) folgen. Und bereits im ersten Band der *Enzyklopädie* war 1751 in Diderots Beitrag «*Autorité politique*» (Politische Autorität) zu lesen: «Kein Mensch hat von der Natur das Recht erhalten, den anderen zu gebieten. Die Freiheit ist ein Geschenk des Himmels, und jedes Individuum derselben Art hat das Recht, sie zu genießen, sobald es Vernunft besitzt. Wenn die Natur irgendeine *Autorität* geschaffen hat, so ist es die väterliche Macht; aber die väterliche Macht hat ihre Grenzen, und im Naturzustand würde sie aufhören, sobald die Kinder in der Lage wären, sich selbst zu leiten.»[1] Die natürliche Entwicklung jedes Menschen besteht im Ausgang aus seiner kindlichen Unmündigkeit, die einem Erwachsenen nicht mehr oktroyiert werden darf. Als mündiger Mensch ist er in der Lage, ohne Leitung eines anderen zu gehen.

Was zunächst theoretisch entworfen worden war, schien praktisch verwirklicht zu werden. Philosophische Gedanken wurden zur materiellen Gewalt. Die meisten führenden Aufklärer haben es allerdings nicht mehr erleben können. La Mettrie war bereits sehr früh 1751 gestorben, Helvétius starb 1771, Voltaire 1778, Rousseau im selben Jahr, nur einen Monat später, d'Alembert 1783, Diderot 1784, d'Holbach schließlich Anfang 1789, kurz vor dem Ausbruch der Revolution. Sie alle hätten sich wohl gefreut über die politische Entwicklung: Die Feudalität wurde aufgehoben; am 26. August 1789 fand die Erklärung der Menschen- und Bürgerrechte statt; der Adel wurde abgeschafft und der Klerus einer Zivilverfassung unterstellt; es wurde Pressefreiheit gewährt; die Juden erhielten volle Bürgerrechte. Die Verfassung vom 3. September 1791 wurde durch die Menschenrechtserklärung eingeleitet und übernahm Grundgedanken aus Rousseaus *Gesellschaftsvertrag* und John Lockes *Zweiter Abhandlung über die Regierung*. Dann wurde das Königtum beseitigt und am 21. September 1792 die «eine und unteilbare Republik» errichtet. Der weltbürgerliche Abbé Henri Grégoire würdigte diesen Beschluss als Ereignis von menschheitsgeschichtlicher Bedeutung: «Die Aufhebung des französischen Königtums ist der erste Schritt zum Zusammenschluß aller Völker.»[2]

Doch die Eigendynamik der großen Französischen Revolution, die zunächst alle Hoffnungen der bösen Philosophen zu erfüllen schien, nahm bald keine Rücksicht mehr auf die Programmideen der Aufklärer. Am 21. Januar 1793 wurde König Ludwig XVI. als Bürger Capet enthauptet. Dann war die Niederlage der liberal-bürgerlichen Gironde nicht mehr aufzuhalten. Es etablierte sich die «authentische» Jakobinerherrschaft. Die Schreckenszeit des «terreur» begann. Marie Antoinette, die königliche «Witwe Capet», wurde guillotiniert, wenig später am 3. November 1793 die Freiheitskämpferin Olympe de Gouges, dann, zusammen mit seiner Tochter und seiner Enkelin, auch Lamoignon de Malesherbes, der als Anwalt am Parlament und königlicher Zensor mit den Enzyklopädisten sympathisiert und mehrmals zur Rettung ihres Projekts beigetragen hatte; und viele, viele andere, bis schließlich die Jakobiner selbst unter der Guillotine landeten. «Die Revolution hatte keine Zeit für intellektuelle Großzügigkeit, die das Denken der Enzyklopädisten kennzeichnete. Ihre Werte und ihre Vision einer Welt nach menschlichem Maß, die eine jahrzehntelange Vorherrschaft angetreten zu haben schienen, wurden innerhalb kürzester Frist von Europas erstem, wenn auch kurzlebigem totalitären Regime zermalmt.»[3]

In den anderen europäischen Staaten wurde diese Entwicklung aufmerksam zur Kenntnis genommen. Die herrschenden Mächte schlossen sich zusammen, um gegen Frankreich ihre Koalitionskriege zu führen. Es ist nicht erstaunlich, dass angesichts der französischen Ereignisse auch viele deutsche Aufklärer, die anfänglich die revolutionäre Verwirklichung der Freiheits-, Gleichheits- und Brüderlichkeitsideale begrüßt hatten, sich bald ernüchtert fühlten und dass ihre Begeisterung in eine antirevolutionäre Haltung umschlug. Doch es gab auch Ausnahmen, die das Verhältnis zwischen Aufklärung und Revolution neu durchdachten. Sie waren nicht bereit, die grundlegenden philosophischen Wahrheiten der Französischen Revolution zu verneinen oder zu verleugnen, auch wenn sie durch den realen Geschichtsprozess pervertiert worden waren.

Der alte Kant gehörte zu ihnen. Zwar täuschte er sich nicht über die schrecklichen Wirren jenseits des Rheins. Was im Taumel von Freiheitsgefühlen begonnen hatte, war im Blut unzähliger Opfer untergegangen. Aber Kant war sicher, dass mit der Französischen Revolution ein *«Geschichtszeichen»*[4] gesetzt worden war, das auf einen möglichen Fortschritt des Menschengeschlechts hinwies. Es bezeichnete nicht die von Menschen verrichteten Taten oder Untaten innerhalb der chaotischen Revolutionsgeschichte, wodurch das Kleine groß und das Große wieder klein gemacht wurde und «gleich als durch Zauberei, alte glänzende Staatsgebäude verschwinden, und andere an deren Statt, wie aus den Tiefen der Erde, hervorkommen. Nein: nichts von allem dem. Es ist bloß die Denkungsart der Zuschauer, welche sich bei diesem Spiele großer Umwandlungen *öffentlich* verrät.»[5] Als Geschichtszeichen galt nicht die Französische Revolution selbst, sondern der öffentlich gezeigte Enthusiasmus, mit dem ein breites Publikum die revolutionären Ereignisse als den Versuch einer Verwirklichung naturrechtlicher Prinzipien und aufgeklärter Ideen begrüßte. Es galt, weiterhin mit Begeisterung an die freiheitlichen Kräfte zu denken, die den revolutionären Prozess antrieben, und zwar als ein «Zuschauer», der selbst nicht im Strudel der Revolution unterzugehen drohte, aber insgeheim doch hoffte, dass unter günstigeren Umständen auch im eigenen Land ein revolutionärer Versuch dieser Art stattfinden werde.

Kant hatte die Ereignisse nur aus sicherer Distanz beobachtet. Er lebte im fernen Königsberg, ließ sich jedoch ständig über die neuesten Nachrichten aus Frankreich informieren. «Die große Begebenheit beschäftigte seine Seele so sehr, daß er in Gesellschaften fast immer auf sie, wenigstens auf Politik, zurückkam.»[6] Der begeisterte Kantianer Wilhelm von Humboldt hat es als Augenzeuge miterlebt. Seine Erlebnisse der Französischen Revolution verbanden sich mit einer «Denkungsart», die sich auf die menschlichen Kräfte konzentrierte, die es anzuregen, zu bilden und zu erhöhen galt. So konnte er zu jenem großen preußischen Reformer werden, dessen Bildungsprojekt seine Impulse und seine Kraft wesentlich aus dem Spannungsverhältnis zwischen *Aufklärung* und *Revolution* bezog. Hinzu kamen Humboldts intensive Auseinandersetzung mit Kants *Kritik der Urteilskraft* und sein *naturgeschichtliches* Studium bei Johann Friedrich Blumenbach an der Göttinger Universität. All das verband sich in Humboldts Idee der *Bildung menschlicher Kräfte zu einem Ganzen* auf eigenwillige Weise. Wir müssen sie in vier einzelne Schritte auflösen, um ihrem emanzipatorischen Gehalt folgen zu können, der gegenwärtig vergessen oder gar ausgelöscht zu werden droht.

2. Im Berliner Freundeskreis der Aufklärer

Es beginnt 1785. Bis zu diesem Jahr haben die beiden Brüder Alexander und Wilhelm von Humboldt recht einsam gelebt.[7] Hauslehrer erzogen sie im elterlichen Schloss Tegel, diesem «Schloss Langweil» weit draußen vor den Toren der Stadt Berlin. 1785 treten der 16-jährige Alexander und der 18-jährige Wilhelm von Humboldt in das Bildungsmilieu der «Berliner Aufklärung» ein. Sie lernen jenen harten Kern von etwa 20 tonangebenden Persönlichkeiten kennen, die ein kulturelles Netzwerk mit vielen Querbezügen bilden und jenen besonderen Konversationsstil kultivieren, der für die Aufklärung in Preußen charakteristisch ist. Selbständig denkende Menschen versuchen durch wechselseitiges Argumentieren herauszufinden, was man gemeinsam für vernünftig halten kann. Kritisch, respektvoll und offen soll der Dialog sein, in dem sich die Kraft gegenseitiger Aufklärung entfalten kann.

Für die Bildungsgeschichte der beiden Jungen spielt der Salon Herz eine besondere Rolle, ein kultureller Mittelpunkt Berlins, der zu Beginn der achtziger Jahre von dem jüdischen Arzt Marcus Herz und seiner Frau Henriette eingerichtet worden ist. Es ist eine Form gemischter Geselligkeit, in der Menschen, die sich für die Programmideen der Aufklärung begeistern, zwanglos zusammenkommen, um sich selbst als Publikum gemeinsam zu bilden. Auch der Königlich Preußische Staatsminister für Kirchen- und Un-

DIE VIELSEITIGSTE BILDUNG DER INDIVIDUEN

terrichtsangelegenheiten Karl Abraham Freiherr von Zedlitz, ein führender Kopf der Berliner Aufklärung, ist ständiger Gast.

Moses Mendelssohn spielt in diesen Kreisen eine wichtige Rolle. Seit 1783 ist er Ehrenmitglied der Berliner Gesellschaft von Freunden der Aufklärung und schreibt Beiträge für die *Berlinische Monatsschrift*. Als die Brüder Humboldt ihn 1785 im Salon der Familie Herz persönlich kennenlernen, ist kurz zuvor seine Antwort auf die Frage «*was heißt aufklären?*» erschienen. Sie liest sich wie ein bildungstheoretisches Programm für das, was Marcus und Henriette Herz für das gesellige Leben zu leisten versuchen. Zusammen mit ihren Gästen streben sie nach einer Bildung, in der sich die praktische Kultivierung der Lebensform mit der theoretischen Aufklärung des Verstandes verbindet. «Bildung zerfällt in *Kultur* und *Aufklärung*»[8], hat Mendelssohn in der September-ausgabe 1784 der *Berlinischen Monatsschrift* erläutert, wobei er vielleicht an Henriette gedacht hat, die sich vor allem um Poesie, Tanz, angeregte Unterhaltung und geselliges Spiel kümmert, während ihr Mann als Arzt und Philosoph die wissensdurstigen Besucher in seinem Gesellschaftszimmer über die neuesten naturwissenschaftlichen Entdeckungen aufklärt. Dennoch sind es keine getrennten Welten. Das Ehepaar Herz repräsentiert die zwei Seiten einer Bildung, die der Bestimmung des Menschen entspricht. Gern und begeistert nehmen die Brüder Humboldt an beiden teil. Sie tanzen und diskutieren, hören lyrische Dichtungen und beobachten physikalische Experimente, verfeinern ihre kulturellen Umgangsformen und entwickeln ihre geistigen Kräfte.

Wichtige Anregungen für die Aufklärung, die Mendelssohn auf «vernünftige Erkenntnis (objekt.) und Fertigkeit (subj.) zum vernünftigen Nachdenken»[9] konzentriert, kommen von Immanuel Kant aus Königsberg, bei dem Marcus Herz studiert hat und mit dem er einen regen Briefwechsel unterhält. Erwähnenswert ist ein Brief, den Minister Zedlitz an Kant schreibt, als er bei Dr. Marcus Herz über Kants rationale Lehre vom Menschen informiert wird: «Geben Sie mir doch bitte Mittel an die Hand, die Studenten auf Universitäten von den *Brot-Collegiis* zurück zu halten und ihnen begreiflich zu machen, dass das bisschen Richterei, ja selbst Theologie und Arzneigelehrtheit unendlich leichter und in der Anwendung sicherer wird, wenn der Lehrling mehr *philosophische Kenntnis* hat, dass man doch nur wenige Stunden des Tages Richter, Advokat, Prediger, Arzt und in so vielen *Mensch* ist, wo man noch andre Wissenschaften nötig hat – kurz dies alles sollen Sie mich lehren den Studenten begreiflich zu machen. Gedruckte Anweisungen, Leges, Reglements, das ist alles noch schlimmer als das Brot-Colleg selbst.»[10] So dachte und schrieb einst ein preußischer Minister, der für Kultus und Erziehung zuständig war, gegen die Ökonomisierung der Bildung!

Im Salon des Ehepaars Herz und in anderen Lesegesellschaften spielt auch die Lektüre von Kants Schriften eine wichtige Rolle. Man liest und diskutiert vor allem seine kürzeren Aufsätze, die er für die *Berlinische Monatsschrift* geschrieben hat, das Zentralorgan der Berliner Aufklärung. Hier werden die Brüder Humboldt auch Kants *Beantwortung der Frage: Was ist Aufklärung?*, die im Dezember 1784 in der *Berlinischen Monatsschrift* erschien, gelesen und besprochen haben. Kants Beantwortung nimmt den Faden dort auf, wo Mendelssohn ein loses Ende ließ, als er die «Bestimmung des Menschen» zwar erwähnte, aber nicht weiter ausführte. Kants Antwort zielt auf die Natur des Menschen. Was ist der Mensch? Er ist, antwortet Kant, ein mündiges Wesen, das sich aus der ihm zur zweiten Natur gewordenen Unmündigkeit herausarbeiten kann. Er kann allein durchs Leben gehen und seinen Verstand ohne Leitung eines anderen gebrauchen. «*Sapere aude!* Habe Mut, dich deines *eigenen* Verstandes zu bedienen! ist also der Wahlspruch der Aufklärung.»[11]

Sapere aude! ist eine alte Empfehlung des römischen Dichter-Philosophen Horaz, die traditionsmächtig geworden ist. Der Theologe, Humanist und Reformator Philipp Melanchthon, um nur einen Zeugen zu nennen, hat sie 1518 in seiner Antrittsvorlesung an der Universität Wittenberg zitiert, um zu einer Universitätsreform anzuregen. «Habt den Mut zu wissen!», rief er den Studierenden zu. In nichts anderem besteht der Prozess der Aufklärung, der gesamtgesellschaftlich nur gelingen kann, wenn mündige Menschen frei denken und ihre Gedanken öffentlich publizieren können, wobei Kant unter dem öffentlichen Gebrauch seiner eigenen Vernunft denjenigen meint, «den jemand *als Gelehrter* von ihr vor dem ganzen Publikum der *Leserwelt* macht».[12] Das hat bei den beiden jungen Brüdern Humboldt wie ein Blitz eingeschlagen. Vor sich sehen sie ein Gelehrtenleben in größtmöglicher Freiheit. An Mut, Entschlusskraft und Energie mangelt es ihnen nicht.

Ganz ohne Anleitung geht es zunächst nicht. Noch sind sie nicht völlig aus dem Gängelwagen befreit. Sie haben noch viel zu lernen unter der Vormundschaft fähiger Lehrer, um sich schließlich ihres eigenen Verstandes bedienen zu können. Zum Glück finden sie drei Selbstdenker aus dem Kreis der Berliner Aufklärer, die sich in den kommenden Jahren um ihre weitere Bildung kümmern. Von Christian Wilhelm von Dohm, der sich zusammen mit Moses Mendelssohn für *«die bürgerliche Verbesserung der Juden»*[13] eingesetzt hat, erhalten sie Unterricht in Politischer Geographie, wobei die globale Ausdehnung des freien Handels einen Schwerpunkt bildet. Von Ernst Ferdinand Klein, auch er ein Freund der Aufklärung, der für *«die Freiheit laut zu denken»*[14] kämpft, wird Wilhelm von Humboldt in die Grundzüge des Naturrechts eingeführt. Die private Vorlesung soll ihn auf seine spezialisierte juristische Laufbahn vorbereiten, zeichnet sich jedoch vor allem durch ihre allgemeine liberale Ausrichtung aus, mit der Klein für einen weitgehend staatsfreien, privatrechtlich geregelten Gesellschaftsbereich eintritt, in dem die Freiheit des einen Menschen nicht die des anderen beschränkt. Und durch Johann Jakob Engel, den Philosophen für die Welt, wird der junge Wil-

helm von Humboldt mit den Grundregeln der Begriffs- und Ur-
teilslogik vertraut gemacht, wobei die 1756 erschienene *Vernunft-*
lehre als eine Anweisung zum richtigen Gebrauche der Vernunft
des Hamburger Aufklärers Hermann Samuel Reimarus als Anregung zum eigenen Nachdenken dient. Auch Schriften von John
Locke und David Hume werden gemeinsam gelesen und geben
Anlass für ein offenes dialogisches Philosophieren, das Engel für
wesentlich sinnvoller und effektiver hält als die bloße Vermittlung
von Buchgelehrsamkeit.

3. Ein natürlicher Trieb zur Bildung

Der nächste wichtige Schritt in die Mündigkeit führt die Brüder
an die Universität, zunächst nach Frankfurt an der Oder, dann in
die wesentlich bessere nicht-preußische Universität in Göttingen,
an der Wilhelm von Humboldt vom Sommersemester 1788 bis
zum Sommersemester 1789 zunächst allein studiert, bevor ihm
sein jüngerer Bruder dorthin folgt. Er spezialisiert sich nicht, sondern studiert, was ihn interessiert, vor allem Jura und Geschichte,
aber auch Logik und Metaphysik bei Johann Heinrich Feder,
klassische Philologie bei dem Altertumswissenschaftler Christian
Gottlob Heyne, Experimentalphysik bei Georg Christoph Lichten-
berg und eine breit gefächerte Naturkunde bei dem Mediziner,
Naturforscher und Anthropologen Johann Friedrich Blumenbach.
Durch ihn kommt nun, nach «Aufklärung», die zweite Idee ins
Spiel, die Humboldts Lebenswerk zur Orientierung dienen wird:
Bildungstrieb.

Denn bei Blumenbach, diesem heute ziemlich vergessenen Naturforscher, lernen beide Brüder eine Theorie des Lebens kennen,
die für ihr weiteres Leben, Denken und Wirken wegweisend wird.
Sie geraten nämlich, angeregt durch Blumenbach, in einen wissenschaftlichen Widerstreit, der damals das Publikum faszinierte.

Wie werden neue Lebewesen gezeugt? Und auf Grund welcher Kräfte entwickeln sie sich zu ihrer lebendigen Gestalt? Im Streit liegen zwei Parteien.

Auf der einen Seite stehen die sogenannten «*Evolutionisten*» wie Georg Ernst Stahl, Antonio Vallisnieri und Albrecht von Haller, die unter «Evolution» das Herauswickeln und Freilegen eines bereits von Anfang der Schöpfung an Vorgebildeten verstehen: In der Zeugung eines neuen Organismus werden bereits existierende Keime aus ihrer «Einschachtelung» befreit; es findet die Evolution einer Involution statt; Empfängnis ist nichts anderes «als das Erwachen des schlaftrunkenen Keims durch den Reiz des auf ihn wirkenden männlichen Samens, der sein Herzchen zum Schlagen anregt».[15] Die Evolutionstheorie ist also eine Präformationstheorie, die zwei Fliegen mit einer Klappe schlägt. Zum einen folgt sie dem naturwissenschaftlichen Modell des Mechanismus, indem sie den Prozess der Auswicklung als mechanischen Vorgang denkt. Zum anderen kann sie an die theologische Schöpfungsgeschichte anschließen, bei der durch einen Schöpfergott mit den ersten Organismen zugleich alle Keime aller Arten und Individuen geschaffen worden sein sollen.

Dagegen ist Blumenbach, seit 1778 ordentlicher Professor für Anatomie an der Göttinger Universität, neben Pierre de Maupertuis, Comte de Buffon und Caspar Friedrich Wolff der wichtigste Vertreter und Verfechter einer Theorie der «*Epigenesis*», deren Fundamentalbegriff bereits 1651 von dem englischen Arzt William Harvey eingeführt worden ist, zusammengesetzt aus «epi» (dazu, darauf, folgend) und «genesis» (Werden, Entstehen, Entwicklung). Zeugung besteht eben nicht aus einer bloßen Evolution des Eingewickelten oder Eingeschachtelten. Vielmehr wird in einem zuvor rohen un-gebildeten Zeugungsstoff organischer Körper ein besonderer, tätiger Trieb rege, der die gezeugten Lebewesen ihre bestimmte Gestalt annehmen lässt und sie auch, im Falle von Verstümmelungen und Einschränkungen, in bestimmten Grenzen zur Regeneration befähigt, wofür besonders der gallertartige Süß-wasserpolyp (Hydra viridis) ein anschauliches Beispiel bietet. In seiner Arbeit *Über den Bildungstrieb und das Zeugungsgeschäfte*, zuerst abschnittsweise 1780 im *Göttingischen Magazin der Wissenschaften und Literatur*, ein Jahr später als Buch erschienen, hat Blumenbach an der Entwicklung von einfach strukturierten Pflanzen und Tieren nachzuweisen versucht, dass es diesen besonderen Trieb gibt, der zu den Lebenskräften gehört. Er nannte ihn *nisus formativus*, «Bildungstrieb», und erweiterte ihn zu einem grundlegenden Prinzip des Lebens: «Daß in allen belebten Geschöpfen vom Menschen bis zur Made und von der Ceder bis zum Schimmel herab, ein besondrer, eingebohrner, lebenslang würksamer Trieb liegt, ihre bestimmte Gestalt anfangs anzunehmen, dann zu erhalten, und wenn sie je zerstört worden, wo möglich wieder herzustellen.»[16]

«Bildung» und «Bildungstrieb» haben bei Blumenbach also eine lebenswissenschaftliche Bedeutung. Beide Begriffe beziehen sich auf lebendige Organismen, die zur produktiven Entwicklung ihrer Gestalt und Kräfte fähig sind. In diesem epigenetischen Sinn werden sie nun auch bei den beiden Brüdern zu wichtigen Richtlinien ihrer Lebenswerke, wobei sich Alexander stärker auf ihren biologischen Gehalt konzentriert. Mehrfach bedankt er sich bei Blumenbach, der seine Liebe zu naturkundlichen Studien geweckt habe. Von ihm habe er die Impulse empfangen, um *dem Leben auf der Spur*[17] zu sein, wobei ihm das Konzept des Bildungstriebes zur Orientierung dient. Es sind schaffende Kräfte, die das Leben als solches ermöglichen. Zunächst folgt Humboldt diesen Kräften in seinen botanischen Studien zur Physiologie der Pflanzen. Dann spürt er ihnen nach in seinen Experimenten zur gereizten Muskel- und Nervenfaser, wobei er auch seinen eigenen Körper als Untersuchungsobjekt einsetzt. Schließlich sieht er sein ganzes Leben im Licht dieses Triebs zur Bildung, und er erschrickt über dieses «ewige Treiben in mir. (Als wären es 10 000 Säue.)»[18]

Auch Wilhelm von Humboldt greift Blumenbachs epigenetisches Modell des Bildungstriebes auf. Bemerkenswert ist dabei jedoch, dass er diesen naturwissenschaftlichen Begriff zunehmend
einer Wendung oder Verallgemeinerung unterzieht. Er überträgt
ihn in den geistigen und kulturellen Bereich. Er denkt sich auch
die intellektuelle Zeugung und Produktivität nach dem Muster
des «nisus formativus», wobei er am Wort «Trieb» festhält. Für
ihn gibt es einen *Trieb zur Bildung*, eine Kraft, die den Menschen
zu Erkenntnis und Wahrheitssuche antreibt. Diese Grundüberzeugung wird nicht nur für ihn selbst lebenspraktisch bedeutsam.
Auch in seiner Idee der Bildung und in seiner praktischen Bil-
dungspolitik hat Blumenbachs «Bildungstrieb» seine Spuren hinterlassen.

4. *Das teleologische Prinzip der Ganzheit*

Für Humboldts Übertragung und Aufhebung des biologischen Begriffs «Bildungstrieb» in den Bereich der Anthropologie spielen
in den kommenden Jahren einige Lektüren und freundschaftliche
Begegnungen eine Rolle. Zunächst ist es wieder Immanuel Kant,
der zum Weiterdenken anregt. Während dessen Aufklärungs-
schrift von 1784 bereits einen frühen Anstoß zur Entfaltung seiner
je eigenen Verstandeskräfte in größtmöglicher Freiheit gegeben
hat, geht es jetzt vor allem um zwei weiterreichende Gedanken.
Erstens um Kants Anschluss an Blumenbachs epigenetisches
Modell des Bildungstriebs in seiner *Kritik der reinen Vernunft*;
zweitens um Kants teleologischen Leitfaden einer ganzheitlichen
Naturbetrachtung, wie er ihn in seiner *Kritik der Urteilskraft* entwickelt hat.

Bereits während seines ersten Semesters an der Göttinger Universität studiert Wilhelm von Humboldt 1788/89 zum ersten Mal
Kants *Kritik der reinen Vernunft*, deren zweite Auflage ein Jahr

zuvor 1787 erschienen ist. Er hält sie, wie er berichtet, für «sehr schwer, das muß ich gestehen, aber soweit ich nun gelesen habe, belohnt sie doch auch die Mühe sehr».[19] Vor allem der in der zweiten Auflage hinzugefügte § 27, in dem Kant das Ergebnis seiner transzendentalen Deduktion der reinen Verstandesbegriffe vorstellte, liefert reichlich Stoff zum Nachdenken. Hier ging es Kant um den Nachweis, dass menschliche Erkenntnis nur möglich ist, weil es kategoriale Grundbegriffe gibt, die selbst nicht aus der Erfahrung entspringen, sondern a priori bestimmen oder vorschreiben, welche Gegenstände der Erfahrung überhaupt möglich sind und warum sie erkannt werden können. Kategorien der Quantität, Qualität, Relation und Modalität sind reine Verstandesbegriffe, die Kant aus den Grundformen gegenstandsbezogener Urteile deduziert hat. Sie sind «*selbstgedachte* erste Prinzipien a priori unserer Erkenntnis».[20] Aber wie sind sie gegeben? Und woher stammen sie?

Um diese Fragen zu beantworten, bezog Kant sich auf den Widerstreit zwischen Evolutionisten und Epigenetikern. Er argumentierte gegen «eine Art von *Präformationssystem* der reinen Vernunft»[21], dem zufolge ein Schöpfergott uns diese Prinzipien zugleich mit unserer Existenz eingepflanzt habe, und zwar so, dass ihr Gebrauch mit den Gesetzen der Natur genau übereinstimme. Mit einer solchen angeborenen Organisation, die das Subjekt von vornherein so eingerichtet habe, dass es seine präformierten Erkenntnisse nur noch aus sich heraus zu entwickeln brauche, wollte Kant sich nicht zufriedengeben. Denn ihre subjektive Verortung könne niemals die objektive Gültigkeit unserer sich stets erweiternden gegenstandsbezogenen Urteile begründen. Deshalb stellte Kant gegen die evolutionistische Präformation «gleichsam ein System der *Epigenesis* der reinen Vernunft: daß nämlich die Kategorien von Seiten des Verstandes die Gründe der Möglichkeit der Erfahrung überhaupt enthalten».[22] Die reinen Verstandesbegriffe sind nicht angeboren, sondern werden erworben. Sie werden nicht aus ihrer Präformation im Subjekt entfaltet, sondern aus den Grundformen des urteilenden Denkens deduziert. Sie werden systematisch aus unserem Vermögen abstrahiert, objektiv gültige Urteile über Gegenstände möglicher Erfahrung zu fällen. Die weitergehende Frage, wie dieses kategoriale Epigenesis-System die Erfahrung möglich mache, wollte Kant später im Rahmen einer Untersuchung der Urteilskraft beantworten.

Nach der *Kritik der reinen Vernunft* (1781) und der *Kritik der praktischen Vernunft* (1788) erscheint 1790 Kants dritte große philosophische Untersuchung, die *Kritik der Urteilskraft*. Ihre Wirkung ist überwältigend. Friedrich Schiller, auch Johann Wolfgang Goethe, der sich bisher philosophisch eher zurückgehalten hat, und die Brüder Humboldt, sie alle lesen aufmerksam und diskutieren gemeinsam Kants Werk, wobei es besonders der zweite Teil ist, der sie ins Gespräch und Nachdenken lockt, also nicht die Kritik der *ästhetischen* Urteilskraft mit ihren beiden Schwerpunkten der Schönheit und der Erhabenheit, sondern die Kritik der *teleologischen* Urteilskraft, in der Kant über die Zweckmäßigkeit natürlicher Organismen aufklärt. Er ist davon überzeugt, dass die organisierten Produkte der Natur nicht durch *bewegende* Kräfte maschinenartig angetrieben werden, sondern in sich eine «*bildende* Kraft»[23] besitzen, die ins Ganze wirkt, in dem alles wechselseitig Zweck und Mittel ist. Das ist die neue holistische Idee der organischen Bildung, die Wilhelm von Humboldt 1790 begeistert aufgreift und verarbeitet, während er als Jurist am Berliner Stadtgericht seine ersten Berufserfahrungen macht. Besonders die §§ 64 bis 66 fesseln seine Aufmerksamkeit.

Im § 64 untersucht Kant den besonderen Charakter der Dinge als Naturzwecke, wobei er eine vorläufige Bestimmung vornimmt: «Ein Ding existiert als Naturzweck, *wenn es von sich selbst Ursache und Wirkung ist.*»[24] Es ist nicht durch eine von außen kausal wirkende Ursache determiniert, sondern folgt selbsttätig einem Prozess der Zeugung, dessen dreifache Gestaltung Kant am Beispiel des Baums erläutert. Ein Baum zeugt nämlich erstens einen anderen Baum derselben Gattung, in dem er sich als Gattungswesen auch selbst erhält. Er erzeugt sich zweitens selbst als ein konkretes Einzelding, indem er die Materialien seiner Umgebung zu seiner spezifisch-eigentümlichen Qualität verarbeitet. Im Stoffwechsel mit der Materie, die er sich aneignet, «bildet er sich selbst weiter aus, vermittels eines Stoffes, der, seiner Mischung nach, sein eignes Produkt ist.»[25] Und drittens kann ein Teil dieses Baums, mittels der Selbsthilfe der Natur, sich selbst regenerieren und mögliche Mängel aufheben.

Das teleologische Prinzip der Ganzheit formuliert Kant im folgenden § 65. Naturzwecke sind organisiert und sich selbst organisierend, weil ihre Teile durch ihre Beziehung auf das *Ganze* möglich sind. Hinzu kommt, dass diese Teile sich zu einem Ganzen verbinden, weil «sie von einander wechselseitig Ursache und Wirkung ihrer Form sind. (...) In einem solchen Produkte der Natur wird ein jeder Teil, wie er nur *durch* alle übrige da ist, auch als *um der andern* und des Ganzen *willen* existierend, d. i. als Werkzeug (Organ) gedacht; (...) als ein die andern Teile (folglich jeder den anderen wechselseitig) *hervorbringendes* Organ.»[26] Das aber ist nur möglich, weil ein organisiertes Wesen keine Maschine ist, die bloß bewegt wird, sondern weil es in sich eine bildende Kraft besitzt, die gattungsmäßige Fortpflanzung, individuelle Selbstzeugung und eigenständige Regeneration ermöglicht und dabei ins Ganze wirkt.

Im § 66 zieht Kant aus seinen teleologischen Reflexionen die erkenntnistheoretische Folgerung. Die innere Zweckmäßigkeit in organisierten Wesen unterliegt einem allgemeinen Prinzip, das Kant definitorisch so bestimmt: «*Ein organisiertes Produkt der Natur ist das, in welchem alles Zweck und wechselseitig auch Mittel ist.* Nichts in ihm ist umsonst, zwecklos oder einem blinden Naturmechanismus zuzuschreiben.»[27] Dabei darf allerdings nicht vergessen werden, dass es sich hier nur um ein Prinzip der Beurteilung handelt. Kant ist zu sehr ein Philosoph der subjektiven Erkenntnismöglichkeiten, um das teleologische Prinzip einer wechselseitigen Zweck-Mittel-Relation den Dingen an sich zuzuschreiben. Die Beobachtung der natürlichen Organismen mochte zwar anschauliche Beispiele liefern. Doch die strenge Allgemeinheit und Notwendigkeit des Prinzips spricht dafür, dass es dabei um eine regulative Idee a priori geht, welche die teleologische *Urteilskraft* eines Beurteilenden orientiert und begründet. Für Kant handelt es sich um eine «*Maxime* der Beurteilung der innern Zweckmäßigkeit organisierter Wesen»[28], um einen Leitfaden zur Erforschung ganzheitlicher Zusammenhänge, der mehr zu erkennen gibt als eine rein mechanistische Weltanschauung.

Im § 81 (*Beigesellung des Mechanismus zum teleologischen Prinzip*) bekennt Kant sich dann auch explizit zur Theorie der Epigenesis. Gegen die Verfechter der Evolutionstheorie, die jedes Individuum von der bildenden Kraft der Natur freisetzen, um es unmittelbar aus der Hand des ursprünglichen Schöpfers entstehen zu lassen, weist er zustimmend auf die gut begründeten und empirisch sachkundigen Arbeiten des Herrn Hofrates Blumenbach hin. Dieser habe das rätselhafte Prinzip jeder lebendigen Organisation materiell zu begreifen versucht und es treffenderweise «*Bildungstrieb*» genannt, um es von einer mechanischen Kraft oder einer bloßen Auswicklung des von Anfang an Eingewickelten zu unterscheiden.

Die Übertragung des biologischen Bildungsbegriffs ins Kulturelle und Geistige ist Wilhelm von Humboldts Leistung. 1788/89 sitzt er direkt an der Quelle. Als Student Blumenbachs in Göttingen greift er dessen Bildungstriebbegriff auf und wendet ihn bald darauf auf sich selbst an. 1790 liest er aufmerksam Kants *Kritik der Urteilskraft*. Vor allem das Prinzip der teleologischen Urteilskraft wird ihm zur Maxime einer selbsttätigen Denkweise und Lebensform, die sich nicht mehr auf organisierte Naturwesen beschränkt, sondern den ganzen Menschen in seiner sinnlichen und geistigen Eigenart betrifft. Humboldt erweitert den Begriff des organisierten und sich selbst organisierenden Wesens, den Kant zunächst auf den Naturzweck konzentrierte, ins Anthropologische, wobei Mendelssohns «Bildung» mitgespielt haben dürfte. Die universelle Bestimmung des Menschen, die sich in den Bildungsmöglichkeiten jedes Einzelnen individualisiert, rückt ins Zentrum seiner Aufmerksamkeit. Das kann nicht ohne Konsequenzen bleiben.

Humboldt gibt im Mai 1791 seinen juristischen Brotberuf auf. Am 29. Juni heiratet er seine geliebte Caroline von Dacheröden und zieht sich mit ihr aus dem Geschäftsleben zurück, um, wie er seinem Freund Georg Forster am 16. August 1791 schreibt, «auf dem Lande in einer unabhängigen, selbst geschaffenen, unendlich glüklichen Existenz»[29] zu leben. Völlig frei will er sein. Er liest wieder Kants drei Kritiken und versucht jene Existenz zu verwirklichen, die er in Kants *Beantwortung der Frage: Was ist Aufklärung?* modellhaft entworfen gefunden hat: das Leben und Arbeiten eines gelehrten Selbstdenkers und philosophischen Kopfes, der durch keinen bürgerlichen Posten in die gesellschaftliche Maschine eingebunden ist. Und in diesem Brief bekennt er auch seine beiden eigenen Lebensmaximen, von denen er sich niemals trennen will: «Die Säze, daß nichts auf Erden so wichtig ist, als die höchste Kraft und die vielseitigste Bildung der Individuen, und daß daher der wahren Moral erstes Gesez ist: bilde Dich selbst und nur ihr zweites: wirke auf andre durch das, was Du bist, diese Maximen sind mir zu eigen.»[30]

5. Warum Reformen grundsätzlich Revolutionen vorzuziehen sind

Im Kreis der Berliner Aufklärer erlebt Humboldt, was es heißt, selbständig zu denken. Bei Blumenbach lernt er die innere natürliche Kraft des Bildungstriebes kennen. Kants Kritik der teleologischen Urteilskraft vermittelt ihm die Idee einer holistischen Ganzheit, die alle organischen Wesen betrifft, den Menschen inbegriffen. Als vierter Impuls, der einen politischen Anstoß für seine Theorie und Praxis der Bildung gibt, wirkt die Französische Revolution, die Humboldt als Augenzeuge miterlebt und als kritischer Sympathisant reflektiert. Er ist 22 Jahre alt und studiert an der Göttinger Universität, als ihn sein alter Hauslehrer Johann Heinrich Campe im Juli 1789 einlädt, mit ihm nach Paris zu reisen. Das französische Volk stehe gegen seine Herrscher auf. Etwas Interessanteres und Seelenerhebenderes könne es auf dieser Welt nicht geben. Humboldt sagt zu. Während die beiden Reisenden unterwegs sind, hören sie vom Sturm auf die Bastille. Wie schade, dass sie nicht dabei sein konnten! Am 3. August sind sie endlich in Paris. Der Freiheitssinn der Franzosen begeistert den jungen Studenten. An Forster schreibt er: «Wann werden doch andere Nationen *einmal* anfangen, solchem Beispiel zu folgen.»[31] Drei Tage später notiert er in sein Tagebuch, wie «merkwürdig» es sei, selbst die ärmsten und ungebildetsten Menschen von der Freiheit und Gleichheit aller Bürger reden zu hören. «So hat schon iezt die revolution die menschen gehoben und aufgeklärt; was erst wird sie in der folge thun?»[32]

Seine Begeisterung macht Humboldt nicht blind. Vieles von dem, was er sieht, bereitet ihm keine Freude. Ihm bleibt die Gewalttätigkeit nicht verborgen, die bei vielen Versammlungen und Aufläufen herrscht. Es gibt den Zwang des Mitmachen-Müssens, um nicht als Gegner der Revolution zu gelten. Der Kampf um Freiheit ist mit neuem Machtstreben verquickt. Humboldt nimmt das unbeschreibliche menschliche Elend in den Krankenhäusern, Gefängnissen und Findelhäusern wahr, wo Freiheit, Gleichheit und Menschlichkeit nicht zu finden sind. Oft passen revolutionäres Freiheitspathos und konkrete Verhältnisse nicht zusammen. Das wird ihm immer klarer, je weiter die Revolution voranschreitet.

Zurück in Deutschland, wird er in den kommenden Jahren auch die erschreckenden Folgen des revolutionären Umbruchs sehen. «Wieviel Gutes hat man von Frankreichs Revolution geweissagt? Wie nah ist jetzt Alles wieder dem Untergang.»[33] Die Hinrichtung des Königs empfindet er als einen nie auszulöschenden Flecken in der Geschichte der Revolution. Doch all das lässt ihn dennoch nicht irre werden an diesem erhabenen Schauspiel einer Umwälzung, die durch die Ideen der Aufklärung angeregt worden ist. Die Wahrheiten der Französischen Revolution werden für ihn auch Wahrheiten bleiben, wenn sie von närrischen, gewaltverliebten Menschen pervertiert werden.

Schon in seinem im August 1791 verfassten Bericht über die Arbeit der Verfassunggebenden Nationalversammlung hat Humboldt den engen Zusammenhang zwischen *Aufklärung* und *Revolution* deutlich gemacht: Der große enzyklopädische Schatz von Kenntnissen und die allgemeiner verbreitete Aufklärung brachten im Volk die Sehnsucht nach Freiheit hervor. «Gerade in dem Lande nun, in welchem Aufklärung die Nation zur furchtbarsten für den Despotismus gemacht hatte, vernachlässigte sich die Regierung am meisten, und gab die gefährlichsten Blössen. Hier musste also auch die Revolution zuerst entstehen, und nun konnte kein andres System folgen, als das System einer gemässigten, aber doch völligen und unumschränkten Freiheit, das System der Vernunft, das Ideal der Staatsverfassung. Die Menschheit hatte an einem Extrem gelitten, in einem Extrem musste sie ihre Rettung suchen. Ob diese Staatsverfassung Fortgang haben wird? Der Analogie der Geschichte nach, Nein! Aber sie wird die Ideen aufs neue aufklären, aufs neue jede thätige Tugend anfachen, uns so ihren Segen weit über Frankreichs Gränzen verbreiten.»[34]

Doch warum sollen die Systeme der Freiheit, der Vernunft und einer idealen Staatsverfassung nicht bestehen bleiben können? Warum soll das Verfassungswerk der Nationalversammlung «keinen Fortgang» haben können, sondern einen neuen Rückfall in die Wege leiten? Humboldts klare hellsichtige Antwort: Weil sich eine «reine Theorie» nicht einfach in die Wirklichkeit umsetzen lässt! *Rein* heißt hier eine Theorie, die sich in ihren Grundsätzen auf die Natur des Menschen an sich stützt. Sie sagt nichts über die besondere geschichtliche Wirklichkeit und konkrete Lebensform der vielen Individuen aus. Sie stellt nur ein «Ideal» dar, das die Menschen als solche betrifft: Alle Menschen sind frei und gleich und Zwecke an und für sich, autonome Wesen mit ihren natürlichen Menschenrechten. Nach diesen reinen Idealen habe sich, Humboldt zufolge, die Nationalversammlung gerichtet und versucht, von ihnen ausgehend die Gesetze für den neuen Staat zu deduzieren. Der revolutionäre Schwung hat sie dazu verführt, ein Ideal nach dem Plan der reinen Vernunft umzusetzen und wirklich werden zu lassen.

Doch diese revolutionäre Ersetzung des alten absolutistischen Systems durch ein völlig neues Staatsgebäude, das nach bloßen Grundsätzen der Vernunft errichtet wird, musste scheitern! «Eine neue Verfassung soll auf die bisherige folgen. An die Stelle eines Systems, das allein darauf berechnet war, soviel Mittel, als möglich, aus der Nation zur Befriedigung des Ehrgeizes und der Verschwendungssucht eines Einzigen zu ziehen, soll ein System treten, das nur die Freiheit, die Ruhe, und das Glük jedes Einzelnen zum Zwek hat. Zwei ganz entgegengesezte Zustände sollen also auf einander folgen. Wo ist das Band, das beide verknüpft? (...) Staatsverfassungen lassen sich nicht auf Menschen, wie Schösslinge auf Bäume pfropfen. Wo Zeit und Natur nicht vorgearbeitet haben, da ists, als bindet man Blüthen mit Fäden an. Die erste Mittagssonne versengt sie.»[35] Der Glaube, sich die Wirklichkeit revolutionär nach den Grundsätzen der reinen Vernunft einrichten zu können, berücksichtigt nicht die individuellen Kräfte und ihre Wirkungen in bestimmten konkreten Zusammenhängen. Der Versuch, das neue staatliche System auf Grundsätzen der Vernunft zu errichten, missachtet die Einsicht, dass die Vernunft zwar die Fähigkeit besitzt, «vorhandnen Stoff zu bilden, aber nicht Kraft, neuen zu erzeugen».[36]

Ein Jahr später, 1792, schreibt Wilhelm von Humboldt sein erstes größeres Werk, das abschnittsweise in Schillers Zeitschrift *Thalia* und in der *Berlinischen Monatsschrift* publiziert wird: *Ideen zu einem Versuch, die Gränzen der Wirksamkeit des Staats zu bestimmen*. Die revolutionäre Umgestaltung des Ancien Régime und die staatlichen Verhältnisse in Preußen lassen ihn die Grundsatzfrage stellen: Zu welchem Zweck dient überhaupt die ganze Staatseinrichtung, und wo sollen die Schranken ihres Gestaltungswillens sein? Bereits in der *Einleitung* wird das Grundthema vorgestellt, das dann in vielen konkreten Problemfeldern (wie: Wohlfahrt, Familie, innere und äußere Sicherheit, öffentliche Staatserziehung, Religion, Kirchenrecht, Sittlichkeit und Gesetzgebung) ausgeführt und variiert wird. Es geht um den Widerstreit zwischen *staatlicher Regierung*, die sich gern in eine «Regierungswut» steigert, und *staatsbürgerlicher Freiheit* zur Entfaltung individueller Kräfte. Um diese Spannung zu klären, greift Humboldt zum einen auf das Vorbild der organischen Natur zurück, das ihm durch Blumenbachs Epigenesis und Kants Teleologie vertraut geworden ist. «Die besten menschlichen Operationen sind diejenigen, welche die Operationen der Natur am getreuesten nachahmen. Nun aber bringt der Keim, welchen die Erde still und unbemerkt empfängt, einen reicheren und holderen Segen, als der gewiss nothwendige, aber immer auch mit Verderben begleitete Ausbruch tobender Vulkane.»[37] Die natürliche Entfaltung der Bildungskräfte, die im Keim angelegt sind, ist effektiver als die unkontrollierten revolutionären Ausbrüche von Gewalt. Und deshalb sind zum anderen Reformen sinnvoller als Revolutionen. Sie bilden weiter aus, was keimhaft schon besteht, während Revolutionen nur ein Extrem durch ein anderes Extrem ersetzen. «Auch ist keine andre Art der Reform unsrem Zeitalter so angemessen, wenn sich dasselbe wirklich mit Recht eines Vorzugs an Kultur und Aufklärung rühmt.»[38]

Kultur und Aufklärung, wie sie von Kant und Mendelssohn programmatisch skizziert worden sind, haben ihren Zweck und ihr Ziel in der freiheitlichen Entfaltung menschlicher Kräfte in möglichst offenen, vielfältig gestalteten Lebensräumen. Humboldt fasst es in drei Sätzen prägnant zusammen: «Der wahre Zwek des Menschen – nicht der, welchen die wechselnde Neigung, sondern welchen die ewig unveränderliche Vernunft ihm vorschreibt – ist die höchste und proportionirlichste Bildung seiner Kräfte zu einem Ganzen. Zu dieser Bildung ist Freiheit die erste, und unerlassliche Bedingung. Allein ausser der Freiheit erfordert die Entwicklung der menschlichen Kräfte noch etwas andres, obgleich mit der Freiheit eng verbundenes, Mannigfaltigkeit der Situationen. Auch der freieste und unabhängigste Mensch, in einförmige Lagen versezt, bildet sich minder aus.»[39]

Ist das nicht «reine Theorie»? Humboldt spricht von wahrem Zweck und ewiger Vernunftwahrheit. Begeht er damit nicht jenen Fehler, den er ein Jahr zuvor der revolutionären französischen Staatsverfassung vorgeworfen hat, die sich an den Grundsätzen der reinen Vernunft orientiert hat? Nein; denn die grundlegende Bestimmung, dass der Mensch in der höchsten und proportionierlichsten Bildung seiner Kräfte zu einem Ganzen seinen eigentlichen Zweck erfüllt, sagt noch nichts aus über die Verwirklichung dieser teleologischen Bestimmung. Humboldt würde sich hüten, sie revolutionär auf einen Schlag herbeiführen zu wollen. Stattdessen reflektiert er sehr genau, wie das, was die Vernunft als richtig einsieht, in der Wirklichkeit umgesetzt werden kann.

Im Schlusskapitel seiner Ideen-Schrift formuliert er allgemeinste «Grundsätze der Theorie aller Reformen»[40], die den neuen, anzustrebenden Zustand sorgfältig und überlegt mit den bisherigen Verhältnissen verwebt. Die Wirklichkeit muss für die Verwirklichung der «reinen Theorie» bereit sein; und jede Reform, auch die der menschlichen Bildung, sollte von den Ideen und den Köpfen der Menschen ausgehen. Nur so kann sie die Vulkanausbrüche geistloser Gewalt verhindern. Für jede vernünftige Bildungsreform hat das zur Konsequenz, dass die menschliche Freiheit und die Mannigfaltigkeit der Situationen nicht direkt angestrebt oder unmittelbar verwirklicht werden können. Vielmehr kommt es darauf an, «die Reife zur Freiheit durch jegliches Mittel zu befördern».[41] Es ist besser, den Menschen den Ausgang aus ihrer Unmündigkeit zu öffnen und ihre ersten Schritte zu unterstützen, als sie auf einen Schlag in den Zustand der Freiheit zu versetzen. Auch die Idee der Freiheit lässt sich nicht einfach in die Köpfe pressen. Sie kann sich nur bilden an jenen konkreten Übergangspunkten, an denen sich die Menschen ihrer Fesseln bewusst werden. Es gilt, die «Reife zur Freiheit» anzuregen und einen Selbstbewusstwerdungs- und Selbstbefreiungsprozess zu fördern. «Nur freilich heisst es nicht Freiheit geben, wenn man Fesseln löst, welche der noch nicht, als solche, fühlt, welcher sie trägt. Von keinem Menschen der Welt aber, wie verwahrlost er auch durch die Natur, wie herabgewürdigt durch seine Lage sei, ist dies mit allen Fesseln der Fall, die ihn drükken. Man löse also nach und nach gerade in eben der Folge, wie das Gefühl der Freiheit erwacht, und mit jedem neuen Schritt wird man den Fortschritt beschleunigen.»[42]

6. Eine Bildungsreform im Geist der Aufklärung

1792 formuliert Humboldt seine reine Theorie menschlicher Bildung und Freiheit und entwirft die Grundzüge jeder vernünftigen Reform. Er kann nicht ahnen, dass seine Überlegungen einige Jahre später praktisch auf die Probe gestellt werden, obwohl nur für kurze Zeit. Denn von seinen 68 Jahren ist Humboldt nur 15 Monate als Bildungspolitiker tätig, und zwar von Februar 1809 bis Juni 1810, als er von sich aus seine Arbeit im preußischen Erziehungssektor beendet und in den Auswärtigen Dienst in Wien eintritt. Selbst diese kurze Zeit, in die auch die Gründung der Universität zu Berlin im Mai 1810 fällt, ist für ihn eine eher unfreiwillige Arbeitsphase seines Lebens. Denn nach einigen Jahren, die er in Paris verbracht hat, ist er seit 1802 preußischer Minister-Resident am Vatikan. Rom ist der Ort seines Glücks, sein Haus kultureller Mittelpunkt von Künstlern, Schriftstellern und Philosophen. Dort will er mit seiner Frau Caroline und seinen Kindern bleiben.

1808, Humboldt ist 41 Jahre alt, reist er nach Preußen, weil sein Schwiegervater gestorben ist und es einige Vermögens- und Besitzverhältnisse zu klären gilt. Er gerät in eine Reformbewegung, die nach Preußens katastrophaler militärischer Niederlage im Krieg gegen Frankreich unausweichlich geworden ist. Auch eine Bildungsreform ist notwendig. König Friedrich Wilhelm III. soll gesagt haben: «Der Staat muss durch geistige Kräfte ersetzen, was er an physischen verloren hat.» Deshalb wird im Innenministerium eine «Sektion des Kultus und des öffentlichen Unterrichts» eingerichtet, mit einem Geheimen Staatsrat als Sektionschef. Freiherr vom und zum Stein schlägt Humboldt als Chef des preußischen Erziehungswesens vor. Das sei ein gebildeter Mann mit Welterfahrung; außerdem sei er Jurist und in Verwaltungsfragen kompetent. In Berlin oder in Königsberg könne er nützlicher sein als im fernen Rom.

Humboldt will den Posten nicht. Er ist religiöser Freigeist und soll sich um christlich-protestantischen Kultus kümmern: «alle Prediger, Kantoren usw. Gott!!»[43] Außerdem hat er in seinem ganzen Leben keine einzige Schule besucht. Jetzt soll er den öffentlichen Unterricht in ganz Preußen reformieren, wo man zudem so wenig Geld hat. Auch klagt er: «Gelehrte dirigieren ist nicht viel besser als eine Komödiantengruppe unter sich zu haben.»[44]

Humboldt sperrt sich. Der König bestimmt ihn dennoch zum neuen Posten. Humboldt weist das Angebot zurück. Der König lässt Humboldts Bedenken nicht gelten. Mit Kabinettsorder wird er am 10. Februar 1809 zum Sektionsleiter der Kultus- und Erziehungsbehörde benannt. Er soll eine breite Bildungsreform organisieren, die von der kleinsten Schule im hintersten Landeswinkel bis zur Universität alles umfasst. Was tun? Er wählt einen doppelten Weg. Er sucht sich erstens enge Mitarbeiter, mit denen er einen kollegialen Arbeits- und Denkzusammenhang bildet, Fachleute mit Sachverstand, die seine Führungsrolle anerkennen, aber zugleich selbständig ihre jeweiligen Funktionen wahrnehmen. Humboldt entwickelt und praktiziert Grundsätze einer Kollegialität, wobei er Wert darauf legt, dass die vier Staatsräte seiner Sektion vor allem vom Geist der Aufklärung durchdrungen sind. Zweitens nutzt er seine ausgeprägte Fähigkeit, Ideen entwickeln, vergleichen und verarbeiten zu können.

Wilhelm von Humboldt greift auf seine Idee der Bildung zurück, in deren Mittelpunkt nicht staatliche Interessen oder berufliche Nützlichkeiten stehen, sondern «der Mensch selbst» mit seinen körperlichen, intellektuellen und moralischen Kräften. Seine Gedanken, die er in verschiedenen Plänen zur Reform des preußischen Schulwesens entwickelt, knüpfen an das an, was ihm selbst schon früh klargeworden ist, angeregt durch Moses Mendelssohn und Immanuel Kant, Johann Friedrich Blumenbach und Johann Jakob Engel. Nichts auf Erden sei so wichtig «als die höchste Kraft und die vielseitigste Bildung der Individuen»[45], schrieb er 1791 an Georg Forster, und ein Jahr später stellte er in seinen *Ideen zu einem Versuch, die Gränzen der Wirksamkeit des Staats zu bestimmen* fest: «Der wahre Zweck des Menschen ist die höchste und proportionirlichste Bildung seiner Kräfte zu einem Ganzen.»[46] Daran kann er nun anknüpfen, es weiter entwickeln und praktisch fruchtbar werden lassen.

Auch als Staatsmann hat Humboldt seine damaligen Überlegungen zu einer allgemeinen Theorie der Reformen nicht vergessen. Jede direkte Umsetzung einer reinen Theorie der Bildung muss scheitern, weil sie nicht berücksichtigt, es mit Menschen zu tun zu haben, die in vielfältiger Weise in besondere Lebenssituationen eingebunden sind. Deshalb setzt der Bildungsreformer Humboldt mit seinen Verbesserungsvorschlägen an den konkreten Gegebenheiten des lokalen Bildungswesens an. «Daher geht er selbst in die Städte und Gemeinden, spricht mit den Verantwortlichen, verschafft sich einen genauen Einblick in die Situation und die in ihr regen reformerischen Kräfte, knüpft an hervortretende Reforminitiativen an, kontrastiert sie mit seinen eigenen leitenden Vorstellungen und übernimmt, was mit ihnen verträglich ist, verwirft aber das, was aus seiner Sicht den elementaren Bestrebungen der sich ihres Eigenwertes bewusst werdenden Menschen widerstreitet.»[47]

Gegen Ende Juli 1809 entwirft Humboldt einen *Königsberger Schulplan*, in dessen Mittelpunkt «die vom Schulunterricht allemal zu fordernde allgemeine Uebung der Hauptkräfte des Geistes»[48] steht. Im *Litauischen Schulplan*, geschrieben am 27. September 1809, ist von der «allgemeinen Menschenbildung» die Rede, durch die «die Kräfte, d.h. der Mensch selbst gestärkt, geläutert und geregelt werden sollen»[49], wobei diese Kräfte in einen ganzheitlichen Zusammenhang gerückt werden, für den Kant die Stichworte liefert: «Denn im Gemüth und in der Wissenschaft (die nur sein von allen Seiten vollständig gedachtes Object ist) steht jeder einzelne Punkt mit allen vorigen und künftigen in Contact, ist kein Anfang und kein Ende, ist alles Mittel und Zweck zugleich, und also jeder Schritt weiter Gewinn, auch wenn unmittelbar dahinter eherne Mauern gezogen würden.»[50]

Diese allgemeine Idee, die den gesamten Unterricht und die harmonische Ausbildung aller Fähigkeiten des Menschen überhaupt bestimmt, hat Humboldt in drei einzelne Stadien ausdifferenziert. Im *Elementarunterricht* soll der Schüler lernen, Gedanken zu äußern und zu verstehen, sie schriftlich zu fixieren und zu entziffern. Damit ist das Fundament geschaffen, um überhaupt lernen und einem Lehrer folgen zu können. Im *Schulunterricht* geht es vor allem um den Erwerb sprachlicher, mathematischer und geschichtlicher Kenntnisse, wobei zugleich das «Lernen des Lernens» geübt wird. Sein Ziel ist, den Lehrer überflüssig zu machen. Denn am Ende des Schulunterrichts ist der Schüler in der Lage, «nun für sich selbst zu lernen».[51] Während also der Elementarunterricht den Lehrer möglich mache, wird er durch den erfolgreichen Schulunterricht schließlich entbehrlich. Damit ist die dritte Stufe erreichbar: der *Universitätsunterricht*. Er ist für Humboldt die Krönung eines ganzheitlichen Bildungsprozesses, in dem der wahre Zweck des Menschen seine höchste Gestaltung finden kann. Hier kann der Universitätslehrer nicht mehr nur Lehrer sein, der Studierende nicht mehr nur Lernender. Der Student «forscht selbst, und der Professor leitet seine Forschung und unterstützt ihn darin. Denn der Universitätsunterricht setzt nun in Stand, die Einheit der Wissenschaft zu begreifen und hervorzubringen, und nimmt daher die schaffenden Kräfte in Anspruch.»[52] Dazu aber ist, so sieht es Humboldt in Erinnerung an seine Universitätsstudien, zweierlei notwendig und nützlich: *Freiheit*, um seine Kräfte ohne äußeren Zwang entfalten zu können; und *Einsamkeit*, weil jedes Individuum sich selbst bilden muss und seine eigene Individualität für sich ausprägen soll, jedoch in der Erwartung, dass sich dabei «ein ununterbrochenes, sich immer selbst wieder belebendes, aber ungezwungenes und absichtsloses Zusammenwirken»[53] des einen mit dem anderen ergibt.

Humboldt kennt den Vorwurf der Nützlichkeitsdenker, dass seine Ideen für das praktische Leben nichts taugen. Tüchtigkeit im Beruf sei erforderlich und eine dazu dienliche Ausbildung, die sich am Bedarf orientiert. Ökonomische Notwendigkeiten seien wichtiger als die vielseitigste Bildung der Individuen. Vielleicht sei es deshalb am besten, die Universitäten als Orte des gelehrten Unterrichts und freien Forschens ganz abzuschaffen. Für die Forschungen genügten Akademien der Wissenschaften oder Gelehrte Gesellschaften; und für die spezialisierte, praxisnahe Ausbildung gibt es Fachhochschulen, die auf klar definierte

DIE VIELSEITIGSTE BILDUNG DER INDIVIDUEN

Berufsfelder vorbereiten. Um 1800 steht es schlecht mit der altehrwürdigen Einrichtung der Universität. Zwischen 1792 und 1818 wird die Zahl der Universitäten im deutschen Sprachraum halbiert. 22 Universitäten schließen ihre Pforten. In Preußen kommt erschwerend hinzu, dass nach der Niederlage im Krieg gegen Frankreich nur noch zwei Universitäten übrig geblieben sind: die alte «Albertina» in Königsberg, die 1804 mit Kant ihren einzigen Lehrer von Weltruf verloren hat, und die recht unbedeutende, provinzielle «Viadrina» in Frankfurt an der Oder.

Angesichts dieser dramatischen Verfallsgeschichte erscheint Humboldts Idee der Universität als völlig illusionär. Sie soll ein Ort sein, an dem der junge Mensch, zwischen Schule und Berufsleben, «der Freiheit und Selbstthätigkeit überlassen werden kann und, vom Zwange entbunden, nicht zu Müssiggang oder zum praktischen Leben übergehen, sondern eine Sehnsucht in sich tragen wird, sich zur Wissenschaft zu erheben, die ihm bis dahin nur gleichsam von fern gezeigt war».[54] So steht es in Humboldts Denkschrift *Ueber die innere und äußere Organisation der höheren wissenschaftlichen Anstalten in Berlin*, die er zu Beginn des Jahres 1810 geschrieben hat, während er sich äußerst engagiert und erfolgreich für die Gründung einer dritten preußischen Universität in Berlin einsetzt. Sie ist seine bildungspolitische Großtat, die ihn zugleich als einen ideenreichen Denker und zielstrebigen Organisator erkennen lässt.

Die ersten Pläne zur Errichtung der Berliner Universität stammen nicht von Wilhelm von Humboldt.[55] Andere haben mühevolle Vorarbeit geleistet. Zunächst hat Humboldts ehemaliger Anleiter zum selbständigen, richtigen Gebrauch des Verstandes, Johann Jakob Engel, kurz vor seinem Tode eine aufklärungspädagogische *Denkschrift über Begründung einer großen Lehranstalt in Berlin* (13. März 1802) vorgelegt. Der Geheime Kabinettsrat Karl Friedrich von Beyme solle sich um die Errichtung einer allgemeinen Lehranstalt in Berlin kümmern, lautete eine königliche Kabinettsorder vom 4. September 1807. Der Philosoph Johann Gottlieb Fichte und der klassische Philologe Friedrich August Wolf griffen den Plan auf. Auch der Theologe Friedrich Schleiermacher machte sich 1808 *Gelegentliche Gedanken über Universitäten im deutschen Sinne, nebst einem Anhang über eine neu zu errichtende.* Doch erst Humboldt fasst mit großem Elan diese Vorbereitungen zusammen.

Er klärt finanzielle und räumliche Probleme. Als Gebäude wird der Universität schließlich das prächtige, Unter den Linden gelegene Palais des Prinzen Heinrich von Preußen (1726–1802) überlassen, des jüngeren Bruders Friedrichs des Großen. Humboldt macht eine kluge kollegiale Kommissionspolitik und beruft mit diplomatischem Geschick die besten Köpfe an die neu zu gründende Universität, was ihn oft an den Rand der Verzweiflung treibt, wie er seiner Frau nach Rom schreibt: Die Gelehrten seien doch «die unbändigste und am schwersten zu befriedigende Menschenklasse – mit ihren sich ewig durchkreuzenden Interessen, ihrer Eifersucht, ihrem Neid, ihrer Lust zu regieren, ihren einseitigen Ansichten, wo jeder meint, daß nur sein Fach Unterstützung und Beförderung verdiene.»[56] Johann Gottlieb Fichte wird Professor für Philosophie, Friedrich Schleiermacher für Theologie, Friedrich Carl von Savigny für Römisches Recht, Friedrich August Wolf für Altphilologie und Christoph Hufeland für Medizin, um nur einige der wichtigen Gelehrten zu erwähnen.

Alles geht recht schnell. Am 12. Mai 1809 hat Humboldt in Königsberg, wohin sich der König mit seinem Hof und mehreren Behörden zurückgezogen hat, seinen ersten Antrag auf Errichtung der Universität Berlin geschrieben. Ein Jahr später, am 30. Mai 1810, wird durch Kabinettsorder die Gründung der Universität zu Berlin in seinem Sinne beschlossen. Im Lauf des Oktobers bis Mitte November wird der Universitätsbetrieb aufgenommen. Mehr als alles andere hat Wilhelm von Humboldt die Gründung der Berliner Universität, die 1828 den Namen «Friedrich-Wil-

DIE VIELSEITIGSTE BILDUNG DER INDIVIDUEN

helms-Universität» erhält und seit 1949 in Erinnerung an die Leistung der beiden Brüder «Humboldt-Universität» heißt, für sein persönliches Werk gehalten, das ihm viel Freude bereitet. Er ist stolz darauf, für seine Idee der Wissenschaft und der Bildung einen institutionellen Rahmen geschaffen zu haben, in dem Professoren und Studierende möglichst frei und selbständig tätig sein können.

Als durch Kabinettsorder sein Entscheidungsspielraum als Leiter der «Sektion des Kultus und des öffentlichen Unterrichts» eingeschränkt und er dem vorgesetzten Minister des Inneren unterstellt wird, richtet er ein Entlassungsgesuch an den König. Es wird akzeptiert.

Einen Tag vor seinem Abschied aus dem Amt schreibt Humboldt am 22. Juni 1810 noch einen letzten offiziellen Brief an den preußischen Staatskanzler Karl August Freiherr von Hardenberg. Er erinnert an seinen «lebhaften Eifer für die mir anvertraut gewesene Parthie» und weist ihn auf die vielen Reformvorhaben im Unterrichtswesen hin, «von denen man sich mit Recht einen ungemein wohlthätigen Einfluss auf die Nationalbildung versprechen darf».[57] Der neue und bessere Geist, der das Schul- und Unterrichtswesen in Preußen belebt habe, sei auch in anderen Ländern mit wahrer Hochachtung wahrgenommen worden. Der preußische Staat habe «durch innere Regeneration sich für den Verlust an äusserer Macht zu entschädigen mit Glück bemüht». Jetzt, da er seinen Posten verlasse, habe er vor allem eine Hoffnung: «Es ist gewiss Ew. Excellenz Meinung und Willen durchaus zuwider, dass hierin ein Rückschritt geschehen solle. Allein Ew. Excellenz fühlen auch, dass hierin jeder Stillstand schon Rückschritt ist, und ich muss noch einmal wiederholen, dass Alles erst begonnen ist und sorgfältiger Pflege, auch kräftiger Unterstützung bedarf, um auf der angefangenen Bahn fortzugehen.»[58]

7. Erziehung zur Mündigkeit

Humboldts Reform ist gescheitert. Seiner Bahn wurde nicht gefolgt. Die Restauration in Preußen führte zu erheblichen Einschränkungen der Freiheit von Forschung und Lehre. Staat und Kirche stellten ihre konkreten Ausbildungsforderungen. Die Universität verlor Schritt für Schritt ihre Selbständigkeit. Doch damit war die Geschichte nicht zu Ende. Sie vollzog sich in den folgenden 200 Jahren als ein ständiges Auf und Ab, Vorwärts und Zurück. Humboldts Ideen wurden reaktiviert und wieder in ihre Grenzen verwiesen. Sie wurden programmatisch aufgegriffen und als überflüssiger Ballast abzuwerfen versucht.

Dabei fanden auch entscheidende Verschiebungen der Ideen selbst statt. Man vergaß, dass Humboldt ein Sohn der Aufklärung war, der Impulse aus Kants Philosophie und Blumenbachs Triebtheorie der Bildung aufgriff und sie in die Theorie und Praxis einer permanenten Bildungsreform übertrug, die von der Elementarschule bis zur Universität reichte. Stattdessen wurde er zur aristokratischen Idealfigur einer klassischen Humanitätsidee[59] erhöht, die in der allseitig gebildeten, moralisch vorbildlichen Persönlichkeit ihren Repräsentanten finden sollte. Oder er wurde zum Musterexemplar einer besonderen gesellschaftlichen Lebensform erklärt: der akademisch «Gebildeten» der bürgerlichen Oberschicht. Der Zweck der Universität sollte darin bestehen, dieser akademischen Elite die erwünschte Bildung zu vermitteln. «Die Bildungsidee stammt aus der zweiten Hälfte des 18. Jahrhunderts und hat eine glorreiche, aber auch düstere Rolle in der Sonderstellung gespielt, die sich die Akademiker anmaßten. Bildung sollte allgemein zur Bestimmung des Menschen gehören, aber sie sollte dann wiederum nur einigen besonderen, mit Titeln dekorierten Menschen zuteil werden. Wir registrieren diese Arroganz als ein besonderes Merkmal in der vielschichtigen Geschichte dieser Institution.»[60]

DIE VIELSEITIGSTE BILDUNG DER INDIVIDUEN

Damit ist es heute endgültig vorbei. Besonders die Hochschulreformen, die seit Ende der 1990er Jahre die akademische Ausbildung an den Bedürfnissen des Arbeitsmarktes auszurichten versuchen, setzen sich konsequent vom klassischen, idealistischen, elitären Bildungsbegriff ab. Die Hochschulen werden in einen Prozess der Ökonomisierung von Ausbildung verwickelt, der sich nicht an Humboldt, sondern an McKinsey orientiert. Die Reformen werden an Organisationsmodellen und Steuerungsverfahren ausgerichtet, wie sie von der Betriebswirtschaftslehre für privatwirtschaftliche Kapitalunternehmen entworfen worden sind. Das kann nicht unwidersprochen bleiben. Es regt sich erbitterter Widerstand, der an Humboldts Bildungsbegriff erinnert und sich entschieden gegen die politische Ökonomie der Hochschulreform richtet. Vor allem Universitätsprofessoren kämpfen engagiert gegen den *akademischen Kapitalismus*, für den Bildung nur noch eine Ware ist, die es marktgerecht herzustellen und zu verwerten gilt.[61]

Gegen die kritischen Warner im Geiste Humboldts, die den Untergang der Universität und das dramatische Ende menschlicher Bildung beklagen, stehen wiederum die integrierten Reformer, die gern darauf hinweisen, dass es eine Universität Humboldtscher Prägung nie gegeben habe. Der Name «Humboldt» bezeichne nur einen Mythos, der Anfang des 20. Jahrhunderts erfunden wurde, um vor allem die Geisteswissenschaften in den Universitäten neuhumanistisch und neoidealistisch zu stärken. Die «Humboldtsche Universität» sei eine Erfindung und die deutsche Universitätsidee eine nachträgliche Konstruktion, die heute nur noch zur Verhinderung notwendiger Reformen diene. Es gelte, die ideologischen Fesseln des «Humboldt-Syndroms» zu sprengen. Vergesst das falsche Vorbild Humboldt! Man solle «dem Mythos Humboldt endlich seine ewige Ruhe schenken».[62]

Jeder Mythos ist eine Form, die ein primäres Ereignis oder eine ursprüngliche Intention benutzt, um sie mit einer sekundären, überhöhten Bedeutung zu versehen. So wurde Humboldt zu einem Mythos gemacht, weil das, was er wirklich tat, dachte und schrieb, zum Zeichen für eine sekundäre Idee erklärt wurde: Der Name «Humboldt» stehe für das klassisch-humanistische Ideal des gebildeten Menschen. Humboldts «höhere Bildung» wurde zum Erkennungszeichen für die ideennormative Selbstbestimmung des Bildungsbürgertums mythifiziert. Dass es Zeit ist, diesen «Mythos Humboldt» zu vergessen, zu zerstören oder ihm ein Grabmal zu setzen, soll nicht bestritten werden. Aber es sollte nicht dazu dienen, das Kind mit dem Bade auszuschütten und zu verneinen, wofür sich Humboldt tatsächlich sein Leben lang engagiert hat, nachdem er als junger Mann das elterliche Schloss verlassen hatte und in Berliner Salons mit der Philosophie und Praxis der Aufklärung vertraut wurde. Zu Humboldts eigener Bildungsgeschichte gehört das Ethos der Aufklärung. Von deren Impulsen bezieht sie ihre Kraft und Ausdauer. Ohne sie ist nicht zu verstehen, was Humboldt wirklich wollte: die geistige, moralische und politische Befreiung des Menschen aus seiner Unmündigkeit, sei sie nun selbst verschuldet oder durch Vormünder aufgezwungen.

Auch Humboldts Begriff der Bildung bezieht seinen primären Sinn aus der Philosophie der Aufklärung. Er bezeichnet ursprünglich keinen Kanon kulturell wertvoller Güter. Von Blumenbach und Kant hat Humboldt gelernt, dass es einen in der Natur des Menschen liegenden Trieb zur Bildung gibt, wobei die «Natur des Menschen» durchaus auch im wörtlichen Sinn verstanden werden kann, also nicht nur als grundsätzliche Wesensbestimmung des Humanen, sondern als wirkende Energie lebendiger Wesen. Für die Entfaltung und Gestaltung dieses Bildungstriebs ist Freiheit eine notwendige, unerlässliche Bedingung. Sie besteht jedoch nicht von Anfang an. Nicht zufällig verwendet Humboldt den organischen Begriff der «Reife». In seinen Theorien der Bildung, der Erziehung, des Lernens und der Reformen spielt die «Reife zur

DIE VIELSEITIGSTE BILDUNG DER INDIVIDUEN

Freiheit» eine zentrale Rolle. Auch sie ist eng mit dem Programm der Aufklärung verbunden, dem Menschen seinen Ausgang aus der Unmündigkeit zu ermöglichen und zu erleichtern. Reife kennzeichnet den Übergangspunkt, an dem sich der Mensch seiner Mündigkeit bewusst geworden ist und sie selbstbewusst in Anspruch nehmen kann.

Schon in seiner ersten größeren Schrift hat Humboldt es 1792 zur wichtigsten Aufgabe der Staatsreform erklärt, «die Reife zur Freiheit durch jegliches Mittel zu befördern. Diess Letztere ist unstreitig das Wichtigste, und zugleich in diesem System das Einfachste. Denn durch nichts wird diese Reife zur Freiheit in gleichem Grade befördert, als durch Freiheit selbst. Diese Behauptung dürften zwar diejenigen nicht anerkennen, welche sich so oft gerade dieses Mangels der Reife, als eines Vorwandes bedient haben, die Unterdrükkung fortdauern zu lassen. Allein, sie folgt, dünkt mich, unwidersprechlich aus der Natur des Menschen selbst.»[63]

Humboldt hat seine erste Kant-Lektion nicht vergessen. Aufklärung ist ein Prozess, der einen Ausgang aus der Unmündigkeit zeigt, die für erwachsene Menschen nicht mehr angemessen ist. Es ist die Natur des Menschen, die ihn «von fremder Leitung frei gesprochen (naturaliter maiorennes)»[64] hat, wenn er die Reife der Mündigkeit erreicht. Begriffsgeschichtlich hat Kant dabei zunächst auf den römischen Rechtsbegriff *Majorennität* (Volljährigkeit) zurückgegriffen. Er bezeichnet den Zustand, in dem der junge Mensch sich aus der väterlichen Abhängigkeit und Unterstützung befreit hat und zur eigenen Selbsterhaltung fähig ist. Ins deutsche Recht übernommen, konnte die Vorstellung der Majorennität mit der germanischen «Munt» verknüpft werden. Mit diesem althochdeutschen Wort war ursprünglich die mächtige und schützende Stellung des germanischen Hausvaters bezeichnet worden. Wer mündig ist, steht außerhalb der häuslichen «Munt», ist frei von väterlicher Vormundschaft, bestimmt selbst seine Handlungen und ist für sie auch rechtlich verantwortlich.

Philosophisch hat Kant diesen Rechtsbegriff zur menschlichen Wesensbestimmung erhöht. Indem der Jugendliche zur Mündigkeit gelangt, soll er zu dem finden, was ihm als menschlichem Wesen von Natur aus zusteht: zu seiner Freiheit.

Kant und Humboldt haben aus der natürlich begründeten Mündigkeit ihre pädagogischen Schlüsse gezogen: Kant in seinen Vorlesungen *Über Pädagogik*, zu denen er als Professor für Philosophie turnusmäßig verpflichtet war[65], Humboldt in seinen Programmschriften als Bildungsreformer und Leiter der Sektion für Erziehung. Beide haben dabei auf eine fundamentale Problematik hingewiesen, die sich als antinomische Frage formulieren lässt: Wie lassen sich junge Menschen zur Mündigkeit erziehen?

Für Kant ist der Mensch das einzige Geschöpf, das erzogen werden muss; und eine gute Erziehung ist die rechtliche Verpflichtung der Eltern, die für das Wesen sorgen müssen, das sie gezeugt haben. Den Prozess der Erziehung hat Kant in drei Etappen gegliedert. Für den *Säugling* ist die Aufgabe noch recht einfach zu lösen. Man muss sich um seine «Wartung (Verpflegung, Unterhaltung)»[66] kümmern und darf ihn nicht verwahrlosen lassen. Der *Zögling* stellt die Erzieher vor eine schwierigere Aufgabe. Sie müssen seine natürliche Wildheit disziplinieren. Sein großer Hang zur Freiheit muss durch «Zucht» unter Kontrolle gebracht werden. Dabei müssen Disziplinarmaßnahmen schon recht bald angewandt werden, «denn wenn das nicht geschieht, so ist es schwer, den Menschen nachher zu ändern».[67] Er folgt dann willkürlich jeder Laune, weil er keine Grenzen seiner Freiheit zu akzeptieren gelernt hat. Aber zugleich darf sein Wille zur Freiheit nicht gebrochen werden. Es gilt, ihm jenes Maß an Freiheit zu gewähren, das seine Reife zur Freiheit befördert. Der noch unmündige Zögling soll zur Mündigkeit gelenkt werden. Das ist für Kant eines der größten Probleme der Erziehung: «Wie kultiviere ich die Freiheit bei dem Zwange? Ich soll meinen Zögling gewöhnen, einen Zwang seiner Freiheit zu dulden, und soll ihn selbst zugleich anführen, seine Freiheit gut zu gebrauchen. Ohne dies ist alles bloßer Mechanismus, und der der Erziehung Entlassene weiß sich seiner Freiheit nicht zu bedienen.»[68] Schließlich gilt es den *Lehrling* zu unterweisen und zu bilden. Er soll lernen, sich in Gesellschaft klug zu verhalten, seinen Willen auf gute Zwecke zu richten und die wichtigsten Kulturtechniken geschickt zu beherrschen. Auch soll er richtig zu urteilen lernen, und zwar selbständig, was nur gelingen kann, wenn er dazu nicht «bloß dressiert, abgerichtet, mechanisch unterwiesen», sondern wirklich «aufgeklärt»[69] wird.

Bildung im Sinne der Aufklärung meint die Steigerung der Verstandeskräfte, von der sinnlichen Aufmerksamkeit bis zur geschärften Urteilskraft, von der phantasievollen Einbildungskraft bis zu einem Erkenntnisvermögen, das in der Lage ist, Begründungen folgen zu können und unbegründete Behauptungen als solche zu erkennen. «Durch die Vernunft sieht man die Gründe ein. Aber man muß bedenken, daß hier von einer Vernunft die Rede ist, die noch geleitet wird.»[70]

Die Anleitung des Lehrlings ist keine Abrichtung. Denn auch sie zielt schließlich auf die Mündigkeit des aufgeklärten Menschen, «sich seines Verstandes ohne Leitung eines anderen zu bedienen». Wenn man Humboldt vom Mythos befreit, durch den sein Name übersteigert worden ist, so zeigt sich ein Kantianer. Als Lehrling des Aufklärers ist er dessen Wahlspruch gefolgt und hat es dabei zur Meisterschaft gebracht. Aus der Dialektik des Erziehungs- und Bildungsprozesses hat er ein allgemeines Reformprogramm abgeleitet. Im *Elementarunterricht* soll der Schüler seinem Lehrer gedanklich folgen lernen; im *Schulunterricht* soll er das selbständige Lernen lernen, wobei der Lehrer sich selbst zunehmend überflüssiger macht; und an der *Universität* soll der Lernende seine geistig schaffenden Kräfte entfalten können, wobei der Lehrende ihn bei seinen Forschungen unterstützt und so leitet, dass er seine Freiheit sinnvoll zu gebrauchen weiß.

Wie das Erziehungs- und Bildungssystem im Lauf der Zeit konkret gestaltet wird, bleibt dem Reformwillen der Beteiligten überlassen. Humboldts Programm legt nicht ein für allemal fest, wie schulisches Lernen und universitäres Studium strukturell organisiert sein sollen. Es gilt, die besonderen Bedingungen für mögliche Reformen zu berücksichtigen. Wesentlich ist nur die Idee einer *Erziehung zur Mündigkeit,* die aus dem Geist der Aufklärung stammt. Sie dient als Orientierungsgrundlage und kritischer Maßstab für jede Bildungsreform, die ihren Namen zu Recht besitzt.

Kant und Humboldt haben sie in ihren Grundzügen entwickelt, wobei sie die Schwierigkeiten ihrer praktischen Umsetzung nicht übersehen haben. Sie durften zwar hoffen, dass die Erziehung zur Mündigkeit sich langfristig Schritt für Schritt verwirklichen lasse. Aber sie nahmen auch die Rückschritte wahr. Kant sah, wie die revolutionären Freiheitsimpulse wieder unterdrückt wurden oder sich in einer Schreckensherrschaft austobten. Die restaurativen Tendenzen in Preußen ließen Humboldt sein Rücktrittsgesuch einreichen. Sein Gestaltungswille im Erziehungssektor war durch ministeriell-bürokratische Vorgaben unerträglich begrenzt worden. Am 29. April 1810 richtete er an seine Königliche Majestät, Friedrich Wilhelm III., die Bitte, «mich nicht länger in einer Lage zu lassen, in der ich an sich den Geschäften nicht mehr nützlich werden kann, in der es mir ausserdem nicht mehr möglich ist, mit Muth und Freudigkeit zu arbeiten, und die aus diesen beiden Gründen mein Leben nothwendig verbittern müsste».[71]

Er konnte noch nicht ahnen, in welchem Maße Erziehung zur Unmündigkeit in der Folgezeit zum pädagogisch-politischen Normalfall werden sollte. Statt Freiheit zu gewähren, um für die Freiheit reif zu werden, wurden Autoritätshörigkeit und Folgsamkeit erzwungen. Untertanen waren den Herrschenden lieber als mündige Bürger. Drill, Disziplin und Dressur wurden zu Kennzeichen eines eisernen Zeitalters der Pädagogik, deren Werte noch heute gern beschworen werden. Nur strenge Erziehung ermögliche die erfolgreiche Anpassung an die Zwänge einer Leistungsgesellschaft. Mit veränderter Tonlage, mal hart und unnachgiebig, mal weicher und flexibler, wird das alte Loblied der Disziplin stets aufs Neue angestimmt.

Doch auch die Idee einer *Erziehung zur Mündigkeit* blieb weiterhin virulent. Mit mehr oder weniger freudigem Mut brach sie immer wieder durch. Nur ein Fall soll abschließend noch zur Sprache kommen. Er zeigt, dass am Ende selbst ein radikaler Kritiker der Aufklärung sich ihrem befreienden Anspruch nicht entziehen konnte. Ich erinnere an Theodor W. Adorno, der zusammen mit Max Horkheimer in den von 1939 bis 1944 geschriebenen philosophischen Fragmenten ihrer *Dialektik der Aufklärung* aufzuzeigen versucht hatte, dass eine aufgeklärte Vernunft in ein totalitäres System umschlagen müsse, weil sie selbst einen Herrschaftsanspruch erhebe, dem sich alles zu unterwerfen habe.[72] Zum Glück blieb dieses eigenwillige Zerrbild nicht Adornos letztes Wort. Denn in einigen Gesprächen, die er in den letzten Jahren seines Lebens über Erziehung und Bildung geführt hat, kehrte er zu Kant und Humboldt zurück. *Erziehung – wozu?* Die Frage verstand sich nicht mehr von selbst, stellte Adorno 1966 fest. Fixierte Leitbilder haben ausgespielt. Sie besitzen immer etwas Autoritäres, von außen willkürlich Gesetztes. Sie sind heteronome Mächte, die «im Widerspruch stehen zur Idee eines autonomen, mündigen Menschen, wie Kant sie unüberholbar formuliert hat».[73] Erziehung hat die Aufgabe, die Menschen ihren eigenen Verstand richtig gebrauchen zu lehren. Nur so kann auch Demokratie ihrem Begriff gemäß gelingen. «Man kann sich verwirklichte Demokratie nur als Gesellschaft von Mündigen vorstellen.»[74]

Das letzte Gespräch mit Hellmut Becker, dem Direktor des Instituts für Bildungsforschung in der Max-Planck-Gesellschaft Berlin, kreiste um das Thema: *Erziehung zur Mündigkeit.* Eine Woche nach Adornos Tod wurde es am 13. August 1969 im Hessischen Rundfunk gesendet. Es klingt wie sein Vermächtnis, mit dem sich Adorno am Ende seines Lebens offen zu den Idealen der Aufklärung bekannte. Kants Aufforderung, den befreienden Schritt aus der Unmündigkeit zu wagen, war für ihn «heute noch außerordentlich aktuell».[75] Das herrschende Bildungssystem sollte sich endlich von den Leitideen der Autorität und der Bindung verabschieden und die Erziehung zur Mündigkeit zu seiner Hauptaufgabe erklären. Adorno sah die ungeheuren Schwierigkeiten, die der Verwirklichung von Mündigkeit entgegenstehen, und zwar in einem weltweiten Ausmaß. «Kant hat in seiner Schrift, von der ich ausgegangen bin, auf die Frage ‹Leben wir jetzt in einem aufgeklärten Zeitalter?› geantwortet: ‹nein, aber wohl in einem Zeitalter der Aufklärung›. Womit er also Mündigkeit nicht als eine statische, sondern ganz konsequent als eine dynamische Kategorie, als ein Werdendes und nicht als ein Sein bestimmt hat. Ob wir heute noch in derselben Weise sagen können, daß wir in einem Zeitalter der Aufklärung leben, ist angesichts des unbeschreiblichen Drucks, der auf die Menschen ausgeübt wird, einfach durch die Einrichtung der Welt und bereits durch die planmäßige Steuerung auch der gesamten Innensphäre durch die Kulturindustrie in einem allerweitesten Sinn sehr fragwürdig geworden.»[76] Aber diese Fragwürdigkeit sollte nicht verhindern, nach einer bejahenden Antwort zu suchen. Im Gegenteil. Doch Adorno, mit einem tief sitzenden Gefühl von Ohnmacht, war sich dabei zugleich darüber im Klaren, dass die konkrete Verwirklichung der philosophischen Ideen von Aufklärung und Mündigkeit ein immerwährender Prozess ist, gerichtet gegen stets neue Widerstände und ohne Aussicht auf ein paradiesisches, im hellen Licht der Wahrheit und Freiheit strahlendes Ende.

ANMERKUNGEN

VORWORT

1 Als systematische Darstellungen der Aufklärung vgl.: Alt, Peter André: Aufklärung. Stuttgart – Weimar 1996; Cassirer, Ernst: Die Philosophie der Aufklärung. Tübingen 1932; Faulstich, Peter: Aufklärung, Wissenschaft und lebensentfaltende Bildung. Geschichte und Gegenwart einer großen Hoffnung der Moderne. Bielefeld 2011; Gay, Peter: Enlightenment. Two Volumes. London 1967; Hardtwig, Wolfgang (Hg.): Die Aufklärung und ihre Weltgeltung. Göttingen 2010; Hazard, Paul: Die Herrschaft der Vernunft. Das europäische Denken im 18. Jahrhundert. Hamburg 1949; Kondylis, Panajotis: Die Aufklärung im Rahmen des neuzeitlichen Rationalismus. Stuttgart 1981; Meyer, Annette: Die Epoche der Aufklärung. Berlin 2010; Möller, Horst: Vernunft und Kritik. Deutsche Aufklärung im 17. und 18. Jahrhundert. Frankfurt am Main 1986; Schneiders, Werner (Hg.): Lexikon der Aufklärung. Deutschland und Europa. München 1995; Schneiders, Werner: Das Zeitalter der Aufklärung. München 1997.

EIN KERZENLICHT IN DER DUNKELHEIT

1 Zur Biographie von John Locke vgl. Peter King: The Life and Letters of John Locke. Two Volumes. London 1830. Reprint New York 1972; Henry Richard Fox Bourne: The Life of John Locke. London 1876. Reprint Aalen 1969; Maurice Cranston: John Locke. Oxford – New York 1985; Udo Thiel: John Locke. Reinbek bei Hamburg 1990; Roger Woolhouse: Locke. A Biography. Cambridge 2007. Einführungen in die Gedanken Lockes bieten: Rainer Specht: John Locke. München 2007, 2. Aufl.; Walter Euchner: John Locke zur Einführung. Hamburg 1996.

2 Zur Biographie vgl. Louise Fargo Brown: The First Earl of Shaftesbury. New York 1933.

3 Vgl. John Locke: An Essay on Toleration. In: Political Essays. Hg. von M. Goldie. Cambridge 1997, S. 134–159. Vgl. dazu Rainer Forst: Toleranz im Konflikt. Frankfurt am Main 2003, S. 283–286.

4 John Locke: Sendschreiben an den Leser. In: John Locke: Versuch über den menschlichen Verstand. Band I. Hamburg 1981, 4. Aufl., S. 7.

5 Vgl. Roger Woolhouse: Locke, a. a. O., S. 88.

6 John Locke: Drafts for the Essay Concerning Human Understanding and other Philosophical Writings. Hg. von Peter H. Nidditch und G. A. J. Rogers. Three Volumes. Vol. I: Draft A and B. Oxford 1990.

7 Vgl. zur politischen Philosophie bes. John Dunn: The Radical Thought of John Locke. A Historical Account of the «Two Treatises of Government». Cambridge 1969; Richard Ashcraft: Locke's Two Treatises of Government. London 1987; Peter Laslett: Introduction. In: John Locke: Two Treatises of Government. Cambridge 1988, S. 3–126; Frank Hugelmann: Die Anfänge des englischen Liberalismus. John Locke und der first Earl of Shaftesbury. Frankfurt am Main – Bern – New York – Paris 1992.

8 John Locke: Zweite Abhandlung über die Regierung. Frankfurt am Main 2007, S. 11 f. – Vgl. dazu Robert Filmer: Patriarcha and Other Writings. Hg. von Johann P. Sommerville. Cambridge 1991.

9 J. Locke: Zweite Abhandlung über die Regierung, a. a. O., S. 13.

10 Ebd., S. 103. Zu dieser naturrechtlichen Güterlehre vgl. Walter Euchner: Naturrecht und Politik bei John Locke. Frankfurt am Main 1979.

11 J. Locke: Zweite Abhandlung über die Regierung, a. a. O., S. 14. Zu Lockes Begründung der Menschenrechte vgl. Reinhard Brandt: Menschenrechte und Güterlehre. In: R. Brandt (Hg.): Rechtsphilosophie der Aufklärung. Berlin – New York 1982, S. 79–106; Siegfried König: Zur Begründung der Menschenrechte: Hobbes – Locke – Kant. Freiburg – München 1994. Zu Locke S. 117–185.

12 J. Locke: Zweite Abhandlung über die Regierung, a. a. O., S. 173. Vgl. Richard Ashcraft: Revolutionary Politics and Locke's Two Treatises of Government. Princeton, N. J., 1986.

13 Zit. bei Udo Thiel: John Locke, a. a. O., S. 50.

14 John Locke: Versuch über den menschlichen Verstand. Band I. Hamburg 1981, 4. Aufl., S. 22.

15 Ebd., S. 23.

16 Ebd., S. 28.

17 Ebd., S. 24.

18 Ebd., S. 26.

19 John Locke: Versuch über den menschlichen Verstand. Band II. Hamburg 1988, S. 395.

20 Ebd., S. 401.

21 Ebd., S. 409.

22 Ebd., S. 407.

23 John Locke: Ein Brief über Toleranz. Übersetzt, eingeleitet und in Anmerkungen erläutert von Julius Ebbinghaus. Hamburg 1996, S. 3. Vgl. Günter Gawlik: Lockes Theorie der Toleranz. In: Lothar Kreimendahl (Hg.): John Locke. Aspekte seiner theoretischen und praktischen Philosophie. Hamburg 2006, S. 179–199.

24 John Locke: Ein Brief über Toleranz, a. a. O., S. 19.

25 Ebd., S. 11.

26 Ebd., S. 27.

27 Ebd., S. 107.

28 Ebd., S. 93 f.

29 Ebd., S. 95.

30 John Locke: Versuch über den menschlichen Verstand. Band II. Hamburg 1988, S. 119–144.

31 Ebd., S. 123.

32 John Locke: Versuch über den menschlichen Verstand. Band I. Hamburg 1981, 4. Aufl., S. 9.

33 Ebd., S. 10.

34 John Locke: Zweite Abhandlung über die Regierung. Frankfurt am Main 2007, S. 194.

35 Ebd., S. 193.

36 John Locke: Gedanken über Erziehung. Stuttgart 2007, S. 4.

37 Ebd., S. 268.

38 Ebd., S. 7.

39 Ebd.

40 Ebd., S. 268.

41 John Locke's Reasonableness of Christianity (Vernünftigkeit des biblischen Christentums). Hg. von Leopold Zscharnack. Gießen 1914, S. 1.

42 Ebd.

43 Ebd., S. 87.

44 John Locke: Versuch über den menschlichen Verstand. Band I, a. a. O., S. 11.

45 John Locke: Über den richtigen Gebrauch des Verstandes. Hamburg 1978, S. 4.

46 Zit. nach Udo Thiel: John Locke, a. a. O., S. 134.

47 Zu den frühen Ausformulierungen der Menschenrechte in den Verfassungen mehrerer amerikanischer Staaten vgl. die Sammlung von Bernard Schwartz: The Bill of Rights. A Documentary History. Two Volumes. New York 1971.

48 Die Abschnitte der amerikanischen Unabhängigkeitserklärung vom 4. Juli 1776 und der französischen Erklärung der Menschen- und Bürgerrechte vom 26. August 1789 zit. nach den Übersetzungen in Karl Peter Fritzsche: Menschenrechte. Eine Einführung mit Dokumenten. Paderborn – München – Wien – Zürich 2009, 2., überarbeitete und aktualisierte Auflage, S. 211 bzw. S. 217. Vgl. zur gesamten Problematik Roman Schur (Hg.): Zur Geschichte der Erklärung der Menschenrechte. Darmstadt 1964; Fritz Hartung: Die Entwicklung der Menschen- und Bürgerrechte von 1776 bis zur Gegenwart. Göttingen – Berlin – Frankfurt 1972, 4. Aufl.

49 John Locke: Über den richtigen Gebrauch des Verstandes, a. a. O., S. 59.

50 Ebd., S. 60.

51 Christian Wolff: Rezension zu den Posthumous Works of Mr. John Locke (1706). In: Acta Eruditorum (Leipzig). Januar 1708, S. 40–45. Erwähnt in Christian Wolff: Gesammelte Werke. III. Abteilung. Materialien und Dokumente. Band 1. 2. Hildesheim – New York 1977, S. 193. Vgl. Michael Albrecht: Kants Kritik der historischen Erkenntnis – ein Bekenntnis zu Wolff? In: Studia Leibnitiana 14 (1982), S. 1–24.

52 Diesen «Diskurs» hat Wolff seiner lateinischen Logik von 1728 vorangestellt. In: Christian Wolff: Gesammelte Werke. II. Abteilung. Lateinische Schriften. Band 1. 1. Philosophia rationalis sive Logica. Hildesheim – Zürich – New York 1983. Vgl. bes. §§ 8, 9, 50. Vgl. zur Unterscheidung zwischen historischer und philosophischer Erkenntnis auch Norbert Hinske: Aufklärung über Aufklärung. In: Studia Leibnitiana 8 (1976), S. 120–127, S. 123 f.

53 Vgl. Alois Winter: Selbstdenken – Antinomien – Schranken. Zum Einfluß des späten Locke auf die Philosophie Kants. In: Aufklärung 1 (1986), S. 27–66. Erwähnt werden u. a. die «Vernunftlehre» (1752) von Georg Friedrich Meier; die «Vernunftlehre» (1765) von Hermann Samuel Reimarus; «Neues Organon oder Gedanken über die Erforschung und Bezeichnung des Wahren» (1764) von Johann Heinrich Lambert; die «Anleitung des menschlichen Verstandes» (1780) von Gotthilf Samuel Steinbart, der sein Buch 1781 mit einem Begleitbrief an Immanuel Kant überbringen lässt.

54 Ludwig Ernst Borowski: Leben und Charakter Immanuel Kants. In: Felix Gross (Hg.): Immanuel Kant. Sein Leben in Darstellungen von Zeitgenossen. Darmstadt 1993, S. 14. Zum Verhältnis zwischen Kant und Knutzen vgl. Manfred Geier: Kants Welt. Reinbek bei Hamburg 2003, S. 39 ff.

55 Immanuel Kants neue Anmerkungen zur Erläuterung der Theorie der Winde, wodurch er zugleich zu seinen Vorlesungen einladet. In: Kant's

gesammelte Schriften. Hg. von der Königlich Preußischen Akademie der Wissenschaften. Band I. Berlin 1910, S. 492. Zu Locke und Kant vgl. Martyn P. Thompson (Hg.): John Locke und Immanuel Kant. Historische Rezeption und gegenwärtige Relevanz. Berlin 1991.

56 Immanuel Kant: Werke in sechs Bänden. Hg. von Wilhelm Weischedel. Band VI, S. 53.

57 Kant: Werke III, S. 283. Noch in seiner «Anthropologie» wird Kant 1798 darauf hinweisen, dass für denkende Menschen die drei folgenden Maximen, die zur Weisheit führen, als unwandelbare Gesetze gelten: «1. *Selbst* denken; 2. Sich (in der Mitteilung mit Menschen) in die Stelle jedes *anderen* zu denken; 3. Jederzeit *mit sich selbst einstimmig* zu denken.» Werke VI, S. 549.

DIE WAHRHEIT KANN JEDES LICHT VERTRAGEN

1 James L. Axtell (Hg.): The Educational Writings of John Locke. Cambridge 1968; John Locke: Gedanken über Erziehung. Stuttgart 2007.

2 Benjamin Rand (Hg.): The Life, Unpublished Letters, and Philosophical Regimen of Anthony, Earl of Shaftesbury. London 1900, S. 25. Zur Biographie vgl. Robert Voitle: The Third Earl of Shaftesbury. 1671–1713. Baton Rouge – London 1984.

3 John Locke: Gedanken über Erziehung, a. a. O., S. 5.

4 Ebd.

5 Ebd., S. 7.

6 Juvenal: Satiren. Hg. und mit Anmerkungen versehen von Joachim Adamitz. München 1993, S. 229.

7 John Locke: Gedanken über Erziehung, a. a. O., S. 33.

8 Zit. bei Roger Woolhouse: Locke. A Biography. Cambridge 2007, S. 97.

9 John Locke: Gedanken über Erziehung, a. a. O., S. 169.

10 Ebd., S. 172.

11 Ebd., S. 173.

12 Ebd., S. 175.

13 Vgl. John Locke: Über den richtigen Gebrauch des Verstandes (1697). Hamburg 1978.

14 John Locke: Gedanken über Erziehung, a. a. O., S. 89.

15 Zit. bei Benjamin Rand (Hg.): The Life, Unpublished Letters, and Philosophical Regimen, a. a. O., S. 274.

16 Lawrence E. Klein: Shaftesbury and the culture of politeness. Moral discourse and cultural politics in early eighteenth-century England. Cambridge 1994, S. 8.

17 Ashley to Locke. In: Esmond S. de Beer (Hg.): The Correspondence of John Locke. In Eight Volumes. Oxford 1976–1989. Vol. 5, S. 153.

18 Zit. nach F. A. Uehlein: Kosmos und Subjektivität. Freiburg–München 1976, S. 247.

19 Ebd.

20 Horaz: Satiren I, 1, 27. Zitiert von Shaftesbury in: Eine Untersuchung über Tugend und Verdienst. Unautorisierte Ausgabe London 1699. Erstausgabe, in korrigierter und vollständiger Fassung London 1711. In: Anthony Ashley Cooper. Third Earl of Shaftesbury. Standard Edition. Complete Works, selected Letters and posthumous Writings. Stuttgart 1981 ff. Band II. 3, S. 43–162. Im Folgenden abgekürzt als SE (Standard Edition).

21 SE II. 3, S. 47.

22 SE II. 3, S. 70.

23 Vgl. B. Rand (Hg.): The Life, Unpublished Letters, and Philosophical Regimen, a. a. O., S. 403 f.

24 Shaftesbury: Sensus Communis. Ein Versuch über die Freiheit von Witz und Laune. In: SE I. 3, S. 9–129.

25 Ebd., S. 19.

26 Lawrence E. Klein: Shaftesbury and the culture of politeness, a. a. O., S. 3.

27 John Locke: Gedanken über Erziehung, a. a. O., S. 176 f.

28 John Locke: Versuch über den menschlichen Verstand. Hamburg 1988, S. 403 (Viertes Buch. Kapitel XVIII).

29 Vgl. zur Wortgeschichte von «Enthusiasm» Susie I. Tucker: Enthusiasm. A study in semantic change. Cambridge 1972. In den religiösen Kontroversen im England des 17. Jahrhunderts wird das Wort zunächst negativ verstanden: unvernünftiger Eifer, irrtümlich angenommene übernatürliche Inspiration. Der spöttische Sinn wird in der deutschen Übersetzung «Schwärmerei» deutlich. Doch schon bei Shaftesbury deutet sich eine positivere Bewertung an. In seinen «Vermischten Betrachtungen» (Miscellaneous Reflections) geht er auch von der Erfahrung aus, «dass wir alle etwas von diesem Grundtrieb (principle) in uns haben», der uns produktiv über unsere Begrenzungen hinaus heben kann. Ohne einen solchen Enthusiasmus wäre die Welt nur eine trübe Angelegenheit und das Leben nur ein trauriger Zeitvertreib. Vgl. SE I. 2, S. 55.

30 J. Locke: Versuch über den menschlichen Verstand, a. a. O., S. 407.

31 Ebd., S. 407.

32 SE I. 1, S. 381.

33 SE I. 1, S. 387.

34 SE I. 1, S. 397.

35 SE I. 1, S. 413.

36 Ebd.
37 SE I. 1, S. 415.
38 Ebd.
39 SE I. 1, S. 417.
40 Ebd.
41 SE I. 1, S. 339.
42 Ebd.
43 Ludwig Tieck hat die blutige Geschichte der Kamisarden zum Anlass für einen historischen Roman genommen, mit dem er sich entschieden für Toleranz einsetzt: Der Aufruhr in den Cevennen (1826). Reinbek bei Hamburg 1987.
44 SE I. 1, S. 339.
45 SE I. 1, S. 341.
46 SE I. 1, S. 319.
47 Zu den Titeln dieser Gegenschriften vgl. Robert Voitle: The Third Earl of Shaftesbury. Baton Rouge – London 1984, S. 327, Anm.
48 Zum kulturpolitischen Streit über die aufklärerischen Versuche, mit religiösen Überzeugungen Spott zu treiben, vgl. John Redwood: Reason, Ridicule and Religion. The Age of Enlightenment in England 1660–1750. London 1976. Zur Stellung Shaftesburys in der langen Geschichte des philosophischen Humors, gegen den von Anfang an immer wieder philosophische Widerstandslinien gezogen worden sind, vgl. Manfred Geier: Worüber kluge Menschen lachen. Reinbek bei Hamburg 2006. Zu Shaftesburys Spott im Rahmen der Aufklärung S. 116–125.
49 SE I. 1, S. 345.
50 Als 1988 «Die satanischen Verse» des indisch-britischen Schriftstellers Salman Rushdie erschienen, verurteilte ihn der irakische Staatschef Khomeini mit einer Fatwa am 14. Februar 1989 zum Tode. Es wurde ein Kopfgeld von drei Millionen US-Dollar ausgesetzt. – Eine weltweit heiß umstrittene «Probe des Lächerlichen» stammt von dem dänischen Karikaturisten Kurt Westergaard. Er zeichnete für die Tageszeitung «Jyllands-Posten» vom 30. September 2005 einen grimmigen Orientalen mit einer Bombe als Turban, um zu zeigen, wie Terroristen im Namen des Propheten Mohammed ihre geistige Munition basteln. Es kam zu Protesten und Gewaltaktionen in mehreren islamischen Ländern, bei denen mehr als 50 Menschen starben. Auf den Kopf des Karikaturisten ist eine hohe Belohnung ausgesetzt. Seitdem steht Westergaard unter Polizeischutz. Am Neujahrstag 2010 überlebte er einen Mordanschlag, der diesen witzigen und humorvollen Mann jedoch nicht aus der Ruhe zu bringen schien. – Auch die katholische Orthodoxie lehnt spöttische Karikaturen

entschieden ab. So übte die Vatikan-Zeitung «L'osservatore Romano» (2. Mai 2007) scharfe Kritik am Komiker Andrea Rivera wegen seines Spotts über den Papst. «Es ist Terrorismus, die Kirche anzugreifen.»

51 Vgl. Erich Lobkowicz: Common sense und Skeptizismus. Weinheim 1989, bes. S. 18 f. und S. 119. Schon in der protestantischen Spätaufklärung in Preußen kam es um 1784 zu einer Diskussion über die legitimen oder verwerflichen Mittel des Spottes und der Satire, wenn es um religiöse Schwärmerei geht.

52 SE I. 1, S. 335.

53 Ernst Cassirer: Die platonische Renaissance in England und die Schule von Cambridge. Leipzig – Berlin 1932, S. 118.

54 SE I. 3, S. 19.

55 SE I. 3, S. 23.

56 Ebd.

57 SE I. 3, S. 36 f.

58 Vgl. Lawrence E. Klein: Shaftesbury and the culture of politeness. Cambridge 1994.

59 SE I. 3, S. 111.

60 John Locke: Gedanken über Erziehung. Stuttgart 2007, S. 5.

61 SE I. 3, S. 71.

DER MENSCH IST DAS WERK DER NATUR

1 Vgl. Philipp Blom: Böse Philosophen. Ein Salon in Paris und das vergessene Erbe der Aufklärung. München 2010.

2 Vgl. Paul Hazard: Die Krise des europäischen Geistes. Hamburg 1939, französische Originalausgabe 1935. Hazard konzentriert sich auf die Zeit zwischen 1685 und 1715, der Aufhebung des Edikts von Nantes und dem Tod Ludwigs XIV.

3 Robert Darnton: Washingtons falsche Zähne oder Noch einmal: Was ist Aufklärung. München 1996, S. 6.

4 Noch in seinem letzten Werk, kurz vor seinem Tod, hat Collins den «Test of Ridicule» seines Freundes verteidigt. Vgl. Anthony Collins: A Discourse concerning Ridicule and Irony in Writing, in a Letter to Reverend Dr. Nathaniel Marshall. London 1729.

5 Anthony Collins: A Discourse of Free-Thinking. Faksimile-Neudruck der Erstausgabe London 1713 mit deutschem Paralleltext. Stuttgart 1965. Deutscher Titel: Eine Abhandlung über das freie Denken, veranlasst durch das Aufkommen und Anwachsen einer Sekte, die man Freidenker heißt.

6 Ebd., S. 5.

7 Ebd., S. 32.

8 Ebd., S. 104.

9 Vgl. Francis Bacon: On Superstition. In: Works VI (Neudruck Stuttgart 1963), S. 415 f.

10 A. Collins: A Discourse of Free-Thinking, a. a. O., S. 105 f.

11 Ebd., S. 5.

12 Zitiert nach Denis Diderot: Enzyklopädie. Philosophische und politische Texte aus der «Encyclopédie». München 1969, S. 343. Der Essay «le philosophe» soll um 1720 verfasst worden und unter den heimlichen Manuskripten, die im Umlauf waren, sehr gefragt gewesen sein. 1743 erschien er anonym in dem Sammelband «Nouvelles Libertés de penser»; 1765 wurde er gekürzt in den zwölften Band der «Enzyklopädie» übernommen. Später wurde er in veränderter Fassung von Voltaire publiziert und tauchte auch in den Gesammelten Werken Diderots auf. 1770 wurde zum ersten Mal der Grammatiker und Philosoph César Chesneau Dumarsais als sein Verfasser genannt, für dessen Autorschaft es jedoch keine strengen Beweise gibt. Vgl. zur problematischen Geschichte dieses Textes die Untersuchung von Herbert Dieckmann: «Le philosophe». Texts and Interpretation. Saint-Louis (USA) 1948.

13 Georg Holmsten: Voltaire. Reinbek bei Hamburg 1971, S. 18. Die große fünfbändige Biographie «Voltaire et son temps» wurde unter der Leitung von René Pomeau verfasst und erschien in Oxford 1985–1994. Zu Voltaires Leben und Werk vgl. als neuere Darstellungen: Jean Orieux: Das Leben des Voltaire. Zwei Bände. Frankfurt am Main 1985; Alfred J. Ayer: Voltaire. Eine intellektuelle Biographie. Frankfurt am Main 1987; Jürgen von Stackelberg: Voltaire. München 2006.

14 Pierre Lepape: Voltaire oder die Geburt der Intellektuellen im Zeitalter der Aufklärung. Frankfurt – New York 1996, S. 35.

15 Georg Holmsten: Voltaire, a. a. O., S. 35.

16 Voltaire: Correspondence. Hg. von Theodore Bestermann. Band 1. Paris 1977, S. 179.

17 Brief an Claude Thiérot vom 12. August 1726. In: Ebd., S. 201.

18 Zitiert nach Peter Gay: Voltaire's politics. The poet as realist. Princeton 1959, S. 48.

19 Voltaire: Philosophische Briefe. Mit Anmerkungen und einem Nachwort versehen von Jochen Köhler. Frankfurt am Main 1992, S. 7.

20 Ebd., S. 20.

21 Ebd., S. 13.

22 Ebd., S. 21. Dass Voltaire die Staatskirche Englands als eine «Sekte» bezeichnet, richtet sich ironisch gegen die Ketzerbekämpfung durch die

katholische Orthodoxie in seinem Heimatland. Wenn alle christlichen Glaubensrichtungen «Sekten» sind, dann auch der Katholizismus. Gegen die Vormachtstellung eines Glaubens argumentiert Voltaire mit der Feststellung: England ist das Land der Sekten. «Wenn es in England nur einen Glauben gäbe, müßte man Despotismus fürchten; gäbe es zwei, schnitten sie sich die Hälse ab; aber es gibt dreißig davon, und sie leben glücklich und in Frieden.» Ebd., S. 24.

23 Ebd., S. 27.

24 Ebd., S. 27 f. Der achte und der neunte Brief, in denen Voltaire über das Parlament bzw. die Regierung informiert, sind durch Bolingbrokes politische Philosophie angeregt worden. Eine tyrannische Regierung wird am besten verhindert durch eine systematische Gewaltenteilung, in der sich die drei monarchistischen, aristokratischen und demokratischen Teilgewalten (König, Oberhaus und Unterhaus) im Gleichgewicht befinden. «Oberhaus und Unterhaus sind die Richter des Volkes, der König ist der Oberrichter. Dieses Gleichgewicht fehlte den Römern.» Ebd., S. 28. Vgl. Henry St. John Bolingbroke: Political Writings. Ed. by David Armitage. Cambridge 1997.

25 Voltaire: Philosophische Briefe, a. a. O., S. 90.

26 Ebd., S. 46.

27 Ebd., S. 54.

28 Ebd., S. 51. Über Newtons «Lehre von der Anziehung» berichtet Voltaire in seinem fünfzehnten Brief, S. 56–63, in dem er Newtons Beweisverfahren folgt und zu dem Ergebnis kommt: «Also herrscht diese Kraft tatsächlich in der ganzen Materie und in den ganzen Teilchen der Materie. Und damit haben wir die Anziehungskraft, die die große Triebfeder ist und die ganze Natur in Bewegung hält.» (S. 61) Bemerkenswerterweise hat Newton über die Ursache und materielle Qualität dieser Anziehungskraft keine Spekulationen angestellt. Er beschränkte sich darauf, ihre universellen Effekte unbestreitbar nachgewiesen zu haben: Ihre Stärke ist umgekehrt proportional zum Quadrat der Entfernung zwischen den Körpern. «Eine theoretische Erklärung für diese Eigenschaften der Schwere habe ich aus den Naturerscheinungen noch nicht ableiten können, und bloße Hypothesen denke ich mir nicht aus (*hypotheses non fingo*, M. G.). Was immer sich nämlich nicht aus den Naturerscheinungen ableiten läßt, muß *Hypothese* genannt werden, und Hypothesen, sei es metaphysische, sei es physische, sei es solche über verborgene Eigenschaften, sei es solche über die Mechanik, haben in der *experimentellen Philosophie* keinen Platz.» Isaac Newton: Mathematische Grundlagen der Naturphilosophie. Hamburg 1988, S. 230.

29 Voltaire: Philosophische Briefe, a. a. O., S. 45. Schon 1700 lag die erste französische Übersetzung (von Pierre Coste) von Lockes Essay vor, dessen Bedeutung für die Philosophie der Humanwissenschaften jedoch kaum gesehen wurde. Die erkenntnistheoretische Bedeutung der Thesen Lockes, vergleichbar mit der Experimentalphilosophie Newtons, wurde erst durch Voltaire erkannt und für die französische Philosophie des 18. Jahrhunderts fruchtbar gemacht.

30 Ebd., S. 46 f.

31 Ebd., S. 154 (zit. im Nachwort von Jochen Köhler).

32 Martin Löpelmann: Der junge Diderot. Berlin 1934, S. 62.

33 Zur Biographie vgl. bes. Arthur M. Wilson: Diderot. New York 1972; Richard Friedenthal: Diderot. Ein biographisches Porträt. München 1984; Ralph-Rainer Wuthenow: Diderot zur Einführung. Hamburg 1994; Pierre Lepape: Denis Diderot. Frankfurt – New York 1994; Johanna Borek: Denis Diderot. Reinbek bei Hamburg 2000.

34 Vgl. Angélique de Vandeul: Erinnerungen zur Geschichte von Diderots Leben und Werken. In: Denis Diderot: Jakob und sein Herr. Hg. von Horst Günter. Frankfurt am Main 1999, S. 395 – 440. Diderot hat an «Rameaus Neffe» zwischen 1761 und 1774 geschrieben. Das Manuskript dieses literarisch-philosophischen Dialog-Romans wurde nicht veröffentlicht und landete in der St. Petersburger Eremitage. Goethe hat den Text übersetzt und mit erläuternden Anmerkungen zuerst 1805 publiziert. Zu Beginn erzählt Diderot von seinen Spaziergängen im Palais Royal und seinen Besuchen im Café de la Régence, wo die meisten Schachspieler verkehren. Rameaus Neffe ist ein «Original», ein philosophierender Clochard, der den Ich-Erzähler in lange Gespräche über Musik und Schauspiel verstrickt. Vielleicht hat Rousseau als Vorbild gedient.

35 Zit. nach P. Lepape: Denis Diderot, a. a. O., S. 31.

36 Schon 1742 hat sich Diderot damit ein kleines Einkommen verschafft, indem er die englisch geschriebene «History of Greece» von Temple Stanyon übersetzte.

37 Diderot: Discours préliminaire. In: Œuvres complètes de Diderot. Ed. par J. Assézat und M. Tourneux. 20 Bände. Paris 1875–1877. Nachdruck Nendeln 1966. Band 1, S. 14. (Im Folgenden zitiert als A.-T.)

38 A.-T. Band 1, S. 65.

39 Ebd., S. 25: «que le sage auteur de mes jours m'a dérobé, par les fleurs dont ill'a couvert».

40 Diderot unterscheidet, anders als die englischen Philosophen, zwischen «Theist» und «Deist». Für den Theisten regiert Gott noch immer die Schöpfung und greift, wenn es ihm notwendig zu sein scheint, in sie ein,

während für die Deisten sich Gott aus seiner Schöpfung heraushält. Vgl.
A.-T. Band 1, S. 13, 121.

41 P. Lepape: Denis Diderot, a. a. O., S. 50.

42 D. Diderot: Philosophische Gedanken, Nr. XIII. In: Philosophische Schriften. Band 1. Frankfurt 1967, S. 6.

43 Ebd., Nr. XXXI, S. 16.

44 Ebd., Nr. XXIX, S. 16.

45 Ebd., S. 3.

46 Anhang zu den Philosophischen Gedanken (1749). Ebd., Nr. VIII, S. 36.

47 Parlements-Erlass vom 7. Juli 1746. Zit. bei P. Lepape: Denis Diderot,
a. a. O., S. 55.

48 In A.-T. Band 1, S. 171 – 257. Vgl. Dietrich Harth: «Promenade» oder die
Lust, im Licht der Skepsis zu wandeln. In: Dietrich Harth und Martin
Roether (Hg.): Denis Diderot oder die Ambivalenz der Aufklärung. Würz-
burg 1987, S. 21 – 34.

49 D. Diderot: Brief über die Blinden. Zum Gebrauch für die Sehenden. In:
Philosophische Schriften. Band 1. Frankfurt 1967, S. 49 – 99. Zit. S. 51.

50 Ebd., S. 58. Diderot verweist beispielhaft darauf, dass Blinde keinen so
großen Wert auf das Schamgefühl wegen Nacktheit legen, dass sie dagegen vor dem Diebstahl, den sie nicht sehen können, eine auffallende Ab-
scheu haben.

51 Ebd., S. 82.

52 Die Dominanz des Augensinns für die Physikotheologie dokumentieren
bereits die Titel zahlreicher Publikationen. Populär war in dieser Hinsicht besonders die «Astrotheologie» von William Derham, die 1715 in
London erschienen war: «Himmlisches Vergnügen in GOTT, bey auf-
mercksamen Anschauen des Himmels, und genauerer Betrachtung der
Himmlischen Coerper, zum augenscheinlichen Beweiß daß ein GOTT,
und der selbige ein allerguetigstes, allweises, allmächtiges Wesen sey.»
Deutsche Übersetzung Hamburg 1732.

53 D. Diderot: Brief über die Blinden, a. a. O., S. 78.

54 Ebd.

55 Ebd., S. 81.

56 Zit. nach P. Lepape: Denis Diderot, a. a. O., S. 15.

57 Zit. nach Robert Darnton: Das große Katzenmassaker. Streifzüge durch
die französische Kultur vor der Revolution. München – Wien 1989, S. 213 f.
Schon 1746, als seine Beziehung zu Toinette bereits erkaltet war, hat sich
Diderot eine Geliebte zugelegt: die verheiratete Madeleine d'Arsant de
Puiseux, an die er auch seinen Brief über die Blinden adressiert hat.
Die Liebschaft ging bereits 1749 zu Ende, während Diderot in Vincennes

inhaftiert war und Madame Puiseux sich für einen neuen Geliebten entschieden hatte.

58 Diderot: Œuvres. Band 5, S. 20 f. Die Übersetzung zitiert nach P. Lepape: Denis Diderot, a. a. O., S. 12.

59 Jean-Jacques Rousseau: Die Bekenntnisse. München 1981, S. 343. Zu Leben und Werk Rousseaus vgl. bes. Georg Holmsten: Jean-Jacques Rousseau. Reinbek bei Hamburg 1972; Jean Starobinski: Rousseau. Eine Welt von Widerständen. München – Wien 1988; Ernst Cassirer, Jean Starobinski, Robert Darnton: Drei Vorschläge, Rousseau zu lesen. Frankfurt am Main 1989; Günther Mensching: Jean-Jacques Rousseau zur Einführung. Hamburg 2000.

60 Ebd., S. 345.

61 Vgl. dazu meinen Essay «Maskierte Sexualität. Rousseaus Traum vom natürlichen Menschen», aus dem ich im Folgenden einige Formulierungen übernommen habe. In: Manfred Geier: Fake. Leben in künstlichen Welten. Reinbek bei Hamburg 1999, S. 36 – 69.

62 Rousseau: Die Bekenntnisse, a. a. O., S. 343.

63 Ebd., S. 346.

64 Rousseau: Zweiter Brief an den Herrn Präsidenten von Malesherbes, 12. Januar 1762. In: Rousseau: Schriften. Band 1. Frankfurt – Berlin – Wien 1981, S. 483.

65 Rousseau: Die Bekenntnisse, a. a. O., S. 346.

66 Rousseau: Abhandlung über die Frage, ob die Wiederherstellung der Wissenschaften und Künste zur Läuterung der Sitten beigetragen hat. In: Schriften. Band 1, a. a. O., S. 33.

67 Ebd., S. 37.

68 Ebd., S. 35.

69 Rousseau: Die Bekenntnisse, a. a. O., S. 346. Der eigentliche «Abgrund der Leiden, in dem ich untergegangen bin» beginnt sich, streng genommen, für Rousseau erst dreizehn Jahre später zu öffnen, im Schicksalsjahr 1762, als sein «Gesellschaftsvertrag» (Contrat social) und sein Erziehungsroman «Émile» erscheinen, die von den Behörden in Paris und Genf konfisziert und verdammt werden. Ab 1762 fühlt sich Rousseau von dunklen Mächten verfolgt. «Hier beginnt das Werk der Finsternis.» (Ebd., S. 579) Die Grundideen für seine späteren Hauptwerke finden sich jedoch bereits in seinem ersten Diskurs skizziert, so dass seine individuelle «Erleuchtung» 1749 auch als Grund der späteren gesellschaftlichen Verdunkelung seiner Existenz verstanden werden kann.

70 Rousseau: Diskurs über die Ungleichheit. Zweite, durchgesehene und erweiterte Auflage. Paderborn – München – Wien – Zürich 1990, S. 71.

71 Ebd., S. 191.

72 Rousseau: Die Bekenntnisse, a. a. O., S. 383.

73 Ebd., S. 384.

74 Rousseau: Diskurs über die Ungleichheit, a. a. O., S. 74 f.

75 Ebd., S. 167.

76 Ebd., S. 271.

77 Ebd., S. 270 f.

78 Ebd., S. 64, Anmerkung von Heinrich Meier.

79 Vgl. J.-J. Rousseau: Economie. In: Jean Le Rond d'Alembert, Denis Diderot u. a.: Enzyklopädie. Eine Auswahl. Hg. von Günter Berger. Frankfurt am Main 1989, S. 105–128.

80 Zit. nach Philipp Blom: Das vernünftige Ungeheuer. Diderot, d'Alembert, de Jaucourt und die Große Enzyklopädie. Frankfurt am Main 2005, S. 101.

81 Paul Bonnefont: Diderot prisonnier à Vincennes. In: Revue d'histoire littéraire de la France 6 (1899), S. 200–223, Zit. S. 216.

82 Denis Diderot: Prospekt der Enzyklopädie. In: Ders.: Enzyklopädie. München 1969, S. 37.

83 Ebd., S. 40.

84 Ebd., S. 54.

85 Zu Leben und Werk vgl. bes. Ronald Grimsley: Jean d'Alembert. Oxford 1963; Thomas L. Hankins: Jean d'Alembert. Science and Enlightenment. New York 1990.

86 Joseph Bertrand: D'Alembert. Paris 1889, S. 9.

87 Vgl. Robert Darnton: Philosophen stutzen den Baum der Erkenntnis. In: Ders.: Das große Katzenmassaker. München–Wien 1989, S. 219–243. Über die Gruppe der «Enzyklopädisten» informiert John Lough: The Contributors to the Encyclopédie. London 1973.

88 Es gibt mehrere Ausgaben mit unterschiedlichen Einleitungen und Kommentaren. Jean Lerond d'Alembert: Einleitung zur Enzyklopädie. Hg. und eingeleitet von Erich Köhler. Hamburg 1955; Jean Le Rond d'Alembert: Einleitende Abhandlung zur Enzyklopädie. Mit einer Einleitung von Georg Klaus. Berlin (Ost) 1958; Jean Le Rond d'Alembert: Einleitung zur «Enzyklopädie». Hg. und mit einem Essay von Günther Mensching. Frankfurt am Main 1989.

89 D'Alembert: Einleitende Abhandlung zur Enzyklopädie. Berlin 1958, S. 10.

90 Ebd.

91 Ebd., S. 31.

92 Ebd., S. 91.

93 Ebd., S. 104.

94 Ebd., S. 125.

95 Ebd., S. 126.

96 Ebd.

97 Ebd., S. 127.

98 Vgl. Robert Darnton: Glänzende Geschäfte. Die Verbreitung von Diderots «Encyclopédie» Oder: Wie verkauft man Wissen mit Gewinn? Berlin 1993.

99 Anette Selg und Rainer Wieland (Hg.): Die Welt der Encyclopédie. Frankfurt am Main 2001, S. 309.

100 Zit. nach Robert Darnton: Eine kleine Geschichte der «Encyclopédie» und des enzyklopädischen Geistes. In: Ebd., S. 459.

101 Urteil des État du Roi, 8. März 1759. Zit. nach Philipp Blom: Das vernünftige Ungeheuer, a. a. O., S. 314.

102 Denis Diderot: Enzyklopädie, a. a. O., S. 71.

103 Zit. nach Philipp Blom: Das vernünftige Ungeheuer, a. a. O., S. 312. Der Prozess richtete sich gegen das Buch «De l'esprit / Vom Geist», das Helvétius 1758 veröffentlicht hatte.

104 Vgl. zur allgemeinen Information Arno Baruzzi (Hg.): Aufklärung und Materialismus im Frankreich des 18. Jahrhunderts: La Mettrie, Helvétius, Diderot, Sade. München 1968; Roland Desné: Les Matérialistes francais de 1750–1800. Paris 1965; Friedrich Albert Lange: Geschichte des Materialismus (1866). Band 1. Vierter Abschnitt: Der Materialismus des 18. Jahrhunderts. Frankfurt am Main 1974, S. 309–425.

105 Vgl. J. E. Poritzky: Julien Offray de Lamettrie (1900). Genf 1971; Leo Mendel: La Mettrie. Arzt, Philosoph und Schriftsteller. Leipzig 1965; Ursula Pia Jauch: Jenseits der Maschine. Philosophie, Ironie und Ästhetik bei Julien Offray de la Mettrie. München 1998.

106 Julien Offray de La Mettrie: L'homme machine – Die Maschine Mensch. Hg. von Claudia Becker. Hamburg 1990, S. 35.

107 Ebd., S. 97.

108 Zit. nach F. A. Lange: Geschichte des Materialismus, a. a. O., S. 176.

109 Denis Diderot: Philosophische Schriften. Band 1. Frankfurt am Main 1967, S. 475. Diderot selbst näherte sich ab den fünfziger Jahren immer stärker einem physiologischen Materialismus des Geistes. Seine «Gedanken zur Interpretation der Natur» erschienen 1753, die «Gespräche mit d'Alembert» entstanden 1769, seine «Philosophischen Grundsätze über Materie und Bewegung» 1770, die «Elemente der Physiologie» zwischen 1774 und 1780.

110 Claude-Adrien Helvétius: Vom Geist. Berlin–Weimar 1973, S. 77.

111 Ebd., S. 75.

112 Ebd., S. 82.

113 Ebd., S. 96.

114 David Hume: Ein Traktat über die menschliche Natur. Übersetzt und her-ausgegeben von Theodor Lipps. Unveränderter Nachdruck der 2. Auflage von 1904/06. Hamburg 1978, S. 7. Zu Leben und Werk des schottischen Aufklärers vgl. Gerhard Streminger: David Hume. Der Philosoph und sein Zeitalter. München 2011.

115 D. Hume: Ein Traktat über menschliche Vernunft, a. a. O., S. 4. Hume denkt bei «einigen neueren Philosophen in England» an John Locke, Shaftesbury, Francis Hutcheson u. a. Der Traktat wurde zunächst kaum zur Kenntnis genommen. Publizistisch gesehen war er eine «Totgeburt». Erst 25 Jahre nach seiner Erstveröffentlichung zog er die schärfste Kritik auf sich, vor allem von Thomas Reid in dessen «Inquiry into the Human Mind» von 1764.

116 Brief von Diderot an Sophie Volland. Zit. nach der Übersetzung in Philipp Blom: Böse Philosophen. München 2011, S. 180.

117 Paul Thiry d'Holbach: System der Natur, oder von den Gesetzen der phy-sischen und der moralischen Welt. Berlin (Ost) 1960, S. 11.

118 Ebd., S. 3 f. Es gibt noch keine deutschsprachige Biographie d'Holbachs. Informativ ist Max Pearson Cushing: Baron d'Holbach. A Study in Eighteenth-Century Radicalism in France. New York 1971.

119 D'Holbach: System der Natur, a. a. O., S. 5.

120 Zit. von Manfred Naumann: D'Holbach und das Materialismusproblem in der französischen Aufklärung. In: Ebd., S. XXX.

121 Ebd., S. 7.

WIR TRÄUMTEN VON NICHTS ALS AUFKLÄRUNG

1 Julius Hans Schoeps: Moses Mendelssohn. Königstein 1979, S. 12. Zu Le-ben und Werk Mendelssohns sind in den letzten Jahren einige wichtige Monographien erschienen, unter anderem von Alexander Altmann: Mo-ses Mendelssohn. A Biographical Study. London – Alabama 1973; Heinz Knobloch: Herr Moses in Berlin. Ein Menschenfreund in Preußen. Berlin 1979, Neuauflage Frankfurt am Main 1996; Stephen Tree: Moses Mendels-sohn. Reinbek 2007; Dominique Bourel: Moses Mendelssohn. Begründer des modernen Judentums. Zürich 2007; Shmuel Feiner: Moses Mendels-sohn. Ein jüdischer Denker in der Zeit der Aufklärung. Göttingen 2009.

2 Vgl. Christoph Schulte: Haskala. Die jüdische Aufklärung in Deutschland 1769 bis 1812. Göttingen 1999; Christoph Schulte: Die jüdische Aufklä-rung. München 2002; Shmuel Feiner: Haskala. Jüdische Aufklärung. Hil-desheim – Zürich – New York 2007.

3 JubA 23, S. 113 f. Die Schriften Mendelssohns werden zitiert nach der 24-bändigen Jubiläums-Ausgabe, die begonnen wurde von I. Elbogen, J. Guttmann, E. Mittwoch. Berlin 1929–1938; neu aufgelegt und fortgesetzt von A. Altmann und E. J. Engel. Stuttgart – Bad Cannstatt 1971 ff.

4 Mourad Wahba: The Paradox of Averroes. In: Archiv für Rechts- und Sozialphilosophie 66 (1980), S. 257–260, S. 260. Vgl. zu Averroes: Ernst Bloch: Avicenna und die Aristotelische Linke. Frankfurt am Main 1963; Anke von Kügelgen: Averroes und die arabische Moderne. Ansätze einer Neubegründung des Rationalismus im Islam. Leiden – New York – Köln 1994; Ludger Lütkehaus: Ibn Rushd. Ein islamischer Aufklärer. Marburg an der Lahn 2007. – Zu Leben und Werk von Maimonides vgl. Friedrich Niewöhner: Maimonides. Aufklärung und Toleranz im Mittelalter. Heidelberg 1988; F. Niewöhner: Der Aufklärer Maimonides. In: Allgemeine Zeitschrift für Philosophie 21 (1996), S. 25–39. Allgemein zu Maimonides vgl. Abraham Joshua Heschel: Maimonides. Eine Biographie. Berlin 1935; Best W. Straßburger: Maimonides. Sein Leben und sein Werk. Frankfurt 1991; Maurice-Ruben Hayoun: Maimonides. Arzt und Philosoph im Mittelalter. München 1999; Joel L. Kraemer: Maimonides. The Life and World of One of Civilization's Greatest Minds. New York 2008. – Zur Problematik einer Aufklärung im Mittelalter vgl. Kurt Flasch: Aufklärung im Mittelalter? Die Verurteilung von 1277. Das Dokument des Bischofs von Paris. Mainz 1989; Kurt Flasch und Udo Reinhold Jeck (Hg.): Das Licht der Vernunft. Die Anfänge der Aufklärung im Mittelalter. München 1997.

5 Mose Ben Maimon: Das Buch der Erkenntnis. Sefer ham-madda. Hg. von Eveline Goodman-Thau und Christoph Schulte. Berlin 1994.

6 Vgl. Leo Strauss: Philosophie und Gesetz. Berlin 1935. Als Textausgaben: Mose Ben Maimon: Führer der Unschlüssigen. Hamburg 1972; Moses Maimonides: Wegweiser für die Verwirrten. Freiburg – Basel – Wien 2009.

7 Maimonides: Wegweiser für die Verwirrten, a. a. O., S. 51.

8 Ebd., S. 53. «Koh» verweist auf den Prediger Salomo 12, 10: «Er suchte, dass er fände angenehme Werke und schriebe recht die Worte der Wahrheit.»

9 Ebd., S. 55.

10 John Locke: Ein Brief über Toleranz. Hamburg 1996, S. 107.

11 Ebd. Zum Toleranzgebot gegenüber den Juden vgl. auch S. 59, 73 f., 81.

12 Brief im Mai 1763 an Lessing. In: JubA 12.1, S. 9.

13 JubA 1, S. 64 f.

14 Zwischen September 1761 und Februar 1762 übersetzt Mendelssohn Teile von Shaftesburys «Freedom of Wit and Humour» ins Deutsche. JubA 6.2,

S. 215–223. Diese Arbeit bereitet ihm großen Spaß, wobei er deutlich macht, dass er sich gegen die «ungepflegte Höhnerey» für Shaftesburys Direktive entscheidet: «Die Freyheit ist die Mutter der Artigkeit. Wir poliren uns in der Gesellschaft einer den andern, und schleifen durch freundschaftliches Aneinanderreiben die Eken der Rauhigkeit unserer Sitten ab. Diese Uebung hemmen, heißt den menschlichen Verstand rosten lassen.» JubA 6.2, S. 218.

15 Vgl. Vera Forester: Lessing und Moses Mendelssohn. Darmstadt 2010.

16 JubA 11, S. 12.

17 JubA 1, S. 41–123. Zur Rezeption Shaftesburys in Deutschland vgl. Mark-Georg Dehrmann: Das «Orakel der Deisten». Shaftesbury und die deutsche Aufklärung. Göttingen 2008.

18 JubA 1, S. 49 bzw. S. 54.

19 JubA 1, S. 43, mit Bezug auf Shaftesburys «The Moralists or a Philosophical Rhapsody» von 1709. Zur Annäherung Mendelssohns an Shaftesbury vgl. auch die 1755 zusammen mit Lessing konzipierte Schrift «Pope ein Metaphysiker!», JubA 2, S. 43–80, bes. S. 74 ff.; und seinen Brief an Lessing vom 26. Dezember 1755, in JubA 11, S. 26–30.

20 JubA 1, S. 14.

21 JubA 1, S. 43.

22 JubA 1, S. 62.

23 JubA 1, S. 27.

24 Jean-Jacques Rousseau: Diskurs über die Ungleichheit. Paderborn – München – Wien – Zürich 1990, 2. Aufl., S. 79.

25 JubA 11, S. 27.

26 JubA 6.2, S. 63–202.

27 JubA 2, S. 81–109.

28 JubA 2, S. 92.

29 JubA 2, S. 86. Vgl. bes. Alexander Altmann: Moses Mendelssohn über Naturrecht und Naturzustand. In: Norbert Hinske (Hg.): Ich handle mit Vernunft. Moses Mendelssohn und die europäische Aufklärung. Hamburg 1981, S. 45–84.

30 Vgl. Horst Möller: Friedrich Nicolai und Moses Mendelssohn. In: Menora. Jahrbuch für deutsch-jüdische Geschichte 16 (2005 / 2006), S. 114.

31 JubA 11.

32 JubA 2, S. 95 f.

33 Vgl. die Einleitung von Leo Strauss zu «Phaedon». Berlin 1932. In: JubA 3.1, S. XI–XXXIII.

34 JubA 2, S. 272. Die Unterscheidung zwischen Gewissheit und Fasslichkeit metaphysischer Wahrheiten steht im Mittelpunkt von Mendelssohns

«Abhandlung über die Evidenz in Metaphysischen Wissenschaften», JubA 2, S. 267–300, mit der er am 26. Mai 1763 den Ersten Preis der Philosophischen Klasse der Königlich Preußischen Akademie der Wissenschaften gewann. Den zweiten Preis, ebenfalls mit 28 Stimmen befürwortet und mit dem höchsten Lob gewürdigt, erhielt Immanuel Kant für seine «Untersuchung über die Deutlichkeit der Grundsätze der natürlichen Theologie und Moral». In: Kant: Werke in sechs Bänden. Band I, S. 741–773.

35 JubA 3.1, S. 16.

36 Brief an Thomas Abbt. In: JubA 12.1, S. 46.

37 JubA 3.1, S. 16.

38 JubA 3.1, S. 9.

39 JubA 3.1, S. 18. Vgl. Daniel Krochmalnik: Moses Mendelssohns Unsterblichkeitsbeweise in ihrer Zeit. In: Mendelssohn-Studien 5 (2007), S. 9–48.

40 Fromet bringt insgesamt neun Kinder zur Welt. Drei von ihnen sterben früh. Erwähnenswert sind besonders die 1764 geborene Tochter Brendel (Dorothea), die nach ihrer Scheidung von Simon Veit den zehn Jahre jüngeren Friedrich Schlegel heiratet, zeitweise Protestantin ist, schließlich gläubige Katholikin wird; der älteste, 1770 geborene Sohn Joseph, Gründer der ersten Mendelssohn-Bank; und der rastlose Abraham, der Vater des Komponisten Felix Mendelssohn Bartholdy. Vgl. zur Familiengeschichte Hans-Günter Klein: Die Familie Mendelssohn. Stammbaum des Moses Mendelssohn bis zur siebenten Generation. Berlin 2004; Thomas Lackmann: Das Glück der Mendelssohns. Geschichte einer deutschen Familie. Berlin 2005; Julius H. Schoeps: Das Erbe der Mendelssohns. Biographie einer Familie. Hildesheim 2012.

41 Brief von Lavater an Bonnet, 28. Juni 1769. In: Gisela Luginbühl-Weber: Johann Kaspar Lavater – Charles Bonnet – Joseph Benelle. Briefe 1768–1790. Band I. Bern 1997, S. 10.

42 JubA 7, S. 3. Zum Streit vgl. bes. die Einleitung von Simon Rawidowicz. In: JubA 7, S. XI–LXXX; Dominique Bourel: Moses Mendelssohn. Zürich 2007, S. 279–312.

43 JubA 7, S. 27 f.

44 Vgl. Johann Caspar Lavater: Aussichten in die Ewigkeit. Zürich 1770.

45 So schon Joseph-Pierre Frésnais 1768, um ihn den Franzosen bekannt zu machen.

46 Welche zentralen christlichen Lehren Mendelssohn aufgrund von «Vernunft und Nachdenken» ablehnt, hat er am deutlichsten in einem Brief an den Erbprinzen Carl Wilhelm Ferdinand von Braunschweig-Wolfenbüttel dargestellt. JubA 7, S. 303.

47 JubA 7, S. 8.

48 JubA 7, S. 10 f.

49 JubA 7, S. 36 f.

50 JubA 7, S. 44.

51 JubA 6.1, S. 177.

52 Julius H. Schoeps: Moses Mendelssohn. Königstein 1979, S. 109.

53 JubA 13, S. 334. Die Übersetzung wird 1783 veröffentlicht. JubA 10.1 und 2.

54 Brief an August Hennings, 29. Juni 1779. In: JubA 12.2, S. 148 f.; die Übersetzung des Pentateuch in: JubA 15. 2.

55 Vgl. Christian Konrad Wilhelm Dohm: Über die bürgerliche Verbesserung der Juden. Zwei Teile in einem Band. Berlin – Stettin 1781. Nachdruck Hildesheim – New York 1973. Band I, S. 110–125.

56 Ebd., S. 39.

57 JubA 8, S. 30. Manassehs «Rettung der Juden» in: JubA 8, S. 27–71.

58 JubA 8, S. 5.

59 JubA 8, S. 3.

60 Ebd.

61 JubA 8, S. 4.

62 JubA 8, S. 5.

63 JubA 8, S. 6.

64 Lessings Trennung von Geschichts- und Vernunftwahrheiten, die ihn sein Leben lang beunruhigte, nahm die strenge Unterscheidung auf, die Leibniz zwischen «vérités de fait» und «vérités de raison» eingeführt hatte. Er drohte an ihr zu verzweifeln, weil zwischen zufälligen Geschichtstatsachen und notwendigen Vernunftwahrheiten in religiösen Fragen keine Vermittlung denkbar schien. So bedeuten die historischen Tatsachen des Lebens von Jesus nichts für die notwendige Vernunftwahrheit des Christentums. Erst in seiner letzten Schrift gelang es Lessing, über diesen breiten Graben zwischen Tatsachen und Vernunft hinüberzuspringen.

65 Gotthold Ephraim Lessing: Die Erziehung des Menschengeschlechts. In: Gesammelte Werke. Erster Band. München 1959, S. 1029.

66 Ebd. S. 1030.

67 JubA 8, S. 161. Mendelssohn hat seine Kritik an Lessings Entwicklungsgeschichte der Menschheit erst 1783 in seiner Schrift «Jerusalem» formuliert, mit der er auf Kritiken seiner Manasseh-Vorrede von 1782 reagierte.

68 JubA 8, S. 162.

69 JubA 8, S. 163 f. Vgl. zum Gegensatz zwischen Lessing und Mendelssohn hinsichtlich des menschheitsgeschichtlichen Fortschritts Ernst Cassirer: Die Idee der Religion bei Lessing und Mendelssohn (1929). In: Gesam-

melte Werke. Hamburger Ausgabe. Hg. von Birgit Recki. Band 17. Hamburg 2004, S. 93–113.

70 JubA 8, S. 18.

71 JubA 8, S. 25.

72 August Friedrich Cranz: Das Forschen nach Licht und Recht in einem Schreiben an den Herrn Moses Mendelssohn auf Veranlassung seiner merkwürdigen Vorrede zu Manasseh Ben Israel. Berlin 1782. In JubA 8, S. 73–87, Zitat S. 85.

73 JubA 8, S. 99–204. Vgl. dazu Alexander Altmann: Die trostvolle Aufklärung. Stuttgart – Bad Cannstatt 1982, bes. S. 217–275; und seine Einleitungen in: JubA 8, S. XXIII-LXXXVIII.

74 JubA 8, S. 128, mit Anspielung auf den Psalm 40, in dem von geöffneten Ohren und erfüllten Herzen gesprochen wird. Mendelssohns Übersetzung der Psalmen erscheint wie «Jerusalem» im selben Jahr 1783.

75 JubA 8, S. 128.

76 John Locke: Ein Brief über Toleranz. Hamburg 1996, S. 83.

77 JubA 8, S. 157. Vgl. auch S. 184: «Die große Maxime dieser Verfassung scheinet gewesen zu seyn: *Die Menschen müssen zu Handlungen getrieben und zum Nachdenken nur veranlasset werden.*»

78 Shaftesburys «Essay on the Freedom of Wit and Humour» von 1709 ist teilweise von Lessing und Mendelssohn, großteils vom Moraltheologen Johann Joachim Spalding, der Mitglied der Mittwochsgesellschaft war, ins Deutsche übersetzt worden.

79 Friedrich Nicolai: Ueber meine gelehrte Bildung. Berlin – Stettin 1799. Nachdruck Brüssel 1968, S. 65. Zur Mittwochsgesellschaft vgl. Norbert Hinske (Hg.): Was ist Aufklärung? Beiträge aus der Berlinischen Monatsschrift. Darmstadt 1973; Ernst Haberkern: Limitierte Aufklärung. Marburg 2005.

80 Vgl. Christian Böhr: Philosophie für die Welt. Die Popularphilosophie der deutschen Spätaufklärung im Zeitalter Kants. Stuttgart – Bad Cannstatt 2003; Alexander Kosenina (Hg.): Johann Jakob Engel (1741–1802). Hannover-Laatzen 2005.

81 Zit. bei E. Haberkern: Limitierte Aufklärung, a. a. O., S. 351.

82 JubA 13, S. 96. Der Brief ist hier irrtümlich auf das Frühjahr 1783 datiert und wahrscheinlich mit dem früheren, nicht erhaltenen Brief verwechselt worden.

83 Möhsens Aufsatz und die dazu abgegebenen achtzehn Voten sind publiziert worden von Ludwig Keller: Die Berliner Mittwochs-Gesellschaft. In: Monatshefte der Comenius-Gesellschaft 5 (1896), S. 67–94. Zitat S. 80.

84 JubA 6.1, S. 111.

85 Brief an August Hennings, 27. November 1784. In JubA 13, S. 237.

86 JubA 6.1, S. 113–116.

87 JubA 6.1, S. 115. Vgl. Grazyna Jurewicz: Das aktuelle Wort zur Bestimmung des Menschen aus dem Schatz der Aufklärung. Der Mensch und die Geschichte bei Moses Mendelssohn. In: Mendelssohn-Studien 15 (2007), S. 49–70.

88 Vgl. Norbert Hinske: Mendelssohns Beantwortung der Frage: Was ist Aufklärung? oder Über die Aktualität Mendelssohns. In: N. Hinske (Hg.): Ich handle mit Vernunft. Hamburg 1981, S. 85–117, bes. S. 111 ff.

89 JubA 6.1, S. 118.

90 Zit. bei Ernst Haberkern: Limitierte Aufklärung. Marburg 2005, S. 367.

91 Ebd., S. 368.

92 Ebd., S. 370.

93 Ebd., S. 373.

94 Ebd., S. 373 f.

95 JubA 13, S. 221 f. Fast die gleichen Formulierungen wie in seiner Gedike-Replik und seinem Zimmermann-Brief finden sich dann in Mendelssohns Aufsatz «Soll man der einreißenden Schwärmerey durch Satyre oder durch äußere Verbindung entgegenarbeiten?» in der Februar-Ausgabe 1785 der Berlinischen Monatsschrift. Vgl. JubA 6.1, S. 137–141.

96 JubA 13, S. 221.

97 JubA 3.2, S. 3.

98 JubA 3.2, S. 4.

99 JubA 3.2, S. 151. Vgl. Dieter Henrich: Der ontologische Gottesbeweis. Sein Problem und seine Geschichte in der Neuzeit. Tübingen 1960.

100 JubA 6.1, S. 141.

101 JubA 3.2, S. 5.

102 Vgl. Kurt Christ: Friedrich Heinrich Jacobi. Rousseaus deutscher Adept. Würzburg 1998, bes. S. 22 ff.

103 Die Hauptschriften zum Pantheismusstreit zwischen Jacobi und Mendelssohn. Hg. und mit einer historisch-kritischen Einleitung versehen von Heinrich Scholz. Berlin 1916. Vgl. Kurt Christ: Jacobi und Mendelssohn. Eine Analyse des Spinozastreits. Würzburg 1988.

104 Friedrich Heinrich Jacobi: Über die Lehre des Spinoza. Erweiterungen. Beilage VII. In: Werke. Band I, 1: Schriften zum Spinozastreit. Hamburg – Stuttgart – Bad Cannstatt 1998, S. 261.

105 Ebd., S. 145 f.

106 Shmuel Feiner: Moses Mendelssohn. Göttingen 2009, S. 189.

107 Kant: Werke II, S. 535 f. Zum Verhältnis zwischen Kant und Mendelssohn vgl. Walter Kinkel: Moses Mendelssohn und Immanuel Kant. In: Kantstu-

dien 34 (1929), S. 391–409; Christoph Schulte: Kant und Mendelssohn. Oder wie ein preußischer Professor und eine Jude die Aufklärung unterschiedlich verstehen. In: Günther Lottes und Uwe Steiner (Hg.): Immanuel Kant. German Professor and World-Philosopher. Hannover 2007, S. 87–105.

108 Brief an Kant, 10. April 1783. In: Immanuel Kant: Briefwechsel. Hamburg 1986, 3., erw. Auflage, S. 213.

109 JubA 3.2, S. 3.

110 Kant: Briefwechsel, a. a. O., S. 236. Die «gründliche» und zugleich «elegante» Schreibweise Mendelssohns erwähnt Kant 1783 in seinen «Prolegomena zu einer jeden künftigen Metaphysik». Werke III, S. 121.

111 Kant: Briefwechsel, a. a. O., S. 271 f.

112 JubA 3.2, S. 217 f.

113 JubA 3.2, S. 183.

114 JubA 3.2, S. 183.

115 JubA 3.2, S. 184.

EINE TRÖSTENDE AUSSICHT IN DIE ZUKUNFT

1 Dt. Ausgabe: Samuel P. Huntington: Kampf der Kulturen. Die Neugestaltung der Weltpolitik im 21. Jahrhundert. München 1998.

2 Vgl. Carl Schmitt: Theorie des Partisanen. Zwischenbemerkung zum Begriff des Politischen. Berlin 1963.

3 Vgl. Jacques Derrida: Das andere Kap. Die vertagte Demokratie. Zwei Essays zu Europa. Frankfurt am Main 1992, S. 58.

4 Vgl. Jacques Derrida: Autoimmunisierungen, wirkliche und symbolische Selbstmorde. In: Jürgen Habermas und Jacques Derrida: Philosophie in Zeiten des Terrors. Zwei Gespräche, geführt, eingeleitet und kommentiert von Giovanna Borradori. Berlin – Wien 2004, S. 117–178. Zu Kant vgl. bes. S. 169, 171, 175, 177.

5 Jürgen Habermas: Fundamentalismus und Terror. In: Ebd., S. 49–69, S. 59.

6 Ebd., S. 51.

7 Ebd.

8 Ebd., S. 64.

9 Cris Evatt: Männer sind vom Mars, Frauen von der Venus. Hamburg 1994.

10 Die deutsche Übersetzung des Aufsatzes von Robert Kagan – «Macht und Schwäche. Was die Vereinigten Staaten und Europa auseinandertreibt» – erschien in: Blätter für deutsche und internationale Politik 10

(2002), S. 1194–1206. 2003 erschien in New York eine erweiterte Buchausgabe von Kagans Artikel: Of Paradise and Power. Die deutsche Übersetzung wurde mit dem Titel publiziert: Macht und Ohnmacht. Amerika und Europa in der neuen Weltordnung. Berlin 2003.

11 Vgl. Leo Strauss: Hobbes' politische Wissenschaft (1936) und zugehörige Schriften – Briefe. Stuttgart 2001; Carl Schmitt: Der Leviathan in der Staatslehre des Thomas Hobbes. Hamburg 1938.

12 Thomas Hobbes hat sein Opus magnum «Leviathan oder Die Materie, Form und Macht eines kirchlichen und staatlichen Gemeinwesens» während seines Pariser Exils geschrieben. Die Erstausgabe erschien auf dem Höhepunkt der englischen Krise der Jahrhundertmitte 1651. Die brisanten Kapitel 13 bis 18, vom Naturzustand bis zu den Rechten des Souveräns, entsprachen den ersten Kapiteln von «De Cive», der Staatsschrift, die Hobbes 1642 als Privatdruck publiziert hatte.

13 Jacques Derrida: Schurken. Zwei Essays über die Vernunft. Frankfurt am Main 2006, S. 202. Derrida zitierte aus Kants Rechtslehre in seiner «Metaphysik der Sitten» von 1797: *«Das angeborne Recht ist nur ein einziges. Freiheit* (Unabhängigkeit von eines anderen nötigender Willkür), sofern sie mit jedes anderen Freiheit nach einem allgemeinen Gesetz zusammen bestehen kann, ist dieses einzige, ursprüngliche, jedem Menschen, kraft seiner Menschheit, zustehende Recht.» Werke IV, S. 345.

14 Zit. bei Jürgen Habermas: Der gespaltene Westen. Kleine Politische Schriften X. Frankfurt am Main 2004, S. 181.

15 Peter Sloterdijk. In: Frankfurter Allgemeine Zeitung, 24. Januar 2003.

16 Robert Kagan: Macht und Ohnmacht. Berlin 2003, S. 101.

17 Jürgen Habermas und Jacques Derrida: Der 15. Februar oder: Was die Europäer verbindet. In: J. Habermas: Der gespaltene Westen, a. a. O., S. 43.

18 Ebd., S. 51.

19 Ralf Dahrendorf und Timothy Garton Ash: Die Erneuerung Europas. In: Süddeutsche Zeitung Nr. 152, 5./6. Juli 2003, S. 13. Vgl. Ralf Dahrendorf: Europa und der Westen. Alte und neue Identitäten. In: Merkur 655 (November 2003), S. 1015–1024.

20 Ralf Dahrendorf: Die angewandte Aufklärung. Frankfurt am Main – Hamburg 1963.

21 J. Habermas: Der gespaltene Westen, a. a. O., S. 101.

22 Ebd., S. 105.

23 Ebd., S. 92.

24 Manfred Bierwisch: Kant und der Irakkrieg. In: Merkur 655 (November 2003), S. 1075–1079. Das war eine Erwiderung auf Volker Gerhardt: Die

Macht im Recht. Ideologie und Politik nach dem 11. September 2001. In: Merkur 651 (Juli 2003), S. 557–569.

25 Volker Gerhardt: Souveränität als Verdienst. Erwiderung auf Manfred Bierwisch. In: Merkur 656 (Dezember 2003), S. 1174–1176, S. 1175. Gerhardt hat seinen Irrtum eingestanden im «Beschluss» seines Buches: Exemplarisches Denken. München 2009, S. 315–328, in dem auch seine Merkur-Beiträge von 2003 veröffentlicht worden sind.

26 Ist Immanuel Kant noch unser philosophischer Zeitgenosse? Acht Antworten auf eine Frage (unter anderem von Richard Rorty, Gernot Böhme und Otfried Höffe). In: Neue Zürcher Zeitung Nr. 31, 7. / 8. Februar 2004, S. 47.

27 Timothy Garton Ash: Jahrhundertwende. Weltpolitische Betrachtungen 2000–2010. München 2010, S. 124 bzw. 134.

28 Timothy Garton Ash: Freie Welt. Europa, Amerika und die Chance der Krise. München – Wien 2004, S. 77.

29 Jürgen Habermas: Der gespaltene Westen, a. a. O., S. 113–193, S. 108.

30 Friedrich Wilhelm Josef Schelling: Immanuel Kant (1804). In: Joachim Kopper und Rudolf Malter (Hg.): Immanuel Kant zu ehren. Frankfurt am Main 1974, S. 76 und 83.

31 Ebd., S. 333–382.

32 Ich zitiere Kant nach der sechsbändigen Werkausgabe, herausgegeben von Wilhelm Weischedel. Wiesbaden 1956–1964. Zitat in VI, S. 400.

33 VI, S. 399.

34 VI, S. 400.

35 I, S. 15.

36 I, S. 219–400.

37 II, S. 98, vgl. S. 66, S. 69.

38 Immanuel Kant: Gesammelte Schriften. Akademie-Ausgabe Bd. XX, S. 44.

39 I, S. 989, Voltaires ehrlichen Candide zitierend.

40 Ausgemalt habe ich die folgende Skizze in der Biographie «Kants Welt», die zu Kants 200-jährigem Todesjahr erschienen ist. Reinbek bei Hamburg 2003.

41 II, S. 674.

42 II, S. 13.

43 Ebd.

44 Immanuel Kant: Briefwechsel. Hamburg 1986, dritte, erw. Auflage, S. 182.

45 Ebd., S. 193.

46 Ebd., S. 196.

47 Ebd., S. 213.

48 Vgl. Ernst Haberkern: Limitierte Aufklärung. Die protestantische Spätaufklärung in Preußen am Beispiel der Berliner Mittwochsgesellschaft.
   Marburg 2005.
49 Zit. in Norbert Hinske (Hg): Was ist Aufklärung? Beiträge aus der Berlinischen Monatsschrift. Darmstadt 1973, S. 3.
50 Johann Heinrich Zöllner: Ist es rathsam, das Ehebündniß nicht ferner
   durch Religion zu sanciren? In: Ebd., S. 115. Zur Beantwortung der Frage
   nach der wahren Aufklärung vgl. auch die Beiträge in Ehrhard Bahr (Hg.):
   Was ist Aufklärung? Thesen und Definitionen. Stuttgart 2000; Werner
   Schneiders: Die wahre Aufklärung. Zum Selbstverständnis der deutschen
   Aufklärung. Freiburg – München 1974, bes. S. 27–80.
51 Moses Mendelssohn: Jubiläums-Ausgabe JubA 6.1, S. 113–116.
52 VI, S. 61 Anm.
53 Ernst Ferdinand Klein: Über Denk- und Druckfreiheit. An Fürsten, Minister, und Schriftsteller. In: N. Hinske (Hg.): Was ist Aufklärung? a. a. O.,
   S. 403 f.
54 I, S. 19.
55 VI, S. 53.
56 VI, S. 54.
57 VI, S. 55.
58 IV, S. 15 bzw. S. 18.
59 Zusammengestellt aus «Grundlegung der Metaphysik der Sitten» (IV,
   S. 23 und S. 52 ff.) und «Kritik der praktischen Vernunft» (IV, S. 292 ff.).
60 Reflexionen zur Anthropologie. In: Akademie-Ausgabe XX, S. 496.
61 IV, S. 519.
62 IV, S. 22.
63 IV, S. 51. Die populärer gewordene Formulierung in der «Kritik der praktischen Vernunft» lautet: «Handle so, daß die Maxime deines Willens
   jederzeit zugleich als Prinzip einer allgemeinen Gesetzgebung gelten
   könne.» IV, S. 140.
64 IV, S. 30.
65 IV, S. 55.
66 IV, S. 60. Vgl. zur Weiterführung Herbert Schnädelbach: Religion in der
   modernen Welt. Frankfurt am Main 2009.
67 VI, S. 105.
68 VI, S. 119.
69 VI, S. 268.
70 VI, S. 842.
71 Religionsedikt vom 9. Juli 1788, abgedruckt bei Ernst Haberkern: Limitierte Aufklärung, a. a. O., S. 415–424, Zitat S. 419.

72 Ebd., S. 117.

73 Brief an Carl Fridrich Stäudlin in Göttingen. In: Briefwechsel, a. a. O., S. 634.

74 VI, S. 268.

75 Kant hielt sich zunächst an die Order, solange der König noch lebte. Nach dessen Tod (16. 11. 1797) machte er Anfang 1798 den Streitfall publik, in der Vorrede zum «Streit der Fakultäten». In: VI, S. 267–274.

76 VI, S. 76.

77 VI, S. 92.

78 VI, S. 86.

79 VI, S. 87, mit Blick auf das Erste Buch Mose, Abschnitt 2, Vers 20, wonach der Mensch allen Tieren ihren Namen gab.

80 VI, S. 91 f.

81 VI, S. 92.

82 VI, S. 53.

83 VI, S. 34.

84 VI, S. 38.

85 VI, S. 37.

86 VI, S. 50.

87 VI, S. 34.

88 VI, S. 38 f.

89 «*Recht* ist die Einschränkung der Freiheit eines jeden auf die Bedingung ihrer Zusammenstimmung mit der Freiheit von jedermann, in so fern diese nach einem allgemeinen Gesetze möglich ist.» VI, S. 144.

90 VI, S. 40.

91 VI, S. 42.

92 Vgl. Jürgen Mittelstraß: Kant und die Dialektik der Aufklärung. In: Jochen Schmidt (Hg.): Aufklärung und Gegenaufklärung in der europäischen Literatur, Philosophie und Politik von der Antike bis zur Gegenwart. Darmstadt 1989, S. 341–360, bes. S. 358.

93 VI, S. 49.

94 Vgl. John Rawls: A Theory of Justice (1971). Deutsche Übersetzung: Eine Theorie der Gerechtigkeit. Frankfurt am Main 1973; Wolfgang Kersting: Wohlgeordnete Freiheit. Immanuel Kants Rechts- und Staatsphilosophie. Berlin – New York 1984; Otfried Höffe: «Königliche Völker». Zu Kants kosmopolitischer Rechts- und Friedenstheorie. Frankfurt am Main 2001; Horst Dreyer: Kants Republik. In: Juristen-Zeitung 15 / 16 (2004), S. 745–804.

95 VI, S. 203. Als Kommentare zum «Ewigen Frieden», auch hinsichtlich seiner Aktualität, vgl. Volker Gerhardt: Immanuel Kants Entwurf «Zum ewigen Frieden». Darmstadt 1995; Otfried Höffe (Hg.): Immanuel Kant:

Zum ewigen Frieden. Berlin 1995; Jürgen Habermas: Kants Idee des ewigen Friedens – aus dem historischen Abstand von 200 Jahren. In: J. Habermas: Die Einbeziehung des Anderen. Frankfurt am Main 1999, S. 192–236; Reinhard Merkel und Roland Wittmann (Hg.): «Zum ewigen Frieden». Grundlagen, Aktualität und Aussichten einer Idee von Immanuel Kant. Frankfurt am Main 2009.

96 VI, S. 175.

97 VI, S. 195.

98 VI, S. 205 f.

99 VI, S. 209.

100 Vgl. Abbé de Saint Pierre: Projet de la paix perpétuelle en Europe. Utrecht 1713; Jean-Jacques Rousseau: Extrait du projet de paix perpétuelle. In: Œuvres complètes. Vol. III. Paris 1964, S. 561–589. Auf Saint Pierre und Rousseau als seine Vorläufer hat sich Kant bereits 1793 in seinem Aufsatz *Über den Gemeinspruch: das mag in der Theorie richtig sein, taugt aber nicht für die Praxis* bezogen, in dem er zum ersten Mal seine Idee eines weltbürgerlichen Staatenverbundes skizziert hat, «der zwar kein weltbürgerliches gemeines Wesen unter einem Oberhaupt, aber doch ein rechtlicher Zustand der *Föderation* nach einem gemeinschaftlich verabredeten *Völkerrecht* ist». VI, S. 169 f.

101 VI, S. 211 f.

102 VI, S. 251.

103 VI, S. 237.

104 Robert Kagan: Macht und Ohnmacht. Berlin 2003, S. 85.

105 VI, S. 46 f.

106 Volker Gerhardt: Laboratorium Europa. In: V. Gerhardt: Exemplarisches Denken. München 2009, S. 297–314, S. 308.

107 Vgl. Jürgen Habermas: Die Einbeziehung des Anderen (Abschnitt III). Frankfurt am Main 1996; Frank Niess: Die europäische Idee. Aus dem Geist des Widerstands. Frankfurt am Main 2001; Tzvetan Todorov: Die verhinderte Weltmacht. Reflexionen eines Europäers. München 2003; Ulrich Beck und Edgar Grande: Das kosmopolitische Europa. Frankfurt am Main 2004; Jürgen Habermas: Ach, Europa. Frankfurt 2009; Hans Magnus Enzensberger: Sanftes Monster Brüssel oder Die Entmündigung Europas. Berlin 2011. Im Sinne Kants argumentiert Enzensberger gegen den neuen «Despotismus», der die Idee der Föderation zunehmend marginalisiert und die einzelnen Mitgliedsstaaten in eine selbstverschuldete Unmündigkeit treibt.

108 Kants anthropologische Konzeption des Menschen kann auch als Modell einer multikulturellen Gesellschaft dienen, in der Fremde miteinander

friedlich auskommen. Gegen alle Kassandrarufe, dass die Integration nicht gelingen könne, steht der Erfolg des tatsächlichen Zusammenleben-Könnens im Zustand einer «ungeselligen Geselligkeit».

109 Vgl. Karl Popper: Unended Quest. London 1976; deutsche Übersetzung: Ausgangspunkte. Meine intellektuelle Entwicklung. Hamburg 1979; Manfred Geier: Karl Popper. Reinbek bei Hamburg 1994.

110 K. Popper: Auf der Suche nach einer besseren Welt. München 1984, S. 149.

111 K. Popper: Vorwort 1968 zur dritten deutschen Auflage der «Logik der Forschung». Tübingen 1969, S. XXV.

112 K. Popper: Die beiden Grundprobleme der Erkenntnistheorie: aufgrund von Manuskripten aus den Jahren 1930–1933. Tübingen 1979, S. XVIII.

113 K. Popper: Logik der Forschung, a. a. O., S. 255.

114 K. Popper: Die offene Gesellschaft und ihre Feinde. Tübingen 1992, 7., überarbeitete Auflage, S. XV.

115 K. Popper: Immanuel Kant. Der Philosoph der Aufklärung. In: Ders.: Die offene Gesellschaft und ihre Feinde, a. a. O., S. XX–XXIX.

116 Ebd., S. XX.

117 Ebd., S. XXI.

118 Ebd., S. XXII.

119 Ebd., S. XXIX.

120 K. Popper: Alles Leben ist Problemlösen. München–Zürich 1994, S. 158.

121 Ebd., S. 168.

122 Ebd.

123 K. Popper: Auf der Suche nach einer besseren Welt. München 1984, S. 236.

124 Ebd., S. 149.

125 Ebd., S. 152. Seine Sympathie mit dieser Idee hat Popper nicht zum Friedensapostel werden lassen. So formulierte er z. B. angesichts des jahrelangen Massenmords im früheren Jugoslawien, vor allem der Serben an den Bosniern, am 21. April 1993 einen «Aufruf an die Europäer», in dem er entschieden für eine durch die UNO-Charta legitimierte militärische Intervention eintrat. «Die jahrelange Duldung dieser Mord- und Schandtaten hat zu einer wahnwitzigen Zunahme der Verbrechen geführt. Wir *müssen* eingreifen, und sofort.»

126 Hannah Arendt: Eichmann in Jerusalem. Ein Bericht von der Banalität des Bösen. München–Zürich 2009 (erw. Taschenbuchausgabe, 4. Aufl.). «Die Kontroverse: Hannah Arendt, Eichmann und die Juden» (Redaktion: F. A. Krummacher) erschien München 1964. Vgl. an neueren Veröffentlichungen: Hannah Arendt / Gershom Scholem: Der Briefwechsel. 1939–1964. Hg. von Marie Luise Knott. Berlin 2010; Marie Luise Knott: Verlernen. Denkwege bei Hannah Arendt. Berlin 2011; Han-

nah Arendt / Joachim Fest: Eichmann war von empörender Dummheit. Gespräche und Briefe. Hg. von Ursula Ludz und Thomas Wild. München – Zürich 2011.

127 H. Arendt: Ich will verstehen. München 2007, 3. Aufl., S. 64.

128 Ebd.

129 H. Arendt: Eichmann in Jerusalem, a. a. O., S. 125.

130 Vgl. Manfred Geier: Worüber kluge Menschen lachen. Reinbek bei Hamburg 2006.

131 H. Arendt: Eichmann in Jerusalem, a. a. O., S. 127.

132 Vgl. Henri Bergson: Das Lachen. Meisenheim am Glan 1948. Das französische Original «Le rire» erschien 1900.

133 Kants Aufsatz «Vom radikalen Bösen in der menschlichen Natur» war das Erste Stück seiner 1793 veröffentlichten Schrift «Die Religion innerhalb der Grenzen der bloßen Vernunft». In: Werke IV, S. 665 – 705.

134 H. Arendt: Elemente und Ursprünge totaler Herrschaft. München – Zürich 2009, 13. Aufl., S. 938.

135 H. Arendt: Eichmann in Jerusalem, a. a. O., S. 56. Eichmann hat zwar nicht beschlossen, «ein Bösewicht zu werden». Aber er hat es billigend akzeptiert mit der Begründung, damit seine Pflicht erfüllt zu haben; und er war auch verantwortlich an den nationalsozialistischen Massenverbrechen beteiligt. Zu seinen «radikal bösen» Handlungen während des Dritten Reichs vgl. Bettina Stangneth: Eichmann vor Jerusalem. Das unbehelligte Leben eines Massenmörders. Zürich – Hamburg 2011.

136 H. Arendt: Eichmann in Jerusalem, a. a. O. S. 126.

137 H. Arendt: Über das Böse. Eine Vorlesung zu Fragen der Ethik. München – Zürich 2007, S. 144. Arendts Rückkehr zu Kant bezieht sich auf Kants «Kritik der ästhetischen Urteilskraft», die den ersten Teil von Kants 1790 erschienener «Kritik der Urteilskraft» bildet, deren zweiter Teil die «teleologische Urteilskraft» behandelt.

138 Das Gespräch von Hannah Arendt mit Joachim Fest «Eichmann war von empörender Dummheit» wurde am 9. November 1964 vom Südwestdeutschen Rundfunk (SWR) gesendet. In: Hannah Arendt / Joachim Fest: Eichmann war von empörender Dummheit, a. a. O., S. 36 – 60.

139 H. Arendt: Über den Zusammenhang von Denken und Moral. In: Dies.: Zwischen Vergangenheit und Zukunft. Übungen im politischen Denken I. Hg. von Ursula Ludz. München 1994, S. 129. (Übersetzung von «Thinking and Moral Considerations: A Lecture», zuerst in: Social Research 38 / 3 [1971], S. 417 – 446.)

140 Ebd., S. 128.

141 H. Arendt: Das Urteilen. Texte zu Kants Politischer Philosophie. Mün-

chen–Zürich 1985. Zur Rolle des Urteilens im politischen Denken Hannah Arendts vgl. Ernst Vollrath: Hannah Arendt über Meinung und Urteilskraft. In: Adelbert Reif (Hg.): Hannah Arendt. Materialien zu ihrem Werk. Wien 1979, S. 85–107; Ronald Beiner: Hannah Arendt über das Urteilen. In: H. Arendt: Das Urteilen, a. a. O., S. 115–197; Oskar Negt: Der politische Mensch. Demokratie als Lebensform. Göttingen 2010, S. 386–396. Dass der erste (ästhetische) Teil von Kants «Kritik der Urteilskraft» eigentlich eine Philosophie der Politik ist, hat Hannah Arendt zum ersten Mal bereits 1958 zu bedenken gegeben. Vgl. H. Arendt: Freiheit und Politik. Ein Vortrag. In: Die Neue Rundschau 69 (1958), S. 670–694, bes. S. 684.

142 Kant: Werke V, S. 251.

143 H. Arendt: Über den Zusammenhang von Denken und Moral, a. a. O., S. 155

144 Shaftesbury: SE I, 3, S. 7.

145 Kant: Werke V, S. 391.

146 Kant: Werke V, S. 389.

147 H. Arendt: Macht und Gewalt. München–Zürich 1970, S. 32 f.

148 H. Arendt: Das Urteilen, a. a. O., S. 100.

149 Ebd., S. 60.

150 Die Rezension erschien in: Die Gesellschaft 10 (1933), S. 177–179.

151 H. Arendt: Rosa Luxemburg. In H. Arendt: Menschen in finsteren Zeiten. München 1989, S. 56. Die amerikanische Originalausgabe «Men in Dark Times» erschien 1968 in New York.

MANN, BIST DU FÄHIG, GERECHT ZU SEIN?

1 Immanuel Kant: Beantwortung der Frage: Was ist Aufklärung? (Dezember 1784). In: Werke VI, S. 53.

2 VI, S. 53 f.

3 I. Kant: Beobachtungen über das Gefühl des Schönen und Erhabenen (1764). I, S. 850–868.

4 I, S. 868.

5 VI, S. 91.

6 IV, S. 210.

7 IV, S. 345.

8 IV, S. 396.

9 Dominique Godineau: Die Frau der Aufklärung. In: Michel Vovelle (Hg.): Der Mensch der Aufklärung. Frankfurt am Main 1996, S. 321–358, Zitat S. 322. Gegen die «Ungleichheit» der Geschlechter gab es schon früh aufklärende Schriften, von denen besonders wichtig waren: «Egalité des

hommes et des femmes» (1622) von Marie le Jars de Gournay; «De L'Egalité des deux sexes» (1673) von Poulain de la Barres; das «Journal des
Dames» (ab 1751), hg. von Madame de Beaumer; «A Vindication of the
Rights of Women» (1792) von Mary Wollstonecraft; «Über die bürgerliche Verbesserung der Weiber» (1792) von Theodor Gottlieb von Hippel.

10 Zit. bei Hannelore Schröder (Hg.): Olympe de Gouges – Mensch und Bürgerin: «Die Rechte der Frau» (1791). Aachen 1995, S. 78.

11 Jean-Jacques Rousseau: Emile oder Über Erziehung. Stuttgart 1960. Vgl.
Fünftes Buch: Sophie oder die Frau, S. 721.

12 Kant: Werke VI, S. 54.

13 VI, S. 57.

14 H. Schröder (Hg.): Olympe des Gouges, a. a. O., S. 86. Vgl. Gisela Thiele-
Knobloch (Hg.): Denkschrift der Madame Valmont. Frankfurt am Main
1993.

15 Erste biographische Hinweise finden sich bei E. Lairtullier: Les Femmes
célèbres de 1789 à 1795. Paris 1840 (Vol 2); Léopold Lacour: Olympe des
Gouges. In: Trois Femmes de la Révolution. Paris 1900. Ausführliche Bio-
graphien haben geschrieben Olivier Blanc: Olympe de Gouges. Paris 1981,
dt. Übersetzung Wien 1989; Paul Noack: Olympe de Gouges 1748–1793.
Kurtisane und Kämpferin für die Rechte der Frau. München 1992;
Lottemi Doormann: Ein Feuer brennt in mir. Die Lebensgeschichte der
Olympe de Gouges. Weinheim – Basel 1993.

16 Paul Noack: Olympe de Gouges, a. a. O., S. 24 f.

17 Ebd., S. 172.

18 Ebd., S. 28. Noack bezieht sich auf das zeitgenössische Sittengemälde
«Tableau de Paris» von Louis-Sebastien Mercier, der mit Olympe de
Gouges befreundet war. Vgl. L.-S. Mercier: Bilder aus dem vorrevolutio-
nären Paris. Zürich 1990, Zitat S. 335.

19 H. Schröder (Hg.): Olympe de Gouges, a. a. O., S. 85.

20 John Locke: Zweite Abhandlung über die Regierung. Frankfurt am Main
2007, S. 28. «Die Sklaverei» wird bereits im 4. Kapitel behandelt, nach
Kapitel 2 (Der Naturzustand) und Kapitel 3 (Der Kriegszustand).

21 Paul Noack: Olympe de Gouges, a. a. O., S. 63 f. In Frankreich wurde die
Sklaverei offiziell am 28. September 1791 abgeschafft. In den Kolonien
blieb sie bestehen. Die Plantagenbesitzer konnten weiterhin ihre wirtschaftlichen Interessen durchsetzen. Im Herbst 1791 kam es in Santo Domingo zu Aufständen der schwarzen Sklaven.

22 Französische Erklärung der Menschen- und Bürgerrechte. Zit. in Karl Peter Fritzsche: Menschenrechte. Paderborn – München – Wien – Zürich
2004, S. 193.

23 Zit. bei Paul Noack: Olympe de Gouges, a. a. O., S. 69.

24 Ausgewählte Schriften von Olympe de Gouges sind herausgegeben wor-
den von Margarete Wolters und Clara Sutor (Hg.): Marie Olympe de
Gouges. Protagonistin im Kampf um die Rechte der Frau. Politische
Schriften in Auswahl. Hamburg 1979; Monika Dillier, Vera Mostowlan-
sky und Regula Wyss (Hg.): Olympe de Gouges. Schriften. Frankfurt am
Main 1980; Gabriele Wachter (Hg.): Olympe de Gouges. Die Rechte der
Frau und andere Schriften. Berlin 2006.

25 Zit. in G. Wachter (Hg.): Olympe de Gouges, a. a. O., S. 15.

26 Ebd., S. 35.

27 Vgl. Jules Michelet: Die Frauen der Revolution (zuerst publ. Paris 1854).
München 1913; Marieluise Christadler (Hg.): Freiheit, Gleichheit, Weib-
lichkeit. Aufklärung, Revolution und die Frauen in Europa. Opladen 1990.
Als herausragende Frauen, aus unterschiedlichen gesellschaftlichen
Schichten und mehr oder weniger radikal, seien in alphabetischer Folge
nur genannt: Madame de Condorcet; Charlotte Corday; Lucille Desmou-
lins; La mère Duchesne; Rose Lacombe; Sophie Lapierre; Pauline Léon;
Théorigne de Méricourt, Manon Roland, Germaine de Staël-Holstein.

28 Vgl. Ute Gerhard: Menschenrechte auch für die Frauen. Der Entwurf der
Olympe de Gouges. In: Kritische Justiz 20 (1987), S. 127–149; Ute Gerhard:
Menschenrechte – Frauenrechte. In: Viktoria Schmidt-Linsenhoff (Hg.):
Sklavin oder Bürgerin? Französische Revolution und neue Weiblichkeit
1760–1830. Marburg 1989, S. 55–67. Der Text der Frauenrechts-Erklä-
rung ist abgedruckt in: Gabriele Wachter (Hg.): Olympe de Gouges. Ber-
lin 2006, S. 48–65; und Paul Noack: Olympe de Gouges. München 1992,
S. 159–179.

29 Paul Noack: Olympe de Gouges, a. a. O., S. 162.

30 Ebd., S. 163.

31 Ebd., S. 164.

32 Ebd., S. 166.

33 Ebd., S. 167.

34 Ebd., S. 173.

35 Ebd., S. 169 f.

36 G. Wachter (Hg.): Olympe de Gouges, a. a. O., S. 85.

37 Ebd., S. 97.

38 P. Noack: Olympe de Gouges, a. a. O., S. 137.

39 G. Wachter (Hg.): Olympe de Gouges, a. a. O., S. 138.

40 Ebd., S. 138–144.

41 Ebd., S. 148.

42 Ebd., S. 148 f.

43 Vgl. Andreas Schlieper: Das aufgeklärte Töten. Die Geschichte der Guil-lotine. Berlin 2008.
44 G. Wachter (Hg.): Olympe de Gouges, a. a. O., S. 156 f.
45 P. Noack: Olympe de Gouges, a. a. O., S. 8.
46 Kant: Werke VI, S. 54.
47 Olivier Blanc: Olympe de Gouges. Wien 1989, S. 203.

DIE VIELSEITIGSTE BILDUNG DER INDIVIDUEN

1 Denis Diderot: Enzyklopädie. Frankfurt am Main 1969, S. 198 f.
2 Abbé Henri Grégoire. Zit. nach Walter Grab: Die Französische Revolu-tion. Aufbruch in die moderne Demokratie. Stuttgart 1989, S. 110.
3 Philipp Blom: Das vernünftige Ungeheuer. Frankfurt am Main 2005, S. 412.
4 Im «Streit der Fakultäten» von 1798. In: Immanuel Kant: Sämtliche Werke. Hg. von Wilhelm Weischedel. Band VI, S. 357.
5 Ebd.
6 Reinhold Bernhard Jachmann: Immanuel Kant geschildert in Briefen an einen Freund (1804). In: Felix Groß (Hg.): Immanuel Kant 1993, S. 154.
7 Vgl. zur intellektuellen Lebensgeschichte der beiden Brüder: Manfred Geier: Die Brüder Humboldt. Reinbek bei Hamburg 2009.
8 Moses Mendelssohn: JubA 6.1, S. 115.
9 Ebd.
10 Brief von Zedlitz an Kant vom 1. August 1778. In: Immanuel Kant: Brief-wechsel. Bearbeitet von Rudolf Malter. Hamburg 1986, 3., erw. Auflage, S. 176. Die Unterscheidung zwischen «Brotgelehrtem» und «philosophi-schem Kopf» findet sich dann in Friedrich Schillers Jenaer Antritts-rede von 1789 «Was heißt und zu welchem Ende studiert man Univer-salgeschichte». In: Wolfgang Hardtwig (Hg.): Über das Studium der Geschichte. München 1990, S. 18–36.
11 Werke VI, S. 53.
12 Werke VI, S. 55.
13 Christian Wilhelm Dohm: Über die bürgerliche Verbesserung der Juden. Berlin – Stettin 1781. Zu Wilhelm von Humboldts Engagement in der «Ju-denfrage» vgl. seine Schrift «Über den Entwurf zu einer neuen Konstitu-tion für die Juden». In: Wilhelm von Humboldt: Gesammelte Schriften. Hg. von Albert Leitzmann u. a. Berlin 1903–1936. Band X, S. 97–115.
14 E. F. Klein: Über Denk- und Druckfreiheit. In: Norbert Hinske (Hg.): Was ist Aufklärung? Darmstadt 1973, S. 404.
15 Johann Friedrich Blumenbach: Über den Bildungstrieb und das Zeu-gungsgeschäfte. Göttingen 1791, 3. Auflage, S. 23.

16 Ebd., S. 12.

17 Vgl. Ilse Jahn: Dem Leben auf der Spur. Die biologischen Forschungen Alexander von Humboldts. Jena – Berlin 1969.

18 Brief an David Friedländer vom 11. April 1799. In: Ilse Jahn und Fritz G. Lange: Die Jugendbriefe Alexander von Humboldts. 1787–1799. Berlin 1973, S. 657 f.

19 Zit. nach Rudolf Freese: Wilhelm von Humboldt. Sein Leben und Wirken. Darmstadt 1986, S. 24 f.

20 Werke II, S. 158.

21 Ebd.

22 Ebd.

23 Werke V, S. 486.

24 Ebd., S. 482.

25 Ebd.

26 Ebd., S. 485.

27 Ebd., S. 488.

28 Ebd., S. 489.

29 Georg Forsters Werke. 18. Band. Briefe an Forster. Berlin 1982, S. 454.

30 Ebd.

31 Ebd., S. 341.

32 G. S. XIV, S. 124.

33 Brief an David Friedländer, 7. August 1791. Zit. nach Clemens Menze: Wilhelm von Humboldts Theorie aller Reformen. In Vierteljahrsschrift für wissenschaftliche Pädagogik 62 (1986), S. 76.

34 Wilhelm von Humboldt: Ideen über Staatsverfassung, durch die neue französische Constitution veranlasst. Aus einem Briefe an einen Freund (Friedrich Gentz) vom August 1791. G. S. I, S. 84.

35 G. S. I, S. 79 f.

36 Ebd., S. 80.

37 Ebd., S. 101.

38 Ebd.

39 Ebd., S. 107.

40 Ebd., S. 240.

41 Ebd., S. 241.

42 Ebd.

43 Wilhelm und Caroline von Humboldt in ihren Briefen. 1787–1835. Hg. von Anna von Sydow. Berlin 1906–1916. Band III, S. 48.

44 Ebd., S. 19.

45 Georg Forsters Werke. 18. Band. Berlin 1982, S. 454.

46 G. S. I, S. 107.

47 Clemens Menze: Wilhelm von Humboldt und die Französische Revolution. In: Jahrbuch des Freien Deutschen Hochstifts 1989, S. 185. Zu Humboldts Theorie und Praxis der Bildung vgl. auch Clemens Menze: Die Bildungsreform Wilhelm von Humboldts. Hannover u. a. 1975; Dietrich Benner: Wilhelm von Humboldts Bildungsidee. Weinheim 1990.

48 G. S. XIII, S. 263.

49 Ebd., S. 277.

50 Ebd., S. 279.

51 Ebd., S. 261.

52 Ebd.

53 Ebd., S. 251.

54 G. S. X, S. 256.

55 Zur Geschichte der Berliner Universität vgl. Max Lenz: Geschichte der Königlichen Friedrich-Wilhelms-Universität zu Berlin. Vier Bände. Halle 1910–1918; Wilhelm Weischedel (Hg.): Idee und Wirklichkeit einer Universität. Dokumente zur Geschichte der Friedrich-Wilhelms-Universität zu Berlin. Berlin 1960; Rüdiger vom Bruch und Heinz-Elmar Tenorth (Hg.): Geschichte der Universität Unter den Linden. 1810–2010. Sechs Bände. Berlin 2010 / 11. Zur Begründung vgl. bes. Ernst Anrich (Hg.): Die Idee der deutschen Universität. Die fünf Grundschriften aus der Zeit ihrer Neubegründung durch klassischen Idealismus und romantischen Realismus. Darmstadt 1956.

56 Wilhelm und Caroline von Humboldt in ihren Briefen. Band III, S. 399.

57 G. S. X, S. 302 und S. 299.

58 Ebd., S. 300.

59 Vgl. Eduard Spranger: Wilhelm von Humboldt und die Humanitätsidee. Berlin 1909; Ders.: Wilhelm von Humboldt und die Reform des Bildungswesens. Berlin 1910.

60 Reinhard Brandt: Wozu noch Universitäten? Hamburg 2011, S. 13.

61 Vgl. Richard Münch: Akademischer Kapitalismus. Über die politische Ökonomie der Hochschulreform. Berlin 2011. Als kritische Stimmen gegen die Ökonomie der Bildung vgl. Jochen Hörisch: Die ungeliebte Universität. Rettet die Alma mater! München–Wien 2006; Jochen Krautz: Ware Bildung. Schule und Universität unter dem Diktat der Ökonomie. München 2007; Konrad Paul Liessmann: Theorie der Unbildung. Die Irrtümer der Wissensgesellschaft. München–Zürich 2008; Hermann Giesecke: Pädagogik – quo vadis? Ein Essay über Bildung im Kapitalismus. München 2009; Richard Münch: Globale Eliten, lokale Autoritäten. Bildung und Wissenschaft unter dem Regime von PISA, McKinsey & Co. Frankfurt am Main 2009; Martha C. Nussbaum: «Not for profit». Why

democracy need the humanities. Princeton 2010. Eine sehr differenzierte Analyse in pragmatischer Hinsicht, die überprüft, «ob die Politik die selbst gesetzten Ziele auch erreicht hat» (S. 10), hat Christine Burtscheidt vorgelegt: Humboldts falsche Erben. Eine Bilanz der deutschen Hochschulreform. Frankfurt am Main – New York 2010.

62 Martin Spiewak: Falsches Vorbild. In: DIE ZEIT Nr. 26, 18. 6. 2009, S. 36. Vgl. Sylvia Paletschek: Die Erfindung der Humboldtschen Universität. In: Historische Anthropologie 10 (2002), S. 183 – 205; Mitchell G. Ash (Hg.): Mythos Humboldt. Vergangenheit und Zukunft der deutschen Universitäten. Wien – Köln – Weimar 1999.

63 G. S. I, S. 241.

64 Kant: Werke VI, S. 53.

65 Kant hielt diese Vorlesung erstmals im Wintersemester 1776 / 77. Friedrich Theodor Rink hat sie 1803 im Auftrag oder mit Erlaubnis Kants publiziert. In: Werke VI, S. 693 – 761.

66 Ebd., S. 697.

67 Ebd., S. 698.

68 Ebd., S. 711.

69 Ebd., S. 707.

70 Ebd., S. 736.

71 Humboldt: G. S. X, S. 250.

72 Max Horkheimer und Theodor W. Adorno: Dialektik der Aufklärung. Philosophische Fragmente. In: Th. W. Adorno: Gesammelte Schriften. Band 3. Frankfurt am Main 1984, S. 7 – 296. Thema dieses Buchs ist nicht die Aufklärung als geistesgeschichtliche Epoche oder als philosophisches Programm, wie es im Anschluss an John Locke entwickelt worden ist. Statt dessen ist «Aufklärung» der Name für eine rein instrumentelle, als herrschaftsförmig begriffene Vernunft, die sich durch Positivismus und Mathematisierung auszeichnet; und «Dialektik» bezeichnet die Verstrickung dieser Vernunft in ihren eigenen Netzen, aus denen sie keinen Weg zur Welt mehr finden kann.

73 Theodor W. Adorno: Erziehung zur Mündigkeit. Frankfurt am Main 1971, S. 107.

74 Ebd.

75 Ebd., S. 133.

76 Ebd., S. 144.

NAMENREGISTER